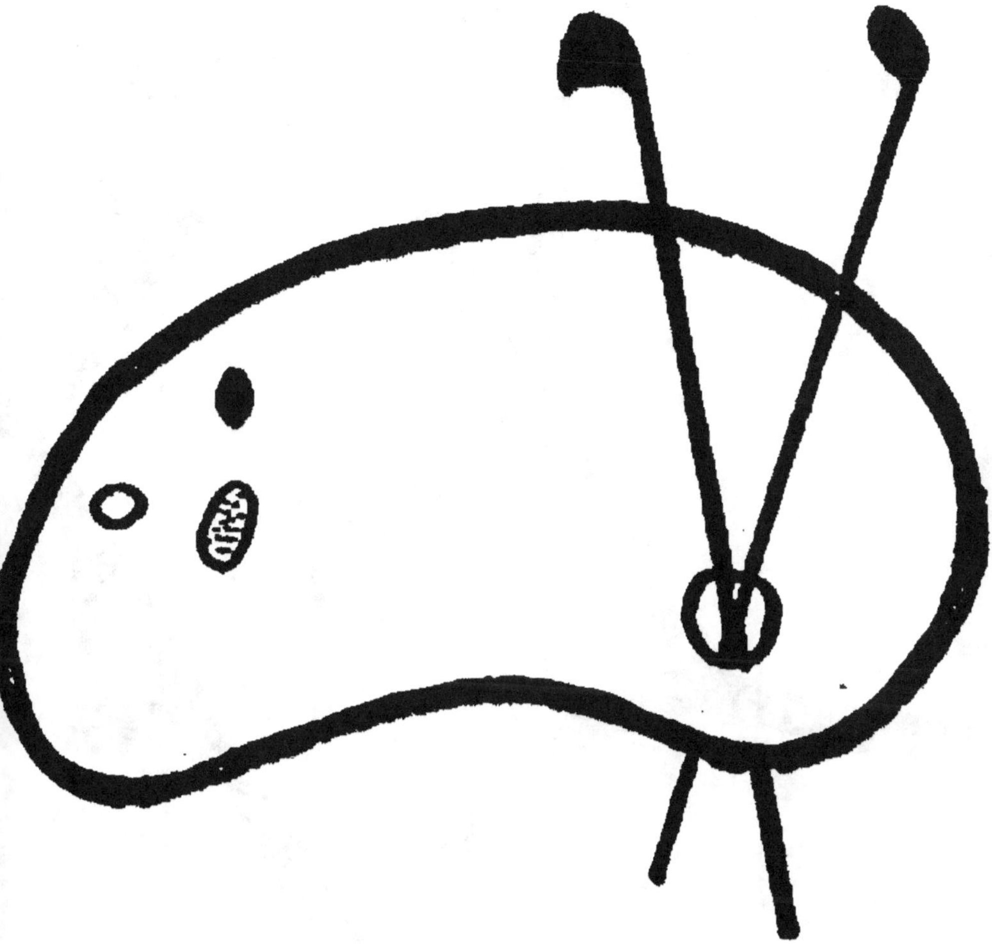

DEBUT D'UNE SERIE DE DOCUMENTS EN COULEUR

Couverture inférieure manquante

ESSAI

SUR LA

GÉOGRAPHIE DE L'AUVERGNE

(PUY-DE-DOME, CANTAL, BRIOUDE)

PAR

LÉON GOBIN

Agrégé d'histoire et de géographie
Professeur au Lycée de Clermont-Ferrand
Docteur ès-lettres

PARIS
LIBRAIRIE HACHETTE ET Cⁱᵉ
79, Boulevard St-Germain, 79

CLERMONT-FERRAND
Louis BELLET, Imprimeur-Éditeur
4, Avenue Carnot, 4

1896

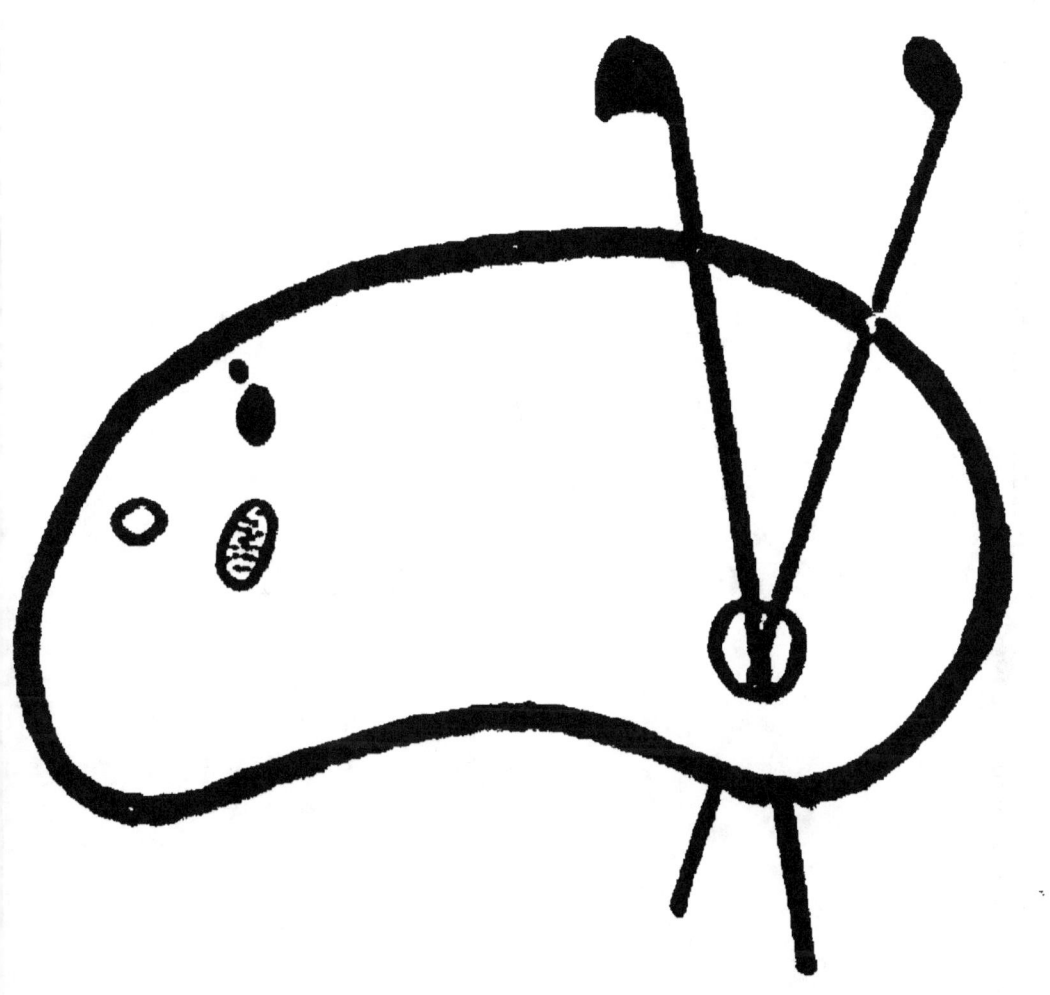

FIN D'UNE SERIE DE DOCUMENTS
EN COULEUR

ESSAI

SUR LA

GÉOGRAPHIE DE L'AUVERGNE

ESSAI

SUR LA

GÉOGRAPHIE DE L'AUVERGNE

(PUY-DE-DOME, CANTAL, BRIOUDE)

PAR

Léon GOBIN

Agrégé d'histoire et de géographie
Professeur au Lycée de Clermont-Ferrand
Docteur ès-lettres

PARIS
Librairie HACHETTE et Cⁱᵉ
79, Boulevard St-Germain, 79

CLERMONT-FERRAND
Louis BELLET, Imprimeur-Éditeur
4, Avenue Carnot, 4

1896

PRÉFACE

Entre plusieurs méthodes pouvant servir à la description géographique d'un pays, j'ai choisi celle qui m'a paru la plus rationnelle, et essayé de l'appliquer à la géographie de l'Auvergne. Avant d'entreprendre mon travail, j'ai consulté M. Marcel Dubois, qui a bien voulu me donner des encouragements et des conseils, et qui a approuvé mon plan, du moins dans son ensemble. Ce plan comporte une série de chapitres dont chacun renferme deux parties : une idée générale d'abord, et puis une application de cette idée à l'Auvergne. Ainsi chaque groupe de faits est rattaché à une théorie qui lui sert comme de support, de manière à éviter, autant que possible, l'encombrement fatigant et l'éparpillement des détails.

Malgré toutes les observations que j'ai amassées au cours de mes excursions, depuis huit ans que j'habite l'Auvergne, je n'ai pas la prétention de connaître le pays, encore moins ses habitants ; je n'espère donc donner ni de ceux-ci ni de celui-là un portrait suffisamment ressemblant. De plus, le présent travail étant essentiellement un travail de méthode, j'ai, de parti pris, négligé le côté pittoresque des descriptions, et me suis imposé de taire les impressions, souvent très vives, que j'ai ressenties soit au haut d'un cratère, soit devant un lac, soit sur une cheire, soit en face de l'une quelconque des curiosités de l'Auvergne. Outre mes lectures et

DEBUT DE PAGINATION

mes promenades, j'ai tiré le plus grand parti de conversations de personnes complaisantes : MM. Paul Gautier pour la géologie et le relief, Plumandon pour le climat, Frère Héribaud et Ch. Bruyant pour la flore et la faune naturelles, Girard-Col pour l'exploitation de la montagne et de la plaine, G. Rouchon pour les rapports du pays et de l'homme, etc., etc. A tous j'adresse ici mes remerciements sincères, car c'est à eux que je dois la plupart des faits capables, dans ce livre, de retenir l'attention du lecteur.

5 juin 1896.

ESSAI
sur la
GÉOGRAPHIE DE L'AUVERGNE

PREMIÈRE PARTIE
LE PAYS

CHAPITRE I

Orogénie et géologie de l'Auvergne [1]

« La solution des problèmes géologiques, dit M. de Lapparent (2), comporte de nombreuses difficultés. L'hypothèse y joue nécessairement un grand rôle. Une théorie orogénique n'est acceptable que si elle ne blesse aucune des lois connues de la mécanique, de la physique, de la chimie, et même de la physiologie. Lors donc que tant d'obscurité règne encore sur la cause de beaucoup de phénomènes qui se passent sous nos yeux, comment s'étonner que le passé (dont la connaissance ne peut s'acquérir que par voie

---

(1) L'Auvergne géographique est comprise dans le Plateau central de France, dont elle forme l'extrémité nord-ouest. Ses limites sont indécises. A l'ouest, c'est la dépression étroite et sinueuse où coulent la haute Sioule et la haute Dordogne ; au sud, la coupure de la Truyère, affluent du Lot ; à l'est, la vallée de la Dore, affluent de l'Allier, et les premières pentes des monts du Forez ; au nord, la transition est insensible entre la Limagne de Clermont et les plaines du Bourbonnais, qui se font suite le long des deux rives de l'Allier.

(2) Cf. Lapparent, *Traité de Géologie*, p. 4 et 5.

» d'induction et d'analogie) renferme pour nous de si nom-
» breux mystères, et qu'à l'heure présente un même fait
» géologique puisse parfois recevoir plusieurs explications
» contradictoires ? »

En Auvergne, toutes les époques géologiques ont contribué à la formation du sol. Les gneiss et les micaschistes de l'écorce primitive du globe existent dans la région, à une profondeur variable. Ils affleurent en bien des endroits, et dans ce cas leurs feuillets se présentent dans une position quasi-verticale, parce qu'ils ont été redressés lors des plissements des époques suivantes. Là où ils n'affleurent pas, ils supportent l'édifice de toute la série des terrains postérieurs soit des roches ignées, soit des terrains de sédiments.

L'apparition des terrains ignés et sédimentaires a coïncidé, en Auvergne, avec des phases de lent soulèvement et de lent affaissement du sol : tantôt la mer recouvrait presque tout son emplacement actuel, tantôt elle s'en éloignait d'une manière sensible. Il est intéressant de tracer rapidement, au début d'une description géographique du pays, ces puissants phénomènes orogéniques, de noter les émersions et les immersions successives de l'Auvergne, les grandes sédimentations dont elle fut le théâtre, et les principaux plissements qu'on y a constatés. Le tableau suivant montre quelles relations singulières ont existé entre ces divers mouvements :

Époque primaire	a) cambrien — activité éruptive, granites	Auvergne soulevée.
	b) dévonien — repos éruptif	Auvergne affaissée.
	c) permo-carbonifère — activité éruptive, porphyres	Auvergne soulevée.
Époque secondaire	d) du trias au crétacé — repos éruptif	Auvergne affaissée.
Époque tertiaire	e) miocène et pliocène — intense activité éruptive, trachytes, basaltes	Auvergne *soulevée définitivement*.
Époque quaternaire	f) alluvions — volcans à cratères	*Relief actuel de l'Auvergne*.

L'AUVERGNE A L'ÉPOQUE PRIMAIRE

Les plus anciens dépôts sédimentaires observés en Auvergne appartiennent au terrain cambrien. M. Julien (1) a rencontré les quartztites et les phyllades du cambrien tout le long du plateau qui supporte la file des volcans à cratères. Ce terrain, dit-il, est visible sur le flanc est de la vallée de la Sioule, à l'ouest du puy de Barme; il constitue là un îlot de deux kilomètres, entouré par la lave de ce puy. A Nébouzat, derrière les puys de Laschamp, de Mercœur, de Lassolas et de Montchal, il forme un vaste pli, orienté du nord au sud; le sommet de ce pli est recouvert de basalte. Il se rencontre encore au sud du lac d'Aydat, près du village de Pradas; de même, sur les plateaux de Berzet, Saint-Genès, Thèdde, on trouve des lambeaux de cambrien emballés dans le granite porphyroïde. Il y en a aussi quelques traces dans la vallée de Royat, le long du chemin de la Pépinière; plus au nord encore, au puy Chopine, autour de Volvic, aux environs de Gannat. On en remarque enfin un grand lambeau à l'est de Billom.

Ainsi, le cambrien existe en Auvergne, mais il n'y apparaît que sous forme d'enclaves et de petits îlots, soit par suite des épanchements énormes de granite porphyroïde qui l'ont traversé, soit qu'il ait été recouvert par les déjections volcaniques modernes. Les masses en sont plus considérables au sud qu'au nord de la montagne du puy de Dôme.

Vers le même temps, alors que le sol de l'Auvergne était en voie de lent exhaussement, avait lieu une première période d'activité éruptive, et déjà des roches volcaniques perçaient çà et là les gneiss et les terrains cambriens. Leur ordre

(1) Cf. Julien, *Sur l'existence et les caractères du terrain cambrien dans le Puy-de-Dôme et l'Allier.* « Comptes rendus de l'Académie des sciences, » 1881, page 754.

d'apparition n'est pas facile à déterminer; d'après M. Julien (1), cet ordre serait le suivant :

D'abord le granite porphyroïde, qui est le granite le plus ancien de la région ;

Puis le granite à grains moyens, en filons puissants dans le granite porphyroïde ;

Ensuite des filons de diorite, et des granites amphiboliques ;

Puis des filons de leptynite ;

Enfin des pegmatites.

Les observations de M. Julien permettent d'affirmer que toutes ces roches éruptives anciennes avaient apparu avant les dépôts dévoniens et permo-carbonifères. La date de leur émission peut être fixée avec vraisemblance à l'époque silurienne.

Après une phase d'affaissement du sol, correspondant au dévonien, et marquée par un intervalle de repos dans les éruptions, l'Auvergne se souleva de nouveau, au moment où commencent à se former les dépôts carbonifères. Les plus importants gisements de houille en Auvergne forment trois groupes (2) :

1. Le groupe de la Sioule (groupe Commentry, Saint-Eloi);

---

(1) Cf. Julien, *Sur la nature et l'ordre d'apparition des roches éruptives anciennes que l'on observe dans la région des volcans à cratères du Puy-de-Dôme.* « Comptes rendus de l'Académie des sciences, » 1881, page 739.

(2) Les géologues rattachent la disposition actuelle des gîtes houillers de l'Auvergne à un phénomène orogénique qu'ils placent à la fin de l'époque primaire, et qu'ils appellent le « plissement hercynien. » Ce plissement, disent-ils, intéressa toute l'Europe, depuis le pays de Galles jusqu'au sud de la Russie; il détermina une série de grandes rides, dont les plus méridionales intéressent l'Auvergne, avec une direction générale ouest-est, et où se firent les dépôts de houille : 1° dépôts de Commentry, Souvigny; — 2° dépôts de Ahun, Saint-Eloi, Cusset; — 3° dépôts de Brassac, Langeac.

Cf. Depéret, *Orogénie du Plateau central.* « Annales de géographie, » 15 juillet 1892. — Michel Lévy, *Réunion extraordinaire de la Société géologique de France, à Clermont-Ferrand,* 14 sept. 1890. — Marcel Bertrand, *Sur les bassins houillers du Plateau central.* « Bulletin de la Société géologique de France, » tome XVI, 1888. — Marcel Bertrand, *Les lignes directrices de la géologie de la France.* « Revue générale des sciences pures et appliquées, » 30 sept. 1894. — Noter que M. M. Bertrand dit lui-même, dans cet article, qu'il *pose plus de problèmes qu'il n'en résout.*

2. Le groupe de la haute Dordogne (groupe Messeix, Bort, Champagnac, Mauriac) ;

3. Le groupe de l'Allier (groupe Brassac, Langeac).

Telles sont les variations du relief ancien de l'Auvergne pendant la période primaire. A ce moment ont cessé les dernières éruptions de granites et de granulites, et les éruptions de porphyres sont à peu près terminées. Leurs produits ont eu ensuite à subir, pendant un temps incalculable, l'action incessante des agents atmosphériques, et les érosions les ont en grande partie fait disparaître. Tout ce qui n'était pas fermement soutenu a été enlevé ; et c'est à peine s'il en reste aujourd'hui de quoi nous donner une idée de la force grandiose de ces lointains phénomènes.

L'AUVERGNE A L'ÉPOQUE SECONDAIRE

Pendant la période secondaire, le relief de l'Auvergne se modifie peu. Le socle gneissique primitif subit une suite d'oscillations lentes qui finissent par amener un affaissement à peu près complet du Plateau central tout entier ; le domaine de la mer du lias s'étend de plus en plus. On en a la preuve dans ce fait que les fossiles déposés sur les bords du plateau à cette époque ressemblent à ceux des régions les plus éloignées de l'Europe : il est donc manifeste qu'une même mer s'étendait dans ce temps-là d'un bout à l'autre du continent. C'est du reste le temps où, de la France d'aujourd'hui, il n'existait que trois îlots, le Plateau central, la Bretagne et les Vosges, séparés par deux grands détroits, l'un sur l'emplacement actuel du Poitou, l'autre sur celui de la Côte-d'Or. Ce n'est que plus tard que ces détroits se fermeront, et que les trois îlots, reliés ensemble, formeront comme la ceinture d'un immense golfe débouchant dans la mer du Nord, bien connu des géologues sous le nom de *bassin de Paris* (1).

---

(1) Cf. Fouqué, Discours prononcé à la séance de l'Institut, octobre 1890.

A la fin de l'époque secondaire, le Plateau central est presque submergé, et beaucoup de ses articulations littorales sont effacées et comme rasées par la mer. La même période est, en ce qui concerne les éruptions, une ère de repos : c'est la période de séparation entre le jaillissement des roches ignées primitives, et celui des roches ignées de la série moderne (1).

L'AUVERGNE AUX ÉPOQUES TERTIAIRE ET QUATERNAIRE

Au début de la période tertiaire, qu'on se représente l'Auvergne en très grande partie recouverte par des lagunes saumâtres, en communication au nord et au sud avec les mers tertiaires. C'est le moment où elle va se soulever de nouveau, où de puissants phénomènes orogéniques se produiront et dans sa masse et à sa surface. Alors, disent les géologues (2), a lieu le soulèvement de la grande chaîne alpestre, qui doit se répercuter sur toute la région d'alentour. En même temps, les phénomènes volcaniques réapparaissent, conséquence de la rupture d'équilibre due à la formation des « plissements alpins (3) » ; c'est l'époque des grands épanchements trachytiques et basaltiques à travers le socle montagneux de l'Auvergne.

Or, les « plissements alpins » ont une direction nord-sud ; ils ont heurté le Plateau central par sa face orientale, et ont déterminé le creusement de synclinaux très importants, celui

---

(1) L'absence de toute limite de rivage (cordons littoraux) dans l'Auvergne de l'époque secondaire empêche de faire un carton correspondant à cette époque. Tout ce qu'on sait, grâce à la découverte de fossiles liasiques en Auvergne dans les alluvions, c'est que la surface du Plateau central était alors très restreinte.

(2) Cf. Depéret, *Orogénie du Plateau central.* « Annales de Géographie, » 15 juillet 1892. — Michel Lévy, *Réunion extraordinaire à Clermont-Ferrand*, 1890.

(3) La théorie des « plissements alpins » est du genre de celle du « plissement hercynien. » C'est une tentative d'explication, où, comme le disait M. de Lapparent, l'hypothèse joue forcément un grand rôle.

de la Loire et du Forez, et, plus à l'ouest, celui de l'Allier ou de la Limagne. Le même choc a causé de profondes cassures, qui sont au point de jonction des synclinaux et des anticlinaux ; l'une de ces fractures nous intéresse directement, c'est celle de la Limagne, orientée, elle aussi, du nord au sud.

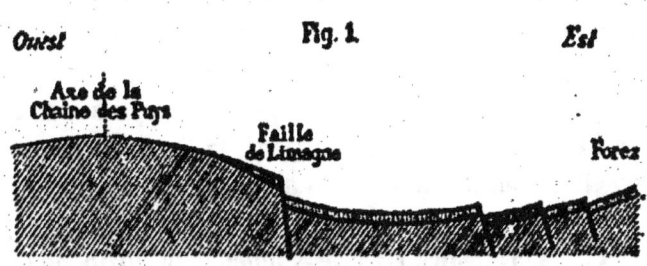

Coupe de la faille de Limagne (d'après M. Lévy).

En même temps que ces phénomènes s'accomplissaient, la mer tertiaire continuait à envelopper le socle montagneux de l'Auvergne. En particulier, elle s'avançait très loin vers le sud, entre le soulèvement de la chaîne des Puys et le soulèvement du Forez, dans une espèce de grand golfe qui n'était autre que la Limagne actuelle. On en a la preuve dans les fossiles d'eau saumâtre qu'on y a découverts, comme les nystia et les striatella, et comme, dans une zone supérieure, les Potamides Lamarkii (1). Puis, vraisemblablement à l'époque miocène, se produisit une nouvelle dislocation importante, accompagnée d'un léger exhaussement du Plateau ; la mer nummulitique s'éloigna davantage, la plaine de Limagne resta seule occupée par un grand lac d'eau douce, jusqu'à ce

Coupe du barrage de Four-la-Brouque et Saint-Yvoine (d'après M. Lévy).

(1) Cf. Vélain, « Grande Encyclopédie, » article *Auvergne*.

qu'elle fût séparée elle-même en deux bassins, par le barrage de Four-la-Brouque et de Saint-Yvoine (1).

Ainsi l'époque miocène est pour l'Auvergne l'époque des grands lacs d'eau douce qui enveloppent tout le socle gneissique primitif, ou qui le recouvrent, comme dans la Limagne. C'est dans ces lacs que vont se déposer les fossiles tertiaires, mollusques d'eau douce ou d'eau saumâtre, qui se raccordent au nord avec ceux des marécages de la Beauce, au sud avec ceux de l'Aquitaine. La vie était alors active sur tous les bords du grand lac de Limagne : des lymnées, des planorbes y pullulaient ; les crues des rivières y amenaient en abondance les

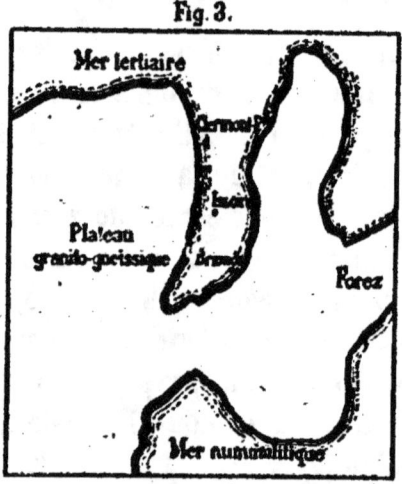

L'Auvergne à l'époque tertiaire

coquillages d'hélix ; les phryganes y accumulaient leurs larves entourées d'un étui de sable et de particules limoneuses cimentées par du calcaire. Ainsi se sont constituées d'épaisses couches de terrains tertiaires, argiles, marnes, bancs calcaires, sables, qu'on retrouve aujourd'hui à des altitudes différentes à cause de l'inégalité des affaissements ultérieurs (2).

(1) Cf. Julien, *Résumé de la série éruptive moderne en Auvergne.* « Annuaire du Club alpin français, » 1881, p. 460, 69.
(2) Cf. Fouqué, Discours d'octobre 1890. — P. Gautier, *Observations sur une randannite miocène marine de la Limagne d'Auvergne,* Cler-

La fin de la période miocène et toute la période suivante ou pliocène voient se produire un puissant réveil de l'activité interne : alors jaillissent les trachytes, les basaltes, dont les projections, en retombant dans les eaux des nappes lacustres, s'étalent en couches épaisses peu à peu cimentées par la vase calcaire, pour former les *pépérites* (1). Il est aisé aujourd'hui de retrouver dans les deux bassins de la Limagne (bassin de Clermont et bassin d'Issoire) la succession des dépôts fossilifères et des pépérites formés pendant l'époque pliocène. Mais, ce qui est plus difficile, c'est d'indiquer la série des dernières dislocations qui se sont produites dans le Plateau central, et de dater les émissions de trachytes, basaltes et laves, qui en ont modifié le relief durant tout le pliocène et jusqu'au quaternaire. Le plus probable, c'est qu'à partir de la fin du miocène, le sol de l'Auvergne est soumis à un mouvement de lent exhaussement, *exhaussement qui sera cette fois définitif* (2). En même temps l'activité éruptive reprend avec plus d'intensité que jamais; elle édifie le Plomb du Cantal et les monts Dore, causant ainsi les accidents les plus remarquables du relief actuel de l'Auvergne : cette grande éruption pliocène se termine par le déluge basaltique des plateaux.

Ce n'est pas tout : durant tout le pliocène également, les érosions modifient sans cesse et accentuent le relief; elles atteignent leur maximum d'action à l'époque glaciaire, époque très nettement caractérisée en Auvergne.

Enfin, au milieu du quaternaire, les volcans à cratères apparaissent, inondant les pentes des plateaux et les vallées

---

mont-Ferrand, 1893. D'après M. Gautier, une couche de *diatomées marines*, découverte au puy de Mur, par 480 mètres d'altitude, entre une couche de pépérites et une couche de calcaires à phryganes, marque l'extension dernière de la mer miocène dans la Limagne d'Auvergne, vers la fin de l'aquitanien.

(1) Il y a même, dans la Limagne, des pépérites basaltiques qui datent de l'oligocène.

(2) Cf. Julien, *Résumé de la série éruptive moderne en Auvergne*. « Annuaire du C. A. F., » 1878.

de leurs laves et conglomérats : leurs dernières éruptions paraissent avoir été contemporaines des premiers hommes.

*_**

De ces divers phénomènes des époques tertiaire et quaternaire, deux surtout fixeront notre attention : les *phénomènes éruptifs* et les *phénomènes glaciaires*.

PHÉNOMÈNES ÉRUPTIFS. — C'est par suite des dislocations survenues dans le substratum gneissique que le réveil de l'activité volcanique s'est produit en Auvergne. On peut faire remarquer ici que les terrains de formation ignée ont apparu surtout dans les gneiss de la croûte primitive, bien plus que le long des hauts soulèvements montagneux ; et pour ne citer qu'un exemple, ils sont bien plus nombreux en Auvergne que dans les Alpes. La raison, c'est que les roches éruptives recherchent de préférence, pour jaillir des profondeurs à la surface, les *régions de fractures* (1), qu'il est naturel de trouver dans les massifs rigides d'ancienne consolidation ; tandis que les régions de hautes montagnes comme les Alpes sont surtout des *régions de plissements*. Cela n'empêche pas d'ailleurs les deux phénomènes d'être concomitants : en effet le paroxysme volcanique de l'Auvergne coïncide avec le pliocène, qui a vu aussi se former le relief définitif des Alpes (2). Bien plus : la grande perturbation géologique qui

---

(1) Cf. Lapparent, *Géologie*. Passim.
(2) Cf. Julien, *Origine des volcans*, « Annuaire du C. A. F. » 1878. Voici la théorie de M. Julien : « L'intérieur du globe est à l'état de fusion ignée ; la sphère intérieure liquéfiée est enveloppée d'une écorce solide, puissante, formée dans le cours des âges, depuis le gneiss, la plus profonde couche soumise à notre observation, jusqu'aux alluvions contemporaines. Ce noyau liquéfié perd constamment de sa chaleur par voie de rayonnement dans l'espace à travers l'écorce terrestre. Par suite, l'écorce terrestre, obligée de se maintenir en contact permanent avec la surface de ce noyau interne, se contracte à son tour et *se plisse*. Ainsi se forment les montagnes. Mais de tels mouvements, de tels *plissements*, tantôt lents, tantôt brusques, ne peuvent se produire sans qu'il en résulte des *fractures* dans toutes les directions, et surtout dans les massifs gneissiques anciens, moins plastiques que les bassins sédimentaires, et par suite plus

donnait lieu au soulèvement alpestre n'avait pas seulement en Auvergne son contre-coup; elle déterminait les mêmes symptômes tout le long d'une immense courbe concentrique à la chaîne des Alpes, dans l'Eiffel, en Bohême, etc. Ces régions, volcaniques comme l'Auvergne, étaient pour la même raison le théâtre, à la même époque, d'une activité éruptive intense.

En Auvergne, cette activité a fait naître, sur le socle granito-gneissique élevé d'environ 800 mètres, une série de montagnes atteignant aujourd'hui encore, malgré le travail de l'érosion, des hauteurs de près de 1900 mètres, dans les monts Dore et le Plomb du Cantal.

CANTAL. — Les premières éruptions de la série moderne sont des éruptions de basaltes. Elles datent du miocène (1). Mais on n'en trouve actuellement que des lambeaux relativement peu étendus, par exemple au puy Courny, 763 m., près d'Aurillac, sur quelques points de la vallée de la Jordane, à Carlat, etc. Après une période de repos, commencèrent les épanchements de nature trachytique, ou de domite, par exemple au Lioran; ils atteignent 100 mètres d'épaisseur dans certains points de la vallée de la Cère; ils sont superposés soit directement au gneiss, soit au calcaire miocène. Puis vinrent les éruptions d'andésite, comme à Thiézac et à Murat. Ensuite ce furent des coulées de basalte porphyroïde qui traversèrent l'andésite; et presque en même temps le volcan vomit des cendres jusqu'à 30 kilomètres de distance, donnant naissance aux cinérites qui atteignent parfois dans le Cantal 80 mètres d'épaisseur. De nouveau, sur 3 à 400 mètres d'é-

---

fragiles. Grâce à ces fractures, les eaux superficielles trouvent un accès plus facile dans les régions profondes où règne l'incandescence, d'où un développement prodigieux de gaz et de vapeur d'eau, d'où *activité volcanique*. Ainsi les Alpes et les volcans pliocènes d'Auvergne sont le produit d'une même force souterraine, et comme les deux faces solidaires et contemporaines d'un unique et grandiose phénomène. »

(1) Cf. Rames, *Géogénie du Cantal*, 1873. — Michel Lévy, *Réunion extraordinaire*, l. c. — Lapparent, *Géologie*. — Julien, *Les Volcans de la France centrale et les Alpes*. « Annuaire du C. A. F., » 1878.

paisseur, reparut l'andésite, sous la forme d'andésite amphibolique, ou bien de phonolithe, comme au puy Griou, comme le long d'une traînée qui va du Cantal à la Corrèze en passant par la belle colonnade des orgues de Bort. Enfin, avec le pliocène supérieur, survint une véritable inondation basaltique, donnant lieu à la formation de nombreuses coulées de basalte à beaux prismes, de 25 à 50 mètres d'épaisseur (1); par endroits, on en trouve six coulées superposées, formant ensemble une épaisseur de 120 mètres, comme dans la haute vallée du Mars (2).

Ces éruptions trachyto-basaltiques du Cantal ont eu une grandeur et une majesté inimaginables. Elles se produisaient dans une enceinte énorme dont les débris actuels sont le puy Gros, le Plomb, le puy Mary, le puy Violent et le puy Chavaroche : cirque immense de 33 kilomètres de développement. Cela explique que le massif tout entier, avec ses vallées divergentes qui partent toutes des bords de l'ancienne enceinte volcanique, soit encore aujourd'hui, malgré l'effet des érosions, d'une remarquable simplicité. Il a seulement beaucoup perdu de sa hauteur primitive, selon les uns, la moitié (3), selon les autres, même plus de la moitié (4).

Monts Dore. — La plus grande partie du massif est formée par des tufs et des conglomérats trachytiques ou andésitiques,

---

(1) Cf. Vélain, « Grande Encyclopédie, » article *Auvergne*.

(2) Faut-il ajouter que ces basaltes sont contemporains de ceux qu'ont vomis les montagnes du Velay, tout le long de la vallée de l'Allier, jusqu'à 10 ou 12 kilomètres en aval de Langeac, c'est-à-dire jusqu'à l'entrée du petit bassin d'alluvions de Brioude. Cela semble résulter de la démonstration faite par M. Boule. (Comptes rendus de l'Académie des sciences, juillet 1890). Ce géologue a trouvé à Chillac des basaltes reposant sur une assise formée de cailloux roulés, parfois de blocs de un mètre de diamètre, qui sont tous des gneiss, du granite, de la granulite. Ces mêmes basaltes supportent à leur tour des projections volcaniques plus récentes, renfermant une faune du pliocène moyen. Ainsi le creusement de la haute vallée de l'Allier remonterait à une époque très ancienne, à la fin du miocène, et les basaltes de Chillac seraient contemporains de ceux du Cantal.

(3) C'est l'opinion de M. Julien. « Annuaire du C. A. F., » 1878.

(4) C'est l'avis de M. Rames, *Réunion extraordinaire de la Société géologique de France à Aurillac*, 1884.

au milieu desquels sont des basaltes provenant d'épanchements postérieurs. Voici, d'après la coupe de la Grande Cascade du Mont-Dore, l'ordre approximatif d'apparition des roches volcaniques dans la région :

Coupe de la Grande Cascade du Mont-Dore; flanc méridional (d'après M. Léry).

A la base sont des couches de basalte domitique ;

Puis, par-dessus une couche de cinérites, vient une coulée d'andésite ;

Puis une nouvelle couche de cinérites ;

Puis une nappe de trachytes ;

Au-dessus, enfin, une coulée d'andésite amphibolique.

Quant au sommet du pic de Sancy, il est constitué par du trachyte superposé au basalte. Nous devons noter aussi l'émission des phonolithes feuilletées des roches Tuillière et Sanadoire.

Mais toutes ces roches éruptives ne peuvent pas être classées partout suivant cet ordre. C'est qu'il n'y a pas eu, dans les monts Dore, une enceinte unique d'éruptions. Il y a eu, vraisemblablement, plusieurs foyers éruptifs, dont les orifices, assez distants les uns des autres, sont devenus méconnaissables (1).

---

(1) De là des difficultés dans l'explication géognostique du massif des Dore. Déjà, au début de ce siècle, Montlosier, dans son *Essai sur la théorie des volcans d'Auvergne*, reconnaît l'infinie complexité d'aspects de ce massif ; il y constate du granite, des coulées anciennes, des coulées modernes, sans voir aucun cratère nettement marqué. Plus récemment, M. Julien a exprimé la pensée que la première cheminée du volcan des

De plus, le relief des Dore a été, lui aussi, profondément modifié par les érosions puissantes de l'époque pliocène et de la période glaciaire : érosions facilitées par les cassures qui se

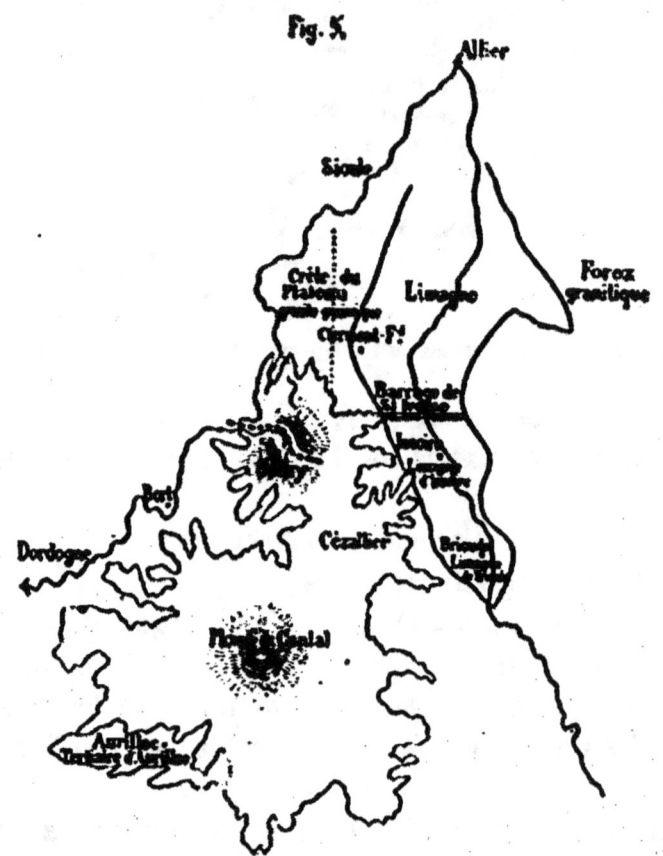

L'Auvergne à la fin de la période pliocène.

manifestèrent dans le massif, comme la faille transversale de la Bourboule, où coule aujourd'hui la Dordogne.

Dore ayant été obstruée par les émissions trachytiques, de nouvelles bouches se sont ouvertes, qui ont produit les phonolithes des roches Tuillière et Sanadoire, et celles des environs de Vic-le-Comte. Enfin M. Michel Lévy est d'avis qu'il y a eu au moins *deux* centres distincts d'éruptions, un au pic de Sancy, un autre plus au nord, séparé du premier par la faille de la Bourboule, et compris dans la région de la Banne d'Ordanche, de l'Aiguiller de Guéry, et de la Croix-Morand. (Voir le chapitre *Relief du sol.*)

Enfin, tandis que dans le Cantal les phénomènes volcaniques ont pris fin avec les épanchements de basaltes, dans les monts Dore la période de l'activité éruptive a duré bien plus longtemps, jusqu'à l'époque des volcans à cratères : cratères du Tartaret, de Montchalm, et de Montcineyre.

CHAÎNE DES PUYS. — Cette chaîne est caractérisée par la présence d'*appareils cratériformes* bien conservés, avec quelques massifs isolés d'une roche appelée *domite* (puy de Dôme, Clierzou, petit Suchet, Sarcouy, Chopine), et quelques plateaux basaltiques contigus.

Il faut, en effet, distinguer vraisemblablement trois périodes d'activité éruptive dans les monts Dômes.

1° De la période pliocène datent des épanchements basaltiques, assez rares du reste. Les cendres et les projections qui ont accompagné leur sortie, en se déposant dans les nappes lacustres de la Limagne, ont donné naissance aux pépérites de Pont-du-Château, Billom, Vertaizon, Vic-le-Comte. Ces pépérites de la Limagne sont imprégnées çà et là de bitume. On en trouve dans les calcaires à Helix Ramondi de Saint-Romain, de Lempdes, de Pont-du-Château. Le plus célèbre des gisements de bitume dans la pépérite est le tuf bitumineux du puy de la Poix, près Clermont, d'où jaillit une source dont la composition est analogue à celle de l'eau de la mer Morte (1).

2° De la même époque, ou à peu près, date l'apparition de la domite. Cette roche n'a pas coulé comme les laves de la période postérieure, elle s'est accumulée sous les couches de projections les plus superficielles, et, par endroits, a fini par pointer à la surface. Ses pointements les plus importants sont tous compris dans l'axe principal de la série des volcans à cratères (2).

3° Enfin, après la période glaciaire, ont jailli les cratères de scories qui sont encore si bien conservés, depuis La

(1) Cf. Mure, *Analyse de l'eau du puy de la Poix.* « Comptes rendus de la Société pour l'avancement des sciences, » 1875.
(2) Cf. Michel Lévy, *Réunion extraordinaire à Clermont-Ferrand*, 1890.

Rodde, au sud, jusqu'à La Nugère, au nord. Tous sont caractérisés par les lapilli, les bombes, les scories rougeâtres, les cendres noirâtres, les pouzzolanes ; tous aussi ont vomi des coulées de laves, à surface hérissée de blocs déchiquetés ; que ces laves soient des andésites, des labradorites ou des basaltes, elles sont toutes également fraîches. En voyant ces appareils volcaniques si intacts, on jurerait qu'ils sont à peine refroidis ; et, cependant, tous sont éteints depuis longtemps. Les dernières éruptions datent vraisemblablement de l'apparition de l'homme à la surface de la terre. Ainsi, MM. P. Girod et P. Gautier ont découvert des fragments de squelette humain dans les projections de Gravenoire (1) ; la coulée du Tartaret passe, à Neschers, sur des alluvions qui renferment des silex taillés de main d'homme (2).

Il faut toutefois se garder de fixer une date à ces dernières manifestations de l'activité souterraine en Auvergne, d'autant plus que ces volcans ne se comportaient sans doute pas comme font les volcans actuellement en activité. « Tandis
» que les volcans de notre époque brûlent solitairement, sont
» isolés, parfois fort loin les uns des autres, et offrent des
» éruptions successives dans un cratère unique (ainsi le
» Vésuve brûle toujours au même endroit, et couvre ses
» pentes de plusieurs centaines de coulées de laves super-
» posées), les volcans d'Auvergne n'ont eu chacun qu'une
» éruption, deux au plus, et, par suite, qu'une seule coulée
» de laves. Ces volcans se suivaient à la file sur une ou
» deux lignes parallèles et assez rapprochées. Il faut donc
» supposer une traînée de feu se prolongeant horizontale-
» ment sous terre, le feu gagnant de proche en proche,
» et marquant sa marche par des éruptions progressives.
» En d'autres termes, ce qui, au Vésuve, s'accumule autour

---

(1) « Comptes rendus de l'Académie des sciences, » 18 mai 1891. Ces projections sont-elles remaniées ou non ? Les géologues ne s'accordent pas sur ce point.

(2) Cf. Fouqué, Discours d'octobre 1890.

» d'un centre unique et isolé, se distribuait, dans l'ancienne
» Auvergne géologique, le long d'une chaîne de montagnes
» de trente kilomètres du sud au nord ; de là, l'âge différent
» de ces coulées de laves ; de là, la diversité de leur aspect
» superficiel, les unes étant recouvertes de gazon, de brous-
» sailles et même de bois (comme la cheire de La Vache
» en aval d'Aydat), les autres toutes nues, hérissées de
» pierres, et paraissant plus jeunes (comme la cheire du
» Pariou en amont de Villars) (1). »

En réalité, nous ne savons pas du tout comment procédaient ces volcans, ni suivant quel ordre eurent lieu leurs éruptions ; elles ont dû être très enchevêtrées, selon que des fentes se produisaient ici ou là dans le socle granito-gneissique. Voilà pourquoi M. Michel Lévy a pu noter, dans la disposition des cratères, des directions fort diverses (2).

Phénomènes glaciaires. — Jusqu'en 1869, il était admis qu'il n'y avait pas eu de glaciers en Auvergne ; à partir de cette date, il paraît démontré qu'il y en a eu. La question a fait l'objet d'une longue controverse entre les géologues.

Il s'agissait de terrains qu'on trouve en quelques points de l'Auvergne, soit du département du Cantal, soit du département du Puy-de-Dôme ; en particulier, près d'Issoire, sur la colline de Périer. « Il y a là, dit M. Julien dans sa thèse,
» une accumulation incroyable de cailloux et de blocs de
» nature diverse, de provenance étrangère ; ils sont cimentés
» par un limon jaunâtre, désigné jadis sous le nom de tuf, et
» qui constitue, à lui seul, la majeure partie de la forma-
» tion ; se délayant facilement dans l'eau, il est entraîné par
» l'action de la pluie ; il laisse libres sur place les cailloux,
» les graviers, et le sable qu'il enveloppait. Aussi voit-on, en
» explorant la montagne, quantité de blocs disséminés à la

---

(1) Ramond, *Nivellement barométrique des monts Dore et des monts Dômes*, 1815.
(2) Cf. plus loin, le chapitre *Relief du sol*, et la planche II, intitulée : *Divers axes de la chaîne des puys*.

» surface du plateau, ou servant de bordure aux che-
» mins (1). »

Des conglomérats analogues existent dans le Cantal, d'autres dans le reste du Plateau central : quelle origine leur donner ?... Tous les savants qui ont écrit sur l'Auvergne ont leur théorie là-dessus.

Legrand d'Aussy (2) attribue leur origine à la fois à l'action de l'eau et à l'action des volcans.

Ramond (3) n'y voit pas du tout l'action de l'eau ; il la rapporte aux volcans : « Ce sont des blocs, dit-il, projetés au » loin par les explosions volcaniques. » Or, il y en a qui ont 6000 mètres cubes, et qui sont à plus de vingt kilomètres du cratère le plus rapproché.

Poulett-Scrope (4) en explique différemment la présence : « Ces blocs, dit-il, ont été entraînés par des *courants boueux*, » par des masses énormes d'eau qui découlaient des pentes » des volcans, alors que ceux-ci étaient en activité. » La même explication sert pour les conglomérats ponceux de Périer, pour les conglomérats trachytiques du Cantal, et pour les brèches volcaniques du Velay.

Deux autres savants, Bravard et l'abbé Croizet (5), sont de la même opinion que Poulett-Scrope.

Enfin, Lecoq, dans son grand ouvrage des *Époques géologiques de l'Auvergne* (6), étudie, à son tour, les conglomérats ; il les considère comme l'effet de *phénomènes névéens*, plutôt que de *phénomènes glaciaires* ; il croit que c'est l'eau, et non la glace, qui a charrié ces blocs, car, dit-il, ils sont

---

(1) Cf. Julien, *Les Conglomérats ponceux de Périer*, thèse, 1869.
(2) Cf. Legrand d'Aussy, *Voyage d'Auvergne*, 1788.
(3) Cf. Ramond, *Nivellement barométrique des monts Dore et des monts Dômes*, 1815.
(4) Cf. Poulett-Scrope, *Les volcans de la France centrale*, 1823, trad. Vimont, 1866.
(5) Cf. Bravard, *Monographie de la montagne de Périer*, 1828 ; — abbé Croizet, *Recherches sur les ossements fossiles*, 1828.
(6) Lecoq, *Les époques géologiques de l'Auvergne*, 1867, 5 vol., t. V, p. 271.

arrondis, quelquefois presque polis, et ne conservent plus leurs angles.

C'est M. Julien, dans sa thèse publiée en 1869, qui a émis le premier, d'une façon catégorique, la théorie des glaciers d'Auvergne. Il jeta ainsi un jour nouveau sur la question. Parmi les savants, les uns, au premier moment, se déclarèrent contre, d'autres pour sa théorie. Aujourd'hui, elle n'est plus contestée par personne; elle a même pris une extension de plus en plus grande dans ces dernières années; et, plus nous allons, plus les géologues découvrent de grandeur et de puissance dans les phénomènes glaciaires dont l'Auvergne fut jadis le théâtre.

Ainsi, il semble prouvé maintenant qu'il y a eu plusieurs périodes glaciaires en Auvergne, séparées les unes des autres par des périodes dites interglaciaires.

Mais, à quelles dates placer ces périodes?... Suivant M. Julien (1), il y aurait déjà eu des glaciers, en Auvergne, à l'époque houillère. Du moins, toutes les conditions nécessaires à l'extension de grands glaciers se trouvaient réalisées dans l'Auvergne de ce temps-là : voisinage de la mer, abondance de précipitations atmosphériques, existence de hautes montagnes. De plus, dans les gîtes houillers du Plateau central, à Brassac, à Langeac, à Commentry, comme dans le bassin de Saint-Etienne, au mont Crépon, on observe des *enclaves*, ou *brèches*, qui ne sont autre chose, d'après M. Julien, que des fragments de moraines glaciaires, entraînés au milieu des gisements de houille alors en voie de formation.

Mais les deux époques glaciaires le plus communément admises en Auvergne datent, la première, de la période pliocène, et la seconde, plus récente, de l'époque quaternaire.

Les glaciers pliocènes d'Auvergne, à en juger par leurs débris morainiques actuels, ont dû être d'une grandeur et

(1) Conférence faite à la Faculté des lettres de Clermont, 20 mars 1895.

d'une majesté incomparables. Ainsi, dans le massif du Cantal, un immense glacier pliocène, non seulement remplissait la vallée actuelle de la Cère, mais rejoignait le glacier de la vallée de la Jordane ; puis il allait, dans la direction de l'ouest, au delà de l'emplacement actuel d'Aurillac, recouvrir au loin le plateau cristallin de l'Espinet. De même, dans le massif des Dore, des glaciers non moins puissants démolissaient les hauts sommets, et en transportaient les débris à Périer, à Monton, à Orcet, à plus de vingt kilomètres de leur point de départ.

D'après une théorie toute récente (1), cette époque pliocène aurait été, en Auvergne, le théâtre de phénomènes glaciaires encore plus imposants. M. Boule considère l'immense hémicycle de quarante kilomètres de diamètre, formé par les trois soulèvements du Cantal, du Cézallier et des monts Dore, et observe que les plateaux de l'intérieur de cet hémicycle offrent, sur leur face orientale, un aspect *moutonné*, c'est-à-dire des formes arrondies, et, sur leur face occidentale, un aspect abrupt, des arêtes rocheuses, des escarpements verticaux. Ces plateaux, qui dominent d'environ 250 à 300 mètres le niveau des vallées fluviales actuelles, sont recouverts de blocs morainiques et de cailloux striés, derniers débris d'une immense nappe de glace qui, à l'époque pliocène, aurait recouvert toute la région. Ces gigantesques glaciers seraient contemporains de ceux qui, dans les Alpes, descendaient jusqu'à Lyon, et, dans les Pyrénées, s'avançaient jusqu'à Pau. Leurs moraines frappent aujourd'hui par leur aspect de vétusté, qui contraste singulièrement avec la belle conservation des moraines de l'époque quaternaire.

Beaucoup plus tard, dans le courant de la période quaternaire, le phénomène glaciaire reparut en Auvergne, mais cette fois remarquablement atténué. De nouveaux glaciers,

---

(1) Cf. Boule, « Comptes rendus de l'Académie des sciences, » 2 décembre 1895 ; et « Annales de géographie, » 15 avril 1896.

ceux-ci nettement localisés, occupèrent la plupart des hautes vallées du Cantal et des monts Dore. Leurs moraines latérales et frontales sont aisément reconnaissables aujourd'hui ; exemples : dans le Cantal, le glacier quaternaire de la haute vallée de l'Alagnon, celui de la petite vallée du Seniq, sur le revers sud du Plomb du Cantal, qui n'atteignait pas dix kilomètres de longueur, et dont l'œil embrasse à la fois tout l'emplacement (1), celui de Carnejac, près d'Arpajon, ceux des vallées du Mars, de la Rhue, de la Santoire, etc. ; dans les monts Dore, les glaciers quaternaires des vallées d'Issoire et de Champeix, etc. A coup sûr, ils n'ont pas eu une action aussi grande que les glaciers pliocènes sur la formation du relief du sol de l'Auvergne. Les vallées étaient alors creusées en grande partie : ils ont simplement contribué à achever leur déblaiement.

C'est pendant cette dernière période glaciaire que le mammouth, le rhinocéros, le renne vivaient en Auvergne. Depuis lors, de ces espèces animales, les unes se sont entièrement éteintes, les autres, pour trouver un climat plus froid, sont remontées vers le nord. Il n'est resté en Auvergne, comme derniers témoins de l'âge des glaciers, que quelques espèces végétales, quelques plantes communes à la Laponie ou aux sommets des Alpes (2).

(1) Le glacier de la vallée du Seniq est décrit longuement par M. Boule, dans le numéro des Annales de Géographie du 15 avril 1896 ; une carte et plusieurs photographies jointes à l'article permettent de se faire du phénomène une idée exacte. On y voit : 1° le cirque névéen, sorte de dépression circulaire située à la tête de l'ancienne vallée glaciaire ; 2° un cordon continu de moraines latérales, placées des deux côtés de la vallée, et allant se relier plus bas à la moraine frontale formée d'énormes blocs erratiques.
La vallée actuelle est d'abord à fond plat, presque marécageux, traversée par une rivière sinueuse ; plus loin, elle est barrée par des mouvements de terrain irréguliers, et le cours d'eau est obligé de se frayer péniblement un passage entre les blocs erratiques des moraines et les hauteurs du flanc gauche de la vallée.
(2) Cf. Fouqué, Discours d'octobre 1890. Citons, dans le nombre de ces espèces, cerastium alpinum, gnaphalium norwegicum, cetraria islandica, androsace carnea, et la soldanelle des glaciers.

Cette même époque, enfin, est marquée par la puissance extrême des érosions. Quand, par suite d'une élévation de température de notre globe, tous ces glaciers se mirent à fondre, le ruissellement de formidables cours d'eau contribua à affouiller toutes les pentes, à égaliser les versants, à creuser les vallées actuelles, et le relief du sol de l'Auvergne prit le caractère qu'il présente aujourd'hui. La Limagne resta encore longtemps un lac, puis, à la longue, se dessécha; et, toute couverte d'alluvions récentes, elle devint une plaine fertile entre toutes. Avec le dessèchement de la Limagne, nous arrivons à la période contemporaine, ayant sous les yeux « le spectacle d'une nature toujours changeante, renouve- » lant sans cesse l'enveloppe de notre globe, et lui donnant » sans cesse la vigueur d'une nouvelle vie et les attraits » d'une jeunesse éternelle (1). »

(1) Cf. Legrand d'Aussy, fin du livre.

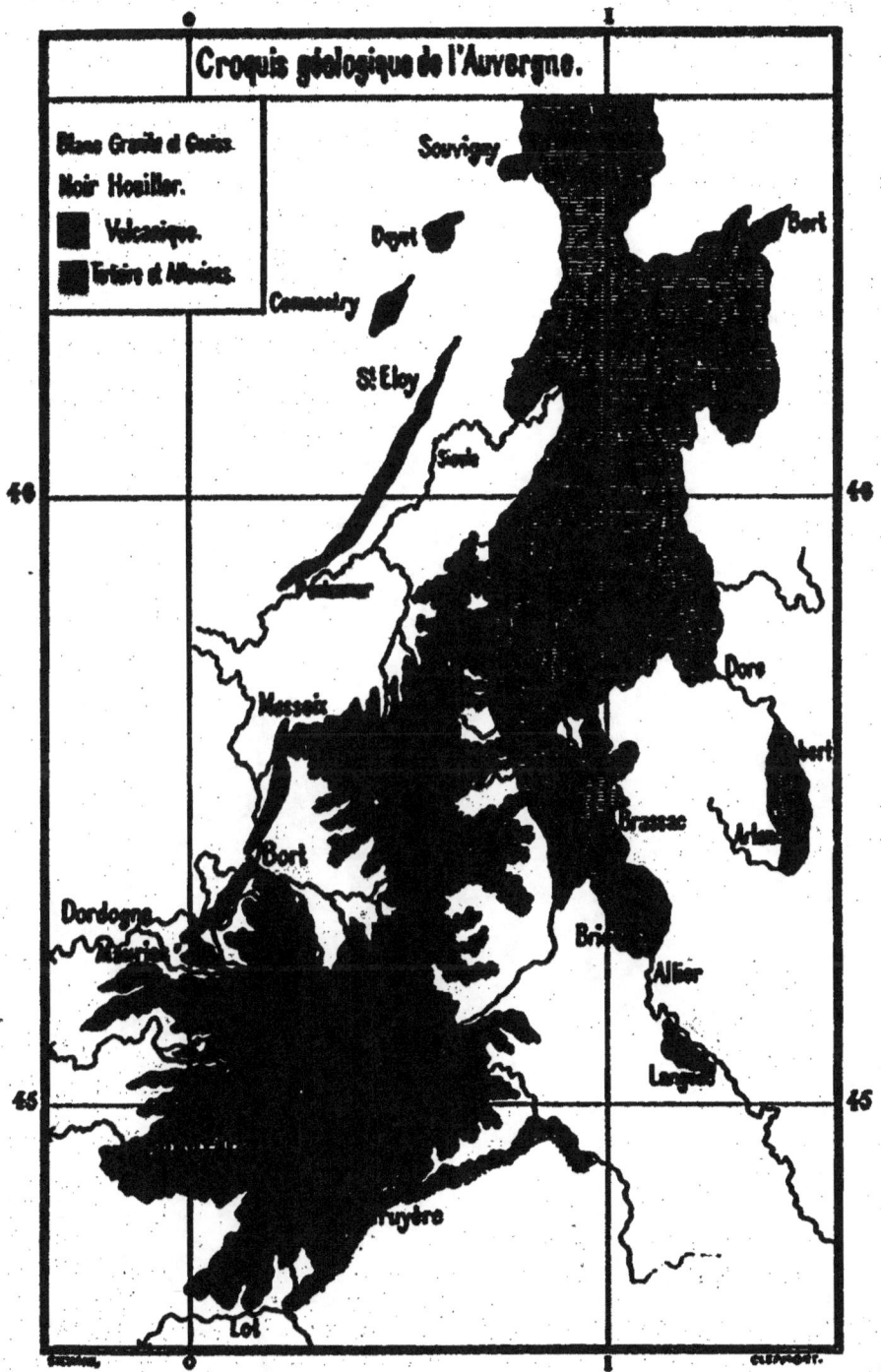

CHAPITRE II

Le relief du sol de l'Auvergne

« *Un sous-sol de terrain primitif, gardant de l'époque hercynienne quelques lambeaux de terrain houiller, recouvert ensuite sur plusieurs points par de grands dépôts lacustres tertiaires, au milieu desquels d'anciens volcans ont vomi des trachytes et des basaltes, et des volcans plus modernes ont déposé des laves* (1), *tandis qu'aux époques pliocène et quaternaire les phénomènes glaciaires contribuaient par leur action érosive à l'œuvre du nivellement* (2), » telles sont, brièvement rappelées, les étapes de la formation du relief du sol de l'Auvergne.

Ce relief est très varié et d'aspect très différent, suivant qu'affleurent à la surface les trois catégories essentielles de terrains qu'on y rencontre : les terrains gneissiques et granitiques, — les terrains volcaniques, — et les terrains tertiaires et quaternaires.

TERRAINS GNEISSIQUES ET GRANITIQUES

C'est le substratum de toute l'Auvergne, le terrain fondamental. Comme il a été recouvert en bien des endroits, on ne le voit plus affleurer que par lambeaux. Il est vrai que

---

(1) Par le mot *laves*, nous désignons expressément les produits d'épanchements de la série des volcans modernes.
(2) Cf. Farges, « Grande Encyclopédie, » article *Cantal* ; — Vélain, « Grande Encyclopédie, » article *Auvergne*.

ces lambeaux sont très importants. On peut les répartir en trois masses principales :

a) Dans le sud de l'Auvergne, il a la forme d'un vaste cirque (1) dont le contour serait le suivant : après avoir formé au nord-ouest du Cantal les plateaux de l'Artense, 939 mètres, il disparaît un moment sous les produits éruptifs du Cézallier, puis va constituer à l'est toute la chaîne de la Margeride, jusqu'au moment où il est de nouveau recouvert au sud-est par les coulées basaltiques de l'Aubrac. Au delà, la ligne du terrain primitif est encore coupée par les ravins profonds où coulent la Truyère et le Goul, son affluent. Puis il forme presque tout le sud de l'arrondissement d'Aurillac par un croissant dont les sommets varient de 700 à 900 mètres (Labrousse, 849 m.; Prunet, 788 m.; Saint-Mamet, 771 m.; Saint-Saury, 762 m.), et qui s'abaisse au nord sur les rives de la Cère, au sud sur le petit bassin tertiaire de Maurs. Au delà enfin, vers l'ouest, le terrain primitif se prolonge très loin, en dehors de l'Auvergne ; c'est de ce côté que sa masse est le plus compacte et le plus étendue : elle occupe la majeure partie du Limousin et de la Marche.

Ce n'est pas tout : outre cette grande surface enveloppante, les gneiss et les granites forment encore des affleurements sur plusieurs points de la région cantalienne ; au nord, il y en a des traces dans le massif du Falgoux ; à l'est, ils sont à jour sur les flancs de toutes les vallées qui ravinent le plateau de la Planèze ; et le même phénomène se reproduit à l'ouest, dans les vallées de la Doire, de l'Aspre, de la Maronne et du Mars.

b et *c*) Dans le nord de l'Auvergne, ce terrain forme deux masses séparées par la dépression tertiaire de la Limagne.

b) La première, celle de l'ouest, constitue la plate-forme qui sert de support aux montagnes volcaniques des Dore et des Dômes ; elle est plus exhaussée dans sa partie méridionale, et va en s'infléchissant légèrement vers le nord ; elle

---

(1) Cf. Rames, *Topographie raisonnée du Cantal*, 1879.

continue en somme le piédestal cantalien dont il vient d'être parlé. C'est surtout sur la bordure occidentale du plateau que, depuis l'Artense, affleure le terrain primitif ; de ce côté, il s'étend jusqu'aux extrémités de l'Auvergne, jusqu'à l'alignement houiller de Bort-Messeix-Pontaumur-Saint-Eloi ; il se prolonge même au delà, à travers le Limousin et la Marche ; tandis qu'à l'est du plateau, il est recouvert fréquemment par les déjections volcaniques, et se trouve brusquement interrompu par le tertiaire de la Limagne. Au nord, ses limites sont indécises.

c) La seconde masse, celle de l'est, se raccorde au sud avec la Margeride ; elle s'étend d'abord entre la petite dépression tertiaire de Brioude et les terrains volcaniques du Velay, puis s'épanouit largement dans la région des monts d'Allier ou du Livradois ; elle confine, d'une part, à la Limagne qu'elle suit jusqu'à la hauteur du puy Saint-Romain, et fait corps, d'autre part, avec le soulèvement tout entier du Forez, à peine interrompue, dans le sens de la largeur, par le bassin tertiaire de la Dore, d'Arlanc à Ambert. Au nord, ses limites sont également indécises.

Est-il possible maintenant de caractériser les formes du relief de ces terrains primitifs ? Qu'on ne perde pas de vue que, là comme partout ailleurs, le relief est sans cesse remanié par les agents atmosphériques ; ce sont eux qui, dans les âges géologiques anciens, ont agi sur les roches pour les amener à l'état présent ; ce sont eux encore qui, actuellement et sous nos yeux, agissent pour les modifier. Le phénomène de l'érosion, pour être moins puissant qu'autrefois (1), n'en a pas moins des effets appréciables. En Auvergne, le principal agent d'érosion est la pluie ; nous ne comptons pas comme tel le vent, dont les assauts ne modi-

---

(1) Il est bien entendu que chaque fois que nous parlons de la puissance des érosions passées, nous faisons entrer en ligne de compte la *durée* des époques géologiques autant que l'*intensité* propre du phénomène. Or, cette durée n'a jamais pu être calculée, — les géologues ne sont pas d'accord à ce sujet.

fient pas le relief d'une façon notable, ni les maxima et les minima de chaleur, dont l'action destructive ne peut pas être non plus calculée aisément. Mais certaines pluies d'orage, tombant sur les pentes nues et privées de végétation qui accompagnent souvent les zones gneissiques et granitiques, y ont des effets d'érosion manifeste ; elles affouillent profondément toutes les parties friables, les entraînent avec elles dans leur descente, et emportent dans les fonds ce qu'elles ont enlevé aux sommets ; elles accomplissent ainsi une œuvre de nivellement contre laquelle l'homme a de la peine à lutter. Là où il est outillé en conséquence, il peut sans doute réparer assez bien les suites fâcheuses de l'érosion. Mais dans les montagnes d'Auvergne, loin de toute voie de communication et privé des moyens que la science moderne pourrait lui procurer, il ne parvient pas à soutenir une lutte inégale ; ainsi l'action de la pluie sur le sol n'est neutralisée que par la force de cohésion et de résistance des roches frappées.

De là, une perpétuelle mobilité du relief, qui rend difficile l'étude de ses formes. A s'en tenir aux indications d'ensemble, on risque d'être inexact, et, d'autre part, on ne peut entrer dans l'infini détail.

Les terrains gneissiques, en Auvergne, n'offrent pas tout à fait les mêmes aspects que les terrains granitiques ; ils sont relativement peu élevés ; altitude moyenne, 500 à 900 mètres dans la partie centrale, Planèze, Cézallier ; 200 à 500 mètres aux extrémités. Ils ont, en général, la forme de plateaux. De là, les termes que nous employons pour les désigner : *croupe, plate-forme, socle, substratum, soubassement.*

Les terrains granitiques ont une altitude moyenne plus considérable : 1200 mètres dans le sud ; près de 1000 mètres dans le centre ; 800 mètres dans le nord, ce qui donne une moyenne générale d'environ 1000 mètres. En outre, ils présentent des formes de relief déjà plus variées : tantôt la forme de plateaux, par exemple à l'ouest, dans l'Artense et dans la région de la Sioule, en aval de Montfermy ; tantôt la forme de chaînes, par exemple à l'est, dans la Margeride, dans le Livradois, dans le Forez (1).

Les effets de l'érosion ne sont pas non plus les mêmes dans les gneiss et dans les granites. Les roches granitiques, partout où s'est exercée l'action corrosive de l'eau ou des agents atmosphériques, offrent presque toujours des pentes plus arrondies, et leurs éperons (quand elles en forment) ne sont pas escarpés, abrupts, comme on le remarque toujours dans les roches gneissiques. Cela tient à leur structure même. Dans le gneiss, la disposition d'un des éléments friables, le mica, en lits parallèles intercalés entre des couches plus dures, explique l'aspect déchiqueté que présentent les gneiss soumis à l'influence des érosions; exemple, la partie de la vallée de la Sioule comprise entre Pontgibaud et Montfermy : la rive droite est taillée à pic dans le gneiss, et présente une suite de redans ou d'éperons plongeant presque perpendiculairement dans l'eau.

Dans le granite, la structure n'est plus la même : non seulement cette roche est dépourvue de toute stratification, mais encore ses éléments sont disposés en un feutrage serré qui s'oppose à tout triage et donne à l'ensemble une texture homogène. Cependant les granites offrent dans leur masse de nombreuses fissures dues au retrait par refroidissement. Dans ces étroits espaces commence l'altération de la roche qui amène, à la longue, la formation d'un granite altéré entourant des noyaux plus durs de roche saine. Bientôt, par l'action érosive de l'eau, ce granite altéré est enlevé, ses éléments entraînés aux points bas des vallées y constituent des arènes granitiques, tandis que les parties intactes et résistantes demeurent en place et forment des amoncellements parfois gigantesques. Les environs de Fontanas, la haute vallée de l'Etang, près de Clermont, la région de Pontaumur voisine de la Creuse, etc., sont de beaux exemples d'érosion dans le granite et de ses conséquences.

(1) Dans le Forez, les sommets granitiques atteignent jusqu'à 1700 mètres de haut.

TERRAINS VOLCANIQUES

En France, ce n'est guère que dans le Plateau central et particulièrement en Auvergne que l'on trouve des terrains volcaniques : c'est la caractéristique du pays. Déjà, à la fin du siècle dernier, Legrand d'Aussy en faisait la remarque : « Les volcans d'Auvergne sont un grand et terrible événe-
» ment qui a changé en entier la face du pays, lui a donné
» un autre sol, y a nécessité une autre culture, et qui, enfin,
» toujours également puissant malgré son incalculable anti-
» quité, en fait et en fera probablement pour jamais une
» province à part. » Et il continue son récit en admirant le zèle des habitants qui ont tiré parti d'un sol aussi ingrat, qui ont défriché et mis en culture les moindres parcelles du terrain cultivable (1).

Trois principaux centres volcaniques existent en Auvergne, tous trois se succédant du sud au nord entre la vallée de l'Allier d'une part, les vallées de la Dordogne et de la Sioule de l'autre : le Cantal, — les monts Dore, — les monts Dômes.

Le Cantal

On désigne sous ce nom une vaste excroissance montagneuse d'origine volcanique, un énorme volcan dont les restes occupent à peu près toute l'étendue du département actuel du Cantal. « Imaginez un polygone convexe irré-
» gulier, dont les côtés sont formés par une ceinture de
» crêtes andésitiques, largement égueulée au sud-ouest par
» les deux vallées de la Cère et de la Jordane. Une série de
» puys également andésitiques, puy Gros, 1599 mètres ;
» Plomb du Cantal, 1858 mètres ; puy Mary, 1787 mètres ;

---

(1) Cf. Legrand d'Aussy, *Voyage d'Auvergne*, 1788.

» puy Violent, 1594 mètres ; puy Chavaroche, 1744 mè-
» tres ; puy de la Poche, 1490 mètres, marque les res-
» sauts de cette crête ; ce sont autant de sommités centrales
» qui indiquent l'emplacement du pourtour du grand cra-
» tère primitif. Au centre de ce cirque immense, de onze
» kilomètres de diamètre, se trouve le puy Griou, 1694
» mètres, cône de phonolithe d'une élégante et svelte régu-
» larité, flanqué de quelques autres puys moins élevés,
» également phonolitiques, le Griounot, 1452 mètres, et l'Us-
» clade, 1439 mètres (1). »

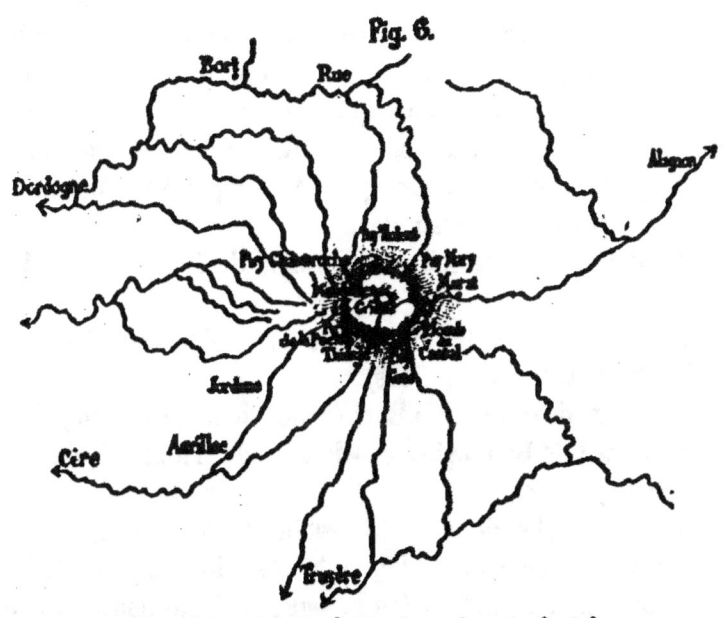

Disposition générale de l'ancien volcan du Cantal.

Le relief du sol de cette énorme masse de terrains
éruptifs est simple dans ses grandes lignes, mais très complexe dans le détail, et cela provient encore des effets de
l'érosion. Tous ces terrains sont de date bien plus récente
que les roches gneissiques et granitiques ; ils ont apparu
depuis le milieu de l'époque tertiaire jusqu'au quaternaire.
Mais, d'autre part, ils sont plus exposés que les gneiss et les

(1) Cf. Farges, « Grande Encyclopédie, » article *Cantal*.

granites à l'action de l'eau. L'érosion, dans les terrains volcaniques du Cantal, est d'une espèce particulière, et résulte de la structure de ces terrains, trachytes et basaltes (1). De leur nature primitive, ces roches sont imperméables ; mais, en fait, elles sont devenues perméables grâce aux nombreuses fentes ou fissures que l'on observe dans leur masse. C'est que, par l'effet du refroidissement, ces roches se sont craquelées çà et là ; l'eau a pénétré dans les anfractuosités ainsi produites, et son action corrosive a pu de la sorte s'exercer. Elle a rongé les bords de ces fentes et de ces fissures et les a élargies peu à peu. Ainsi s'expliquent les puissants phénomènes d'érosion que l'on constate actuellement dans les trachytes et les basaltes du Cantal, les colonnades basaltiques ou phonolithiques qui accompagnent le creusement de vallées profondes; exemples :

Le puy Griou au-dessus de la vallée de Mandailles (vallée de la Jordane);

Le dyke de phonolithe du village de la Font-de-Cère, près de Thiézac (vallée de la Cère);

La colonnade célèbre de Bort (vallée de la Dordogne);

Le rocher de Bonnevie, au-dessus de Murat (vallée de l'Alagnon);

L'énorme dyke de basalte (roche Laval) au-dessus de Neussargues (vallée de l'Alagnon), vrai champignon de basalte qui doit être une ancienne bouche d'éruption, etc., etc.

Les principaux terrains volcaniques du Cantal sont les trachytes et les basaltes. Les épanchements trachytiques étaient assez fluides pour s'écouler au loin sans s'accumuler les uns sur les autres ; les épanchements basaltiques ont, par endroits, recouvert le trachyte, et donné en général aux parties superficielles du massif une pente graduelle et assez régulière. Les plateaux trachyto-basaltiques qui rayonnent de tous les côtés autour du cirque central ont, d'ordinaire, la

---

(1) Ce développement s'applique aussi bien aux trachytes et aux basaltes des monts Dore.

forme de triangles dont le sommet est tourné vers l'ancien cratère, dont les côtés sont formés par les vallées divergentes qui en descendent, enfin dont la base est déchiquetée par des vallées accessoires où coulent les affluents des rivières principales. Ces vallées sont en général profondes, et présentent, sur leurs deux rives, des sections correspondantes des différentes couches volcaniques au travers desquelles chaque vallée s'est creusée ; à leur terminaison, elles entament le socle primitif de gneiss et de granite qui supporte toutes les déjections volcaniques (1). On trouve encore, à la surface de ce socle primitif, quelques îlots basaltiques, sortes de tables isolées, qui ont résisté, jusqu'à ce jour, aux érosions et aux dénudations.

Les principales coulées trachytiques, qui datent du pliocène, sont :

a) Une grande masse tournée vers le sud-ouest. C'est de ce côté que l'érosion a dû être, de tout temps, le plus active, et par suite la dénudation. Si le basalte des éruptions suivantes a recouvert par places le trachyte, il a été à la longue rongé et dispersé, de sorte qu'aujourd'hui le trachyte est à nu. D'ailleurs, de nos jours encore, c'est de ce côté que soufflent les vents les plus fréquents et que tombe la plus grande quantité de pluie ; si bien que le même phénomène se poursuit de la même manière. La grande masse trachytique du Cantal couvre tout le pays situé entre le cours de la Maronne, au nord, et celui de la Cère, au sud ; issue du cratère central, elle s'étend vers l'ouest, d'une part, jusqu'à la rencontre du socle gneissique au delà de Saint-Cernin, d'autre part, jusqu'au petit bassin tertiaire d'Aurillac.

b) Toute une série d'autres coulées de surface moindre. Celles-ci s'engagent dans les intervalles des vallées qui rayonnent tout autour du Cantal ; ainsi le long de la vallée du Mars, nord-ouest ; de la vallée de la Rhue de Cheylade

---

(1) Exemples : vallées de la Cère, de la Maronne, du Mars, de la Rhue, de l'Alagnon.

et de la vallée de la Santoire, nord ; de même entre les vallées de Dienne et de Murat, nord-est ; enfin, quelques minces filets prennent la direction du sud, le long de vallées peu importantes aboutissant à la Truyère.

Les principales coulées basaltiques, datant aussi du pliocène, sont :

a) Deux grandes masses situées l'une à l'est, l'autre au nord-est. La première s'étend en forme d'éventail sur tout le plateau de la Planèze, jusqu'à la Margeride. Saint-Flour est bâti à l'extrémité de cette coulée. Elle offre plusieurs lits de basalte étagés l'un sur l'autre et formant parfois des colonnades d'une grande régularité. La seconde, plus compacte encore, couvre tout le socle gneissique depuis la vallée supérieure de l'Alagnon jusqu'à celle de la Santoire ; à sa naissance se dresse la montagne de Bonnevie, rocher conique de 120 mètres de haut, tout plein de fort beaux prismes, qui domine à pic Murat.

Cette puissante coulée basaltique s'étend, au nord, à travers tout le massif du Cézallier et culmine au signal du Luguet (1555 mètres), dans une région qui est la moins explorée et la moins connue de toute l'Auvergne, et sur laquelle les géologues ne sont pas tous d'accord (1). La même nappe basaltique se prolonge dans la direction du nord, et ne cesse qu'à la rencontre des coulées issues des monts Dore, à peu de distance du pic actuel de Sancy.

b) Outre ces deux énormes masses, il se détache vers le nord-ouest d'autres coulées basaltiques moins étendues et moins épaisses, par exemple celle qui accompagne la vallée de la Sumène et qui aboutit au bassin houiller de Champagnac, et une autre qui se divise en deux tronçons séparés par la vallée de l'Auze, l'un d'eux finissant à Mauriac, le second près de Pleaux.

---

(1) Quelques savants prétendent que le Cézallier a été un volcan indépendant du Cantal, et qu'il a vomi lui-même les basaltes qui recouvrent ses pentes.

Les monts Dore

Le spectacle ici est assez analogue à celui que vient d'offrir le Cantal. L'ensemble éruptif, reposant sur un soubassement plus granitique que gneissique, est une vaste excroissance montagneuse, de forme ellipsoïdale, dont le grand axe nord-sud aurait environ trente-cinq kilomètres, de Saint-Pierre-Roche à Eglise-Neuve-d'Entraigues ; et le petit axe ouest-est, environ vingt-cinq kilomètres, de Laqueuille à Olloix. Le massif culmine actuellement au pic de Sancy, par 1886 mètres, mais il a dû jadis être bien plus élevé : M. Michel Lévy pense qu'il atteignait au moins 2500 mètres de haut. « Qu'on se
» représente, dit Poulett-Scrope, sept ou huit sommités
» groupées ensemble dans une vaste enceinte, le puy de
» Cacadogne, 1791 mètres ; le puy de l'Angle, 1728 m. ;
» l'Aiguiller de Guéry, 1547 m. ; la Croix-Morand, 1518 m. ;
» la Banne d'Ordanche, 1515 m. ; le puy Gros, 1482 m.,
» à partir desquelles, comme d'un foyer central, les pentes
» descendent presque toutes plus ou moins rapidement, jus-
» qu'à ce que leur déclivité se perde dans la plaine élevée qui
» l'entoure. Qu'on imagine cette masse profondément en-
» tamée sur deux flancs opposés par deux vallées principales,
» la Dordogne et la Couze-Chambon, et sillonnée en outre
» par douze ou quinze gorges moindres, par où s'échappent
» les rivières venues des sommités centrales pour s'en aller à
» tous les points de l'horizon (1), » et l'on aura une idée générale, forcément vague et incomplète, du massif des monts Dore.

La description de Poulett-Scrope ne doit pas être prise à la lettre ; car, si le massif est le reste d'un ancien et énorme volcan, on ne peut pas, comme au Cantal, y retrouver un cratère unique. Plus vraisemblablement (c'est du moins l'opinion de M. Michel Lévy), il y a eu deux centres princi-paux d'éruptions : l'un au Sancy, l'autre dans les montagnes

---

(1) Cf. Poulett-Scrope, *l. c.*, p 125-153.

du puy de l'Angle et de Dianne. On y remarque, en effet, un double étoilement de coulées divergentes. Le premier a pour point de départ le Sancy, et toutes les coulées issues de là sont comme arrêtées le long d'une ligne ouest-est, jalonnée par le cours supérieur de la Dordogne et la Grande Cascade du Mont-Dore. Le deuxième a comme point de départ le groupe formé par la Banne d'Ordanche, l'Aiguiller de Guéry, la Croix-Morand et le puy de l'Angle, et les coulées qui en sortent ne paraissent pas avoir jamais coïncidé avec les premières (1).

Disposition générale des anciens volcans du Mont-Dore (d'après M. Lévy).

Justement, il existe, en plein massif des Dore, une faille transversale que M. Michel Lévy appelle faille de La Bourboule, et qui date d'une époque plus récente (indéterminable). Cette faille non seulement expliquerait le changement brusque de direction du cours de la Dordogne, mais encore et surtout isolerait nettement aujourd'hui le cratère central et son premier étoilement de coulées, qui semblent avoir été

(1) Cf. Michel Lévy, *Réunion extraordinaire à Clermont-Ferrand*, 1890.

affaissées, du second étoilement d'où partent les épanchements de la Banne d'Ordanche, du puy Gros et de la Croix-Morand (1).

Comme le cratère du Cantal, le ou les cratères des monts Dore ont vomi des trachytes et des basaltes, et sont, par suite, entourés de plateaux de déjections (2). Quant à dater l'époque des émissions, il n'y faut pas songer. Ici, le trachyte et le basalte se sont à plusieurs reprises entrecroisés. Cela explique que les terrains superficiels soient si divers de structure et si variés d'aspect, que souvent la même couche renferme des terrains différents et affecte les formes les plus dissemblables. Il est probable aussi, d'après la comparaison faite par MM. Fouqué et Michel Lévy des roches des monts Dore et de celles du Cantal, que les premières éruptions des monts Dore ont été contemporaines des dernières émissions du Cantal : ce qui vient à l'appui de la grande théorie suivant laquelle la date des accès éruptifs se serait de plus en plus rapprochée de nos jours, à mesure que les centres volcaniques auraient progressé du sud vers le nord.

Les coulées trachytiques des monts Dore sont moins étendues que celles du Cantal ; elles ne dépassent pas 15 kilomètres ; mais elles sont d'ordinaire très épaisses, au point de former les portions les plus compactes et les plus considérables de l'édifice général. Le trachyte constitue, à lui seul, presque toutes les sommités centrales et les plateaux les plus voisins du centre du massif. Le basalte est plus répandu dans les escarpements latéraux et au fond des vallées ; les derniers basaltes ont coulé, en effet, jusqu'à 30 kilomètres en moyenne, et jusqu'à 40 et 45 kilomètres vers le nord et le nord-est. On constate ici le même phénomène que dans le Cantal : c'est dans la partie sud-ouest que se rencontrent à nu les plus grandes masses de trachyte ; l'érosion a dû disperser les basaltes qui les recouvraient

(1) Cf. Michel Lévy, *Réunion extraordinaire à Clermont-Ferrand*, 1890.
(2) Dont beaucoup sont *tourbeux*.

par places. Il n'existe qu'une coulée basaltique encore intacte et dirigée de ce côté : c'est celle qui couvre le pays au nord de Latour et de Tauves. En général, c'est vers le nord et le nord-est que sont situées les grandes nappes de basalte. Une d'elles s'avance jusqu'à Laqueuille et la vallée de la Miouze. Deux autres enserrent étroitement la vallée de la Sioule de Rochefort, et se prolongent vers le nord jusqu'au confluent de la Sioule et de la Miouze. Une autre enveloppe les hauteurs qui dominent le lac Servière, mais sans arriver jusqu'au lac. Enfin, vers l'est, plusieurs lambeaux couvrent le haut pays et descendent les premières pentes ; exemple : le lambeau issu de la Dent du Marais ou Saut de la Pucelle, qui s'étend, d'une part, jusqu'au-dessus de Murols, de l'autre, le long du plateau jusqu'à Saint-Nectaire. Sa bouche de sortie, le Saut de la Pucelle, sorte de dyke en forme de muraille à pic, est un des points de l'Auvergne les plus intéressants à étudier. On y trouve le basalte superposé à un banc de cinérites et recouvert lui-même de conglomérats glaciaires.

A propos de cet exemple remarquable de relief dans les monts Dore, nous pouvons ajouter que l'érosion a produit ici les mêmes effets que dans le massif cantalien, car les roches sont les mêmes. Il est impossible d'entrer dans le détail des formes ; citons seulement, à titre de curiosités :

La coupure de la vallée de la Dordogne, vue de Murat-le-Quaire ;

La Grande Cascade du Mont-Dore, d'un affluent de la haute Dordogne ;

Et surtout les roches Tuillière et Sanadoire, à la naissance de la Sioule de Rochefort. Imaginez deux masses de phonolithe, dressées en face l'une de l'autre, et offrant à nu leurs prismes verticaux, ou réguliers comme à la Tuillière, ou entrelacés comme à la Sanadoire. Entre les lamelles de ces prismes existent des fissures plus ou moins profondes, qui amènent à la longue une obliquité de plus en plus grande des colonnes prismatiques, et qui aident ainsi à leur chute progressive ; les plaques tombées forment des amas à la base, et les paysans s'en servent comme d'ardoises pour couvrir leurs maisons.

Le creusement des vallées s'est opéré également de la même façon que dans le Cantal ; exemples : toutes les Couzes qui descendent vers l'est à la rencontre de l'Allier, Couzes d'Ardes, de Besse, d'Issoire, de Chambon, de Champeix. Ces vallées sont bordées partout par des escarpements de basalte et de ses conglomérats, et les plus profondes entament même le granite sous-jacent. Plus bas, à mesure qu'elles s'éloignent de leur point de départ, elles ne sont plus accompagnées que par des lambeaux de terrains volcaniques, en forme de brèches ou de dykes, et on trouve sur leurs rives soit des dépôts sédimentaires, soit des épanchements laviques de date plus récente.

C'est qu'en effet dans les monts Dore, à quelque distance de la masse centrale, se dressent quelques cratères de l'époque quaternaire, comme le Tartaret, dont la coulée de basaltes laviques, en barrant la vallée d'une Couze, a formé le lac Chambon ; comme aussi le Montchalm et le Montcineyre, à l'origine de la vallée de Besse, dont l'explosion a probablement donné naissance aux cratères-lacs de Pavin et de Montcineyre.

Ici la forme du relief n'est plus la même ; c'est celle de la plupart des volcans de la chaîne des Dômes, que nous allons essayer de déterminer.

Les monts Dômes

L'allure générale du relief devient plus simple. Le socle granito-gneissique a une hauteur moyenne de 8 à 900 mètres, et une inclinaison à peine sensible de l'est-sud-est vers l'ouest-nord-ouest ; sa largeur est d'environ dix-huit kilomètres ; sa direction sud-nord. Sur cette plate-forme se dressent de soixante à quatre-vingts puys, orientés, eux aussi, d'une manière générale, du sud au nord, sur une étendue de plus de trente kilomètres de longueur et d'une largeur de trois à quatre kilomètres. Il n'est pas exact de dire que ces puys sont disposés suivant deux lignes principales, parallèles à l'axe de soulèvement. En réalité, il y a plusieurs zones de fractures, et chacune d'elles a déterminé un alignement particulier de cratères (1). (Voir planche II.)

Ainsi, au sud, le groupe Montcineyre, Tartaret, La Rodde est aligné du sud au nord.

Les groupes Vichatel, Montchal, Montgy; — La Vache, Lassolas, Montillet; — Mey, Mercœur, Pelat, Barme, semblent alignés du sud-est au nord-ouest.

Le groupe La Moreno, Salomon, grand et petit Sault, Barmet, Côme, est dirigé du sud au nord avec un infléchissement à peine sensible vers l'ouest.

Enfin, les groupes Laschamp, Montchié, puy de Dôme, Pariou, Sarcouy; — Suchet, Clierzou, Chaumont; — Lantégy, Chopine, Coquille, Jume, La Nugère; — Louchadière, Bannières, Beaunit, sont orientés du sud-ouest au nord-est.

Ce n'est pas tout : il y a des cratères situés tout à fait en dehors de ces alignements généraux; les uns à gauche, Compéret, Chalusset; les autres à droite, Gravenoire, Chanat.

En somme, la raison de la disposition des puys le long du plateau nous échappe complètement. Quant à leur structure intime, elle permet de les diviser en deux catégories distinctes : les *puys domitiques*, les *cratères proprement dits*. Les premiers, au nombre de cinq : le puy de Dôme, 1465 mètres; le grand Sarcouy, 1147 m.; le Clierzou, 1128 m.; le petit Suchet, 1209 m.; le puy Chopine, 1223 m., sont dépourvus d'appareil cratériforme, et, excepté Chopine, constitués par un terrain homogène et cohérent, la *domite*. Les seconds, au nombre d'environ soixante-dix, ont la forme de cônes terminés à leur sommet par un cratère tantôt bien régulier, tantôt éguculé, et sont composés, d'ordinaire, de terrains

---

(1) Cf. Michel Lévy, *Réunion extraordinaire à Clermont-Ferrand*, 1890.

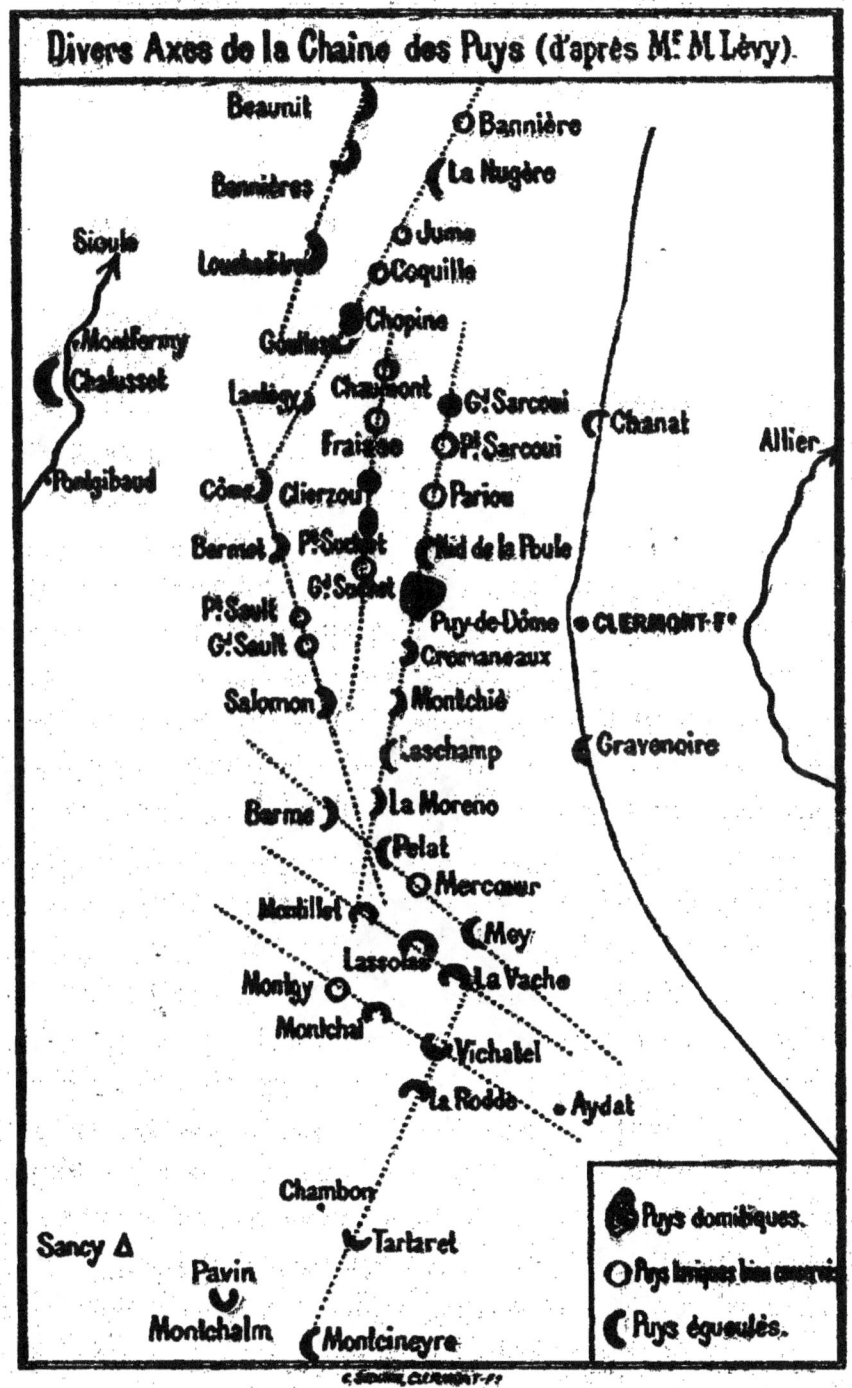

non homogènes et sans cohésion. Comme la domite est antérieure aux autres terrains volcaniques des monts Dômes, l'étude des puys domitiques doit venir d'abord.

La domite est une roche qui a reçu ce nom de Dolomieu (1), alors que ce savant faisait sa grande découverte et exposait sa grande théorie de l'origine profonde des volcans (fin du XVIII° siècle). Depuis cette époque, les géologues qui ont étudié l'Auvergne se sont tous occupés de la composition et de la date d'émission de cette roche, sans parvenir à se mettre entièrement d'accord.

Legrand d'Aussy (2), l'un des premiers, constate que le puy de Dôme n'est pas un cratère et qu'il n'a pas vomi de laves.

Saussure (3), dans le même temps, croit que la domite est une roche altérée par le feu : « Ce n'est pas, dit-il, un gra-
» nito, c'est plutôt un feldspath terreux. »

Le Baron Ramond (4), en 1815, constate « qu'on s'est
» épuisé en conjectures sur l'origine de la domite, et qu'une
» seule chose a été admise par tout le monde, savoir qu'elle
» a subi l'action du feu. » D'après lui, il y a quatre montagnes entièrement composées de domite, le puy de Dôme, le Sarcouy, le puy de Montchié, le Clierzou, et une cinquième, le puy Chopine, où cette roche s'associe d'une manière bizarre au granite et aux laves basaltiques. « Or, ajoute-t-il,
» la domite existe également sur une assez grande surface
» tout autour de ces puys, depuis les monts Dore jusqu'à
» Chopine. Il est donc probable que ce terrain est antérieur
» aux éruptions volcaniques récentes, qu'il préexistait, et

---

(1) Cf. Dolomieu, Rapport fait à l'Institut national sur ses voyages de l'an V et de l'an VI. « Journal des mines, » n°* 41 et 42.
(2) Cf. Legrand d'Aussy, *Voyage d'Auvergne*, 1788.
(3) Cité par Montlosier, *Essai sur la théorie des volcans d'Auvergne*, 1802.
(4) Cf. Ramond, *Nivellement barométrique des monts Dore et des monts Dômes*, 1815.

» que les éruptions récentes ont eu pour effet de *faire jouer*
» *la mine* dans cette grande masse. De là, des soulèvements,
» ailleurs des affaissements, ou encore des disséminations de
» la domite, dont on voit souvent des fragments épars, soit
» entre les puys, soit même sur les puys. »

En 1823, Poulett-Scrope (1) formule ainsi son opinion :
« La domite est une variété du trachyte : c'est la même
» roche que celle qu'on trouve par grandes masses dans les
» monts Dore, dans le Cantal, dans les monts Eugandens (2),
» aux îles Lipari, etc. C'est une *masse de lave très peu fluide*
» qui s'est accumulée autour de la bouche volcanique sans
» couler plus loin. Chaque couche venant s'épancher au-
» dessus des couches à demi-solidifiées du dessous, il finit
» par en résulter des montagnes en forme de dômes, perfo-
» rées au centre par une cheminée qui, à la fin, se trouva
» fermée au moyen des derniers restes de cette matière
» lavique. »

L. de Buch (3), en 1842, distingue nettement les puys qui sont des *cratères*, avec laves, scories, lapilli, comme La Vache, le Pariou, et les puys qui sont des *boursouflements*, sans laves ni lapilli, comme le puy de Dôme et le Sarcouy. Il pense que la domite est une roche qui s'est élevée par une force intérieure volcanique, et que c'est du granite altéré. En parlant du puy Chopine, il insiste sur ce qui fait la curiosité géologique de cette montagne, à savoir l'alternance du granite et de la domite qui se remarque jusqu'à son sommet. Il va plus loin encore ; ne trouvant ni cratères, ni scories, ni lapilli, dans les monts Dore, il conclut que la roche de ce massif pourrait bien être un granite altéré comme celle du Sarcouy et de Chopine : « Les monts Dore
» auraient été soulevés par la même cause que le puy de

---

(1) Cf. Poulett-Scrope, *l. c.*
(2) Rameau des Alpes cadoriques, au nord de Padoue.
(3) Cf. L. de Buch, *Observations sur les volcans d'Auvergne*, trad. Kleinschrod, avec notes de Lecoq, 1842.

» Dôme ; il y aurait eu là une force de soulèvement énorme ;
» et l'énormité même de cette force expliquerait comment
» une telle masse de granite aurait été changée en porphyre,
» comment une telle masse de basalte aurait pu être mise en
» fusion. »

Plus récemment, M. de Lapparent (1) a soutenu que la domite est de date plus ancienne que les autres roches éruptives des monts Dômes. Il croit qu'elle est due à un phénomène latéral ou excentrique, qui a accompagné les éruptions basaltiques de l'époque pliocène.

Enfin, M. Michel Lévy (2) dit que la domite est une roche trachytique d'origine plus ancienne que les roches avoisinantes, puisque les projections basaltiques du Nid de la Poule, et andésitiques du Pariou, reposent, avec évidence, sur les flancs de cette domite. La date exacte de son apparition ne peut pas être fixée ; elle coïncide, selon toute probabilité, avec la fin du pliocène supérieur, c'est-à-dire suit immédiatement les éruptions trachytiques des monts Dore.

Quoi qu'il en soit, les formes de son relief sont assez simples.

Tantôt elle se présente en dômes d'une régularité remarquable : exemple, le *Clierzou*.

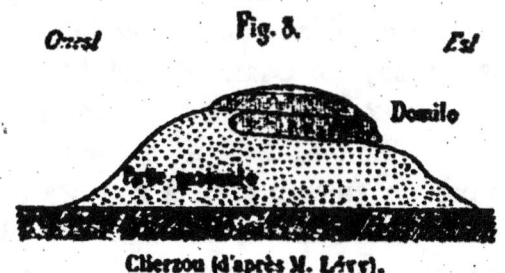

Clierzou (d'après M. Lévy).

Tantôt elle se présente en dykes puissants, flanqués de projections de cette même domite : exemple, le *puy de Dôme*.

---

(1) Cf. Lapparent, *Géologie*.
(2) Cf. Michel Lévy, *Réunion extraordinaire à Clermont*, 1890.

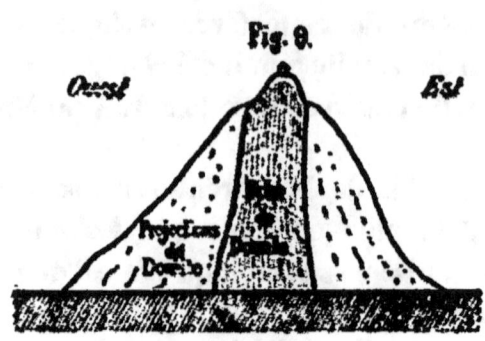

Puy de Dôme (d'après M. Lévy).

Tantôt elle offre un entrecroisement bizarre de roches, par un phénomène encore inexpliqué actuellement : exemple, le *puy Chopine*.

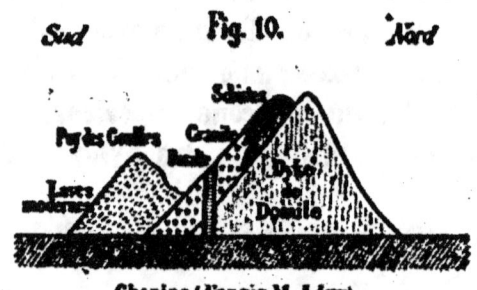

Chopine (d'après M. Lévy)

Ce qu'il y a de certain, et cette constatation est utile à faire, c'est que l'érosion a peu modifié le relief des puys domitiques ; sans quoi, la régularité de formes du Clierzou, du Sarcouy, même du puy de Dôme eût été beaucoup plus endommagée. Pourquoi ? parce que la domite est très poreuse, très perméable ; elle boit avidement l'eau de pluie, et ne permet presque pas de ruissellement à sa surface. Ce n'est que dans les pluies extraordinaires, particulièrement intenses, que le ruissellement peut avoir lieu ; dans ce cas les eaux réussissent, partout où la cohérence des roches est devenue moindre, à détacher des blocs plus ou moins gros et à les entraîner sur le plateau ; il y a ainsi des blocs de domite disséminés à quelque distance des centres de projection, mais cette distance n'est jamais bien grande. On avait cru, jusqu'à ces derniers temps, que les blocs de domite observés par M. P. Gautier sur les collines de Lempdes avaient été entraînés par l'érosion du haut du plateau des puys ; aujourd'hui, on s'accorde à reconnaître que ce sont des débris glaciaires provenant des monts Dore ; au contraire, dans les alluvions anciennes issues des monts Dômes, on n'a constaté avec certitude la présence d'aucunes matières domitiques, ce qui prouve bien la faible importance des érosions subies par la domite (1).

*

Les autres puys de la chaîne sont tous des volcans à cratères, en forme de cônes, et de date relativement récente. Ils s'élèvent de 200 à 600 mètres au-dessus du soubassement granito-gneissique qui les supporte.

Si on monte le long des scories, lapilli, pouzzolanes qui en revêtent les pentes, on trouve au sommet un cratère plus ou moins bien conservé ; le cratère du Pariou est dans un état de conservation parfaite, les cratères de Louchadière, de La Vache sont échancrés sur un côté, par où s'échappait autrefois la lave. Tout autour de ces puys, s'étendent des coulées de laves, soit d'andésite, soit de labradorite, soit de basalte. Il est souvent difficile de rapporter l'origine de chaque coulée à un cratère déterminé ; car souvent, quand la lave avait cessé de couler, ces volcans lançaient encore des scories et des cendres, qui recouvrent maintenant le point de départ d'un certain nombre de coulées.

Voici l'aspect le plus ordinaire de ces épanchements :

Les coulées de laves issues des cratères se sont dirigées soit à l'est, soit à l'ouest ; à l'est jusque dans la vallée actuelle de la Limagne, à l'ouest de manière à barrer le cours de la Sioule. M. Michel Lévy fait remarquer que les andésites et les basaltes ont surtout coulé vers l'est, tandis qu'à l'ouest coulaient de préférence les labradorites. Les plus grandes

---

(1) Toutefois, il y a encore érosion possible dans cette roche, parce que c'est une roche cohérente. Ce caractère contribue à la distinguer des terrains laviques modernes, où, comme nous le verrons, l'érosion n'existe plus du tout.

longueurs sont atteintes par les basaltes (coulée de La Vache, 14 kilomètres); mais ces coulées sont aussi les plus étroites. Les autres vont moins loin (andésite du Pariou à Nohanent, 8 kilomètres; labradorite de Côme à Pontgibaud, 8 kilomètres); mais elles s'étalent davantage et peuvent atteindre une largeur de 4 kilomètres, par exemple au camp des Chazaloux. Au point de vue des masses épanchées, les labradorites et les basaltes dominent; les andésites sont bien moins abondantes. (Voir planche III.)

L'aspect superficiel, quelle que soit la roche, est le même; c'est un chaos de masses informes et hérissées de blocs scoriacés, que Poulett-Scrope compare à une « mer sombre et » orageuse de matière visqueuse soudainement congelée au » moment de sa plus forte agitation. » Ces champs de laves, tantôt absolument nus, tantôt recouverts de broussailles rabougries et parfois de maigres forêts, sont nommés, dans le patois du pays, des *cheires* (1).

Ici, plus d'érosion possible. Les laves sont incohérentes,

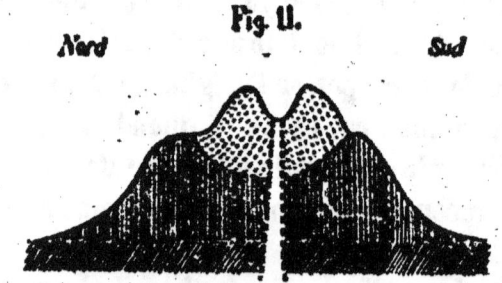

Coupe d'un puy à cratère bien conservé: le Pariou (d'après M. Lévy).

c'est-à-dire formées de matières sans cohésion; et, de plus, les coulées sont excessivement poreuses. Ce double fait explique que l'eau y pénètre comme dans de vraies éponges, et qu'il ne peut par suite se produire aucun ruissellement à leur sur-

---

(1) Le mot *cheire*, d'après Poulett-Scrope, est le même que le mot *sciara*, usité en Sicile au pied de l'Etna, et que le mot *sierra* par lequel les Espagnols désignent leurs montagnes. D'après M. Vimont, son traducteur, c'est le même radical que *caïr*, pierre, d'où vient également *carrière*: il signifie *lieu pierreux*.

Pl. III.

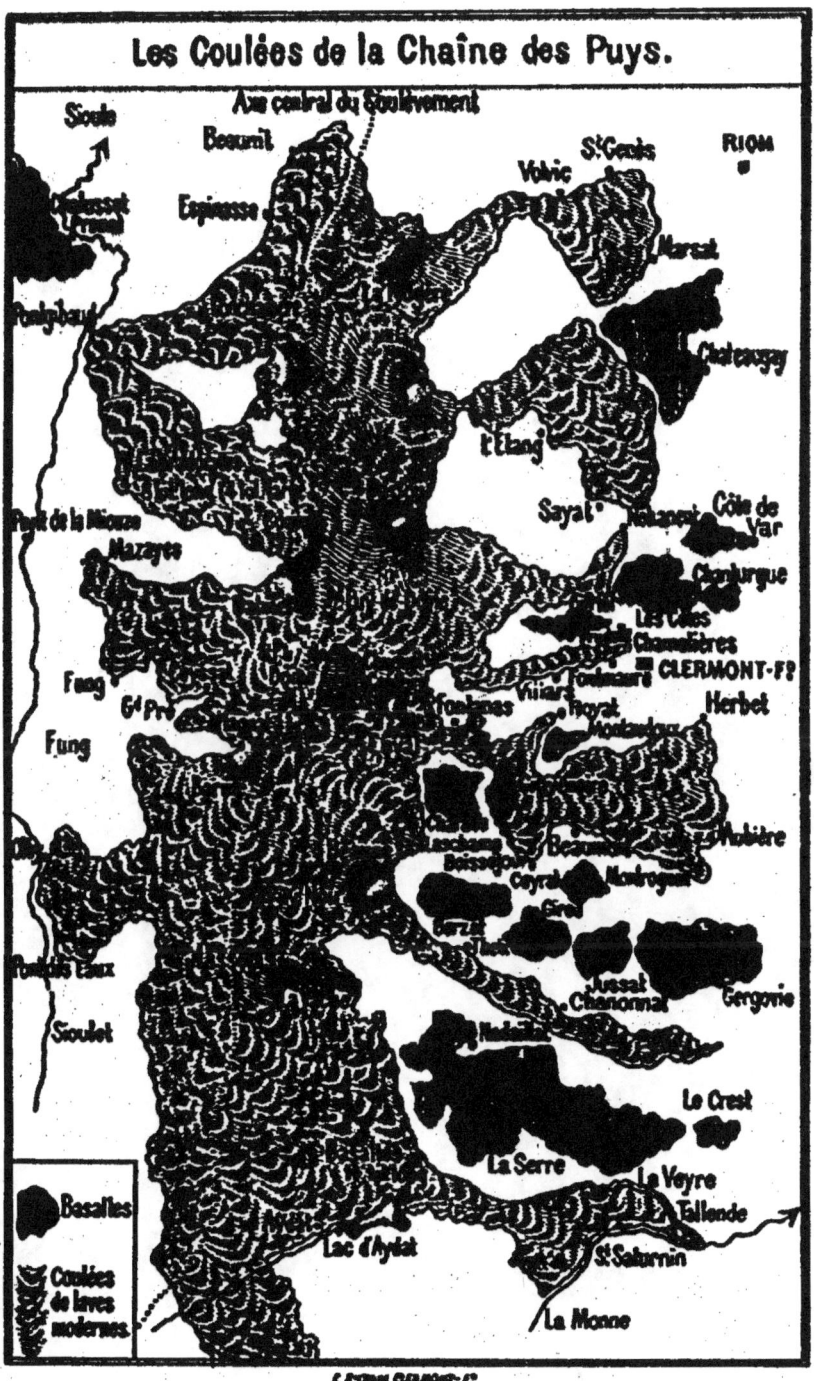

face. Quelles que soient l'intensité de l'orage, et la quantité de pluie qu'il déverse sur le sol, tout est immédiatement absorbé par le terrain, et la cheire est constamment sèche.

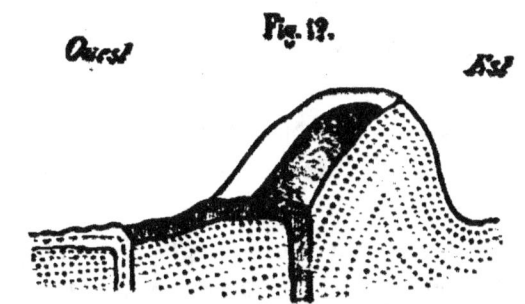

Coupe d'un puy à cratère égueulé: Louchadière (d'après M. Lévy).

A côté des laves récentes vomies par les soixante puys de la chaîne des monts Dômes, on trouve par endroits des produits d'émissions plus anciennes, des nappes de basaltes pliocènes situées aux extrémités ouest et est du socle granito-gneissique primitif. Ainsi, à l'ouest, la nappe basaltique de Chalusset longe la rive gauche de la Sioule; à l'est, toute une rangée de plateaux de basalte tombe d'aplomb sur la Limagne; Châteaugay, les côtes de Clermont et Chanturgue, Prudelles, Charade et Montrognon, Berzet, Girou, Jussat et Gergovie, Nadaillat et la Serre, etc.

Tous ces plateaux ont un relief très net, remarquable, surtout à la Serre. Ici, la nappe basaltique offre d'une façon frappante la disposition que doit prendre un courant de ma-

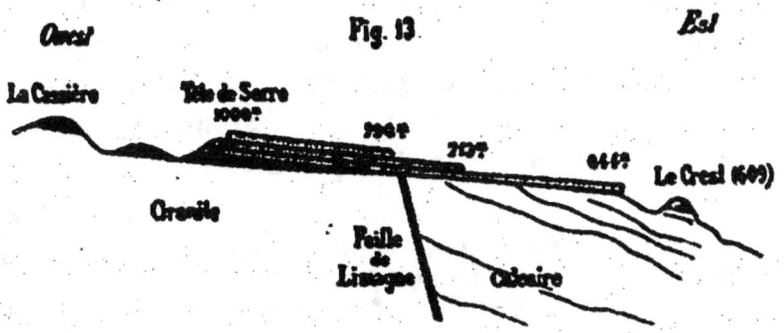

Coupe du plateau basaltique de la Serre (d'après M. Lévy).

tière fluide descendant sur un plan incliné. Sa direction est ouest-est.

Elle repose d'abord sur le granite ; puis, quand elle a franchi la faille de Limagne, elle passe sur des terrains calcaires. Son sommet occidental est appelé *tête de Serre*, et culmine à 1006 m. Son extrémité orientale forme un cap avancé, presque détaché du reste du plateau, qui supporte le village du Crest, 609 m. La différence d'altitude des deux points extrêmes est donc d'environ 400 mètres sur 10 kilomètres de longueur. Sa surface supérieure présente trois inégalités marquées par deux degrés, l'un au-dessus du terrain granitique, l'autre près de la rencontre du granite et du calcaire. Mais ces deux ressauts ne modifient pas sensiblement la pente moyenne de la coulée; d'où l'on peut conclure que les érosions avaient déjà nivelé presque tout à fait les bords de la faille de Limagne quand l'épanchement basaltique s'est produit. Dans la partie orientale, où le basalte repose sur le terrain calcaire, la surface de la nappe est bien plane, bien horizontale.

On a calculé l'épaisseur de la coulée basaltique de la Serre: elle est de 16 à 22 mètres.

Cette coulée est très instructive, comme type de la formation d'un plateau basaltique. Ce qui fut jadis vallée est devenu plateau, parce que le revêtement basaltique a protégé les strates sous-jacentes; il a empêché l'action érosive des eaux et celle des agents atmosphériques, qui se produisaient à côté et démolissaient peu à peu les hauteurs voisines. Du reste on peut expliquer de même, c'est-à-dire par les effets de l'érosion, la formation de plusieurs cônes basaltiques isolés le long du flanc oriental de la chaîne des puys, Montrognon, Montrodeix. L'action des eaux a fini par séparer ces cônes de la masse dont ils dépendaient à l'origine; si bien qu'aujourd'hui ils semblent ne tenir à rien (1). Bien plus, le phéno-

---

(1) Pour certains autres, c'est une autre cause qui a amené le même effet. Ainsi Montaudoux a dû être rattaché à l'origine au plateau de Charade : il en est séparé aujourd'hui par la coulée de laves modernes de Gravenoire qui a passé entre eux deux.

mène de l'érosion, continuant à se produire de nos jours, est en voie de créer sous nos yeux des effets analogues. La Monne ronge petit à petit la face sud de la cheire de La Vache, et bientôt la cheire surplombera cette entaille de très haut. (On se rend très bien compte de ce phénomène du haut de la terrasse du château de Saint-Saturnin.) Si le même fait avait lieu de l'autre côté de la cheire, celle-ci en arriverait au point où en sont maintenant le plateau de la Serre, Prudelles, les côtes de Clermont, Châteaugay : la vallée serait devenue plateau.

TERRAINS TERTIAIRES ET QUATERNAIRES

Il est infiniment probable que les terrains tertiaires occupaient jadis en Auvergne plus de place qu'ils n'en occupent aujourd'hui. M. Julien croit même que tous les bassins tertiaires actuels de l'Auvergne sont des lambeaux épars, *effondrés*, d'une grande formation lacustre tertiaire, *jadis en continuité parfaite*, qui s'étendait *largement* du nord au sud à travers *toute la France centrale* (1). Les témoins en sont : le lambeau tertiaire découvert par MM. Julien et P. Gautier à Pradas, entre le puy de Monteynard et le puy d'Olloix, à 976 m. de haut ; le lambeau de Saint-Nectaire ; le lambeau d'Autrac, près de Blesle ; les lambeaux qui vont de Brioude au Puy. Tous se trouvent sur les deux falaises qui surplombent à gauche et à droite la Limagne actuelle, sur la chaîne des puys et le Forez.

A un certain moment, lors du soulèvement de la chaîne alpestre, une fracture s'est produite dans le sens du sud au nord, et la Limagne s'est affaissée. Plus tard, à la suite d'une autre action mécanique, un nouveau plissement, cette fois transversal, a déterminé la séparation de la Limagne en deux bassins, le bassin du nord ou de la Limagne de

---

(1) Cf. Julien, « Annuaire du C. A. F., » 1880.

Clermont ; le bassin du sud ou de la Limagne d'Issoire et de Brioude (1).

Ces deux grandes dislocations ont donné à la Limagne son relief général actuel. Là est la cause de l'inclinaison de ses couches de tertiaire, et non pas, comme on l'a cru parfois, dans la sortie d'épanchements basaltiques qui les auraient traversées de leurs filons innombrables : si les basaltes ont modifié le relief tertiaire, ils l'ont fait sur de petits espaces à la fois, d'une façon toute locale. En somme, la Limagne, sous des apparences de simplicité, cache une stratigraphie fort complexe (2). Le sous-sol est de granite : c'est le substratum qui relie en-dessous le plateau volcanique des puys et la chaîne

---

(1) Voir pour plus de détails sur ces plissements et ces fractures, le chapitre *Géologie*. La faille de Limagne est un phénomène analogue à celui qui a donné naissance à la vallée rhénane entre les Vosges et la Forêt-Noire. A l'origine, la région avait l'aspect d'un soulèvement bombé en forme de voûte adossé aux Vosges et à la Forêt-Noire. La clef de cette voûte s'est un jour abîmée, pour donner naissance à la plaine du Rhin, flanquée de part et d'autre de ses culées restées en place de manière à former sur ses flancs deux escarpements ruineux en face l'un de l'autre.

(2) Cf. Julien, « Annuaire du C. A. F., » 1880, *La stratigraphie de la Limagne.* — M. Julien, dans cet article, fait le tableau suivant des couches tertiaires de la Limagne.

LIMAGNE DE CLERMONT	LIMAGNE D'ISSOIRE
Granite ; 50 ou 60 mètres d'arkoses ; 150 mètres de calcaires à Potamides ; 50 mètres de calcaires à Limnées ; 200 mètres de calcaires et de pépérites à Phryganes et à Hélix ; 50 mètres de calcaires à Melania aquitanica ; Enfin basaltes au sommet des puys de Mur et de Saint-Romain.	Au-dessus des arkoses, 30 mètres de calcaires à Potamides ; Nappe de calcaires à Limnées.

L'assise de calcaires à Potamides se continue dans toute la Limagne, à Durtol, Royat, Gergovie, Corent, tantôt en bancs épais, tantôt en feuillets très minces.

Dans l'assise de calcaires à Limnées, l'argile grise ou verdâtre abonde, et les roches sont moins jaunes que dans l'assise précédente.

Dans l'assise des pépérites se sont accumulées des myriades de phryganes. Les pépérites se rencontrent surtout par grandes nappes autour de Pont-du-Château, de Vertaizon, de Vic-le-Comte. Clermont-Ferrand, à 14 kilomètres à l'ouest de Pont-du-Château, est construit sur un banc de pépérites.

granitique du Forez. Sur ce granite repose une épaisse couche de terrains tertiaires, de 4 à 500 mètres d'épaisseur, des grès, des calcaires, des argiles. La zone inférieure, celle qui recouvre immédiatement le granite, est composée de grès durs appelés arkoses (50 mètres); puis viennent, se superposant les uns aux autres, les calcaires à Potamides, les calcaires à Limnées, les calcaires à Hélix, et les calcaires à Melania aquitanica. La surface est enfin recouverte, en bien des points, par les alluvions post-glaciaires et les alluvions quaternaires.

Les coupes suivantes de M. Julien, tracées les deux premières du nord au sud, sur les deux rives de l'Allier, la troisième de l'ouest à l'est, perpendiculairement aux deux autres, démontrent ce qui vient d'être dit.

1re COUPE. — Rive droite de l'Allier : Pont-du-Château, puy de Mur, puy Saint-André, puy Saint-Romain, plateau de Vic-le-Comte, Four-la-Brouque, piton de Nonette.

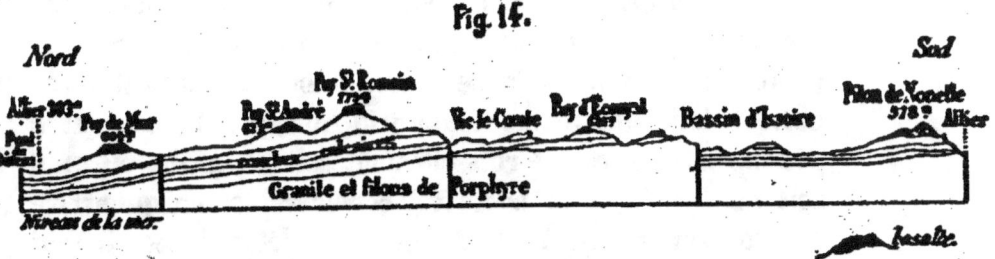

Première coupe à travers la Limagne (d'après M. Julien).

2e COUPE. — Rive gauche de l'Allier : Cournon, Orcet, puy de Corent, Montpeyroux, Neschers, Sauvagnat, plateau de Pardines.

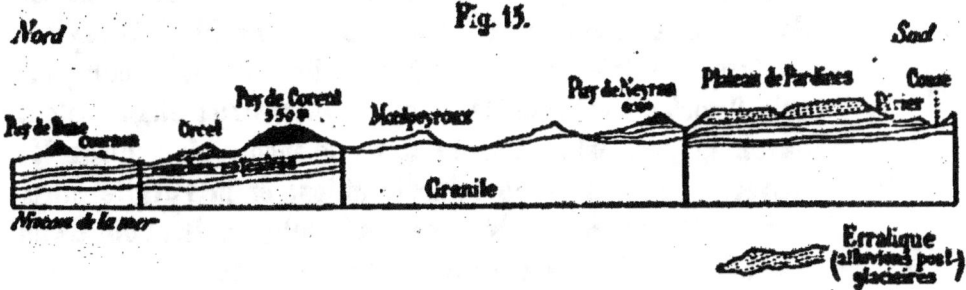

Deuxième coupe à travers la Limagne (d'après M. Julien).

3ᵉ Coupe. — Perpendiculaire à l'Allier : puy de Monteynard, Pradas, puy d'Olloix, puy de Saint-Sandoux, Manglieu, colline d'Auger (près Manglieu).

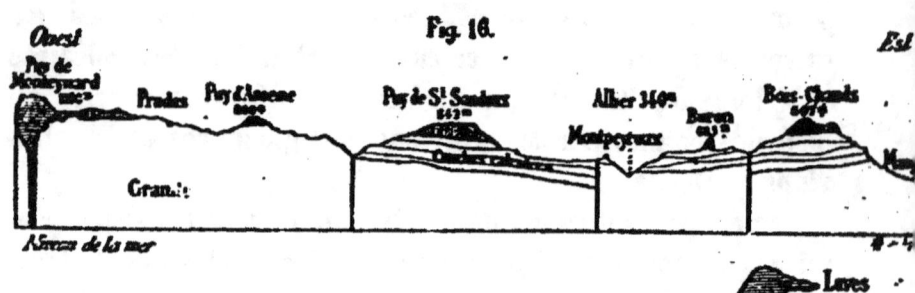

Troisième coupe à travers la Limagne (d'après M. Julien).

Tous ces terrains (tertiaires et quaternaires) appartiennent à la catégorie des *terrains stratifiés :* comment et dans quelle mesure l'érosion peut-elle s'y produire?

Il est clair qu'ici, comme partout, l'intensité du phénomène sera en rapport direct avec la dureté de la roche et avec la pente du terrain. Si la pente est faible, ce qui est le cas normal dans une plaine comme la Limagne, l'érosion sera peu importante, que le ruissellement soit abondant ou qu'il soit nul; mais si la pente est considérable, ce qui arrive encore fréquemment pour des surfaces déterminées, il faut savoir quel degré de résistance chaque terrain opposera à l'action érosive. Or, à ce point de vue, on ne peut formuler aucune règle. Il n'y a pas deux terrains stratifiés, si voisins qu'ils soient de structure, qui offrent les mêmes caractères de porosité ou d'imperméabilité, et qui se laissent entamer de la même façon par l'eau de pluie : les sables et graviers quaternaires laissent très aisément filtrer l'eau, et leur pouvoir absorbant est considérable; les calcaires à Helix résistent davantage; les arkoses sont une roche encore plus dure; les travertins sont presque imperméables; enfin l'argile pure, c'est-à-dire hydratée, s'oppose à toute infiltration d'eau pluviale, aussi bien l'argile quaternaire, de formation récente, que l'argile des temps géologiques anciens.

C'est là une première cause de très grande variété dans les phénomènes d'érosion des terrains stratifiés; comme conséquence, nous verrons ces terrains prendre les aspects les plus singuliers, et le relief tertiaire présenter à l'œil des formes d'une originalité saisissante. Je suppose une cassure mettant à nu, sur le plan vertical, des strates superposées et alternantes d'arkoses de dureté différente; l'eau de pluie dénudera les parties superficielles jusqu'à ce qu'elle arrive à la première couche d'arkose; puis, respectant cette couche dure, elle entamera la strate moins dure sous-jacente; et ainsi de suite du haut en bas de la cassure. Bientôt se dessineront, le long des strates, des surfaces en creux et des surfaces en bosse, alignées horizontalement ou à peu près, suivant qu'affleurent les zones plus résistantes et les zones plus friables :

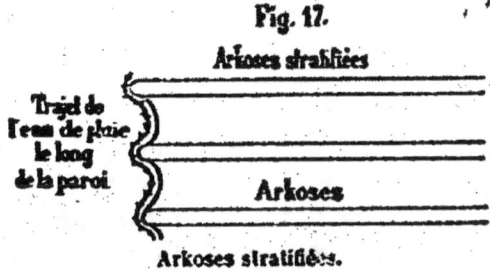

Fig. 17.

En même temps, une foule de rainures verticales apparaîtront dans chaque couche stratifiée, produites par le frottement de l'eau de pluie le long de ces couches, et de plus en plus profondes, à mesure que le travail érosif durera.

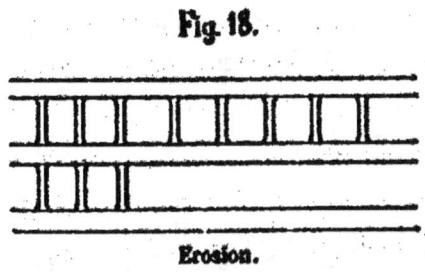

Fig. 18.

Érosion.

Ce n'est pas tout ; si des enclaves plus résistantes existent çà et là dans la masse, l'eau rongera peu à peu les parties molles du pourtour, et à la fin isolera complètement ces enclaves : ainsi se formeront des aiguilles le long de la cassure, qui ajouteront à l'effet produit. Rien de plus commun, dans la Limagne, que les exemples de semblable érosion dans le tertiaire.

Quand les terrains stratifiés sont accompagnés de blocs erratiques et surmontés par du basalte, ce qui se rencontre parfois en Auvergne, l'érosion a une autre allure : c'est elle qui explique les éboulis qui se manifestent de temps en temps sur les pentes, comme l'éboulis, resté célèbre, de Pardines, du 23 juin 1733 (1). Considérons le relief du rebord du plateau :

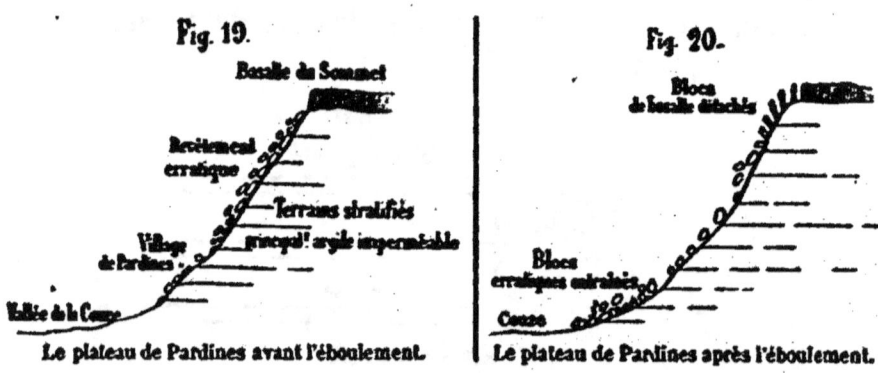

Le plateau de Pardines avant l'éboulement. | Le plateau de Pardines après l'éboulement.

L'eau de pluie s'est infiltrée sous le basalte, par des fissures, et sous l'erratique, par perméabilité, jusqu'à la couche d'argile imperméable ; elle a lavé cette couche progressivement, sans pouvoir l'entamer. A la longue, il s'est produit un vide entre l'erratique et l'argile ; et un certain jour, le sol manquant d'appui, les gros blocs erratiques qui occupaient toute la pente ont été bousculés et roulés jusque dans la vallée, et même plusieurs feuillets de basalte du sommet sont tombés avec eux.

(1) Cf. une relation détaillée du sinistre dans Legrand d'Aussy. — Tout le village de Pardines descendit, tomba morceau par morceau dans le ravin. Les habitants, à ce moment précis, étaient hors du village, autour des feux de la Saint-Jean, ce qui explique qu'aucun ne fut tué.

Le terrain tertiaire existe dans la Limagne de Brioude, principalement sur la rive gauche de l'Allier. Dans la Limagne d'Issoire, il occupe les deux côtés de la vallée, en masses plus considérables à gauche qu'à droite. Dans la grande Limagne de Clermont, il s'étend sur les deux flancs, à l'ouest et à l'est. Du côté ouest, il confine à la belle falaise granitique qui supporte les monts Dore et la chaîne des puys, et qui dessine son profil si net et si franchement taillé jusqu'au delà de Riom, vers le nord. A la rencontre des deux terrains sont bâties les villes les plus importantes de la région : Saint-Amant, Monton, Clermont-Ferrand, Riom, Aigueperse, Gannat, Ebreuil (1). Du côté est, il est arrêté assez vite par les gneiss, puis par les granites du Livradois; il contourne Billom; de là il se continue jusqu'à la rencontre de la vallée de la Dore. Le long de cette vallée, longtemps parallèle à celle de l'Allier, on rencontre un premier lambeau tertiaire, de forme allongée, entre Arlanc et Ambert, et un second, plus considérable, qui commence à Courpière et borde pendant quelque temps les granites du Forez; à Ris, le terrain granitique rejoint les bords de l'Allier, et le tertiaire n'apparaît plus que sur la rive gauche de la rivière. A l'est, également, les villes se sont bâties à la jonction des deux terrains : Thiers, Châteldon, Ris.

Les alluvions quaternaires sont en lambeaux allongés dans la Limagne de Brioude et dans celle d'Issoire, sur les deux rives de l'Allier; elles disparaissent au barrage de Saint-Ivoine; au delà, à partir de Vic-le-Comte, elles accompagnent l'Allier, enveloppées par le tertiaire, jusqu'à la hauteur de Pont-du-Château. En aval de Pont-du-Château et surtout de Joze, elles s'épanouissent plus largement à l'ouest et à l'est;

---

(1) La cause en est qu'à la rencontre du granite et du tertiaire, c'est-à-dire de la montagne et de la plaine, les villes réunissent les produits de l'une et de l'autre, les pâturages, les céréales, la vigne.

à l'ouest, jusque près de Clermont et de Riom, pour regagner ensuite obliquement l'Allier en face de Vichy; à l'est, jusqu'à Lezoux et à Courpière sur la Dore qu'elles suivent désormais, passant au pied de Thiers, de façon à retrouver l'Allier au pont de Ris.

Les formes du relief varient avec ces terrains.

Au milieu des alluvions quaternaires se déroule le thalweg de l'Allier, qui a à peu près définitivement creusé son lit; — à peu près et non tout à fait, car il existe encore sur ses deux rives des espaces libres, abandonnés par la culture, et que l'eau de la rivière occupe à certains jours de l'année. De légers déplacements de lit s'opèrent ainsi de temps en temps; suivant que les sables fluviatiles sont rejetés d'un côté ou de l'autre aux époques de crues, l'Allier transporte son chenal plus près de la rive gauche ou plus près de la rive droite (1). De là l'obligation de lui construire des ponts très larges.

Sur les bords de l'Allier, le quaternaire constitue la plaine déprimée de la Limagne d'Auvergne, appelée par endroits le Marais. Les formes du relief sont très simples. Sauf exception, sauf quelques îlots rocheux isolés, comme le puy de Crouelle, l'aspect est celui d'une surface uniformément plate, large de 20 à 25 kilomètres de l'ouest à l'est, ensuite s'inclinant d'une pente à peine sensible vers le nord, dans la direction de Vichy, Varennes et Moulins, avec une largeur de moins en moins grande. Cette plaine est parsemée de nombreux débris roulés et désagrégés, témoignant de la puissance des érosions passées et de leurs conséquences extrêmes. Des blocs énormes, arrachés aux monts Dore, ont été entraînés sur les bords de l'Allier à de grandes distances de leur point d'origine; ces blocs, à force d'être frottés, se sont réduits à l'état de galets : entre Dallet et Lempdes il en existe des surfaces considérables. Les géologues expliquent par le

---

(1) Les mêmes remarques sont applicables à la Loire et à beaucoup de cours d'eau de ce bassin. Il en est tout autrement des rivières de l'est de la France, par exemple la Saône et du Doubs.

même phénomène, par la force de l'érosion, la présence sur les collines de Lempdes de débris glaciaires provenant, eux aussi, du massif des Dore, situé à plus de 20 kilomètres de là !

Quant au tertiaire, qui unit la zone alluvionale des bords de l'Allier aux premières pentes des plateaux, il a un relief plus accidenté. Toute une suite de hauteurs s'y dressent, dont beaucoup portent le nom de puys. Ce sont les débris encore debout de phénomènes volcaniques qui ont agité, vraisemblablement à la fin du miocène, la surface de la Limagne, et qui y ont donné naissance à des éruptions localisées de basaltes, de phonolithes, etc. Ces débris sont plus nombreux au sud de la Limagne qu'au nord. On en trouve déjà dans la Limagne d'Issoire; mais ils sont surtout fréquents entre Vic-le-Comte et Pont-du-Château, et séparent les unes des autres de petites vallées latérales qui aboutissent toutes à l'Allier. Le plus remarquable est le massif phonolithique de la Chaux-Montgros, au sud de Billom.

Depuis Pont-du-Château jusqu'à la région de Vichy et de Gannat, ces accidents du relief deviennent de plus en plus rares, et la Limagne prend l'aspect d'un pays uniformément plat.

*

Une dernière question se présente dans cette étude du relief tertiaire : c'est le problème géologique de Gergovie et de la côte de Var, de la falaise de Dallet et du puy de Mur.

Gergovie, avait déjà remarqué Poulett-Scrope, aujourd'hui séparé de Girou et de Jussat dont il faisait autrefois partie, étonne le géologue par l'alternance, dans sa composition, des coulées basaltiques et des strates tertiaires. En effet, à sa base et jusqu'aux deux tiers de sa hauteur, se succèdent des couches calcaires marneuses et des couches de marnes verdâtres, bien régulièrement stratifiées, avec les fossiles ordinaires, Helix, Planorbes, Melania...; au-dessus d'elles, s'étend une couche de basalte altéré, d'une roche participant à la fois des roches volcaniques et des terrains tertiaires ; par-dessus, se trouve une nouvelle couche calcaire assez bien stratifiée, présentant les mêmes fossiles que tout à l'heure, et aussi quelques traces de basalte en filons intercalés çà et là ; enfin un revêtement de basalte couronne tout le plateau :

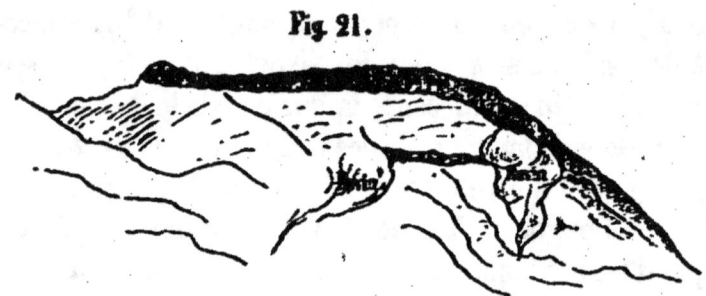

Gergovie, flanc sud, pris du pays de Corent (d'après Dufrénoy)

Cette alternance des couches basaltiques et des couches tertiaires frappe les yeux sitôt qu'on observe la coupe de deux ravins, du ravin du Prat et du ravin de Merdogne (1) :

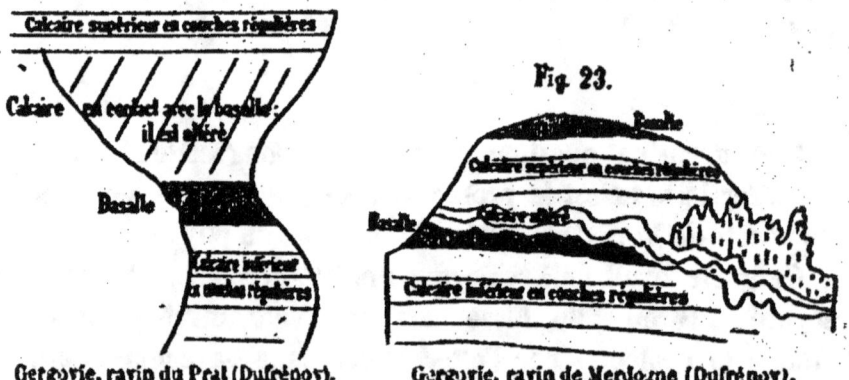

Gergovie, ravin du Prat (Dufrénoy). Gergovie, ravin de Merdogne (Dufrénoy).

On éprouve le même étonnement en étudiant la côte de Var, voisine de Clermont. Ici encore le basalte s'intercale

(1) Cf. Dufrénoy, *Relation des terrains tertiaires et des terrains volcaniques de l'Auvergne*, 1830.

dans le terrain tertiaire. La base comprend des couches calcaires plus ou moins compactes avec Helix, Potamides, etc. Au-dessus s'étend une première nappe basaltique; au-dessus une nouvelle couche calcaire; enfin, au sommet, un chapeau de basalte :

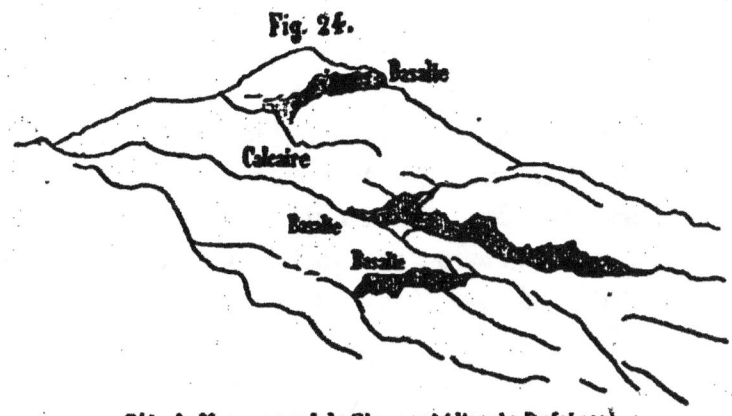

Côte de Var, au nord de Clermont (d'après Dufrénoy).

Le plus curieux, c'est que ce basalte intercalé ne se trouve ni dans le coteau de Chanturgue (situé entre Gergovie et la côte de Var), ni dans celui de Châteaugay (situé immédiatement au nord de Var). Ces coteaux présentent simplement la nappe basaltique superficielle ou du sommet.

On a donné de ce phénomène des explications différentes. Poulett-Scrope suppose que les dépôts calcaires sont quasi contemporains des déjections basaltiques; ainsi, il y a eu mixture intime des roches basaltiques et du terrain tertiaire; ces substances se seraient mélangées complètement quand elles étaient l'une et l'autre dans un état de grande mollesse, sinon de fluidité (1).

Pour Dufrénoy, le basalte de Gergovie et de Var est plus moderne que le terrain tertiaire; il est sorti du sein même de ces deux plateaux, à la fois par le sommet et par des fentes ouvertes sur leurs flancs. Ce basalte s'est ensuite répandu en nappes, modifiant la nature du calcaire qui s'est trouvé en

---

(1) Cf. Poulett-Scrope, *l. c.*

contact avec lui; de là ce basalte altéré, que Dufrénoy appelle *wacke*, qui n'est pas tout à fait la pépérite, et qui pourtant s'en rapproche (1).

Encore aujourd'hui les géologues ne sont pas d'accord sur le mode de formation des pépérites qu'on observe à Gergovie et sur plusieurs points de la Limagne; deux opinions sont toujours en présence, l'une qui voit dans le basalte altéré le résultat de projections remaniées par les eaux à l'époque tertiaire; l'autre qui en fait un phénomène intrusif, postérieur au dépôt des couches calcaires adjacentes.

Le problème n'est donc pas résolu.

Un phénomène analogue se constate de l'autre côté de l'Allier, à la falaise de Dallet et au puy de Mur :

Falaise de Dallet et puy de Mur (d'après Poulett-Scrope).

La falaise de Dallet borde la rive droite de l'Allier, entre Dallet et le pont du chemin de fer Clermont-Thiers; elle a environ 30 mètres de haut. Les couches s'y superposent dans l'ordre suivant :

1. Pépérites.
2. Calcaire à Planorbes, Helix, Limnées.
3. Calcaire marneux.
4. Id.
5. Pépérites (2).

Toutes ces couches, légèrement bombées, sont parallèles

---

(1) Cf. Dufrénoy, *Relation des terrains tertiaires et des terrains volcaniques de l'Auvergne*, 1839.
(2) Cf. Poulett-Scrope, *l. c.*, p. 17-40.

entre elles. L'ensemble, ici, a bien le caractère d'un sédiment déposé lentement et tranquillement dans une masse d'eau, où les éruptions des volcans voisins ont projeté des pluies successives et répétées de cendres et de débris volcaniques. Ces couches de la falaise de Dallet s'étendent sous le puy de Mur tout entier. De plus, il existe dans la masse du même puy, à une altitude supérieure (480 mètres), d'autres couches de pépérites qui ne présentent cette fois aucune trace de stratification (1). Ces pépérites recouvrent des couches marneuses horizontales et très régulières, et sont recouvertes elles-mêmes de marnes tertiaires que leur contact a redressées et altérées : d'où il semble que celles-ci sont d'origine intrusive, et que leur époque de sortie est postérieure au dépôt des calcaires adjacents.

Pour nous, quelle que soit la solution à donner au problème des pépérites, nous voyons dans les faits qui précèdent une relation à établir entre le puy de Mur et Gergovie, qui se dressent en face l'un de l'autre sur les deux rives de l'Allier. Et ce rapport est encore confirmé par la découverte de dépôts d'origine fluviatile faite au sommet du puy. Ces dépôts sont sans doute la trace du lit d'un ancien grand fleuve tertiaire, le même qui descendait de Gergovie, et qui y a laissé des dépôts fluviatiles dans la zone séparant les deux nappes basaltiques. « C'était, dit M. Julien, un de ces énormes fleuves
» miocènes qui roulaient leurs eaux puissantes à travers la
» vieille Auvergne géologique, ravinant largement ses pentes,
» et débouchant dans les vallées du pourtour : fleuves dont
» l'action érosive était si formidable qu'aucun cours d'eau
» de notre époque ne saurait nous en donner l'idée (2). »

*

Le terrain tertiaire existe aussi, tout au sud de l'Auvergne, dans le massif du Cantal. Les dépôts de ce terrain ont été

---

(1) Cf. P. Gautier, *Observations sur les pépérites du puy de Mur*, 1890.
(2) Cf. Julien, « Annuaire du C. A. F., » 1880.

bouleversés à maintes reprises, par suite des phénomènes orogéniques dont la contrée fut ensuite le théâtre; ils ont été en outre recouverts en grandes quantités par les déjections volcaniques, si bien qu'ils n'affleurent que sur des surfaces peu étendues, presque toujours à la base des premières pentes des trachytes (1); exemples : dans les ravins de la Planèze, près de l'endroit où la rivière de Saint-Flour conflue dans la Truyère, dans la vallée du Goul, affluent de la Truyère, aux environs de Carlat. Mais c'est autour d'Aurillac qu'il forme le bassin le plus considérable. Sa composition est la même que dans la Limagne, avec cette différence que la quantité de silex associés aux marnes calcaires est bien plus grande dans le Cantal. Les couches inférieures paraissent dériver des détritus de gneiss et de micaschistes au milieu desquels elles reposent : elles sont assimilables aux arkoses de la Limagne (2). La série supérieure renferme des marnes calcaires et argileuses, avec des lits de silex et de gypse; on y trouve les fossiles usuels, Potamides, Helix, Limnées, Planorbes. Seule, la couche à Melania aquitanica fait défaut : elle a dû être enlevée et dispersée par les érosions.

Au milieu de ce tertiaire est une faible bande quaternaire, qui constitue la fertile plaine d'Arpajon, au confluent de la Jordane dans la Cère.

Enfin, si on remonte la vallée de la Cère, entre Arpajon et Polminhac, on constate que le terrain tertiaire est grandement bouleversé; ici également, comme en certains points de la Limagne, on remarque l'alternance des couches calcaires et des lits basaltiques; exemple : dans les carrières de Belbès, non loin d'Aurillac.

Doit-on croire, comme Poulett-Scrope et plusieurs autres, que le bassin tertiaire d'Aurillac s'étendait jadis beaucoup plus loin vers l'est?... On en a trouvé un morceau près de Murat, de l'autre côté du grand cratère central. Probablement,

---

(1) Cf. Farges, « Grande Encyclopédie, » article *Cantal*.
(2) Cf. Julien, « Annuaire du C. A. F., » 1880.

une nappe d'eau douce couvrit à une certaine époque une partie considérable de la région cantalienne, et ce sont les bouleversements éruptifs des époques suivantes qui restreignirent peu à peu l'étendue de ses dépôts actuels.

*

En résumé, l'Auvergne offre tous les aspects possibles de relief, depuis la surface polie et presque plane du plateau, en passant par les croupes plus ou moins arrondies des montagnes, jusqu'aux escarpements à pic, dus soit à des failles, soit à l'érosion. A ces formes générales, qui se rencontrent en tous pays, il faut ajouter les aspects propres aux régions volcaniques, cratères de toutes dimensions et de toutes structures, revêtements de basalte, dykes, colonnades, cheires à surface déchiquetée, etc., etc. Cette variété déjà grande, qui résulte de la composition géologique du sol, est encore accrue constamment par l'action des phénomènes atmosphériques : ceux-ci accentuent le profil des sommets et l'allure des pentes, achèvent le creusement des vallées, donnent aux rivières leur lit définitif, en un mot font comprendre, jusque dans ses détails, le relief tel qu'il est aujourd'hui.

CHAPITRE III

Le régime des vents et des pluies

Le phénomène climatérique joue un rôle important en géographie. Chacun sait que la répartition des populations à la surface de la terre, leur bien-être matériel, leur degré de civilisation sont en rapport direct avec la quantité des productions issues du sol et du sous-sol, surtout des productions du sol. Or la quantité de ces produits dépend, non seulement de la fécondité naturelle des terrains, mais aussi et surtout des conditions atmosphériques ambiantes : fréquence des vents, régime des pluies, humidité moyenne, chaleur ou froid. Dans le nombre, le rôle des pluies, à elles seules, est essentiel : sans compter que la pluie influe sur la température générale, puisqu'elle rafraîchit les régions où les nuages se forment, et réchauffe les pays où ils se précipitent, elle est, avec le soleil, la *cause première de toute végétation* (1).

Voilà pourquoi la moindre perturbation dans l'état atmosphérique d'un lieu a son contre-coup sur sa géographie phy-

---

(1) Dans la Limagne d'Auvergne, c'est la pluie qui a dissous les laves provenant des éruptions des anciens volcans de la chaîne des puys. Elle a dégagé les phosphates qui les constituaient, et en a retiré l'acide carbonique. Grâce à ces phosphates ainsi mis en liberté, la terre de Limagne est devenue d'une fécondité incroyable.

Partout du reste la pluie est le facteur principal de la production du sol arable. Ainsi, comme le dit M. Duclaux — « Annales de Géographie, » 15 octobre 1894, — l'argile à silex du pays de Caux est le résultat de la dissolution sur place des couches crayeuses qui forment la masse du plateau normand, dont le carbonate de chaux a été enlevé par les eaux météoriques. Le calcaire lui est sans cesse restitué par les couches plus profondes et encore intactes du substratum crayeux.

sique et sa géographie économique. Supposez une diminution de la tranche annuelle d'eau de pluie reçue par l'Auvergne, et les conditions de fécondité du sol seront changées par là même. Supposez une répartition différente de l'eau de pluie en Auvergne, et les régions jusque-là fertiles s'appauvriront, les autres s'enrichiront (1).

*
* *

Deux choses sont à considérer dans le climat de l'Auvergne :

1° Les conditions générales de l'atmosphère, dont elle subit l'influence comme l'Europe entière ;

2° Les conditions locales, particulières à l'Auvergne, qui font de son climat un climat spécial.

Conditions générales. — Il n'est pas aisé, et ce n'est pas notre sujet, de déterminer d'une façon précise les conditions générales du climat de l'Europe. Elles semblent résulter de l'action du soleil sur la zone équatoriale, et de la formation d'un grand courant aérien qui aborderait l'Europe par l'ouest et le sud-ouest et se dirigerait, en décrivant une vaste courbe, vers l'est. C'est ce courant qui apporterait à l'intérieur de l'Europe l'eau pluviale évaporée à la surface de l'Océan atlantique, qui serait cause aussi d'un adoucissement notable de température : car il est dans ce continent à la fois *humide* et *chaud*. Il détermine ainsi le climat moyen de l'Europe, en particulier de l'Europe occidentale.

Conditions locales. — Mais les pays situés à l'intérieur de ce grand courant aérien sont eux-mêmes le siège de mouvements moins étendus, causés par la variabilité extrême de la

---

(1) Dans la Haute-Auvergne, le versant tourné à l'ouest, c'est-à-dire du côté où viennent les pluies, est plus fertile que le versant tourné à l'est : les pâturages de Salers sont les plus renommés de toute l'Auvergne.
Pour la même raison, la Basse-Normandie est plus fertile que l'Argonne, quoique ces deux pays aient les mêmes terrains et soient situés à la même latitude : la première reçoit plus d'eau météorique que la seconde.

pression atmosphérique aux divers points de ces pays. Toutes les fois, en effet, que dans une zone déterminée, étendue ou médiocre, la pression de l'air est inférieure à celle des zones environnantes, les hauteurs barométriques de cette zone sont plus faibles qu'ailleurs : il s'y produit ce qu'on appelle une *dépression barométrique*, ou une *dépression atmosphérique*, ou simplement une *dépression*.

Or deux catégories principales de dépressions intéressent surtout l'Auvergne :

Les unes sont des dépressions générales, formées sur l'Atlantique, et abordant l'Europe par l'ouest, par les côtes d'Angleterre et la Manche ;

Les autres sont des dépressions secondaires, qui se forment soit sur le golfe de Gênes (cas très fréquent), soit sur le golfe de Gascogne, soit dans la partie sud-ouest d'une grande dépression.

On comprend aisément que les dépressions du golfe de Gênes soient fréquentes. La raison en est dans le relief du sol avoisinant. La haute muraille des Alpes, depuis Nice jusqu'à Trieste, garantit du nord les couches d'air du bassin du Pô. Cet air humide s'échauffe et monte dans les hautes régions de l'atmosphère, donnant ainsi naissance à des courants ascendants et à des dépressions barométriques. Il y a par suite appel d'air de toutes les zones environnantes, et formation de tourbillons qui occupent tout le pourtour de l'hémicycle sud des Alpes, le bassin du Pô et le golfe de Gênes (1). Ce foyer de perturbations atmosphériques, ainsi créé, exerce une action importante sur le climat de la France centrale, en particulier sur le climat de l'Auvergne (2).

Des réflexions générales qui précèdent, il résulte que le

---

(1) Le mistral, ce vent violent qui parcourt la vallée du Rhône et se précipite du nord au sud vers la mer Méditerranée, n'a pas d'autre origine. Il est dû aux dépressions de la région sud des Alpes.

(2) On voit que toutes ces dépressions, générales ou secondaires, abordent la France par ses frontières maritimes. Jamais ou presque jamais une aire de basses pressions n'a traversé notre pays du nord-est au sud-ouest, ni de l'est à l'ouest, en l'abordant par ses frontières continentales.

vent soufflera de préférence en Auvergne dans les cas suivants, et dans les directions suivantes : — Chaque fois qu'une dépression générale venue de l'Océan atlantique se déplacera vers l'est, c'est-à-dire passera par les côtes de la Manche, la mer du Nord, dans la direction de la Baltique, *le vent sera d'ouest et de sud-ouest.* — Chaque fois qu'une dépression secondaire se formera au sud des Alpes, *le vent sera de nord et de nord-ouest.*

Les observations des météorologistes et l'expérience de chaque jour montrent qu'il en est ainsi. En Auvergne, on croit volontiers que l'on est en pays de vent. Pourtant, sauf dans le haut pays, sur les plateaux élevés, il n'en est rien. A côté de certaines périodes de vent continu, il ne se passe guère de journées où il n'y ait pas de calmes plats. Le vulgaire observe le vent, il n'observe pas les calmes : de là son erreur.

Nous ne nous attacherons pas à déterminer le nombre des jours de vent par an en Auvergne, ni la force moyenne du vent. En ce qui concerne le nombre des jours de vent par an, le résultat varierait d'une localité à l'autre, de chaque point au point voisin. Il n'existe pas actuellement d'observatoires, ni surtout d'observateurs en quantité suffisante pour fournir de pareilles indications. De plus, les chiffres obtenus n'auraient rien d'instructif.

Il en est de même de la force moyenne du vent. Cette moyenne, pour l'Auvergne, est très faible, peu éloignée de 0, et une constatation de ce genre n'a pas d'intérêt. C'est qu'en pareille matière, rien n'est plus dangereux qu'une moyenne, rien ne conduit moins au but cherché. La moyenne éteint tout, dénature tout, enlève tout ce qui mérite de fixer l'attention. C'est comme si un médecin, chargé de soigner un fiévreux, ramenait les écarts de température de son malade à la moyenne ; il obtiendrait une moyenne à peu près analogue à celle de l'homme bien portant, et en conclurait que le malade est guéri. Ce qu'il doit noter, au contraire, ce sont les écarts extrêmes, les maxima et les minima, et c'est par leur étude attentive qu'il se fera une idée juste de la maladie, de son développement et de ses progrès.

Pour rendre intéressant un chapitre de météorologie appliquée à la géographie, il faut procéder de la sorte :

1° La première étude à faire est celle des écarts extrêmes. — Or il résulte des observations faites à la station du puy de Dôme et à celle de Rabanesse, près de Clermont, depuis environ vingt ans (1874-1894), que le minimum de vent étant 0, la vitesse des grands vents s'élève, pour Rabanesse, entre 15 et 25 mètres par seconde, et pour le puy de Dôme entre 25 et 35 mètres. Les vents qui dépassent cette vitesse sont appelés *tempêtes*. Il y a un nombre variable de tempêtes chaque année ; à Rabanesse, on en compte entre une et quatre par an ; au puy de Dôme, il y en a de quatre-vingt à cent par année, parfois même davantage.

1892	1893	1894
2 tempêtes à Rabanesse :	1 tempête à Rabanesse :	1 tempête à Rabanesse :
15 mars, 25 m. par seconde	21 février, 27 m. par seconde	25 octob. 26 m. par seconde.
28 octobre, 25 m.		
92 tempêtes au puy de Dôme :	87 tempêtes au puy de Dôme :	129 tempêtes au puy de Dôme :
28 mai, 43 m.	21 février, 47 m.	25 octobre, 53 m.
30 octobre, 42 m.	3 octobre, 47 m.	29 décembre, 48 m.
8 février, 40 m.	2 octobre, 38 m.	10 juillet, 48 m.
19 février, 40 m.	et ainsi de suite.	12 juillet, 48 m.
18 août, 40 m.		etc., en diminuant de vitesse (1).
etc., en diminuant toujours de vitesse.		

Les maxima de vitesse observés depuis vingt ans ont été : pour Rabanesse, de 33ᵐ33 par seconde, par vent d'ouest, le 20 février 1879, et pour le puy de Dôme de 63 m. par seconde, par le même vent et le même jour (2).

(1) Cf. registres de l'observatoire de Rabanesse, 1892, 1893, 1894.
(2) Il est assez naturel que les dates soient à peu près les mêmes pour les très grands vents observés au puy de Dôme et à Rabanesse. Les deux stations sont assez rapprochées l'une de l'autre (12 kilomètres environ).

2° La seconde question à se poser, qui est de beaucoup la plus importante, est celle-ci : quelle est en Auvergne la direction habituelle du vent; de quel côté souffle-t-il avec le plus de fréquence ?

Il résulte des observations faites à la station du puy de Dôme que le vent dominant en Auvergne est le vent de la région ouest (1). Comme ce sommet est un cône isolé qui dépasse de plus de 400 mètres tout le pays environnant, la direction du vent n'y subit point de perturbation locale, et ne dépend que des mouvements généraux de l'atmosphère, *les seuls qui soient à considérer*. C'est pour cela que les résultats obtenus au puy de Dôme peuvent s'appliquer à une région assez étendue, au moins à toute l'Auvergne, sinon à la majeure partie de la France. Or, d'une multitude d'observations, faites régulièrement et avec le plus grand soin pendant onze ans, de 1882 à 1893, M. Plumandon tire les conclusions suivantes :

Ce sont les vents de la région ouest, c'est-à-dire les vents de nord-ouest, ouest et sud-ouest qui dominent dans le pays. Puis viennent les vents du sud, — ensuite ceux de l'est, — enfin ceux du nord. (Voir ci-après.)

Chacun de ces vents a une action spéciale au point de vue du climat, du régime des eaux, de la végétation, etc.

Ainsi les vents de la région ouest et ceux du sud amènent généralement la pluie ;

Les vents du nord amènent les gelées tardives de mai, et les gelées précoces de septembre ;

Les vents d'est sont les moins pluvieux de tous.

3° La dernière question à résoudre est celle des changements brusques de vent, qu'on remarque fréquemment en Auvergne. La cause en est dans la formation presque simultanée de dépressions atmosphériques au nord et au sud de l'Auvergne. Si une dépression passe au large de la Manche, le vent souffle de l'ouest et du sud-ouest; mais si au même moment une dépression se forme au sud des Alpes (cas très

---

(1) Cf. J.-R. Plumandon. « La Nature, » 3 février 1894.

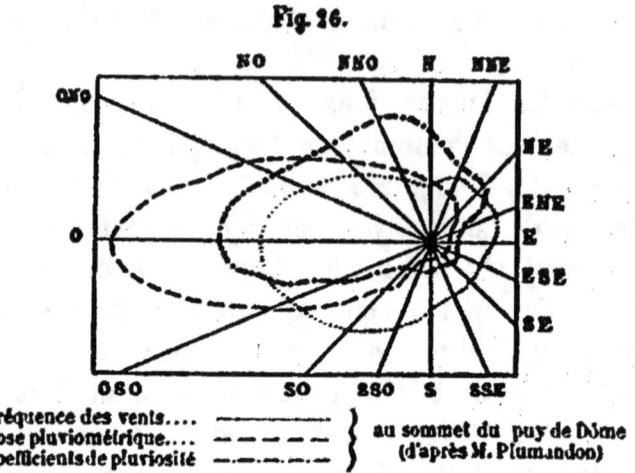

Fig. 26.

Fréquence des vents.... ─────────
Rose pluviométrique.... ─ ─ ─ ─ ─
Coefficients de pluviosité ─·─·─·─·─
} au sommet du puy de Dôme
(d'après M. Plumandon)

fréquent), le vent passe brusquement au nord-ouest ou au nord ; si une dépression vient à se former sur le golfe de Gascogne, le vent tourne brusquement au sud.

Beaucoup des remarques qui précèdent, et quelques-unes de celles qui suivent, se trouvent déjà dans un document du XVIII° siècle, dans le Mémoire envoyé au roi par l'intendant d'Auvergne Ballainvilliers, en 1765 (1). L'auteur connaît assez bien le régime des vents et des pluies dans sa province, mais il se trompe souvent sur les causes des phénomènes :

« Le climat d'Auvergne n'est pas le même par toute la
» province ; on la divise en *haute* et *basse*. La haute Auver-
» gne, qui comprend ce qui est au delà de Bort et de Massiac
» jusqu'au Quercy, au Rouergue et au Gévaudan, est séparée
» par la rivière de la Rüe. La basse, qui s'étend depuis les
» frontières du Bourbonnais jusqu'au delà de Brioude et de
» Massiac, se subdivise en trois parties, la Limagne, les mon-
» tagnes, et le pays Brivadois et Longeadois.

» La Limagne est un pays beaucoup plus chaud et plus
» agréable que celui des montagnes, quoique cette province
» soit fort sujette aux vents. Néanmoins une particularité

---

(1) Cf. mémoire de Ballainvilliers, 1765, p. 8-10. Bibliothèque de la ville de Clermont, man. 520.

» remarquable est qu'il n'y règne aucun des vents généraux,
» ce qui vient de la quantité et de la situation des montagnes;
» on a tenté d'y établir des moulins à vent, mais inutilement,
» car un moment après qu'un vent s'est déclaré, il est con-
» trarié par un autre qui non seulement arrête l'effet du pre-
» mier, mais aussi qui rompt les tournants et abat les mou-
» lins. *Les vents d'ouest sont fort fréquents,* principalement dans
» la Limagne, sur la fin de l'automne et le début du prin-
» temps; ils font parfois des dégâts considérables, renversant
» les maisons, déracinant les plus gros arbres, et ravageant
» les campagnes. *Ces vents sont souvent suivis d'un vent nord-*
» *ouest ou nord*, qui, donnant des gelées précoces ou tardives,
» prive les habitants de leurs récoltes et de leurs fruits. Dans
» l'été, les orages y sont amenés et concentrés par les monta-
» gnes; il ne se passe presque pas d'année que la grêle ne
» dévaste des cantons considérables; quelquefois même elle
» a affligé jusqu'à 200 paroisses; on a vu des grêlons pesant
» 2 à 3 onces; il faut remarquer que les orages et les grandes
» pluies sont presque toujours suivis de quelques frai-
» cheurs. »

**

Toute description géographique d'un pays doit comprendre l'étude du régime de ses pluies. Autrefois les géographes s'en inquiétaient peu ou point. Aussi s'expliquaient-ils mal l'allure des fleuves et des rivières, leur débit moyen, leur débit à l'étiage, leur maximum de crue. Ils ne faisaient pas non plus la répartition, pourtant si légitime, des eaux en eaux de sources, eaux stagnantes, et eaux de ruissellement. Aujourd'hui l'étude des pluies précède toujours l'étude de l'hydrographie, et contribue puissamment à la rendre claire et utile. Je dis *utile* à dessein; car le géographe, qui n'est pas un météorologiste, n'observe pas la chute de la pluie pour elle-même, il l'observe dans les conséquences qu'elle a au point de vue hydrographique. S'il note les précipitations abondantes et brusques, dues aux orages, c'est à cause des crues des rivières et de leurs ravages possibles. S'il note également la quantité moyenne d'eau qui tombe annuellement, c'est parce que de cette moyenne résulte l'allure ordinaire des courants fluviaux, ce qu'on appelle leur débit moyen.

Les pluies, en Auvergne, comme partout du reste, tombent par tous les vents; il est rare qu'on puisse déterminer un état atmosphérique tel que cet état amène *forcément* la pluie; en déterminer un autre qui écarte *absolument* toute chance de pluie. La prévision du temps, à cet égard, ne comporte que des probabilités (1), et les météorologistes les plus compétents sont les premiers à le reconnaître.

Cependant ces personnes même ont établi des règles que l'expérience vérifie dans la plupart des cas, et qu'il est bon de faire connaitre (2). Pour ne nous occuper que de la France centrale, il est reconnu que les pluies de longue durée s'y produisent surtout lorsqu'une dépression, venant de l'Océan atlantique, traverse la France, se déplaçant lentement vers l'est, ou encore lorsque des dépressions secondaires existent au sud des Alpes ou sur le golfe de Gascogne. En effet, dans ces circonstances, ce sont les vents de la région ouest (vents compris entre le nord-ouest et le sud-ouest) qui soufflent en Auvergne, et ce sont surtout ces vents qui amènent avec eux les nuages de pluie (3).

M. Plumandon, après une série d'observations faites pendant onze ans, de 1882 à 1893, représente par le schéma ci-contre les quantités d'eau de pluie qui tombent en moyenne chaque année au sommet du puy de Dôme par les différents vents :

---

(1) Des probabilités, il est vrai, souvent assez grandes.
(2) Cf. Plumandon, *Tableau synoptique de la prévision du Temps.* — Id., *Météoroscope ou Baromètre indicateur du temps.*
(3) Il n'est question ici que des *vents élevés*, qui seuls ont une action météorique, et non pas des *vents inférieurs*, qui soufflent près du sol, et qui n'ont pas d'influence sur les pluies. Se défier des indications fournies par les girouettes, qui sont d'ordinaire frappées par les vents inférieurs, et non pas par les vents élevés.

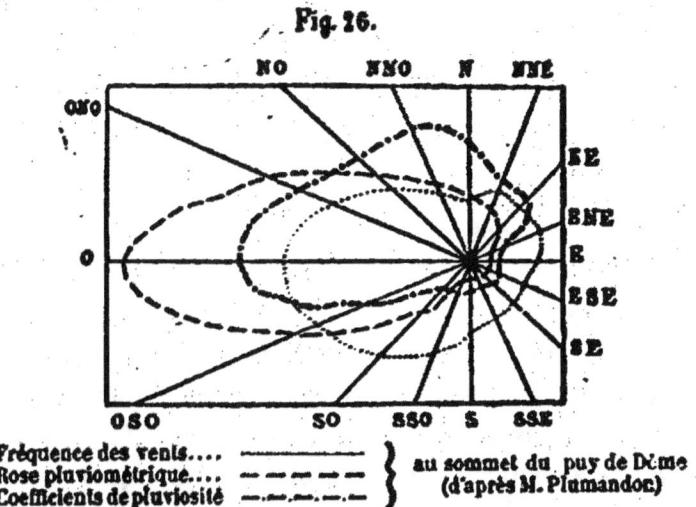

Fréquence des vents....
Rose pluviométrique....
Coefficients de pluviosité
} au sommet du puy de Dôme (d'après M. Plumandon)

Comme on le voit, le plus grand rayon de la courbe est relatif au vent d'ouest et au vent d'ouest-sud-ouest; il correspond à une tranche d'eau de 43^{cm} (430^{mm}). Ce qui veut dire que chaque année le seul vent d'ouest verse au sommet du puy de Dôme 430 litres d'eau de pluie par mètre carré de surface. Le vent d'est, le moins pluvieux, n'en donne que 10 litres par mètre carré. Or la quantité moyenne annuelle, déduite de quinze années d'observations, est au puy de Dôme de 1601^{mm} ou 1601 litres par mètre carré. Donc la quantité fournie par le seul vent d'ouest dépasse sensiblement le quart de la quantité totale annuelle.

Mais, dira-t-on, c'est que le vent d'ouest souffle bien plus fréquemment au puy de Dôme que les autres vents. Cela est vrai. Toutefois il suffit d'observer les deux courbes (celle de la fréquence des vents et celle de la rose pluviométrique) pour se rendre compte que, loin de coïncider entre elles dans toutes leurs parties, elles s'écartent d'une façon manifeste : le rayon ouest de la rose pluviométrique est bien plus allongé que le rayon ouest de la fréquence des vents.

Le rapport entre ces deux courbes, que M. Plumandon appelle le *coefficient de pluviosité* de chaque vent, prouve que c'est bien le vent d'ouest qui apporte avec lui le plus de pluies. Après, c'est le vent du nord-ouest, puis le vent du nord, et le vent qui apporte avec lui le moins de pluies est le vent d'est.

Voici les chiffres obtenus par M. Plumandon, en prenant pour unité le coefficient de pluviosité du vent d'est :

Est   1   — nord-est 3.10 — nord 4.35 — nord-ouest 5.65
Ouest 9.35 — sud-ouest 2.60 — sud 1.45 — sud-est   1.15

M. Plumandon ajoute qu'en raison de la situation du puy de Dôme, la chute des pluies n'y subit, non plus que la direction des vents, aucune perturbation locale, et ne dépend que des mouvements généraux de l'atmosphère. C'est pour cela que les coefficients ci-dessus doivent s'appliquer non seulement au puy de Dôme, mais à toute la région d'alentour.

La preuve la plus convaincante qu'on puisse en donner, c'est qu'à Bruxelles les coefficients de pluviosité des différents vents sont dans le même ordre. M. Lancaster, inspecteur des observatoires belges, en donne le tableau suivant, en prenant lui aussi comme unité le coefficient du vent d'est. (Cf. « La Nature, » 3 mars 1894).

Est   1 — nord-est 1.8 — nord 2.3 — nord-ouest 3.4
Ouest 4 — sud-ouest 3.4 — sud 2.8 — sud-est   1.7

Il s'ensuit que les résultats obtenus par M. Plumandon s'appliquent, bien au delà de l'Auvergne, à la France et même à la majeure partie de l'Europe occidentale.

Cela ne veut pas dire qu'il pleut autant dans toute l'Auvergne qu'au puy de Dôme. Cela signifie que le rapport est toujours le même entre la fréquence des vents et la quantité d'eau qu'ils précipitent sur le sol. Il existe en Auvergne la plus grande variété possible dans les hauteurs des tranches de pluie observées ; il n'y a pas deux points du pays, si voisins soient-ils, qui reçoivent par an *exactement* la même quantité d'eau. Cela se comprend. Trop de causes, provenant les unes du relief du sol, de l'altitude des lieux, de l'orientation des montagnes, les autres de l'état hygrométrique de l'atmosphère, empêchent qu'il en soit ainsi.

Cependant on est convenu de grouper ensemble les stations

qui observent à peu près (à 100ᵐᵐ près) la même hauteur d'eau de pluie tombée chez elles, et l'on obtient ainsi des zones, parfois assez considérables, aux contours très capricieux, que l'on déclare soumises aux mêmes précipitations pluviales. La détermination de ces zones n'est qu'approximative, et ne saurait être rigoureusement exacte. Il faudrait en effet un bien plus grand nombre de stations d'observation, et une période bien plus longue d'observations sérieuses pour dresser une carte vraiment bonne du régime des pluies dans une région. Pour l'Auvergne, nous sommes bien partagé sous ce rapport, et cependant les renseignements que nous avons recueillis sont loin d'être suffisants.

L'observatoire installé au sommet du puy de Dôme, auquel s'ajoute l'observatoire de Rabanesse, à Clermont-Ferrand, sera notre principal et notre plus sûr élément d'informations. Nous y joindrons les chiffres fournis par les correspondants de cet observatoire dans le département, en particulier par ceux des stations situées d'une façon caractéristique : Latour, Laqueuille, pour le versant occidental des monts Dore et de la chaîne des puys, Aurillac (1) pour le versant occidental du Cantal, Pont-du-Château et Billom pour la vallée de l'Allier, Ambert pour le versant occidental du Forez. De la comparaison possible des chiffres ainsi obtenus ressortira une idée à peu près exacte du régime des pluies en Auvergne. (Voir ci-après).

Le premier tableau permet de déterminer quels sont les mois de l'année où il tombe le plus d'eau.

Pour les stations de la plaine (Rabanesse, Pont-du-Château, Billom, même Ambert), le fait n'est pas douteux, ce sont les mois d'été, ceux qu'on appelle pourtant les mois de la belle saison (2).

Pour les stations élevées (Aurillac, Latour, Laqueuille), le

---

(1) Les observations d'Aurillac sont celles qui sont faites depuis treize ans (1881-1895) à l'École normale d'instituteurs de cette ville.

(2) Cf. Lemoyne, *État actuel de nos connaissances sur l'hydrométrie du bassin de la Seine.* « Annales de géographie, » 15 octobre 1892.

TABLEAU DES QUANTITÉS MENSUELLES DE PLUIE TOMBÉE EN 1892-1893-1894
(Pour le puy de Dôme et Rabanesse, moyennes de 15 et 19 ans)

	AURILLAC 632m			LATOUR 950m			LAQUEUILLE 1000m			Puy de Dôme 1467m	Rabanesse 382m 5	PONT-DU-CHATEAU 330m			BILLOM 333m			AMBERT 530m		
Janvier	68.3	23.3	60.»	89.6	110.»	96.3	62.»	47.3	102.8	135.9	33.9	33.2	23.3	28.5	70.»	41.5	48.»	54.5	78.5	42
Février	78.6	102.1	16.7	144.1	223.»	33.7	122.2	127.»	41.7	154.3	34.8	47.5	39.8	16.3	42.»	50.»	47.5	138.2	61.25	22
Mars	48.3	25.2	46.»	85.5	28.5	40.4	139.»	30.5	55.»	132.»	38.2	80.6	19.»	11.1	98.»	1.3	3.5	61.2	21.5	37
Avril	59.5	4.5	87.»	66.6	9.9	134.3	60.4	18.»	121.»	142.9	54.5	49.7	2.2	26.»	54.»	2.5	27.5	43.2	»	35
Mai	58.5	77.9	132.2	57.»	73.2	235.8	61.5	40.»	238.5	120.7	64.2	45.2	58.7	172.8	36.»	41.5	83.»	61.2	26.7	154
Juin	52.6	73.7	74.7	110.6	108.5	96.»	97.9	94.5	68.5	129.4	94.2	63.5	75.5	36.4	95.»	69.5	55.5	83.»	69.7	48
Juillet	103.9	95.5	101.6	154.1	207.7	204.6	120.9	191.5	147.5	124.9	60.1	78.1	119.»	65.8	84.»	82.»	34.»	192.7	76.5	84
Août	94.9	29.»	36.5	113.2	34.7	52.2	93.6	42.»	43.4	120.2	57.3	118.2	28.7	48.»	118.8	21.»	48.5	117.5	17.5	11
Septembre	29.3	134.8	39.8	131.6	138.7	97.1	66.8	130.5	122.5	119.2	61.8	48.6	67.5	100.7	49.4	49.»	50.3	87.2	45.»	64
Octobre	86.6	228.8	59.3	166.»	166.8	98.5	160.8	157.4	48.8	140.3	57.4	51.7	129.1	36.5	53.5	40.»	44.»	82.5	137.25	32
Novembre	58.5	112.1	70.5	140.8	125.2	122.4	86.»	119.»	57.3	142.9	44.3	93.7	37.6	29.3	75.»	58.»	53.»	65.2	91.5	72
Décembre	25.2	49.9	19.5	86.»	83.3	113.4	68.5	66.»	91.1	137.9	34.5	18.»	18.2	18.5	22.»	41.»	43.»	48.2	24.75	48
	1892	1893	1894	1892	1893	1894	1892	1893	1894	Moyenne de 15 ans	Moyenne de 19 ans	1892	1893	1894	1892	1893	1894	1892	1893	1894

TABLEAU DES QUANTITÉS ANNUELLES DE PLUIE TOMBÉE EN 1892-1893-1894
(Pour le puy de Dôme et Rabanesse, moyennes de 15 et 19 ans)

	AURILLAC			LATOUR			LAQUEUILLE			Puy de Dôme	Rabanesse	PONT-DU-CHATEAU			BILLOM			AMBERT		
	768.2	956.8	740.8	1343.1	1309.3	1325	1148	1064.5	1115	1601	637.»	748.»	638.6	560.»	797.»	498.»	508.»	1035.6	643.15	654
Moyenne de 44 ans: 930.5										Moyenne de 15 ans	Moyenne de 19 ans									
	1892	1893	1894	1892	1893	1894	1892	1893	1894			1892	1893	1894	1892	1893	1894	1892	1893	1894

fait est moins patent. Cependant les mois de mai, juin, juillet et août ont toujours un fort coefficient.

Pour le puy de Dôme, enfin, c'est-à-dire pour un sommet de montagne, le phénomène est renversé : ce sont les mois d'été où les chutes de pluie sont le moins abondantes.

Les conséquences de ces différents faits sont importantes au point de vue hydrographique. Nous le verrons dans un des chapitres suivants.

Le second tableau, tout incomplet qu'il soit, confirme, à peu de chose près, la carte des pluies de l'Auvergne, telle qu'elle a été dressée par M. Angot, dans sa Carte de répartition des pluies en France (1).

Fig. 22.

Carte des pluies dans le plateau central (d'après M. Angot).

De l'examen d'une telle carte résultent les considérations suivantes : La carte des pluies, en Auvergne, ressemble dans ses grandes lignes à une carte hypsométrique. Les régions élevées sont celles qui reçoivent les plus fortes tranches d'eau, et les minima de pluie se trouvent dans les plaines et dans les vallées.

(1) Cf. « La Nature, » 31 mai 1891, p. 404. Carte de répartition des pluies en France, dressée par M. Angot, au moyen d'observations allant de 1869 à 1888.

Il n'y a pas en Auvergne de zone où la pluie totale annuelle n'atteigne pas 500^{mm}; la région d'Auvergne où il tombe le moins de pluie, comprise entre 500 et 600^{mm}, est située le long de l'Allier, sur la rive gauche de la rivière; la région où il en tombe le plus, comprise entre 1400 et 1600^{mm}, atteignant exactement 1601^{mm} au puy de Dôme, est située dans les montagnes de la chaîne des puys, des monts Dore et du Plomb du Cantal.

Cette carte prouve encore qu'en Auvergne (comme du reste il arrive partout) (1), le versant ouest d'un soulèvement montagneux est plus arrosé que le versant est. La raison en est simple. Les nuages pluvieux, venant d'ordinaire de l'ouest et s'élevant d'abord le long des pentes occidentales des montagnes, se condensent en se refroidissant et se résolvent en pluies. Si toutefois ces nuages dépassent la crête des montagnes et arrivent sur l'autre versant, ils se trouvent dans un air plus chaud, l'état hygrométrique diminue, et la pluie, si pluie il y a, est faible.

Voilà pourquoi les plus grandes quantités d'eau de pluie observées sont au puy de Dôme, dans les monts Dore, dans le Cantal; pourquoi elles sont encore assez considérables dans le Forez; pourquoi enfin la vallée de l'Allier en reçoit beaucoup moins. Cette vallée est abritée des vents d'ouest par la chaîne des Dômes et le massif des Dore, des vents du sud par la Margeride; elle n'est découverte que du côté du nord, et les vents venant de ce côté sont habituellement secs.

*_**

Il n'a été question jusqu'ici que de la quantité moyenne d'eau de pluie qui tombe en Auvergne chaque année, et qui

---

(1) Exemples : les deux versants des Vosges, le versant lorrain est plus arrosé que le versant alsacien ; — les deux versants du soulèvement des Alpes scandinaves, il pleut à Bergen plus qu'à Stockholm.

se répartit ensuite en eau de sources, eau stagnante et eau de ruissellement (1).

Il y a lieu, à présent, de considérer certaines pluies qui sortent de la mesure ordinaire, et qui heureusement sont rares, car, à l'encontre des pluies normales, ces fortes pluies sont généralement désastreuses. Elles augmentent d'une manière brusque le volume et le débit des eaux courantes, provoquent des crues qui, sur les sols imperméables, sont suivies d'inondations parfois terribles. Ces grosses pluies accompagnent les *orages*.

Jadis, on ignorait ce qu'est un orage, d'où il provient, et comment il se comporte depuis le début de sa formation jusqu'à sa disparition totale. C'est en considérant les dégâts que chaque année produisent les orages dans les campagnes, soit qu'ils causent des inondations, soit qu'ils entraînent des chutes de grêle, qu'on a eu enfin l'idée de s'en occuper scientifiquement. Par l'intermédiaire du Bureau central météorologique de France, toutes les commissions météorologiques des départements ont reçu une circulaire les invitant à inscrire la question des orages dans leur programme de recherches. Depuis lors, des observations méthodiques ont été faites en Auvergne et centralisées à Clermont-Ferrand ; il devient ainsi possible de connaître le phénomène des orages dans cette région de la France centrale.

Il y a présomption que des orages éclateront, en Auvergne, dans deux cas principaux ; dans le cas où une grande dépression passera au large de nos côtes, sur les Iles-Britanniques, la mer du Nord ; et dans le cas où une dépression locale se formera vers le golfe de Gascogne ; *mais avec cette condition expresse que la pression atmosphérique soit uniforme dans toute la région, et que cette uniformité amène avec elle la chute du vent* (2). Car c'est *le calme de l'air* qui permettra aux

---

(1) On ne tiendra nul compte de l'eau évaporée immédiatement et retournant à l'état de vapeur dans l'atmosphère : quantité indéterminable dans l'état actuel de la science.

(2) Il ne faut pas d'ailleurs que la pression soit très forte et dépasse

courants verticaux ascendants de prendre l'ampleur suffisante et de persister assez longtemps pour porter dans les hautes régions les masses de vapeur qui y formeront les nuages orageux.

Une fois formé, l'orage peut suivre des directions variables ; en Auvergne, sa marche habituelle est sud-ouest-nord-est. S'il a une direction autre, c'est que sa marche est commandée par des dépressions secondaires (1). Mais quelle que soit cette direction, elle dépendra toujours des lois générales des mouvements atmosphériques, et non, comme on le croit parfois, de simples accidents du relief terrestre, montagnes, vallées, forêts, etc.

Ce qui donne lieu à une telle croyance, c'est qu'il semble souvent que les orages soient très bas, à la hauteur des bois, des faibles pentes. Or, il n'en est rien. Quand même, par un ciel orageux, il y aurait des nuages noirs rampant au fond des vallées, l'orage est beaucoup plus haut, dans les cumulus des altitudes supérieures (2). Depuis la fondation de l'observatoire du puy de Dôme, c'est-à-dire depuis 1875, on n'a pas observé d'orage *au-dessous* de la cime de la montagne, *au-dessous de 1465 mètres*. On a des exemples fréquents d'orages qui ont franchi les Alpes et le mont Blanc, à une hauteur de plus de 4000 mètres, sans être déviés de leur route. Enfin, M. Plumandon a observé, le 31 juillet 1892, un orage au sein d'un cumulus dont le sommet atteignait

---

765ᵐᵐ ni qu'elle soit trop faible. C'est quand elle est *uniformément moyenne* dans toute la région (entre 755 et 760) que les orages se forment le plus souvent.

(1) M. Plumandon, dans son *Etude sur la marche des orages* (« La Nature, » 5 janvier 1895), dit que dans les cas particuliers et assez rares où la pression atmosphérique n'est pas parfaitement uniforme, les orages se déplacent :

du sud au nord, si le minimum de pression est dans l'ouest,
du sud-ouest au nord-est — — le nord-ouest,
du nord au sud — — l'est, etc.

ce qui prouve bien que la marche des orages dépend toujours de l'état de l'atmosphère au point de vue barométrique.

(2) Cf. Plumandon, *Influence des forêts et des accidents du sol sur les orages à grêle*, 1893.

10.000 mètres de hauteur : cet orage suivait toute la vallée de la Dore, de Thiers à Lezoux. Quelle influence pouvaient avoir les accidents du relief terrestre sur un phénomène qui se manifestait puissamment à une si grande hauteur !

Les indications qui précèdent sont générales. Si l'on entre dans le détail des orages qui frappent un pays déterminé, comme l'Auvergne, il faut se garder d'affirmations trop catégoriques, et s'en tenir aux observations des personnes compétentes.

Dans le département du Puy-de-Dôme (1), il y a eu : — en 1889, 61 jours d'orage ; — en 1890, 48 ; — en 1891, 61 ; — en 1892, 79 ; — en 1893, 66 ; — en 1894, 60.

Dans le département du Cantal (2), il y a eu : — en 1889, 12 jours d'orage ; — en 1890, 9 ; — en 1891, 18 ; — en 1892, 20 ; — en 1893, 21 ; — en 1894, 10.

La répartition des jours d'orage, suivant les mois de l'année, est on ne peut plus variable ; et les observations faites en Auvergne ne sont pas assez anciennes pour nous permettre de prendre des moyennes : d'ailleurs, à quoi servirait une moyenne ?

		avril	mai	juin	juillet	août	sept.(3)	
Puy-de-Dôme	1892 :	9	9	15	15	15	14	les autres mois rien ou presque rien
	1893 :	5	0	17	11	7	8	
	1894 :	4	10	7	15	8	12	
Cantal	1892 :	4		5	3	4	2	(1 en oct., 1 en nov.)
	1893 :	2	4	6	2	1	3	(2 en févr., 1 en oct.)
	1894 :		2	1	5	1	1	

Ce qui importe beaucoup plus, c'est d'étudier la pluie d'orage et la grêle qui accompagne d'ordinaire le phénomène. La pluie d'orage est courte, mais abondante ; en Auvergne, elle atteint parfois une intensité redoutable.

(1) Ces chiffres sont fournis par les rapports de la Commission météorologique du département du Puy-de-Dôme.
(2) Chiffres fournis par la Commission météorologique du département du Cantal.
(3) Cf. registres de Rabanesse.

Le maximum de précipitation pluviale pendant une journée d'orage, observé dans une période de quinze ans, a été : au puy de Dôme, le 29 mars 1892, 161^{mm}2 ; — à Rabanesse, le 12 septembre 1875, 102^{mm}2.

Les effets de ces pluies d'orage sont immédiats. Le 19 mai 1894 (1), de quatre heures à six heures du soir, une pluie d'orage est tombée dans la vallée de l'Allier, entre Billom, Vertaizon et Pont-du-Château. A Pont-du-Château, la précipitation a été de 45^{mm} ; mais la disposition du lieu est telle que les ravages n'ont pas été considérables. A Billom, la chute a été de 33^{mm} seulement, mais Billom est situé de telle sorte qu'il rassemble les eaux de toute une vaste surface de ruissellement ; tandis qu'en temps ordinaire de simples ruisseaux suffisent à drainer cette surface, ce jour-là, le sol n'ayant pu boire le trop-plein des eaux pluviales, Billom a été inondé soudainement : des personnes ont été noyées dans leurs maisons qu'elles n'avaient pu quitter ; d'autres, en fuyant dans les rues, transformées en torrents, ont péri emportées par le courant. La voie du chemin de fer Vertaizon-Billom est demeurée impraticable pendant plusieurs jours, à cause de l'eau qui la recouvrait et des masses énormes d'alluvions que cette eau avait entraînées des hauteurs.

En deux heures, une seule pluie d'orage, sans grêle, avait dévasté la région.

Quand la grêle accompagne l'orage, les désastres sont encore plus grands. Rien de plus capricieux, de moins soumis à aucune loi, que les chutes de grêle. On ne peut absolument pas savoir pourquoi certaines localités paraissent être à l'abri des chutes de grêle, pourquoi d'autres zones sont visitées presque annuellement par le fléau.

On s'imaginait, jusqu'à ces derniers temps, que le relief du sol avait une action tantôt protectrice, tantôt nuisible : les uns disaient que la disposition d'une vallée formant couloir (courant d'air) attirait la grêle, d'autres que les forêts

(1) Observation personnelle.

étaient un préservatif, d'autres que les montagnes étaient moins souvent grêlées que les plaines, etc. Or, il résulte d'une enquête faite dans le département du Puy-de-Dôme, en 1891-1892, que les formes du relief n'ont aucune influence sur les orages à grêle. Les renseignements fournis par les maires de quatre cent trente-trois communes sur quatre cent soixante-dix sont à ce point de vue absolument contradictoires : on prête à la forêt tantôt une action nuisible, tantôt une action salutaire ; il en est de même pour la montagne, pour la vallée ; enfin, dans deux cent soixante-sept communes, les chutes de grêle passent pour ne subir aucune influence locale, et pour se produire d'une manière quelconque. Tout ce que l'on peut constater, c'est que les dommages causés par la grêle sont en proportion plus grande dans la vallée de l'Allier, qu'ils sont moins grands dans les régions qui bordent la chaîne des puys, enfin qu'ils sont presque nuls dans les massifs élevés, monts Dore et Plomb du Cantal. Cela ne veut pas dire que la grêle tombe plus fréquemment en plaine qu'en montagne ; cela signifie simplement que les cultures de la plaine sont bien plus sensibles aux chutes de grêle, que, dans la montagne, les pâturages souffrent peu du fléau, que, à plus forte raison, les endroits tout à fait incultes des sommets n'en souffrent pas du tout (1).

Ce qui est vrai du département du Puy-de-Dôme s'applique à toute l'Auvergne ; nous pouvons donc généraliser et dire :

---

(1) Dans le Puy-de-Dôme, les régions se prétendant indemnes sont :
a) La région entre Saint-Amant-Tallende, Veyre-Monton, et Le Crest ;
b) La limite des cantons d'Issoire, Sauxillanges et Jumeaux.
Les régions le plus souvent grêlées sont :
Les cantons de Saint-Gervais, Pionsat, Montaigut ; — les cantons de Thiers et Courpière ; — les cantons de Cunlhat, Saint-Dier et Saint-Amant-Roche-Savine.
Dans le Cantal, les régions qui passent pour le plus souvent atteintes forment deux bandes dirigées sensiblement du sud au nord ; l'une de Maurs à Mauriac, — l'autre de Chaudesaigues à Massiac.

Il n'y a pas de région qu'on puisse déclarer complètement à l'abri de la grêle, et surtout dont on puisse attribuer l'immunité au relief de son sol. Car la grêle se forme indépendamment des accidents de la surface terrestre, et tombe indistinctement en tous lieux (1).

Si une région prétend être indemne, c'est ou bien que les observations n'y sont pas faites depuis assez longtemps, ou bien que ses cultures, étant insignifiantes, ne sont exposées à ressentir aucun mal, et que, par suite, le phénomène y passe inaperçu.

Si, au contraire, une région se plaint tout spécialement d'être éprouvée par le fléau, ce n'est pas que la grêle s'y manifeste plus qu'ailleurs; c'est que, dans cette région, les cultures sont délicates, *qu'elles occupent tout le terrain*, et que, par suite, le plus petit grêlon en tombant fait du mal.

(1) Cf. pour la cause de la formation de la grêle, E. Durand-Gréville. « Revue scientifique, » août-novembre 1891.

CHAPITRE IV

Le climat de l'Auvergne : la température

Nous savons déjà qu'on rencontre en Auvergne presque toutes les natures de terrains, des altitudes très différentes, un régime varié de vents et de pluies ; nous ne serons donc pas surpris de constater qu'il n'existe pas de *climat auvergnat uniforme*. L'Auvergne offre les conditions les plus diverses de chaleur et de froid, c'est-à-dire *tous les climats locaux* susceptibles d'exister à cette latitude et à cette distance de la mer.

La constatation de ce fait a été publiée voilà longtemps. Au début du siècle, Tiolier, dans un mémoire sur l'agriculture en Auvergne (1), s'exprime ainsi : « L'Auvergne étant
» à une égale distance des climats brûlants et des climats
» glacés, nous pourrions jouir de la plus heureuse tempéra-
» ture, au lieu que nos montagnes, leurs reflets, les combi-
» naisons de leurs sites, et les actions des vents sont suivis
» de tout ce qu'il y a de *plus inconstant, de plus variable* et
» de plus orageux.

» L'Auvergne n'étant qu'un long couloir, l'air doit y accé-
» lérer son cours, les vapeurs du Midi sont corrigées par le
» Nord auquel le pays est ouvert, les eaux même doivent
» contribuer à épurer l'air ; jamais on ne vit plus de ruisseaux
» serpenter que dans cette contrée.

» Mais tous les maux que produisent les *inconstances* et

---

(1) Cf. Tiolier, *Mémoire sur l'Agriculture en Auvergne*, 1816. Bibliothèque de la ville de Clermont, man. 715.

» les *vicissitudes* de l'air, nous les devons aux hautes mon-
» tagnes dont l'Auvergne est comme hérissée; en effet, on
» ne peut jouir en général quatre jours de suite d'un beau
» temps, et cela s'explique par les nuées de glaces qui pla-
« nent dans l'air au niveau des hautes montagnes, et par
» les amas de neige qui chargent l'air d'une grande quantité
» de nitre.

» Telle est la cause à laquelle on a attribué les dérange-
» ments des saisons si fréquents dans cette contrée, les froids
» au lieu du chaud, l'empêchement de la maturité du raisin
» et des fruits, les vents impétueux qui renversent tout, etc.
» Ainsi s'explique comment le ciel est beau dans la partie
» élevée lorsque les brouillards obscurcissent la plaine, et
» comment à son tour la plaine jouit d'un beau temps lorsque
» les nuages couvrent les montagnes.

» Il faut conclure que c'est un climat bon et sain en lui-
» même, mais *trop variable* et *trop inconstant*, et très nuisi-
» ble aux biens de la terre ; ce qui est plus fâcheux, c'est
» qu'il est très préjudiciable aux hommes par les suites de
» ces froids inopinés qui amènent la crudité des fruits, et
» par leur influence sur la transpiration. »

Variabilité et inconstance, tels sont les deux caractères principaux que l'on a reconnus de tout temps au climat de l'Auvergne. Il faut voir si les résultats des observations météorologiques, faites régulièrement depuis une vingtaine d'années, corroborent ce qui vient d'être dit. Aujourd'hui on traite la question des climats avec une rigueur et suivant une méthode scientifiques; on accumule les observations; de leur rapprochement on tire quelques conclusions, mais on ne se hasarde pas encore à formuler des lois. C'est le seul moyen de rester exact dans une recherche essentiellement sujette à l'erreur. Pour se prononcer en connaissance de cause sur le climat d'un pays comme l'Auvergne, il faudrait disposer d'observations faites depuis fort longtemps et sur un très grand nombre de points.

Nous n'avons pas cet avantage. Les observations dont nous

disposons ont des origines différentes, et comme elles comprennent des intervalles de temps inégaux, elles ne fournissent pas de résultats qu'on puisse comparer sûrement, ni dont on puisse tirer des conclusions fermes (1). Il convient néanmoins de s'en servir, car, tout incomplets qu'ils sont, ils permettent de juger l'allure ordinaire de la température de l'Auvergne :

Pour le Cantal, ce sont les observations faites depuis treize ans (1881-1894) à l'Ecole normale d'instituteurs d'Aurillac ;

Pour le Puy-de-Dôme, les registres des deux stations de l'observatoire du puy de Dôme, celle du sommet de la montagne, et celle de la plaine, à Rabanesse. Là sont également centralisées les observations faites dans diverses stations du département, aux points les plus caractéristiques, à Latour, à Pont-du-Château, à Ambert.

La circonstance la plus favorable pour nous est le dédoublement de l'observatoire du puy de Dôme en deux stations, une de la montagne, et une de la plaine. Nous avons de la sorte des renseignements d'une grande valeur, fournis pour le sommet du puy par des observations de quatorze années, et pour Rabanesse par des observations de vingt-cinq ans, sur un climat de montagne et un climat de plaine, c'est-à-dire sur les deux climats essentiels de l'Auvergne.

---

(1) Autre chose : on ne se doute pas, d'ordinaire, de la difficulté très réelle qu'il y a à faire de bonnes observations météorologiques. La seule observation du thermomètre donne lieu fréquemment à de graves erreurs. M. Renou, dans ses Instructions météorologiques, affirme que les moyennes obtenues jusqu'à ce jour dans les observations, surtout dans les observations des villes, sont toutes trop hautes, et qu'il faut les corriger en les abaissant de 1, 2, parfois même 3 degrés. Il cite comme exemple ses propres observations, faites à Vendôme et à Paris, et dit qu'elles sont *plus basses* que toutes celles faites avant lui, c'est-à-dire *plus conformes à la vérité*. Il donne comme preuve que les moyennes de Paris et des grandes villes de France ont été graduellement abaissées de 1, 2, et même 3 degrés dans les cent dernières années, de 1790 à 1890. — Il va jusqu'à dire que les observations thermométriques peuvent, malgré toute la bonne foi de l'observateur, être fautives de 6 ou 7 degrés ; c'est ce qui explique l'erreur de moyenne allant jusqu'à 2 ou 3 degrés.

TABLEAU DES MOYENNES THERMOMÉTRIQUES MENSUELLES

	AURILLAC			LATOUR			PUY DE DÔME			RABANESSE			PONT-DU-CHATEAU			AMBERT			Haute-Loire
Janvier	2.17	-1.95	1.04	1.67	-2.03	0.25	-2.96	-5.73	-3.32	3.20	-2.49	1.57	3.90	-1.85	2.55	3.14	-3.48	2.30	La moyenne annuelle du département de la Haute-Loire (d'après les rapports du Conseil général), a été en 1891 de 9.4.
Février	3.25	4.03	3.32	2.48	3.62	1.73	-2.80	-1.43	1.86	4.40	6.15	4.34	5.57	7.07	5.48	4.8	5.67	4.97	
Mars	3.63	7.81	6.27	2.49	7.01	4.61	-3.09	1.86	0.05	4.43	8.39	6.82	5.59	9.76	8.08	5.4	9.03	7.76	
Avril	8.50	12.74	9.65	7.83	12.32	8.36	2.39	7.91	3.57	9.67	12.89	11.29	11.23	15.48	13.26	10.2	13.68	11.56	
Mai	11.94	12.58	10.32	11.50	11.53	9.06	6.04	5.77	4. »	13.58	13.20	11.91	15.29	15.16	13.80	13.6	13.73	12.55	
Juin	15.98	16.03	15.51	15.38	15.41	13.88	9.54	10.08	8.79	17.41	17.37	16.10	19.18	19.70	18.17	17.8	18.12	16.98	
Juillet	17.36	16.88	16.85	16.29	15.57	15.74	11.28	10.56	10.70	18.44	18.78	18.60	20.53	20.13	20.48	19.1	19.62	19.43	
Août	18.04	18.36	16.41	16.90	18.53	15.63	12.42	13.67	11.21	19.09	19.44	18.55	20.85	21.71	20.45	20.»	20.84	19.57	
Septembre	15.25	12.40	13.20	14.71	14.31	12.91	10.05	8.68	7.67	16.19	15.05	12.87	17.81	17.43	16.21	17.3	16.87	15.95	
Octobre	9.16	10.85	10.13	7.37	10.39	9.45	3.10	6.25	5.02	10.98	11.63	10.41	12.64	13.19	12.02	11.4	13.43	11.26	
Novembre	8.29	4.68	7.17	7.89	3.61	7.17	3.64	0.35	2.94	7.94	4.54	6.81	9.38	5.36	8.43	9.8	5.66	8.12	
Décembre	1.86	2.47	1.76	1.41	2.92	4.29	-2.04	-1.73	-1.97	4.66	2.36	2.05	2.63	3.39	3.11	2.6	2.31	2.30	
	1892	1893	1894	1892	1893	1894	1892	1893	1894	1892	1893	1894	1892	1893	1894	1892	1893	1894	
							Moyenne 3.96	Moyenne 4.63	Moyenne 3.90	Moyenne 10.58	Moyenne 10.66	Moyenne 10.18							
							Moyenne de 15 années 2.63			Moyenne dans 17 dern. an. 10.11 (1)									

TABLEAU DES MAXIMA ET MINIMA OBSERVÉS

	AURILLAC			LATOUR			Puy de Dôme	Rabanesse	(1) La moyenne obtenue par Lecoq avec ses observations personnelles faites de 1842 à 1851, était pour Clermont de 11.83, prouve de la vérité de ce que dit M. Ranou.	PONT-DU-CHATEAU			AMBERT			Haute-Loire
Minima	-15.2 15 février	-16.6 16 janvier	-13.7 4 janvier	-15.» 15 février	-14.» 16 janvier	-17.5 4 janvier	-15.3 3 mars	-12.» 31 décembre		-10.» 5 mars	-18.» 16 janvier	-17.» 5 janvier	-10.2 décembre	-24.8 15 janvier	-17.» 5 janvier	-18.» janvier
Maxima	32.» 46 août	30.7 23 août	29.8 1 septembre	33.5 17 août	30.» 17 août	28.5 31 août	27.8 16 août	38.2 15 août		38.» 16 août	36.» 24 août	36.» 21 août	38.2 17 août	37.3 18 août	36.» 21 août	36.» août
	1892	1893	1894	1892	1893	1894	1892	1892		1892	1893	1894	1892	1893	1894	1891 (Cons. gén.)

Moyennes déduites de plusieurs années d'observations au puy de Dôme et à Rabanesse

		PUY DE DOME					RABANESSE			
		Moyenne la plus élevée		Moyenne la plus basse		Moyenne des Moyennes		Moyenne la plus élevée		Moyenne la plus basse		Moyenne des Moyennes
	Janvier....	2.24 en 1882	-7.15 en 1891	-2.47		6.71 en 1877	-1.88 en 1880	1.63
	Février....	1.16 1885	-6.18 1888	-1.97		8.45 1869	0.25 1888	4.03
	Mars......	4.28 1880	-4.88 1883	-0.75		9.40 1872	3.09 1883	6.26
	Avril......	2.05 1881	-1.01 1879	1.35		12.29 1871	8.01 1878	9.52
	Mai.......	6.77 1884	0.85 1879	4.94		19.03 1870	9.49 1879	13. »
14 ans	Juin.......	10.82 1887	5.33 1884	8.64	25 ans	19.16 1870	13.73 1884	16.60
1879-1893	Juillet.....	15.31 1885	8.05 1879	10.83	1867-1893	25.70 1869	16.38 1875	18.37
	Août......	13.23 1879	9.15 1882	11.26		24.29 1874	16.80 1882	18.28
	Septembre.	11.30 1886	5.82 1892	8.60		21.43 1867	12.88 1877	15.17
	Octobre....	6.18 1891	0.11 1887	3.84		13.20 1876	6.11 1887	10.25
	Novembre..	5.20 1881	-1.51 1879	1. »		8.77 1881	2.09 1879	6.15
	Décembre..	0.88 1880	-4.34 1889	-1.90		10.16 1868	-6.20 1879	2.15
				Établie de 1879 à 1893				Établie de 1875 à 1893

Maxima et minima observés dans le courant de plusieurs années d'observations au puy de Dôme et à Rabanesse

C'EST-A-DIRE MAXIMUM ET MINIMUM ABSOLUS (AU THERMOMÈTRE ABRITÉ)

		PUY DE DOME				RABANESSE	
14 ans	Minimum..	-21.5 le 18 janv. 1891	L'écart extrême	25 ans	Minimum..	-23.» le 10 déc. 1879	L'écart extrême
1879-1893	Maximum..	27.8 le 16 août 1892	est donc de 49°.3	1867-1893	Maximum..	38.2 le 2 août 1870 / le 16 août 1892	est donc de 61°.2

Noter que les maxima et les minima ont ordinairement lieu aux endroits où le baromètre est le plus haut.

Que conclure de ces chiffres ?

1º La température varie beaucoup pour chaque mois d'une année à l'autre, si bien qu'il est difficile, pour ne pas dire impossible, de représenter le climat de l'Auvergne par un nombre unique indiquant le degré de chaleur ou de froid (1). Si l'on a parfois remarqué que la température moyenne de l'Auvergne est inférieure à ce qu'elle est dans les pays situés immédiatement à l'ouest et à l'est à la même latitude, cela tient uniquement à la différence d'altitude générale de ces régions.

2º La température varie beaucoup d'un mois de l'année à l'autre ; — ce qui veut dire que les saisons chaude et froide sont nettement marquées :

---

(1) Quelle moyenne climatérique adopter, quand, pour le seul mois de décembre, la moyenne de température à Rabanesse a été, en 1868, de 10º16, et, en 1879, de -6º20 ? D'ailleurs, c'est en pareil cas surtout, pour la détermination exacte des climats, qu'il faut se défier des moyennes.

Je suppose Clermont, Paris et Bruxelles. Ces trois villes ont, pour température moyenne, Clermont 10º11, Paris 10º30, Bruxelles 10º30.

On pourrait en conclure que le climat de ces trois localités est le même : quelle erreur ! Si l'on compare les températures réelles, observées dans chacune d'elles, on s'aperçoit que Paris et Bruxelles fournissent, il est vrai, des chiffres assez concordants, mais que Clermont en offre d'assez différents, et que par suite le climat de Clermont n'est pas le même que celui de Paris ou celui de Bruxelles. Les observations de la seule année 1891 en font foi :

1º La variation annuelle, à Clermont, a été de -19º4 à 35º8, ce qui fait un écart de 55º2 ; à Paris, la même année, l'écart a été de 40º2, et à Bruxelles de 43º7 ;

2º La plus grande variation mensuelle, à Clermont, a été de 35º7 ; à Paris, elle n'a pas dépassé 27º6, et à Bruxelles, 26º7 ;

3º Les variations diurnes offrent des désaccords encore plus grands. En supposant même une journée d'égale température moyenne dans les trois villes, Clermont aura une nuit plus froide et une soirée plus chaude que les deux autres ;

4º Enfin le nombre des jours de gelée est loin d'être identique dans ces trois stations : en 1891, alors que Paris n'avait que 41 jours de gelée observés au thermomètre abrité, et Bruxelles 50, Clermont en a compté 104.

Il ne faut donc pas conclure de l'égalité des températures moyennes à l'égalité de climat. Il vaut mieux, chaque fois que cela est possible, s'en tenir aux températures réelles, noter leurs valeurs extrêmes, maxima et minima, et surtout la plus ou moins grande rapidité de leurs variations.

« Le printemps en Auvergne, a dit très justement un écri-
vain (1), n'est pas à proprement parler une saison, mais
une lutte entre l'hiver et l'été, dont les chances décident
en partie du sort de l'année. »

L'été est relativement chaud; le mois le plus chaud de
toute l'année est: pour le puy de Dôme le mois d'août
(température moyenne 11°26); — pour Rabanesse le mois de
juillet (température moyenne 18°37).

L'automne est la saison la plus agréable, celle dont le climat est le plus régulier: les plus beaux mois de l'année sont
septembre et octobre.

L'hiver est froid, aussi bien en plaine qu'en montagne; le
mois le plus froid est, pour le puy de Dôme comme pour Clermont, le mois de janvier: température moyenne pour le puy
de Dôme -2°47; — température moyenne pour Clermont
1°03 (2).

3° Enfin la température varie beaucoup dans la même
journée, et les écarts entre les différentes heures du jour,
surtout en été, sont considérables.

Exemple à Rabanesse :

15 août 1890	5 h. 20 mat. 4° au therm. abrité.	-1°2 au therm. n. abr. (à 1 m 50 au dessus)			
	2 h. 15 s. 27°	Id.	38°2	Id.	Id.
16 août 1890	5 h. 40 m. 5°9	Id.	0°6	Id.	Id.
	2 h. 50 s. 32°2	Id.	44°9	Id.	Id.

Ces écarts de température, dont nous verrons la cause
plus loin, sont plus ou moins sensibles au point de vue phy-
siologique, suivant le degré d'humidité de l'air. A Clermont,
l'humidité de l'air est très variable.

---

(1) Cf. Ramond, *Application des nivellements à la Géographie physique de l'Auvergne.*
(2) Voici la température moyenne des quatre saisons à Clermont, déduite de vingt années d'observations, 1875-1894. (Cf. Commission météorologique du Puy-de-Dôme, 1894) :

Température moyenne des trois mois	du printemps	9°61
—	—	de l'été	17°74
—	—	de l'automne	10°52
—	—	de l'hiver	2°60

Chiffres obtenus depuis 1875 jusqu'en 1893 :

Moyenne annuelle la plus basse : 65.1 en 1877 ; — moyenne annuelle la plus élevée : 75.2 en 1875.

Ici encore, les minima et maxima sont plus instructifs :

Minimum observé : 8, le 16 mars 1884 ; — le maximum : 100, est observé rarement à Clermont, mais l'est très souvent au puy de Dôme.

*

Variations brusques et écarts considérables de température suivant les heures du jour, les jours du mois, les mois de l'année, et suivant les années consécutives, ce sont bien là les caractères du climat de l'Auvergne, déduits d'observations nombreuses et faites depuis plusieurs années. Où en trouver l'explication ? C'est encore dans l'étude des dépressions atmosphériques qu'il faut la chercher. Je suppose une dépression couvrant le nord-ouest de la France et les côtes de la Manche, ce qui est le cas le plus ordinaire des dépressions dont l'Auvergne subit l'influence. Ce sont les vents de sud-ouest et de sud qui soufflent près du sol, et ces vents, qui apportent avec eux l'air plus chaud des pays méridionaux, élèvent la température de l'Auvergne ; ces jours-là la chaleur augmente, ou, ce qui revient au même, le froid s'adoucit. Je suppose maintenant qu'une dépression se forme au sud des Alpes, cas également fréquent ; l'Auvergne passe aussitôt sous l'influence des vents du nord, qui amènent l'air froid des pays septentrionaux ; la chaleur diminue, ou ce qui est la même chose, le froid augmente (1).

Quant aux grandes chaleurs et aux grands froids, ils viennent de ce qu'une zone de très fortes pressions s'établit parfois sur la France et sur l'Europe centrale. Dans ce cas, grâce à la pureté de l'air (ni vents, ni nuages), le rayonnement solaire et le rayonnement terrestre deviennent très

---

(1) Ces considérations, étant générales, conviennent à la plupart des cas, mais pas à tous sans exception. Cf. Plumandon, *Le baromètre appliqué à la prévision du temps*, p. 54-56.

énergiques. Si l'on est en été, on constate des maxima de chaleur, parce qu'alors c'est le rayonnement solaire qui l'emporte de beaucoup. Si l'on est en hiver, il y a un froid intense, parce que la terre rayonne vers le ciel bien plus de chaleur qu'elle n'en reçoit du soleil.

Les manifestations les plus intéressantes des variations brusques de température en Auvergne sont :

Les chutes de neige, — les brouillards, — les gelées.

Lorsque les vents passent de la région ouest à la région nord-ouest, et que la température descend brusquement dans le voisinage ou au-dessous de 0°, au lieu de pluie on voit tomber la neige. Ces chutes sont naturellement plus abondantes et plus fréquentes dans les régions montagneuses que dans les plaines. Elles ne se produisent pas d'habitude par les froids les plus rigoureux ; non pas parce que le froid lui-même s'y oppose, mais parce que les circonstances atmosphériques qui accompagnent les froids rigoureux sont incompatibles avec celles qui produisent la neige. En Auvergne, la neige couvre les hauts sommets pendant de longs mois ; il n'y a point pourtant, même au Sancy, de neiges éternelles. Sur les plateaux, elle fond assez vite. D'ailleurs, le plus souvent, son action est bienfaisante; c'est un manteau qui couvre et protège les jeunes semis d'automne, et qui les garantit contre les gelées. Les gens des campagnes se plaignent plus fréquemment du peu de neige que du trop de neige. L'influence de la neige sur la formation de l'eau courante à la surface de l'Auvergne est insignifiante ; une partie de l'eau qu'elle contient s'évapore, et remonte dans l'air ; une autre partie s'infiltre dans le sous-sol ; il n'y a d'action produite sur le ruissellement qu'au moment du dégel. Or le dégel en Auvergne est d'ordinaire intermittent, il arrive à différentes époques de l'hiver, de sorte que ses effets ne sont pas très considérables. Ce n'est que dans les cas où il coïncide avec un vent du sud-ouest et avec une forte pluie, qu'il peut provoquer des crues et parfois des inondations.

Les brouillards ne sont pas rares en Auvergne : ils proviennent de la formation simultanée d'un courant chaud et d'un courant froid ; ils sont assez fréquents dans les zones de hautes pressions, intermédiaires et allongées entre deux zones de dépressions. En particulier, s'il existe une dépression dans le nord de l'Europe, et si en même temps il s'en forme une autre au sud des Alpes (cas fréquent), il y aura en Auvergne un abaissement de température accompagné d'épais brouillards. Une couche de nuages très bas, presque au ras du sol, s'étendra sur les plaines et sur les premières pentes des plateaux, tandis que le haut des montagnes et les sommets auront un ciel pur et un beau soleil. En été, le même état atmosphérique amènera des giboulées ou des averses brusques et courtes.

Ainsi s'explique la fréquence des brouillards dans la France centrale, et par conséquent en Auvergne.

Fig. 28.

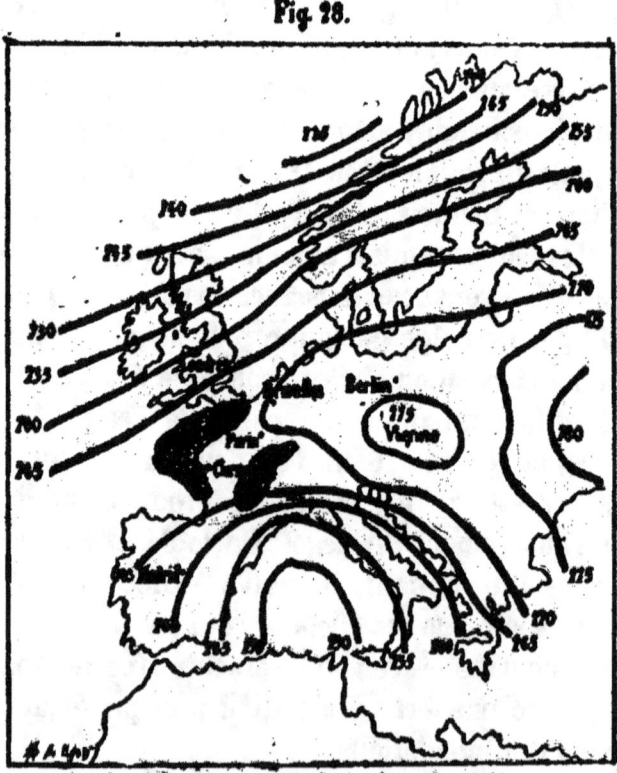

Brumes et brouillards du 1ᵉʳ décembre 1890.

Une aire de fortes pressions couvre toute l'Europe continentale, et se termine sur la France par une bande assez étroite où le baromètre est supérieur à 765ᵐᵐ. Cette bande de fortes pressions est comprise entre deux zones de basses pressions ; l'une, très vaste, qui s'étend sur tout le nord du continent ; l'autre, moins considérable, qui existe au sud des Alpes, sur la Méditerranée occidentale.

Au moment où cette situation prend fin, c'est-à-dire quand la dépression de la Méditerranée occidentale s'éloigne vers l'est, il se produit un nouveau changement brusque de temps : la température s'élève, mais, au printemps ou à l'automne, ce relèvement s'accompagne de désastreuses gelées blanches.

Ces phénomènes ne ressemblent en rien aux gelées d'hiver, qui sont caractéristiques des périodes de froid et non pas la conséquence d'une variation brusque de température, gelées qui d'ailleurs n'ont pas grande influence sur l'économie d'un pays. Il ne faut pas non plus les confondre avec les gelées qui dans les saisons intermédiaires se produisent à température relativement basse, par des ciels couverts, et qui font courir peu de risques aux agriculteurs. Nous parlons de ces gelées qui surviennent à l'improviste, en pleine période de végétation, coïncidant d'ailleurs avec de courtes intermittences de haute température, par un ciel pleinement découvert. Dans ces conditions, une rosée abondante se dépose sur les plantes ; et, au lever du soleil, par l'effet de l'évaporation, se transforme en gelée. C'est ainsi qu'en quelques heures toutes les plantes sont endommagées ou détruites, et les dégâts causés sont parfois incalculables.

En Auvergne, les gelées de printemps et d'automne sont causées surtout par les dépressions qui se forment au sud de la chaîne des Alpes, dans le bassin du Pô et le golfe de Gênes. Tant que la dépression subsiste, par l'effet du vent et des nuages, la température est peu élevée, mais il ne gèle pas. C'est quand elle s'éloigne en se comblant vers la Méditerranée orientale ou sur les côtes d'Afrique que le ciel s'éclaircit, et qu'à lieu le phénomène des gelées dont nous venons de parler (1).

Les gelées d'automne et de printemps sont souvent très fortes, quelle qu'ait été la chaleur de la journée précédente. Ainsi, pendant toute une période d'octobre 1881, qui fit tant de mal au vignoble auvergnat, le thermomètre montait chaque jour à Clermont à 12°, 14°, 16°, 17°; il descendait chaque nuit à -4°, -6°, -8°, -9°. Le 13 octobre, en particulier, la température était à 2 heures du soir de 15°, et dans la nuit suivante elle descendit à -9°3.

*

En résumé, le climat de l'Auvergne résulte de conditions générales et de conditions locales de l'atmosphère. L'Auvergne est située entre deux zones de fréquentes dépressions qui influencent à la fois le régime de ses vents et de ses pluies, aussi bien que sa température. Les variations de son climat viennent de ce que ces dépressions sont tantôt simultanées, tantôt successives; et de ce qu'après être demeurées quelque temps stationnaires, elles s'éloignent tantôt dans un sens, tantôt dans l'autre. De toutes ces dépressions, celles qui nous ont paru exercer l'action la plus importante sur l'Auvergne sont celles qui prennent naissance au sud de la chaîne des Alpes, dans la vallée du Pô et le golfe de Gênes. Il y a là une disposition particulière du relief, d'où procède un état caractéristique de l'atmosphère, qui se trouve être par contre-coup le facteur principal du climat de l'Auvergne. C'est lui qui produit les sautes de vent, qui fait des vents d'ouest des vents du nord, lui qui par suite amène les changements brusques de température, lui qui en été cause les brouillards, au printemps et à l'automne les gelées, et en hiver les chutes de neige.

Si donc, abstraction faite des grandes dépressions atmosphériques qui intéressent toute l'Europe, on veut découvrir une explication satisfaisante, pour ne pas dire définitive, du climat de l'Auvergne, c'est dans le relief du massif des Alpes qu'il faut la chercher.

(1) Cf. Plumandon, *Le baromètre appliqué à la prévision du temps*.

CHAPITRE V

L'hydrographie de l'Auvergne : les sources

L'hydrographie d'un pays s'explique par sa géologie, par son relief et par le régime de ses pluies. Or, l'Auvergne possède les roches les plus diverses et les formes de relief les plus variées ; ses terrains, tantôt durs, tantôt friables, ont des pentes plus ou moins accentuées, parfois même n'ont pas de pente du tout. D'autre part, elle reçoit une quantité d'eau de pluie assez considérable, inégalement répartie entre les saisons de l'année, l'été venant au premier rang avec une surabondance d'eau pluviale, l'hiver venant au dernier.

Que deviendra cette eau de pluie, une fois arrivée sur le sol ? Une partie s'évapore tout de suite ou à très bref délai, en proportion variable, suivant la température et l'état physique du terrain. En Auvergne, l'évaporation est active, grâce à la chaleur des étés, jointe à la violence de certains vents. Mais nous ne pouvons donner aucun chiffre à l'appui de cette assertion (1).

Le reste suit des destinées différentes. Ou bien l'eau de pluie s'infiltre dans le sol, y a un parcours souterrain plus ou moins prolongé, et, finalement, reparaît au jour sous forme de *sources*. Ou bien elle demeure à la surface en nappes de dimensions variables, qui sont des *lacs* ou des *marais*. Ou, enfin, elle ruisselle le long des pentes, descend des hauteurs

---

(1) L'Auvergne fait partie de la zone tempérée, où il est posé en principe que l'évaporation enlève une notable partie de l'eau tombée sur le sol. Dans le bassin de la Seine (calculs de M. Dausse), elle en enlève environ les deux tiers. Cf. Lapparent, *Géologie*, première partie, p. 151.

dans les vallées, donne naissance aux *ruisseaux*, aux *rivières* et aux *fleuves*, jusqu'à ce qu'elle aboutisse à la mer.

Cette distribution des eaux pluviales se fait suivant le degré de perméabilité ou d'imperméabilité du sol. Si le terrain est perméable, les sources sont abondantes, il y a peu ou point de lacs, et les rivières ont un cours relativement régulier. Si le terrain est imperméable, les sources sont peu abondantes, les lacs sont plus fréquents, et le débit des rivières est irrégulier (1).

L'Auvergne renferme, à la fois, toutes ces sortes de terrains, aussi bien des terrains imperméables (comme les gneiss, micaschistes, granites, trachytes, basaltes, argiles), que des terrains perméables (calcaires, coulées de laves modernes). Mais la surface occupée par les premiers l'emporte de beaucoup sur celle qu'occupent les seconds : nous en verrons les conséquences.

SOURCES

La formation des sources est due au phénomène de l'infiltration, c'est-à-dire de la pénétration lente de l'eau de pluie dans le sol. Le phénomène n'est pas identique suivant les natures diverses de roches, en d'autres termes, il y a divers modes d'infiltration. Nous rangeons à ce point de vue les terrains de l'Auvergne en trois catégories : 1º les terrains fissurés ; 2º les terrains stratifiés ; 3º les terrains volcaniques récents, coulées de laves ou cheires. Il importe d'examiner séparément ce qu'il advient de l'eau de pluie s'infiltrant dans

(1) Une manière très simple de reconnaître le degré de perméabilité des terrains le long d'une vallée fluviale, consiste à observer ce qu'on appelle le *débouché mouillé* des ponts. Dans les sols perméables, l'infiltration étant commode, le ruissellement est moindre, et un pont à une seule arche suffit à écouler toute la pluie tombée sur une grande surface. Dans les terrains imperméables, où l'infiltration se fait peu ou point, il faut des ponts à plusieurs arches ou à arches surélevées pour suffire à l'écoulement des eaux, parce qu'on doit s'attendre à des crues subites et considérables des plus minces ruisseaux.

chacun de ces terrains, car à chaque catégorie correspond une espèce de sources différente.

Sources des terrains fissurés

J'appelle *terrains fissurés* tous les terrains anciens et granitiques, et toutes les roches volcaniques anciennes, trachytes et basaltes. Le nombre en est, comme on l'a vu, considérable en Auvergne, surtout dans le Cantal, les monts Dore et le Livradois. Ces terrains sont, par nature, imperméables, mais ils sont fendillés, craquelés dans tous les sens, ou bien encore leurs éléments se sont, avec le temps, dégradés et désagrégés, de telle sorte que l'eau de pluie y pénètre comme dans un crible, et que l'infiltration s'y produit malgré la dureté inhérente à la roche (1). L'eau ainsi infiltrée suit dès lors un parcours mystérieux, commandé par les fendillements du sous-sol. Elle ne forme pas de nappe étendue, elle circule de cavité en cavité, de poche en poche, par des couloirs semés de gradins; elle remplit, en les agrandissant sans cesse, des trous de toute grandeur et de toutes formes, des cuvettes disposées de la manière la plus capricieuse, jusqu'à ce qu'elle trouve un orifice de sortie qui est la source. Dans ces conditions, bien qu'il y ait toujours un rapport entre le débit de ces sources et la quantité d'eau de pluie tombée sur le sol, il s'écoule un certain temps entre les grandes précipitations pluviales et le maximum de rendement des sources. C'est que l'eau infiltrée a un trajet parfois très compliqué à accomplir avant de reparaître au jour : et ce trajet étant indéterminable, puisque rien, dans la contexture du terrain superficiel ne peut le faire deviner, il s'ensuit que rien n'est plus irrégulier, rien n'est moins connu que le régime de ces sortes de sources.

(1) Il ne s'agit ici que des fissures voisines de la surface, et non pas des fissures profondes dues à des failles, à de grandes cassures ou fractures de l'écorce du globe. C'est par les fissures profondes qu'on explique la formation des sources minérales ou thermales : il en sera question plus loin.

GRANITE. — Dans le granite, roche qui ne présente pas la moindre stratification, les sources ont au plus haut point ce caractère. Elles sortent par de petites fentes situées en contre-bas des sommets ; et, comme elles réunissent d'ordinaire l'eau de toutes petites surfaces, elles sont peu abondantes ; ce sont de petites vasques rondes, à fond de sable fin ou de gravier, ou encore de simples *suintements* au milieu des mousses et des roches. Beaucoup tarissent à l'époque des chaleurs, si le temps reste sec un peu plus que de coutume. D'autres sont pérennes, et ont déterminé, à la longue, sur le plateau primitif de l'Auvergne, une multitude de ravins minuscules, connus dans le pays sous le nom de *gouttes*, qu'il ne faut pas confondre avec les vallées proprement dites ou thalwegs des rivières. Quelques-unes, enfin, sont d'un fort gros débit, parce que, sans doute, elles proviennent de fissures plus importantes et vident des poches plus volumineuses. A Giat, dans le voisinage de Pontaumur, existe une de ces sources abondantes, sortant du granite et ne tarissant jamais ; d'aussi belles se rencontrent à Châteauneuf (flanc de la vallée de la Sioule), près de Laqueuille, dans le Cantal, à Chaudesaigues (1).

(1) Cf. Lecoq, *L'eau sur le Plateau central de la France*, 1871. Il donne une longue énumération de sources des terrains granitiques, p. 15-19.

SOURCES DES TERRAINS PRIMITIFS (GRANITO-GNEISSIQUES) EN AUVERGNE

A Ceyrat, près de Clermont, source sortant du granite ; — à Durtol, source sortant du granite, tarie en été ; — à l'Etang, commune de Chanat, source sortant d'une roche de granite ; — à Sauteyras, près Aydat, source granitique ; — à Chignat, domaine près de Montaigut, canton de Champeix, source sortant du granite ; — à Châteauneuf, sous le château même, source granitique ; — à Génestines, près de Châteauneuf, source du terrain primitif ; — au Petit-Barreix, près de Laqueuille, source abondante sortant du micaschiste.

Des sources analogues existent : près de Besse, en dessous de Combes, dans le terrain de gneiss ; — au village de Chambon ; — à Flay, canton d'Ardes ; — à Jassy, canton d'Ardes ; — à Jogeat, à la base du puy de Sarrau ; — à Mazoires, canton d'Ardes ; — à Orbeil, près d'Issoire ; — à Saint-Quentin, près de Sauxillanges ; — à Bourdier, canton de Thiers, source assez abondante ; — à Fetut, canton de Courpière ; — à Landrodie, canton de Saint-Remy, source sortant dans le village même ; — à Feyet, canton de Saint-Germain-l'Herm ; — aux Deux-Frères, près

Trachyte. — C'est généralement sous les nappes trachytiques que sortent les sources de cette catégorie. Ou encore elles s'échappent par les jointures des prismes ou par les fissures de la masse. Pour la même raison que nous avons donnée tout à l'heure, elles ont un faible débit. Cependant, quelques-unes sont abondantes, soit parce que le terrain dans lequel elles se rencontrent est surmonté de roches en état de désagrégation plus avancée, soit parce qu'elles traversent un réseau plus considérable de cavités et de couloirs souterrains. Par exemple, dans le cirque du Lioran, qui est un réservoir naturel de vastes infiltrations, on peut citer la Font-de-Cère, source de la Cère, la source de Dienne, la source de l'Alagnon, une autre sur le puy Mary, une en haut du Falgoux ; dans les monts Dore, les sources du hameau de Prentigarde, de la base du puy Gros, du Queureuilh, les sources de la Dore dans le Sancy, celles de la Banne d'Ordanche, et une foule d'autres qui se suivent au point de contact du trachyte et de ses conglomérats, dans la direction de Latour.

Basalte. — Dans le basalte, par suite d'une disposition spéciale de la roche, l'allure des sources est un peu différente. L'un des éléments du basalte, le feldspath, s'est en bien des endroits transformé en argile, et ainsi, à la base des coulées basaltiques, s'étendent assez souvent des bancs d'argile imperméable. L'eau de pluie filtre aisément dans les fissures du basalte superficiel, s'amasse au contact de l'argile en forme de petites nappes, et sort à la jonction des deux terrains (1).

---

d'Echandelys ; — à Grandrif, canton d'Ambert ; — entre Grenier et Tire-Chèvre, canton de Saint-Germain-l'Herm ; — entre Lamarge et Longevie, canton d'Arlanc, source abondante sortant du granite ; — à Montgeol, canton de Saint-Amant-Roche-Savine ; — à La Pescaille, canton d'Arlanc ; — à Recolles, commune de Sainte-Catherine, canton de Saint-Germain-l'Herm ; — à Sauvessanges, canton de Viverols, source sur la place même du village ; — à Séphos, canton de Saint-Anthème ; — à la Chaise-Dieu, au regard qui conduit l'eau à la ville, près de la butte du Signal ; — à Fix, sur les limites sud-est de l'Auvergne, etc., etc.

(1) Il peut arriver certains cas où, sur des pentes rapides, un semblable état de choses donne lieu à des éboulis. Exemple : l'éboulement de Pardines, près d'Issoire, dont on a parlé plus haut.

En Auvergne, ce phénomène est très commun. A tout instant, on trouve des villages bâtis sur les argiles surmontés de coulées basaltiques, juste au point d'affleurement des sources. Pour n'en citer que quelques exemples caractéristiques, dans la région ouest de l'Auvergne, le gneiss désagrégé a formé de l'argile, au-dessus duquel des nappes d'un basalte sorti sur place s'étendent de distance en distance. Villes et villages de cette région (le Boueix, Combrailles, Ede, Voingt, Herment, Heume-l'Eglise, etc.) sont alimentés par des sources jaillissant à la rencontre du basalte et de l'argile. En particulier, un grand nombre de localités jalonnent tout le pourtour de la coulée basaltique issue du massif de Charlane, à l'ouest des monts Dore, et ce sont les sources de cette coulée qui ont déterminé cette répartition remarquable (1).

Toutefois, ces sources ne sont pas en général d'un grand débit, car les basaltes d'Auvergne sont trop en lambeaux aujourd'hui pour ne pas permettre aux eaux infiltrées de s'échapper par une foule d'issues : aucune source ne recueille donc l'eau d'une très grande surface de terrain. En somme, par certains de leurs caractères, ces sources peuvent servir de transition entre les sources des terrains fissurés et celles des terrains stratifiés.

Sources des terrains stratifiés

Nous donnons ce nom à l'ensemble des terrains de sédiments qui se présentent d'habitude sous forme de *strates* ou couches régulières superposées. Il y a relativement peu de ces terrains en Auvergne ; ils forment en majeure partie la dépression de la Limagne de Brioude, d'Issoire, et de Clermont, et le bassin d'Aurillac. Ici le phénomène de l'infiltration a lieu d'une autre manière. Il y a des strates perméables

---

(1) Mêmes exemples à signaler à Gergovie, au puy de Mur, le long des Côtes de Clermont, etc., etc.

et des strates imperméables. L'eau de pluie filtre d'une façon égale à travers les premières, et dans toute l'étendue de la strate à la fois. Elle descend avec une rapidité d'autant plus grande que le pouvoir absorbant du terrain est plus considérable. Elle ne s'arrête qu'à la rencontre d'une couche imperméable, marne ou argile. Là, elle s'étend en nappes plus ou moins développées suivant les dimensions de la zone infiltrante. S'il n'y avait, dans l'épaisseur de la Limagne, que des couches perméables, l'eau descendrait ainsi jusqu'au niveau des points bas des vallées, et il n'y aurait de sources qu'au fond des thalwegs, comme il arrive en bien des endroits du bassin de Paris.

Mais tel n'est pas le cas. Il existe à peu près dans toute l'étendue de la Limagne une couche d'argile tertiaire (parfois même plusieurs couches alternant avec d'autres strates), et située à quelques mètres seulement de profondeur. Cette couche n'est pas horizontale, elle est inclinée, comme le sont toutes les couches tertiaires en Auvergne, suivant une pente plus ou moins accusée. Par suite, l'eau infiltrée s'écoule le long de la pente jusqu'au point d'affleurement avec le sol ; et il y a de la sorte, à la jonction de la zone perméable et de l'argile, c'est-à-dire à flanc de coteau, toute une ligne de sources plus ou moins abondantes. Leur débit est en rapport immédiat avec la quantité d'eau pluviale, et le maximum de rendement suit d'assez près les grandes précipitations. En effet, le trajet de l'eau infiltrée est plus simple que dans les terrains fissurés ; il dépend de l'épaisseur des couches perméables et de leur capacité absorbante, deux choses que l'on peut déterminer dans la plupart des cas. On peut même connaître à l'avance, suivant que l'année a été plus ou moins pluvieuse, le régime probable de ces sortes de sources et l'époque de leur plus fort débit. Bien plus, on se sert des indications fournies par les sources pour savoir où creuser des puits. Comme la couche de marne ou d'argile est, dans la Limagne, à une profondeur assez faible, les puits sont vite établis ; il suffit de percer les alluvions et les premières assises de calcaire pour rencontrer la nappe d'infiltration. Exemple: à Aigueperse et aux environs, à Persignat, etc. (1).

Comme la Limagne est la région de l'Auvergne soumise à la plus faible précipitation pluviale, les sources y sont généralement peu abondantes; elles tarissent pendant les sécheresses. Exemple : les sources de Chadeleuf, de Gondole près de Cournon, de Mezel, de Joze le long de l'Allier (2).

Quand de telles sources se trouvent en grand nombre dans un sol d'argile, séparant plusieurs couches de terrains meubles, il peut se produire des *glissements* ou des *affaissements*, qui sont le prélude de vrais désastres. « Après les pluies conti» nuelles et abondantes des derniers jours du mois de
» mai 1856, de grands lambeaux de terrain se sont affaissés
» de la sorte. A Mezel, sur la rive droite de l'Allier, une
» masse considérable de terre, située à la base du puy de
» Mur, descendit et menaça d'engloutir le village; cette
» masse, déjà fortement détrempée, avait été délayée par les
» sources qui jaillissent du puy de Mur. En descendant,
» elle laissa voir une énorme crevasse de 20 mètres d'écar» tement, avec une profondeur considérable, remplie d'un

---

(1) A certains endroits, il y a, à la surface même de la Limagne, des bancs d'argile quaternaire également imperméable ou à peu près, et qui laissent très malaisément passer l'eau : il faut que des crevasses se produisent dans leur masse pour que l'infiltration ait lieu. Exemple : à Beauregard-l'Evêque, en face de Pont-du-Château.

(2) Cf. une énumération des sources de cette catégorie dans Lecoq, *l. c.*, p. 22-25.

SOURCES DES TERRAINS TERTIAIRES EN AUVERGNE

Près de Beauregard, source sortant du tertiaire ; — près de Chadeleuf ; — source à Gondole, près de Cournon ; — à Lachaux, près de Vic-le-Comte ; — à Brolac ; — à Aigueperse, source de Roussel, source de Nantillat, source de Lamatre ; — à Artonne, près du château de Saint-Cirgues, source assez abondante, sortant des calcaires tertiaires ; — au village de Glenat, près Aigueperse ; — à Persignat, près d'Aigueperse, source très abondante ; — aux Carteaux, près de Randan, source abondante ; — de Gimeaux à Saint-Bonnet, dans le tertiaire ; — à Teilhède, source sortant du calcaire marneux ; — au domaine de Boissat, canton d'Issoire ; — à Saint-Martin, source sortant des argiles sableuses ; — à Nonette, près de Saint-Germain-Lembron ; — à Joze, en descendant vers l'Allier ; — à Lanat, près de Maringues ; — à Mezel, etc., etc.

» pêle-mêle affreux de vignes, de sainfoins, et de pans de
» murailles. En même temps, les eaux pluviales, qui d'or-
» dinaire se rassemblent dans la dépression du sommet du
» puy, disparurent subitement, trouvant sans doute, pour
» pénétrer sous la couche basaltique, des fissures provoquées
» par le phénomène de glissement que nous venons de
» décrire (1). »

Sources des terrains volcaniques récents

Il faut entendre, par là, les coulées de laves ou cheires qui constituent la surface actuelle du plateau à cratères de la chaîne des puys, surface ayant sur une carte l'aspect d'une dentelle négligemment tendue et aux contours capricieusement dessinés. C'est, en somme, tout le haut pays d'Auvergne depuis les cratères de La Vache et de Lassolas, au sud, jusqu'à ceux de La Nugère et de Beaunit, au nord (2). Cette région offre au point de vue hydrologique un intérêt tout particulier, et l'allure des sources y est très spéciale. Comme ce sont *de beaucoup* les plus abondantes de l'Auvergne, et à la fois les plus pures et les plus belles, on nous excusera d'insister.

Il faut se souvenir des caractères que nous avons reconnus à la lave pour comprendre ici le phénomène de l'infiltration. C'est une couche très poreuse et incohérente, qui a la faculté d'absorber immédiatement l'eau pluviale. Par suite, on ne trouve pas d'eau courante à la surface des cheires : c'est un terrain essentiellement sec. L'eau infiltrée ne reste pas non plus dans l'épaisseur de la coulée lavique ; elle la traverse tout entière, et ne s'arrête qu'à la base, à l'endroit où commence le terrain sous-jacent, généralement granitique, qui formait le relief antérieur aux éruptions quaternaires. Là,

---

(1) Cf. Lecoq, *L'eau sur le Plateau central de la France*, p. 24-25.
Faut-il attribuer à un fait du même genre le cataclysme de Rentières, du 9 mars 1783, raconté par Legrand d'Aussy et par Monnet ?

(2) A ajouter, plus au sud, les coulées de Montcineyre et du Tartaret.

l'eau trouve une pente qui est celle des anciennes vallées et qu'elle suit fidèlement, coulant comme une rivière souterraine; elle rejoint ainsi l'extrémité de la coulée de lave, et reparaît au jour en sources abondantes. Dans toute cette partie de l'Auvergne, ce n'est donc pas à la base des puys que l'on devra chercher l'origine des rivières; tandis que dans le Cantal et les monts Dore l'eau ruisselle du pied même des sommets, et que les vallées entament le centre des massifs, ici toute une zone reste sèche, n'offrant à l'œil que des ravinements insignifiants et aucun grand thalweg; c'est sur son pourtour seulement, à 10 ou 15 kilomètres de l'axe central du soulèvement, que commencent les cours d'eau et que naissent les vallées (1). C'est le cas, très naturel, de tous les pays de coulées modernes (2).

(1) SOURCES DES TERRAINS VOLCANIQUES MODERNES EN AUVERGNE
(Voir plus haut, planche III.)

Sources de la coulée de Montcineyre : à Chaméane, — à Compains.

Sources de la coulée de Tartaret : à Murols, — à Sachapt, très belles sources, — à Saint-Nectaire, — à Champeix, — à Neschers.

Sources autour du puy de Dôme (coulée de Barme...) : à Allagnat, — jusqu'à Olby et au Pont-des-Eaux, — à Grand-Pré, — au village de Ceyssat et aux environs (hameau de Chez-Pierre, — aux Gérys, aux Tavernes, — aux Girots).

Sources de la coulée de Côme et de Balmet : à l'étang de Fung, — sources abondantes de Mazayes.

Sources de Louchadière à Pontgibaud (à la rencontre de la coulée de Louchadière).

Sources de la coulée de La Vache.

Sources de la coulée de Gravenoire : à Boisséjour, — à Beaumont, — à Loradoux.

Sources du Chuquet-Couleyre et du petit puy de Dôme : à la Font-de-l'Arbre, — à Fontanas, très nombreuses sources, — à Royat, nombreuses sources et abondantes.

Sources de la coulée du Pariou : Fontaine du Berger, — chez Vasson, Orcines.

Bifurcation { 1. à Villars, — à Fontmaure.
2. au Cressigny, — à Durtol, — à Nohanent, cette dernière très abondante.

Sources de la coulée de Jume : à Saint-Vincent, — à l'Etang, — à Féligonde, — à Sayat.

Sources de La Nugère : Volvic, — Saint-Genès-l'Enfant, — Marsat, — Riom.

(2) Cf. E. Robert, *Voyage en Islande*, cité par Lecoq : « Nous atteignîmes
« ensuite un lieu construit au pied d'une coulée de laves, dessous laquelle

On a pu comparer, avec quelque raison, le phénomène des sources de laves à celui des sources de glaciers. Le glacier remplit les vallées comme l'a fait jadis la lave. L'eau filtre sous le glacier pour jaillir en torrents à son extrémité (naissance du Rhône, etc.); de même l'eau filtre sous la lave pour s'échapper en sources à sa base. Le torrent né du glacier est plus puissant en été qu'en hiver, à cause de la fusion des glaces; de même la source née de la lave a son plus fort débit pendant la saison chaude, à cause de la condensation plus grande des vapeurs et des nuages sur les cônes de scories. Mais quelle différence de pureté entre ces deux espèces de sources. « Tandis que les sources des glaciers ont des eaux
» troubles et laiteuses, celles des courants de laves sont
» d'une limpidité absolue. Elles sont constamment filtrées à
» travers des masses de scories, tandis que celles des gla-
» ciers recueillent et entraînent tous les détritus et les
» parcelles imperceptibles détachées par la lente progression
» de l'eau congelée. » (Lecoq.)

En Auvergne, les sources sorties des laves ont une abondance d'autant plus remarquable que la surface de la zone qui les alimente est soumise à une plus grande précipitation pluviale. Lecoq calcule qu'il tombe *en moyenne*, annuellement, sur les terrains laviques, une couche d'eau de 500 millimètres (ce qui est plutôt au-dessous de la vérité); en supposant que l'évaporation et la végétation en absorbent la moitié (estimation plutôt excessive), cela fait par hectare une masse d'environ 2,500 mètres cubes d'eau qui s'infiltre, par an, sous les coulées et qui doit reparaître sous forme de sources.

» s'échappe non pas une source, mais à la lettre une petite rivière, qui
» parcourt probablement un de ces canaux tortueux qui existent ordinai-
» rement au sein des champs de lave. »
Cf. de Humboldt. *Essai politique sur la Nouvelle-Espagne*, cité par Lecoq. « L'eau infiltrée, au lieu de se réunir dans de petits bassins sou-
» terrains, se perd dans des fentes que d'anciennes révolutions volcaniques
» ont ouvertes. Elle ne sort qu'au pied des Cordillères, près des côtes,
» où elle forme un grand nombre de rivières, dont le cours, à cause de
» la configuration du pays, est de peu de longueur. »

L'absorption, on le voit, est prodigieuse, et le fort débit des sources s'explique tout naturellement. D'ordinaire le maximum de rendement suit de très près les grandes pluies, tellement la marche de l'eau à travers la lave est rapide. Lecoq en cite un exemple typique (1). « A la fin de mai 1856, quatre jours
» de pluie se succédèrent sans la moindre interruption, sans
» aucune éclaircie. Jamais l'influence des eaux pluviales sur
» les sources ne fut plus manifeste qu'à ce moment-là. Le
» 3 juin de cette année, nous passâmes à Pontgibaud;
» cette ville est bâtie vers l'extrémité du vaste courant de
» lave sorti de la base du puy de Côme; nous remarquâmes
» en divers points de la ville des sources abondantes sortant
» au milieu des rues; plusieurs autres s'étaient fait jour
» dans les maisons, dans les caves, et cela tout à coup et
» immédiatement après les grandes pluies. Ces sources acci-
» dentelles provenaient de l'eau tombée sur la grande coulée
» de Côme. Cette eau, aussitôt infiltrée dans la lave, descen-
» dait souterrainement, suivait la pente du sol, comme la
» coulée l'avait elle-même suivie, et sortait ensuite près de
» son extrémité, par toutes les issues qu'elle pouvait ren-
» contrer. »

Il serait trop long d'énumérer toutes les sources de cette catégorie qu'on rencontre en Auvergne. Nous préférons choisir les plus caractéristiques, et les étudier avec quelque détail. Pour cela il suffira de faire le tour de la surface lavique de l'Auvergne, en s'arrêtant aux points principaux. Déjà, les coulées de Montcineyre et du Tartaret, dans les monts Dore, émettent de fort belles sources qui ont fixé la situation de plusieurs villages : sources de Compains; sources de Lachapt, près de Saint-Nectaire, de Champeix, de Neschers. Dans la région des monts Dômes, le phénomène est encore mieux marqué : là, l'écoulement des eaux infil- trées se fait par de véritables points d'élection, à l'extré-

(1) Cf. Lecoq, *L'eau...*, p. 36.

mité des choires, ce qui donne aux sources des régions correspondantes une importance spéciale. A l'ouest, je citerai, entre autres, les coulées du puy de Côme et des puys voisins, qui émettent les sources d'Allagnat, du Grand-Pré, de Ceyssat, de Fung, de Mazayes et de Pontgibaud; à l'est, à peu près en face des précédentes, les coulées du puy de Pariou et des cratères voisins, qui laissent échapper les sources de Fontanas, de Royat, de Fontmaure, de Durtol et de Nohanent.

L'exemple choisi offre un intérêt tout spécial, parce que c'est le mieux étudié, et le seul où l'on puisse, avec quelque probabilité, fixer le bassin d'alimentation des sources de chaque versant. La question est délicate : peut-on reconnaître une ligne ou plusieurs lignes de partage des eaux souterraines, et ces lignes coïncident-elles avec ce qu'on est convenu d'appeler les lignes de faîte superficielles?... Il est infiniment probable que ces diverses sources ont des bassins d'alimentation déterminés, mais que la séparation de ces bassins est indépendante de la ligne de faîte actuelle du plateau des puys : elle correspond plutôt à l'axe du soulèvement de son soubassement granitique. M. P. Gautier, préparateur à la Faculté des Sciences de Clermont, a fixé de la manière suivante les bassins d'alimentation des deux groupes de sources dont nous venons de parler.

Fig. 29.

Bassins d'alimentation des sources issues des coulées de Côme et de Pariou
(d'après P. Gautier).

Le groupe occidental est le plus vaste, celui qui correspond à la plus grande étendue de terrain lavique; il comprend les coulées issues des puys de Barme, de Montchié, de Balmet et surtout du puy de Côme, qui fut jadis l'un des volcans les plus actifs de toute la chaîne. Les sources qui en jalonnent les extrémités sont très abondantes. La plus puissante est peut-être celle d'Allagnat (1). Elle sort d'un cirque dont les parois, formées de schistes anciens, supportent d'épaisses coulées de basaltes, recouvertes de laves modernes. Tout près de cette première source s'en trouve une autre, moins abondante, celle du Grand-Pré, dont les eaux se réunissent à celles d'Allagnat et de Ceyssat. La source de Ceyssat est moins forte que les deux premières. Elle naît au-dessous de l'église du village, au milieu d'éboulis de la coulée de Côme et de blocs de roches anciennes. L'étang de Fung est aujourd'hui desséché et transformé en prairies; plusieurs sources y subsistent, rassemblées dans une vasque artificielle formant pièce d'eau. A côté de la vasque se trouvent d'autres fissures moins importantes, qui sont également des points d'émergence de sources. Le groupe de Mazayes est constitué par trois sources. Deux sont de force moyenne et jaillissent, l'une au pied de l'église et l'autre entre Mazayes-Haute, qui est bâtie sur la coulée, et Mazayes-Basse, située au pied de cette même coulée. La troisième est la plus puissante et d'un débit à peu près invariable. Enfin, au nord de Mazayes, sont les sources de Pontgibaud, très volumineuses également, et dont les variations de débit ont un contre-coup très sensible sur le régime même de la Sioule.

Le groupe oriental comprend les coulées issues du petit puy de Dôme et du Chuquet-Couleire, aboutissant à Fontanas et à Royal, et celles du Pariou, qui se terminent l'une à Fontmaure, près de Clermont, l'autre à Durtol et à Nohanent. Toute l'eau de pluie infiltrée dans cette masse, à

---

(1) Cf. P. Gautier, cité par Daubrée. *Les eaux souterraines à l'époque actuelle.* I, p. 100.

laquelle s'ajoute l'eau absorbée par la condensation du puy de Dôme, reparaît au jour à certains points du trajet des coulées, sur leurs bords, et surtout à leur extrémité. De là des sources fort abondantes. Et d'abord, l'énorme quantité d'eau qui jaillit à Fontanas, où l'on voit partout sortir de la lave des filets d'eau vive, qu'on a en partie captés pour alimenter Clermont d'eau potable. Au-dessus de Royat, il y a également une belle source; et à Royat même, sous une lave creusée en grotte, jaillissant par sept ouvertures, est une des sources les plus curieuses d'Auvergne. Plus bas encore, à l'extrémité de la coulée, est une dernière source encore plus puissante. La quantité d'eau qui sort de cette longue coulée, depuis la Font-de-l'Arbre jusqu'à Clermont, est évaluée par Lecoq à 94 mètres cubes par minute, ce qui fait environ 134,000 mètres cubes par vingt-quatre heures.

Le puy de Pariou a donné naissance à une coulée de laves qui émet, elle aussi, plusieurs sources. La première, sur le plateau même, est la Fontaine-du-Berger; la seconde sort au hameau de Chez-Vasson. A partir de là, la coulée se divise en deux branches; l'une descend à Villars, et l'on en voit jaillir une source en dessous du village dans la prairie; elle se termine à Fontmaure par une source également abondante; l'autre branche passe au Cressigny, émet les sources de Durtol, et à sa terminaison, où est bâti Nohanent, laisse échapper une vraie rivière au débit à peu près constant.

Il y aurait à signaler encore bien d'autres sources du même genre, sortant toutes de l'extrémité des coulées, par exemple, les sources de la coulée de Gravenoire (sources de Beaumont, source de Loradoux); celles de la coulée de La Nugère (sources de Volvic, sources qui alimentent Riom). Elles offrent toutes la même pureté, ce qui fait qu'elles ont provoqué l'établissement d'un grand nombre de villages, même de plusieurs villes, sur leur parcours ou dans leur voisinage immédiat (1).

(1) Aqueducs conduisant leurs eaux à Clermont, à Riom.

Avant d'abandonner l'étude des sources de l'Auvergne, envisageons rapidement quelques-uns de leurs caractères essentiels, comme leur température et la composition de leur eau.

Nous savons déjà que leur débit varie suivant la structure géologique des terrains, suivant leur couverture végétale, et aussi suivant les saisons, qu'elles ont en général un rendement plus considérable en été qu'en hiver. Si leur régime est variable, leur température l'est également. Sans doute elle change moins que la température des eaux superficielles, puisque les sources échappent le plus souvent aux influences atmosphériques. Cependant les expériences de Lecoq (1), faites pendant de longues années sur les sources d'Auvergne, montrent que leur degré de chaleur varie de 3° à 12°, ce qui fait un écart sensible. Les plus froides sont celles des régions voisines des sommets, dans le massif des Dore en particulier ; les plus chaudes sont celles qui jaillissent à l'extrémité des coulées.

La même source est elle-même sujette à des variations de température, suivant les époques de l'année. Lecoq l'a constaté maintes fois (2). Il est vrai que la variation est ici bien plus faible, de 2 à 3° au maximum ; les sources qui proviennent d'une eau infiltrée à de très petites profondeurs (comme les suintements des sols granitiques) sont les plus variables : elles accusent le degré de chaleur que le terrain a pu acquérir en été, ou le refroidissement qu'il éprouve en hiver. Celles qui sont dues à une infiltration plus profonde, sous des coulées de laves par exemple, ont une température plus constante et à peu près invariable, égale, ou peu s'en faut, à la température moyenne du lieu (3). Ainsi, en Au-

---

(1) Cf. Lecoq, *L'eau...*, p. 15-42.
(2) Cf. *Ibid*.
(3) D'après Lecoq, *l. c.*, p. 39, la source de la grotte de Royat accusait 11° pendant les plus grands froids de décembre 1829. La grotte, dit-il,

vergne, la température maximum des sources est 12°, chiffre qui représente, ou à peu près, la température moyenne des points les plus chauds de la région. A deux degrés au-dessus de la température moyenne du lieu, une source devient source thermale; elle décèle avec certitude une dislocation importante ou une fracture du sol; elle ne fait plus partie des catégories de sources que nous étudions en ce moment. En Auvergne, c'est donc à 14° que l'on doit fixer la limite de température entre les sources ordinaires et les sources thermales.

De même que le débit et la température, la composition chimique de l'eau de source est variable. Elle dépend de la nature des terrains qu'elle traverse; en général, le degré de pureté en est très grand, et elle ne renferme pour ainsi dire jamais, comme l'eau de rivière, de matières organiques en dissolution. Elle est donc bonne à boire, *pourvu qu'elle soit suffisamment aérée.* « En Auvergne, ce sont des sources qui
» alimentent les villes et presque tous les lieux habités. Il est
» rare qu'on soit obligé d'aller puiser l'eau au ruisseau; il
» est rare que l'on boive de l'eau de pluie conservée dans des
» citernes; mais beaucoup de localités dans la plaine, dans la
» Limagne, n'ont que des eaux de puits. Les nappes souter-
» raines qui s'y rassemblent contiennent, ordinairement,
» des carbonates de chaux et de magnésie, du carbonate de
» soude, du chlorure de sodium et du sulfate de chaux. Par-
» fois ces eaux ont une odeur bitumineuse qu'elles ont puisée
» dans les calcaires. Telles sont presque toutes les eaux des

---

ressemblait alors à une caverne volcanique : les blocs de lave noire tranchaient sur le blanc de la neige; une vapeur épaisse sortait de la grotte et s'élevait dans l'air. Le ruisseau lui-même et les petites sources du vallon voisin répandaient cette même vapeur, due à la grande différence de température des eaux et de l'atmosphère. Le thermomètre marquait -19° et les eaux étaient à 11°; il y avait donc une différence de 30 degrés. L'eau paraissait chaude lorsqu'on y plongeait la main, et la neige fondait sur son passage.

Le spectacle a été le même pendant les mois de février et mars 1895. (Observation personnelle.)

» terrains tertiaires émergeant naturellement, ou retirées
» des puits. Une petite quantité de carbonate de soude ajoutée
» à ces eaux, d'ailleurs très saines, suffit pour leur ôter leur
» dureté et les rendre propres à tous les usages domes-
» tiques.

» Dans les terrains granitiques et dans les sols volcaniques
» de l'Auvergne, les eaux sont très pures, contenant seule-
» ment quelques traces de carbonate de soude et de chlorure
» de sodium. Les eaux qui sortent si abondantes de l'extré-
» mité des coulées de laves contiennent à peine de un à deux
» décigrammes par litre de matière saline. Ce sont les plus
» pures de l'Auvergne, car elles n'ont eu le temps de rien
» dissoudre dans leur rapide trajet à travers les scories.
» Aussi les cours d'eau alimentés par ces sources sont rela-
» tivement très purs. A l'hydrotimètre, alors que l'eau dis-
» tillée est 0° et l'eau de pluie ou de neige 1°, on a trouvé le
» chiffre de 3°3 pour l'eau de la Jordane, et le chiffre de
» 3°5 pour l'eau de l'Allier, à Moulins. Or, à l'hydrotimètre,
» l'eau de la Marne marque 14°, celle du Rhône 15°, celle de
» la Seine, au pont d'Ivry, 17°, et celle du canal de l'Ourcq
» 30° (1).

» L'Auvergne est donc essentiellement favorisée par le
» nombre et l'abondance de ses sources comme par leur
» pureté. » (Lecoq) (2).

SOURCES MINÉRALES OU THERMALES

Jusqu'ici il n'a été question que des sources provenant de l'infiltration des eaux pluviales dans le sol à une profondeur relativement faible, sources qui apparaissent presque toujours

---

(1) Cf. Lecoq, *L'eau sur le Plateau central de la France*, p. 50-51.
(2) On a même pu taxer cette pureté d'*excessive* et lui attribuer certaines maladies spéciales au pays d'Auvergne, comme nous le verrons
plus loin.

à la jonction de deux sortes de terrains, les uns perméables, les autres qui le sont moins, ou ne le sont pas du tout.

Mais il y a, en Auvergne, des sources d'une autre nature et d'une origine toute différente. Ce sont celles qui ramènent à la surface des eaux ayant circulé le long de cassures profondes de l'écorce terrestre, et puisé dans des régions inconnues des principes minéraux plus ou moins actifs : de là leur nom de *sources minérales*. Comme la plupart sont à une température de beaucoup supérieure à celle du point où elles jaillissent, on les appelle encore *sources thermales*. En Auvergne, le nombre en est très grand, et leur fréquence doit être attribuée à la même cause qui jadis donna naissance à l'activité éruptive du Plateau central : c'est, disent les géologues, le dernier écho des phénomènes volcaniques de la région. Le sous-sol a été fracturé dans tous les sens par suite des éruptions des volcans ; l'eau a pénétré dans les fractures, elle est descendue à de grandes profondeurs ; elle s'est échauffée ; elle a dissous des quantités variables de substances alcalines, sulfureuses, ferrugineuses, calcaires ; puis, continuant son parcours mystérieux, elle s'est engagée dans d'autres couloirs dirigés de bas en haut ou latéralement ; elle n'a pas eu le temps de se refroidir ni de perdre en route ses propriétés minérales avant d'arriver au jour sous forme de sources.

Les sources thermo-minérales ont des caractères spéciaux, par lesquels elles offrent un complet contraste avec les sources ordinaires. Chacune d'elles a un débit constant et régulier, indépendant des variations météorologiques et du régime des pluies de l'endroit. Leur réservoir étant très profond, aucune des conditions extérieures qui influent sur le rendement des sources ordinaires, ne peut avoir d'action sur elles. Le débit des sources thermales est souvent considérable : beaucoup de celles d'Auvergne débitent 1500 et 2000 mètres cubes par 24 heures. Les six sources de la Bourboule donnent 1000 mètres cubes, celles de Néris 1700, celles de Chaudesaigues 2000. Chacune des sources thermales a également une température invariable, et pour la même raison, parce que la profondeur de son trajet la soustrait aux variations des conditions extérieures. Il est vrai que les degrés de chaleur observés sont très différents d'une source à l'autre : celles de Chaudesaigues marquent 88°; celles de la Bourboule et de Néris 52°; celles du Mont-Dore 45°; celles de Vichy 43°; celles de Châteauneuf 37°; celles de Royat et de Châtelguyon 35°. Enfin la composition de ces eaux est toujours la même pour chaque source déterminée, car elles ne sont soumises à aucune altération possible due au relief terrestre; non seulement la nature des éléments qu'elles dissolvent, mais la proportion de ces éléments reste invariable. J'ajoute que chaque eau minérale, soumise à l'analyse chimique, a une composition qui lui est propre; l'une renferme plus de sels, l'autre plus de fer, l'autre plus de soufre, etc. En Auvergne, elles contiennent en plus grande quantité de l'acide carbonique et divers carbonates, entre autres du carbonate de chaux.

Il reste à dire comment les sources minérales se répartissent à la surface de l'Auvergne. Comme elles résultent d'un phénomène encore mystérieux, leur mode de répartition n'est pas connaissable scientifiquement. L'allure du relief terrestre ne fournit en effet aucune indication relative à leur présence possible, et il faut se borner à les exploiter là où quelque fente de l'écorce les a ramenées à la surface. Tout ce qu'on peut dire, en ce qui concerne leurs rapports avec la constitution géologique du sol, c'est qu'elles apparaissent surtout dans les régions de fractures, le long des failles, et aussi dans les points les plus bas des vallées, sur les bords des cours d'eau (1).

SOURCES ACCOMPAGNANT DES FAILLES OU DES FRACTURES (2). — Dans le Cantal, les sources de Chaudesaigues naissent le long d'une fracture déterminée par l'émission de roches gra-

---

(1) Cf. Lecoq, *Les eaux minérales du massif central de la France considérées dans leurs rapports avec la chimie et la géologie.* Introduction et *passim*.

(2) Ici encore, nous nous contenterons de prendre quelques exemples.

nitiques et porphyriques à travers les gneiss primitifs. La fracture est aujourd'hui suivie par le ruisseau du Remontalou, et c'est tout près de ce ruisseau, parfois même dans son lit, que s'échappent les eaux minérales par un grand nombre de fissures : le Remontalou les conduit dans la Truyère dont il est un des affluents. Les plus importantes sources, entre autres la source du Par, jaillissent au pied de la colline voisine d'une fente du terrain primitif.

Dans les monts Dore, les sources de la Bourboule sortent d'une faille qui traverse le terrain granitique auquel se sont adossés par la suite des trachytes et des détritus de granite. L'eau thermale, venant des profondeurs du sous-sol, se ramifie dans les détritus de granite jusqu'à une couche argileuse imperméable à la surface de laquelle elle se rassemble et d'où on peut l'extraire assez facilement. Aujourd'hui en effet ces sources ne sont plus jaillissantes ; mais elles l'étaient jadis, et c'est précisément par le bord de la cassure qu'elles s'élevaient jusqu'au jour.

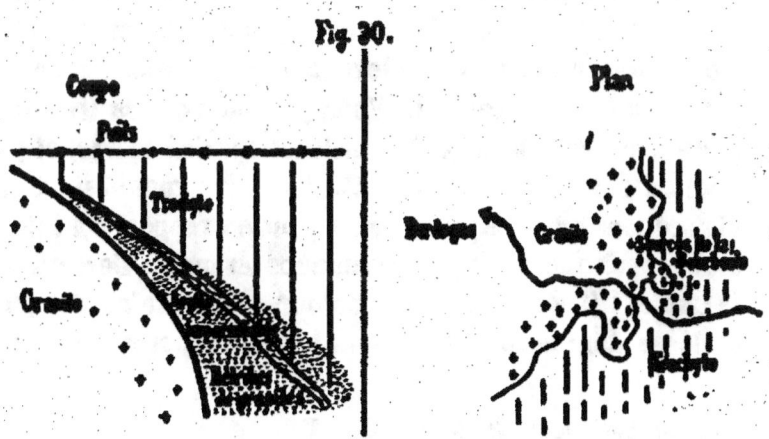

Sources minérales de la Bourboule, coupe et plan (d'après Daubrée)

Le long de la faille occidentale de la Limagne, on en compte un très grand nombre : citons les sources de Royat, qui accompagnent la grande cassure à laquelle la Limagne doit son relief actuel, mais qui ne sortent pas directement du terrain primitif ; elles naissent au milieu de travertins calcaires, de grès tertiaires, et de pouzzolanes qui ont été entraînées jusque-là lors des dernières éruptions volcaniques ; les sources de Saint-Alyre, à Clermont-Ferrand, qui renferment de grandes quantités de carbonate de chaux, et qui, à leur sortie, forment d'importants dépôts de calcaire, même des ponts naturels voûtés de plusieurs mètres d'élévation.

Sources de la vallée de l'Allier. — En une foule de points on observe sur les bords même de la rivière des dégagements d'acide carbonique ; ailleurs, à quelque distance, sont des sources bitumineuses comme celle du puy de la Poix ; ou bien encore jaillissent de nombreuses sources thermales comme celles de Vichy. Les sources de Vichy, comme les précédentes, accompagnent des cassures anciennes, et s'alignent en groupes tout le long de ces cassures. Leur composition est complexe. Elles sont particulièrement riches en acide carbonique, et donnent lieu à de grands dépôts de travertins calcaires, tels que le rocher des Célestins.

Le nombre si considérable des sources thermo-minérales en Auvergne prouve qu'il faut, suivant toute vraisemblance, les considérer comme la dernière manifestation des phénomènes volcaniques qui bouleversèrent si profondément cette partie du Plateau central. Voilà pourquoi on les trouve toujours dans le voisinage des dislocations de l'écorce, et pourquoi aussi leur activité est d'autant plus manifeste que les dislocations avec lesquelles elles sont en rapport sont de date moins ancienne (1). Il y en a plus dans les monts Dore que dans le Cantal ; il y en a surtout autour de la chaîne des puys à cratères, dont les éruptions sont les plus rapprochées de nous.

(1) Cf. Lapparent, *Géologie*, t. I, p. 473.

CHAPITRE VI

Le ruissellement et les cours d'eau

On entend par « eaux de ruissellement » la portion des eaux pluviales qui, ne s'infiltrant pas dans le sol pour reparaître sous forme de sources, s'écoulent à la surface et se rendent directement dans les vallées et dans les plaines, pour aboutir finalement à la mer. Le phénomène du ruissellement s'explique *par le régime des pluies considéré dans ses rapports avec la structure géologique et le relief superficiel du sol*. Torrents, ruisseaux, rivières, en un mot eaux courantes se répartissent différemment dans les diverses parties de l'Auvergne et ont des caractères distincts suivant ces trois facteurs fondamentaux :

1° hauteur de la tranche d'eau tombée sur le sol ;
2° degré de perméabilité ou imperméabilité des terrains ;
3° allure plus ou moins accentuée des pentes.

Il est évident que la circulation des eaux douces n'est plus aujourd'hui ce qu'elle a été ; nous ne pouvons que très difficilement nous faire une idée du phénomène aux anciennes époques géologiques, et cela parce que nous sommes mal informés de ce que furent jadis le régime des pluies et le climat de l'Auvergne. Nous croyons toutefois que le ruissellement était alors beaucoup plus considérable et plus puissant ; les torrents étaient plus nombreux et plus forts, leur action érosive plus intense ; de même, les rivières roulaient des volumes d'eau plus imposants, et creusaient plus activement leurs vallées. Comme celles-ci étaient encore loin d'être définitives, les bassins fluviaux offraient une physionomie qu'ils n'ont plus. Ainsi, l'Allier formait une succession de lacs séparés les uns des autres par des barrages, et réunis par d'étroits couloirs taillés dans la roche dure (lacs de Brioude, d'Issoire, de la grande Limagne). Ces lacs superposés se déversaient très lentement l'un dans l'autre. Il a fallu l'érosion d'un nombre incalculable de siècles pour que les couloirs de jonction s'élargissent de manière à permettre un écoulement plus régulier, et l'établissement d'une pente moyenne plus uniforme ; peu à peu, le thalweg principal s'étant creusé aussi bien dans l'épaisseur des barrages résistants que dans les espaces intermédiaires, les lacs de l'Allier disparurent, et leur existence n'est plus attestée aujourd'hui que par les dépôts fluviatiles qui s'étendent à une distance parfois assez grande du lit actuel de la rivière (1). Cela ne veut pas dire, du reste, qu'à présent la pente de l'Allier soit égale d'un bout à l'autre de son cours. Loin de là : sa pente est sujette à mille petites variations successives, nous verrons bientôt pourquoi, et c'est ce qui empêche qu'on puisse représenter sa vitesse par un seul et même nombre.

Mais si nous ne pouvons pas étudier le phénomène du ruissellement aux époques reculées du passé, nous possédons quelques données sur ce qu'il est aujourd'hui (2). Son importance n'échappe à personne. La moindre goutte d'eau de pluie qui s'écoule sur le sol représente une force en mouvement. Or, avant de pouvoir utiliser cette force, ne faut-il pas en connaître autant que possible le mécanisme ?

Ce mécanisme, réduit à sa plus simple expression, est le suivant: Pour savoir comment se comporte la goutte d'eau, depuis l'instant où elle touche terre jusqu'à son arrivée dans un grand thalweg, prenons un exemple hypothétique, choisi

---

(1) Le même fait se reproduisait dans les autres vallées fluviales de l'Auvergne, celles de la Dore, de l'Alagnon, de la Sioule, de la Jordane, de la Cère.

(2) C'est dans les bureaux des ingénieurs des Ponts et Chaussées de Clermont-Ferrand et d'Aurillac que nous avons recueilli la plupart des renseignements utilisés dans ce chapitre.

avec des caractères tels qu'il puisse s'appliquer au plus grand nombre des cours d'eau de l'Auvergne.

Soit une rivière imaginaire, descendant du plateau de la chaîne des puys, et aboutissant dans l'Allier à la hauteur de Pont-du-Château. Elle a environ 25 kilomètres à parcourir *à vol d'oiseau*. Son origine, sur le plateau, est à 800 m. d'altitude, son confluent dans l'Allier à 300 m.; sa pente idéale est donc de $\frac{500}{25000}$, soit 0^{m}020 par mètre.

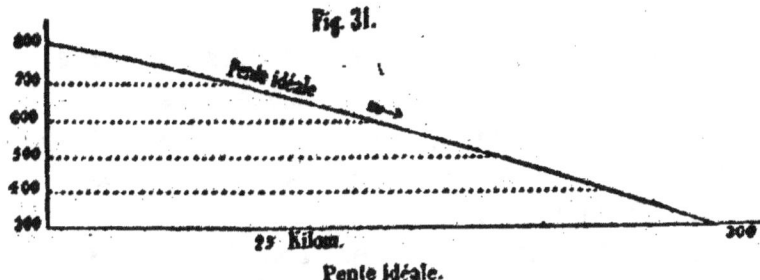

Fig. 31.

Pente idéale.

Les chiffres précédents sont purement fictifs. En Auvergne, il n'y a pas de rivière rectiligne; toutes sont plus ou moins sinueuses, beaucoup le sont extrêmement; leur longueur véritable est souvent double de leur longueur à vol d'oiseau. Par conséquent, il faut doubler le chiffre de 25 kilomètres, indiqué précédemment, ce qui donne pour le cours d'eau une pente deux fois moindre, soit 0^{m}010 par mètre. Ce n'est pas tout; les accidents du relief du sol font passer la rivière par trois phases différentes :

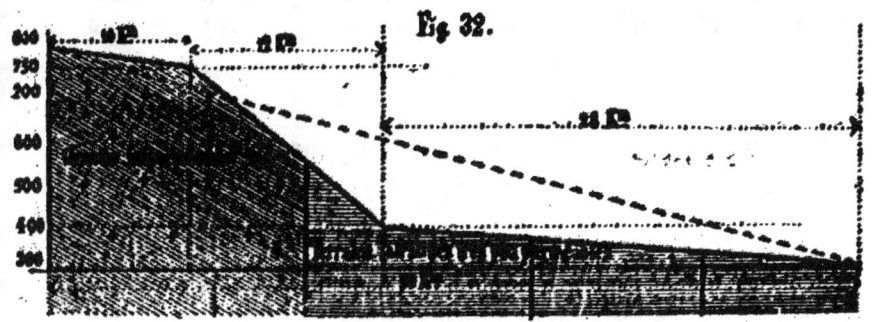

Fig. 32.

Pente réelle.

Sur le plateau, la pente est faible : 50 mètres de descente

en 10 kilomètres de parcours, soit 0^{m}005 par mètre ; — à la descente du plateau, la pente est très rapide : 350 mètres de descente en 12 kilomètres, soit environ 0^{m}025 par mètre ; — de la base du plateau à l'Allier, la pente redevient faible : 100 mètres de descente en 28 kilomètres, soit environ 0^{m}003 par mètre.

Cela nous montre que, dans tout bassin fluvial, il y a lieu de distinguer trois parties :

1º le ruissellement direct des zones élevées, où la pente est faible, où l'évaporation est plus active que l'érosion ;

2º la formation des thalwegs sur les flancs de la montagne, où la vitesse est considérable, l'érosion et le transport actifs, l'évaporation presque nulle ;

3º les cours d'eau proprement dits, dont la vitesse redevient moindre, et dans lesquels l'érosion et le transport s'accompagnent de dépôts d'alluvions.

Cette division nous amène à trois sortes de considérations également importantes en hydrographie : *l'origine, la croissance, le tempérament* des rivières. En Auvergne, la théorie exposée plus haut s'applique, on peut dire, dans tous les cas, avec des variantes nées des circonstances locales. Presque jamais les phases ne sont interverties ; tantôt la première est plus développée aux dépens des suivantes, et, dans ce cas, d'ordinaire, la seconde est très courte ; tantôt elle n'existe pour ainsi dire pas, et la seconde prend plus d'ampleur ; tantôt c'est la troisième qui domine ; ou bien encore les cours d'eau passent par quatre, cinq ou six phases au lieu de trois ; mais les phases alternent toujours dans le même ordre, si bien que la variété des applications ne porte pas atteinte à l'unité du principe.

RUISSELLEMENT DIRECT — ORIGINE

Toutes les rivières naissent de sources ou sont le produit du ruissellement direct. Dans le premier cas seulement, l'expression *prendre sa source* est légitime ; dans le deuxième, elle devient inexacte. Or, en Auvergne, ce dernier cas est de beaucoup le plus fréquent. Toute la surface supérieure du plateau granito-gneissique offre les conditions nécessaires au phénomène du ruissellement ; le sous-sol est très peu perméable ou même complètement imperméable. De là l'aspect caractéristique de ces régions : une suite ininterrompue de légères ondulations coupées de petites rigoles, le plus souvent à sec, qui se croisent dans tous les sens. A chaque grande pluie, l'eau ruisselle dans ces rigoles avec une vitesse assez faible, suffisante cependant pour en dégrader le lit ; elle emporte avec elle des particules de terre et quelques cailloux, et les conduit peu à peu jusqu'au point où, la pente devenant plus sensible, un canal d'écoulement va se former.

La Sioule de Rochefort présente un exemple de ce mode d'origine d'un cours d'eau : imaginez, dans l'espace compris entre les roches Tuillière et Sanadoire, la route de Clermont aux Bains du Mont-Dore, et les flancs du puy de l'Aiguiller, un sol tout ruisselant d'eau, soit qu'une pluie vienne de tomber, soit simplement que les nuages rampent sur la terre et s'y condensent en gouttelettes très fines. Toute cette eau circule en mille zigzags, contournant chaque obstacle, revenant sur elle-même, cherchant sa pente et son écoulement. Ce qui n'est pas évaporé dans ce trajet sinueux finit par se rassembler et se confondre pour constituer la Sioule et se rendre de là dans l'Allier. Ici, pas la moindre trace de source ; c'est une portion de plateau, de plusieurs hectares de superficie, très légèrement inclinée vers le nord, qui sert d'origine au cours d'eau. J'ajoute que cette même surface, toujours humide, s'incline de l'autre côté vers le sud, et que les eaux de ce second versant descendent dans le lac de Guéry, tributaire de la Dordogne. Le déplacement d'une seule motte de terre, par la main d'un enfant, suffirait pour changer la destinée d'une partie de l'eau qui ruisselle de la sorte, pour l'arrêter dans sa marche vers la Sioule et pour l'envoyer dans le lac, ou inversement.

On pourrait citer une foule d'autres exemples du même genre. Ainsi tout le plateau qui s'étend au pied méridional du Sancy, entre la naissance de la Couze de Besse et celle de la Clamouze, c'est-à-dire de deux torrents qui vont le premier à l'Allier, le second à la Dordogne (par la Rhue de Condat), présente une surface sans ondulations appréciables: dans les anfractuosités du basalte et du trachyte l'eau s'amasse à loisir, et bientôt se recouvre d'herbes arrachées, de débris des végétaux du voisinage. De là, des mares stagnantes en nombre infini, séparées par de minces levées de terre où il est peu prudent de s'aventurer. Là paissent de grands troupeaux de vaches et de brebis qui, ayant l'habitude du terrain, évitent habilement les endroits dangereux. Dans ces flaques et ces fossés, se forme de la tourbe, d'où le nom de *plateaux tourbeux* donné à toute la région (1). Eh bien, le phénomène du ruissellement se produit ici comme à l'origine de la Sioule de Rochefort. Toutes ces mares se déversent les unes dans les autres, ou plutôt il y a un écoulement de leurs eaux d'une part dans la Couze de Besse, d'autre part dans la Clamouze. Mais quelles sont celles qui aboutissent à la première, quelles sont les tributaires de la seconde ? Nul ne peut le dire. Suivant la durée et l'intensité des pluies ou suivant la sécheresse, les bassins d'alimentation de chaque torrent ne sont plus les mêmes. Une communication s'ouvre aujourd'hui, qui se ferme demain ; une pente s'établit vers le nord, puis se reforme vers le sud ; telle de ces nappes tourbeuses s'écoule peut-être à la fois dans les deux sens, et appartient aux deux versants à la fois.

Comment parler, après cela, de séparation entre les deux

---

(1) Ces *plateaux tourbeux* sont très répandus dans le haut pays d'Auvergne, dans le Cantal, et surtout dans les monts Dore; il y en a également au nord-ouest de la chaîne des Dômes, entre Herment, Giat et Auzances. La tourbe, qui est en voie de formation, n'est pas partout exploitée. Là où existent assez de forêts, les populations se chauffent au bois ; mais, quand les forêts font défaut, la tourbe est le mode de chauffage généralement employé par les gens des campagnes, par exemple dans tous les burons au sud de Besse.

Pl. IV.

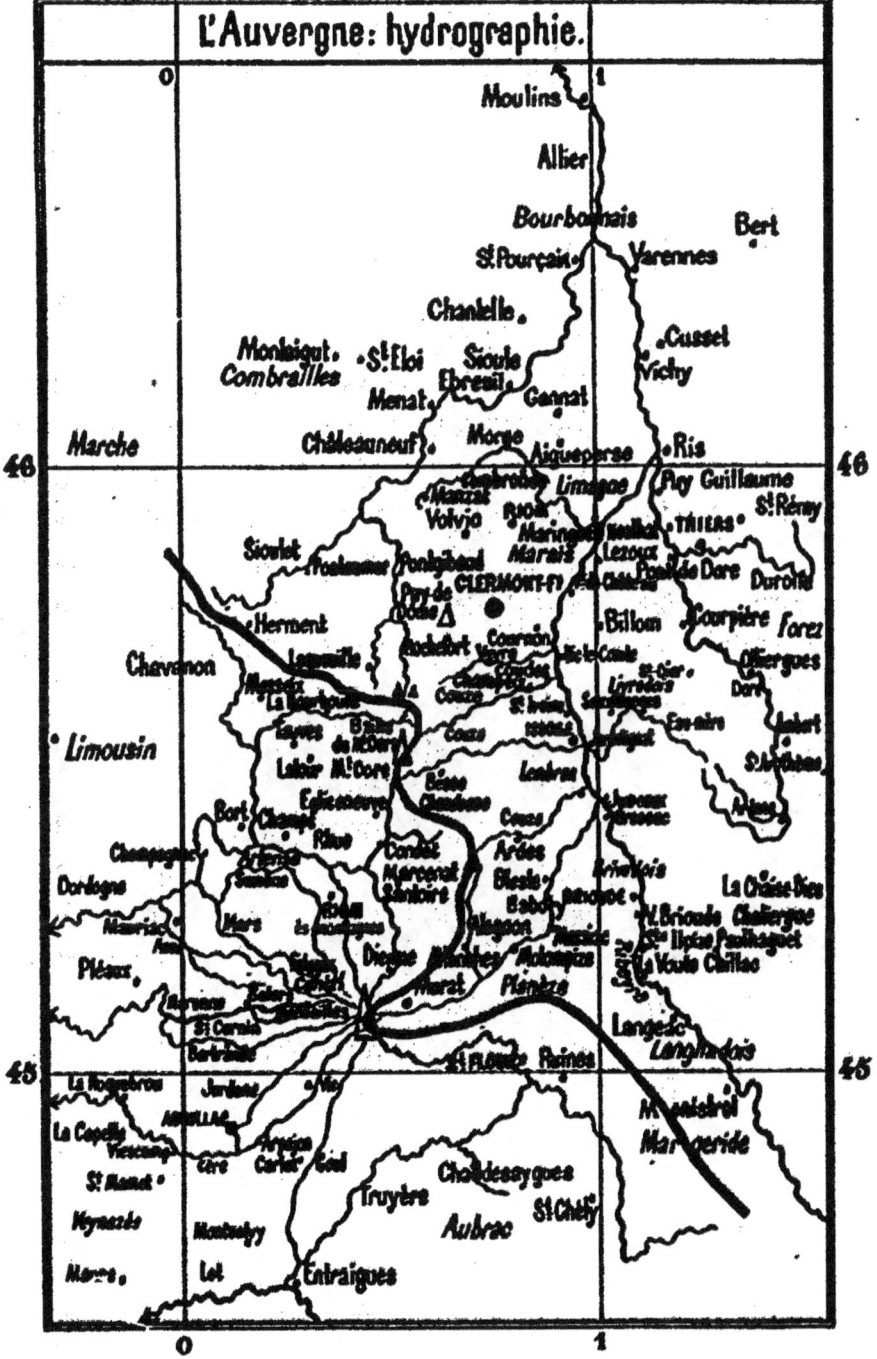

bassins de la Loire et de la Garonne ? Comment parler de *ligne de partage des eaux ?*

L'ancienne géographie cherchait et trouvait une telle ligne entre chaque fleuve et ses voisins ; elle la figurait par un soulèvement montagneux, dont elle exagérait au besoin l'importance ; elle en faisait un article de foi. Aujourd'hui, on ne prête plus la même attention aux lignes de partage des eaux ; on ne divise plus les pays en régions différentes suivant le caprice du terrain qui fait couler l'eau de pluie dans telle ou telle direction ; on reconnaît que si les lignes de partage passent quelquefois par des nœuds orographiques considérables, elles en laissent beaucoup de coté, et franchissent très souvent des surfaces presque plates, sans relief accusé, où elles finissent par devenir absolument indistinctes.

C'est ce qui a lieu en Auvergne, pour ce qu'on appelle la ligne de partage des eaux entre les bassins de la Loire et de la Garonne. C'est plutôt une *surface* qu'une *ligne*, et l'expression *surface de partage* conviendrait mieux au caractère hydrographique du pays. Au sud, elle est constituée par le plateau de la Margeride (1400 mètres entre Saint-Flour et Langeac), puis par le plateau de la Planèze (1136 mètres entre Coren et Vieillespesse). De là, elle rejoint vers l'ouest les sommets du volcan du Cantal, le Plomb (1858 mètres), le puy Griou (1694 mètres), et le puy Mary (1787 mètres). Ensuite, elle quitte de nouveau les sommets, longe un plateau de 1210 mètres entre Dienne et Chavagnac, de 1201 entre Marcenat et Allanche, pour gagner le point culminant du Cézallier, le mont Luguet (1552 mètres). Sa direction est alors approximativement sud-nord. Entre le Luguet et le pic de Sancy, elle se traîne pendant longtemps sur des plateaux tourbeux, d'apparence lacustre et marécageuse, atteignant 1327 mètres entre Espinchal et Compains, avant de s'élever au sommet du mont Dore. A peine descendue du Sancy, elle contourne les puys de la Croix-Morand et de l'Aiguiller, et prend alors une direction sud-est-nord-ouest, de plus en plus indécise et flottante, touchant à la

Banne d'Ordanche (1515 mètres), et finissant par la traversée d'un plateau plus monotone que tous les précédents, plateau tourbeux semé de marais et d'étangs, où elle se tient à la hauteur de 985 mètres entre Bourg-Lastic et Tortebesse, de 850 mètres entre Eygurande et Herment, de 800 mètres seulement du côté de Giat, sur la limite de l'Auvergne et du Limousin (1).

Quoi qu'il en soit, le phénomène du ruissellement direct, tel qu'il vient d'être défini, est très important en Auvergne. Son importance varie avec le régime des pluies de chaque contrée. C'est lui qui donne aux rivières de l'Auvergne le premier de leurs caractères essentiels, je veux dire une origine spéciale. L'aspect du réseau hydrographique qui en résulte est bien différent de celui qu'offrent les régions perméables, où l'eau pluviale, après s'être infiltrée dans le sol, s'échappe par des sources en certains points privilégiés, et se concentre rapidement dans les grandes coupures du terrain sous la forme de rivières calmes et distantes l'une de l'autre.

FORMATION DES THALWEGS SUR LES PENTES — CROISSANCE

Lorsqu'à un sol imperméable s'ajoutent un relief accentué et de fortes pentes, aussitôt les eaux ruisselantes se rassemblent dans des couloirs d'écoulement où elles acquièrent tout de suite une vitesse considérable : ce sont autant de torrents qui vont exercer une puissante action destructive à la surface de la terre. En Auvergne, tous les cours d'eau ont, à un certain moment de leur trajet, l'allure torrentielle; leurs

---

(1) S'il est oiseux de chercher une ligne de partage des eaux sur des terrains de ruissellement direct, il est encore plus délicat de l'étudier dans les contrées à sols perméables. Ici ce n'est pas à la surface qu'on doit la chercher, mais bien à la rencontre des couches perméables et des couches imperméables du sous-sol, là où se fait la séparation réelle des bassins d'alimentation de chaque cours d'eau. Une telle recherche est au-dessus de nos forces.

thalwegs se constituent, dès les premiers escarpements du relief, par la réunion en un seul flot de toute l'eau pluviale tombée sur un espace assez étendu, et ils deviennent alors des agents redoutables d'érosion et de transport. A la suite des grandes pluies qui s'abattent chaque année dans le haut pays, l'eau s'engouffre dans ces thalwegs, en affouille profondément le lit, arrache des quartiers de roche énormes qu'elle entraîne avec elle dans sa descente.

En outre, il arrive que les parois du couloir torrentiel, rongées à la base, s'éboulent dans le lit du torrent et donnent naissance à des barrages momentanés : mais l'eau, se précipitant contre ces obstacles, finit par les rompre, et de vraies débâcles se produisent qui dépassent en intensité d'effet les érosions les plus formidables. La force de l'eau sur une pente rapide est irrésistible.

Ce sont là, évidemment, des faits exceptionnels. Le phénomène ordinaire est moins frappant, et néanmoins ses effets sont très appréciables. Dans tout le Plateau central, et particulièrement en Auvergne, les torrents ont creusé aux rivières des lits extrêmement profonds et encaissés. L'eau a peu à peu corrodé la roche dure, a entamé et désagrégé les couches de terrains sur lesquelles elle coulait, déblayant constamment les éboulis formés par les parois. Le plus souvent, son action érosive, au lieu de s'exercer à droite et à gauche et de faire reculer les berges, semble s'être uniquement exercée à approfondir son lit. De là l'aspect particulier des hautes vallées fluviales de l'Auvergne, aux endroits où se forment les thalwegs des rivières. Sur les plateaux composés de nappes basaltiques, comme ceux du Cantal, ou de granites comme ceux des monts Dore et du Livradois, les ravinements gardent, malgré la pente, des proportions qui n'ont rien d'excessif ; mais à peine les thalwegs ont-ils atteint les zones gneissiques, si remarquables par le grand nombre des plans de joint qui les parcourent, qu'ils se transforment subitement en gorges escarpées, au fond desquelles l'eau, que ce soit celle de la Dordogne ou celle de la Sioule, coule à 300,

400, parfois 500 mètres au-dessous des plateaux qui la bordent. Il en est de même dans la traversée des schistes ardoisiers qui affleurent entre Brive et Limoges, et où la profondeur des gorges contraste avec le profil adouci que prennent les thalwegs quand ils arrivent sur les terrains de grès ou d'argiles rouges du voisinage.

C'est le même travail d'érosion qui en Auvergne donne aux thalwegs des fortes pentes leur aspect sinueux et leurs méandres. Les multiples plis et replis des thalwegs creusés dans le Plateau central ne peuvent pas s'expliquer par les phénomènes actuels. Leur irrégularité capricieuse exclut aussi l'idée de fissures préexistantes que l'effort des eaux se serait borné à élargir. Mais si on remonte au passé géologique de la région, on reconnaît qu'autrefois les rivières coulaient à plat, en décrivant de nombreux circuits, sur la surface même des plateaux dont elles entament aujourd'hui la profondeur : à la longue, les lits ont été creusés plus ou moins à pic, sans que le dessin général des thalwegs ait subi de modifications ; et ainsi s'explique leur physionomie actuelle.

Si les couloirs où se rassemblent les eaux de ruissellement sont taillés dans une roche géologiquement homogène, les deux parois du lit ont même hauteur et même escarpement : c'est le cas le plus fréquent en Auvergne. Si quelques-uns d'entre eux séparent deux espèces différentes de terrains, l'aspect des berges ne sera pas le même, car le degré de résistance à l'érosion est variable pour chaque terrain : à une berge rocheuse s'oppose une berge basse, comme il arrive parfois le long de l'Allier, ou bien à des escarpements brusques répond une berge arrondie. Ainsi la Sioule de Pontgibaud à Montfermy, sépare le gneiss du basalte : la paroi gneissique est à pic ; la paroi basaltique a des contours plus adoucis.

D'ailleurs tout torrent, par la continuité même de son action érosive, tend à régulariser sa pente, et par suite à perdre son allure première. C'est un fait constaté partout, et qui se manifeste en Auvergne comme ailleurs. Abstraction faite de toute intervention de l'homme, le torrent s'achemine vers un état d'équilibre relatif où son œuvre de destruction ne s'exercera plus que dans des limites restreintes. Dans les hauts plateaux d'Auvergne, au début des fortes pentes, certains thalwegs sont suffisants à l'heure actuelle pour débiter le produit des grandes pluies ou de la fonte des neiges sans dégrader sensiblement leurs parois. Mais c'est là l'exception.

Les considérations précédentes sur l'origine et le mode de croissance des rivières de l'Auvergne étaient nécessaires pour bien comprendre leur tempérament.

COURS D'EAU PROPREMENT DITS — TEMPÉRAMENT

« Aucun cours d'eau n'est un appareil stable. Tous sont des
» instruments naturels en exercice, très inégalement avancés
» dans la tâche qui leur incombe, d'abord parce que tous
» n'ont pas commencé leur œuvre à la même date, ensuite
» en raison des résistances fort inégales qu'ils rencontrent
» devant eux (1). » Chacun accomplit donc un travail différent. Bien plus, le même cours d'eau, suivant qu'on l'étudie dans l'une ou dans l'autre des sections entre lesquelles il se divise presque toujours, est torrentiel, ou divagant, ou de régime, c'est-à-dire qu'il est plus spécialement agent d'érosion, ou de transport, ou de dépôts d'alluvions.

En Auvergne, les rivières ont un tempérament particulier, dû aux conditions géologiques des pays qu'elles arrosent, à la variété des formes du relief, et aux précipitations atmosphériques qu'elles subissent. Comme elles coulent en très grande partie sur des sols imperméables, que leurs pentes restent longtemps très accentuées, nous ne serons pas surpris de voir qu'elles conservent presque jusqu'à la fin l'allure torrentielle qu'elles ont prise dès l'origine ; en outre, chaque perturbation climatérique a sur elles son contre-coup, et

(1) Lapparent, *Géologie*, t. I, p. 170.

toute pluie un peu forte ou toute fonte brusque de neige modifie leur débit : de là, pour la plupart d'entre elles, un régime très irrégulier.

Les cours d'eau de l'Auvergne dans leurs rapports avec la géologie et le relief du sol

Nous ne pouvons pas donner les chiffres de la superficie réelle des bassins fluviaux de l'Auvergne : toutes les superficies calculées jusqu'à ce jour sont mesurées en projection horizontale. Or, pour avoir les superficies réelles, il faudrait ajouter les accroissements qui résultent des pentes et des ondulations des terrains : car l'inclinaison des formes du relief influe essentiellement sur les proportions de l'absorption par le sol, de l'évaporation, et sur la vitesse d'écoulement de ce qui ruisselle à la surface.

A défaut d'autres chiffres, voici ceux que nous possédons :

BASSIN DE L'ALLIER

Surface du bassin de l'Allier avant son entrée en Auvergne : environ : 2000 kmq.

Surface du bassin de l'Allier à sa sortie d'Auvergne : 8841 kmq.

Surface en Auvergne (les affluents compris), environ : 6841 kmq.

Surfaces de quelques bassins secondaires :

Alagnon : 1030 kmq. 58 ; — Couze du Breuil : 217 kmq. 66 ; — Eaumère : 333 kmq. 58 ; — Couze d'Issoire : 286 kmq. 95 ; — Couze de Coudes : 188 kmq. 79 ; — Monne : 155 kmq. 74 ; — Morge : 732 kmq. 13 ; — Dore : 1687 kmq. 73.

L'Allier a déjà environ 75 kilom. de cours quand il entre en Auvergne, à la hauteur de Langeac. Il coulera en Auvergne pendant environ 155 kilom. jusqu'au pont de Ris, au confluent de la Dore. Le long de ce parcours, il offre des aspects très variés et des pentes assez différentes.

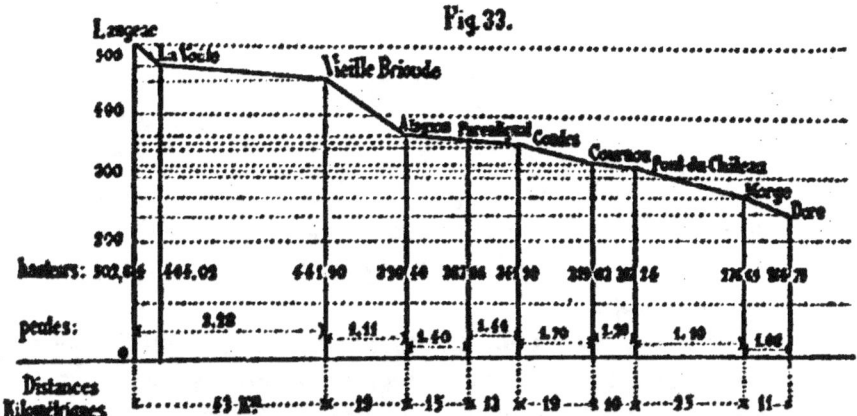

Profil en long de l'Allier, de Langeac au confluent de la Dore (d'après Monestier).

Cela s'explique par la nature géologique et le relief des pays qu'il traverse.

1° De Langeac à Vieille-Brioude, la vallée est très étroite, resserrée entre deux berges escarpées et distantes à peine de 75 mètres. La pente, sur 43 kilom. de long, est de 0^{m}00228 par mètre. C'est la fin de la partie vraiment montagneuse du bassin, où l'Allier et tous ses affluents sont des cours d'eau torrentiels (1). La configuration de cette zone de ruissellement est pittoresque et sauvage. Entre la ligne culminante de la Margeride à l'ouest et l'Allier, la distance moyenne horizontale est de 10 kilom., et la différence de niveau d'environ 700 mètres; cela fait une pente idéale de 0^{m}07 par mètre pour les affluents de gauche de la rivière; mais 300 au moins de ces 700 mètres sont presque à pic dans un grand nombre d'endroits. Sur la rive droite, la pente est plus rapide encore, et s'élève à 0^{m}10 par mètre. Toute cette région des deux rives de l'Allier est découpée par une multitude de ravins où l'eau ruisselle constamment, où chaque pluie détermine des torrents impétueux, et où le phénomène de l'érosion atteint une intensité souvent redoutable. Dans cette

(1) D'après Monestier, *Des eaux et des inondations avec application au bassin de l'Allier*, 1858.

section de l'Allier, villes et villages sont bâtis sur les falaises qui dominent à pic le lit de la rivière, protégés contre les crues et les inondations par la hauteur des berges: Langeac, Chillac, Lavoûte, Saint-Ilpize, Vieille-Brioude. Au delà de cette dernière ville, l'escarpement des rives continue jusqu'au confluent de la Senouire, puis la vallée change brusquement d'aspect.

2° L'Allier entre dans une plaine d'alluvions, qui fut jadis un lac; il s'y sépare en plusieurs bras, et y décrit des courbes variées, aux dépens d'un sol meuble et friable; ses berges sont basses, sa pente devient beaucoup plus faible, de 0^{m}00111 par mètre, jusqu'au confluent de l'Alagnon. Son lit, semé de sables mobiles, est celui d'une rivière divagante. Lieux habités et cultures ne commencent qu'à une assez grande distance du cours d'eau: c'est le danger des inondations provoquées par les crues qui les éloigne ainsi. Ainsi Brioude, Lamothe, Cohade, Auzon, Vezezoux, Brassac, Jumeaux sont bâties le long des premiers coteaux qui bordent de toutes parts cette plaine d'alluvions, la Limagne de Brioude. Au confluent de l'Alagnon, au lieu dit Saut-du-Loup, la vallée s'étrangle un moment pour s'élargir de nouveau et former la Limagne d'Issoire, belle plaine de 3 à 4 kilom. de largeur. L'Allier y coule toujours sur un fond de sables et entre des berges d'alluvions; son lit est divagant et forme de nombreux bras entremêlés d'îlots. Les villes et les villages restent éloignés du chenal: Le Breuil, Nonette, Le Broc, Parentignat, Issoire.

3° Mais, à mesure qu'on s'avance en aval d'Issoire, un nouveau changement se fait pressentir; la pente s'accentue: elle était de 0^{m}0014 depuis le confluent de l'Alagnon; elle est de 0^{m}00147 depuis Parentignat jusqu'à Coudes, et de 0^{m}0017 de Coudes à Cournon. Il faut que l'Allier franchisse le grand barrage de Four-la-Brouque et Saint-Ivoine, qui a coupé la Limagne en deux, et ce n'est pas une mince affaire. « Quand on voit, dit Lecoq, p. 98, la dureté de
» cette roche, granite et porphyre, qui fait feu sous le mar-

» l'eau, quand on examine la puissance de ce filon couleur de
» rose et plus dur que l'acier, sur le sommet duquel un
» village domine aujourd'hui le torrent, on n'ose plus sup-
» puter les âges de la création du globe. Nous ne pouvons
» penser, toutefois, que l'eau ait choisi le point le plus diffi-
» cile pour s'y creuser un passage. Il faut admettre qu'une
» secousse violente avait préparé les voies, et qu'une cassure
» préalable, produite sans doute lors des injections porphy-
» riques que l'on voit de toutes parts, a montré à la rivière
» le point sur lequel elle devait réunir toute sa force et toute
» sa persévérance. » Dans cette traversée, le lit de l'Allier est de roc, les berges sont hautes, et leur escarpement persiste jusqu'à la hauteur des puys de Corent et Saint-Romain, qui se font face sur ses deux rives. Alors commence un nouveau régime de direction et de pente, celui de la grande Limagne ou Limagne de Clermont.

4° La pente de l'Allier devient de plus en plus faible; elle est de 0^m0012 de Cournon à Pont-du-Château, de 0^m0010 de Pont-du-Château au confluent de la Morge, et de 0^m0008 de ce point au confluent de la Dore. Cependant l'érosion est encore active tant que l'Allier coule entre des berges hautes : les terrains tertiaires qui s'étendaient jadis sans discontinuité sous les puys Saint-Romain et de Corent ont été démantelés par l'eau; c'est l'eau qui a mis à nu les arkoses et les grès sur lesquels elle coule pendant plusieurs kilomètres. En aval, la rivière s'épanche sur des alluvions modernes, bordées elles-mêmes d'alluvions anciennes et de calcaires marneux; les berges s'abaissent; il n'est pas rare d'en trouver une encore assez haute, tandis que celle d'en face est toute plate; ce que l'eau enlève à l'une va se déposer le long de l'autre. Exemple : entre Dallet et Pont-du-Château. Mais aussi, et surtout, on est frappé du caractère divagant que prend l'Allier à travers la Limagne. « Après l'écoulement des eaux du grand lac tertiaire de
» Limagne, dit Lecoq, p. 101, le courant qui s'est établi
» sur des terrains mal affermis, et qui n'était autre que l'Al-

» lier actuel dans son ancien volume et avec sa toute-puis-
» sance, a longtemps divagué avant de se creuser le sillon
» où il s'écoule aujourd'hui. Extrêmement grossie à la fonte
» des neiges qui pouvaient alors s'accumuler pendant l'hiver
» sur les hautes montagnes récemment élevées par les érup-
» tions volcaniques, cette rivière éparpillait, sur une surface
» proportionnée à l'abondance de ses eaux, tous les maté-
» riaux qu'elle arrachait dans son parcours. Presque arrêtée
» en sortant de ces gorges par l'espace libre qui lui permet-
» tait de s'étendre, elle abandonnait tous ses galets, et
» ceux-ci, accumulés sur un point où ils faisaient obstacle
» au cours d'eau, détournaient son lit, et le forçaient à
» étendre ses dépôts sur tous les terrains qui n'étaient pas
» trop élevés, laissant quelquefois des îles de terrains ter-
» tiaires. Ces espaces couverts de cailloux roulés sont consi-
» dérables ; ils se confondent, sur la rive gauche, avec
» ceux de la Morge et du ruisseau d'Artières, et, sur la
» rive droite, avec ceux de la Dore. »

Le même fait se répète encore aujourd'hui. L'Allier a encore en Limagne une allure divagante ; il se rencontre sur ses deux rives des espaces abandonnés par la culture, qu'il occupe à certains jours de l'année suivant que les sables mobiles de son lit se déplacent à droite ou à gauche. A tout instant, des bras morts accompagnent le chenal principal ; on les appelle des *boires* ; ou bien encore s'étendent çà et là dans le lit des amas de sable émergé qui constituent de petits îlots à maigre végétation. En somme, le creusement de la vallée fluviale n'est pas encore achevé, et l'Allier ne sera pas de longtemps, en Auvergne, un cours d'eau de régime.

Sauf Pont-du-Château, les localités sont bâties, dans cette dernière section, assez loin de la rivière : les Martres-de-Veyre, Mirefleurs, Pérignat, Cournon, Mezel, Beauregard-l'Evêque, les Martres-d'Artière. Quant aux villes plus importantes, elles sont à une plus grande distance encore : Clermont-Ferrand, à 14 kilomètres ; Riom, Aigueperse, Gannat, à 18 kilomètres.

Pour bien comprendre le tempérament de l'Allier, il ne faut pas l'isoler de ses tributaires. Une rivière ne vit pas seulement de sa vie propre ; c'est un être collectif qui absorbe et résume en lui l'énergie de ses affluents ; de là, la nécessité d'étudier l'action qu'ils exercent l'un après l'autre sur la rivière maîtresse, en d'autres termes, de voir comment les réseaux secondaires modifient l'allure de l'artère principale.

Des hauteurs granitiques qui bordent l'Allier sur sa rive droite, des monts du Livradois, lui arrivent de nombreux affluents, entre autres l'Eaumère et la Dore.

L'Eaumère est remarquable par la diversité de ses pentes. Elle parcourt au début, sur le plateau, une longue suite de bassins de réception et de couloirs torrentiels d'écoulement, jusqu'à ce que, brusquement, la descente du plateau dans la plaine ait lieu sur une pente très rapide : Sauxillanges, placé en contre-bas de cette descente, a maintes fois éprouvé les colères du torrent. Au delà, la pente devient insensible, et les dépôts d'alluvions fertilisent la plaine de Parentignat, située au confluent de l'Eaumère et de l'Allier.

La Dore est formée de deux ruisseaux, la Dolore et la Dore, d'un débit à peu près égal. Toutes deux coulent d'abord vers l'est avant de prendre la direction sud-nord. Leur cours supérieur est une zone de ruissellement direct. La Dolore a d'abord une faible pente, sur le plateau ; subitement, la pente atteint 0^m015 à 0^m020 par mètre, et le torrent dévale dans la plaine entre des berges de granite nu. C'est un instrument énergique d'érosion et de transport ; les matériaux qu'il charrie se déposent dans la plaine d'Arlanc. La Dore, qui vient des environs de la Chaise-Dieu, a une pente générale plus uniforme. Elle coule, d'ordinaire, entre des parois granitiques ou porphyriques, sur un fond rocheux, avec une pente de 0^m007 par mètre jusqu'à Arlanc. De là, jusqu'à Ambert, s'étend une autre petite Limagne, jadis lac, aujourd'hui comblée par les alluvions de la Dore : la rivière y coule entre des berges plates et sur un fond mobile, avec une largeur moyenne de 20 mètres en eaux basses. D'Ambert à Courpière, la vallée se rétrécit, et l'eau a dû se creuser un étroit passage à travers le granite ; au delà de l'obstacle, la Dore retrouve, et cette fois définitivement, la Limagne ; elle parcourt encore 30 kilomètres sur des terrains d'alluvions et des dépôts sableux. Elle a la même allure divagante que l'Allier dans la même plaine, se sépare en plusieurs bras, enferme des îlots généralement incultes. Elle se grossit, à droite, de la Durolle, torrent impétueux qui descend du col de Noirétable dans le Forez, et se précipite à travers les gorges abruptes de Thiers.

Sur sa rive gauche, l'Allier reçoit une foule de tributaires venus de la région cantalienne, du massif des monts Dore et du plateau des puys. La plupart sont torrentiels, comme l'Alagnon et les Couzes. Deux seulement ont un tempérament différent des autres, la Morge et la Sioule.

L'Alagnon descend des cimes élevées du Cantal, et naît à la fois de belles sources, source du col de Sagnes, du Lioran, de la Combe-Nègre, et du ruissellement direct. Peu de vallées fluviales offrent autant de variété de relief, et une telle succession de pentes différentes. D'abord, ce ne sont que cascades ; puis c'est une entaille à pic dans le roc ; la pente ne diminue et la vallée ne s'élargit qu'à partir de Murat (pente : 0^m007, et largeur du lit en eaux basses : 12 mètres). De Murat à la Chapelle d'Alagnon s'étend une plaine presque plate, reste d'un ancien lac, aujourd'hui recouverte de prairies, à travers laquelle le cours d'eau décrit de nombreux méandres, sur un lit de sables mobiles. Même phénomène plus loin, dans le petit bassin très fertile de Massiac. Enfin, nouvel et dernier élargissement de la vallée dans le lac desséché ou la Limagne de Lempdes ; les bords du lac sont encore bien marqués, à droite par le terrain houiller de Brassac, à gauche par les grès carbonifères de Beaulieu, en tête par la butte où s'élève le château de La Roche, qui servait alors d'obstacle à l'entrée de l'Alagnon dans la grande artère du Plateau central. La rivière y a une pente presque insensible, et le lit se déplace constamment. Sa largeur est de 40 mètres en eaux basses, mais, à la moindre crue, elle augmente notablement, de telle sorte que les villages sont bâtis à de grandes distances du cours d'eau. En approchant du confluent, les berges se surélèvent et compriment l'Alagnon dans un couloir de plus en plus étroit où la pente s'accroît légèrement de 0^m003 à 0^m005 par mètre.

Les Couzes (on donne ce nom aux affluents de rive gauche de l'Allier dans la région des monts Dore et de la chaine des puys) sont des cours d'eau torrentiels, analogues aux gaves pyrénéens et aux dorons des Alpes. Les principales sont : la Couze du Breuil, la Couze d'Issoire, la Couze de Coudes.

La Couze du Breuil naît dans les plateaux au sud du pic de Sancy, non loin des lacs de la Godivelle. Le schéma du début du chapitre est ici parfaitement applicable. A l'origine, la pente et l'érosion sont faibles, dans un pays de pâturages habité seulement en été. Puis, le torrent pénètre dans des gorges profondes, passe devant Rentières et Ardes, avec une pente très forte de 0^m022 en moyenne. Il en résulte des érosions formidables sur les terrains granitiques, argileux et basaltiques du parcours. A partir de Madriat, la vallée s'élargit et les dépôts d'alluvions commencent : ils forment toute la plaine de Saint-Germain-Lembron et du Breuil, qui est une annexe de la Limagne d'Issoire (1). Les alluvions anciennes sont visibles jusqu'à Boudes, à la rencontre des argiles rouges ou arkoses stratifiés qui forment les coteaux du voisinage.

La Couze d'Issoire, qui descend des contreforts sud-est des monts Dore, a une origine complexe : elle procède à la fois de sources, du ruissellement direct, et est le déversoir d'un

---

(1) On peut remarquer que, tout le long de la vallée de l'Allier, existent des *plaines affluentes* aussi bien que des *eaux affluentes*.

lac, le lac Pavin. Après une pente douce sur le plateau, elle bondit dans un ravin étroit depuis Besse jusqu'à Saint-Floret, rencontrant de distance en distance un frais vallon où elle s'élargit : vallons de Saint-Diéry, de Saurier, de Sainte-Florine, tous formés d'alluvions entraînées par la Couze. A partir de Périer, la vallée s'évase largement jusqu'à Issoire et se confond avec la Limagne ; comme les berges s'abaissent, chaque crue amène une inondation qui couvre de très grands espaces ; la pente du cours inférieur est encore de 0^m009 sur une largeur de 12 à 15 mètres.

La Couze de Coudes a une des vallées les plus intéressantes de l'Auvergne. Son origine est dans le ruissellement qui se fait directement au pied du Sancy, versant est. Tous les bassins de réception (vallée de Chaudefour, vallée de Dianne, etc.) rassemblent les eaux pluviales qui se réunissent dans un couloir d'écoulement à la hauteur du village de Chambon. Ce haut pays rappelle les plus beaux sites des Alpes : les précipices creusés par l'eau dans le granite et dans le trachyte sont superbes. A leur extrémité, la Couze tombe dans le lac Chambon, formé par le barrage de la coulée du Tartaret, et y accumule ses déjections en forme de delta fluviatile très allongé. A la sortie du lac, la Couze rentre de nouveau dans une étroite gorge taillée dans le granite (à la base), et dans le terrain lavique issu du Tartaret. Elle passe au pied de Murols et de son château, de Montaigut-le-Blanc, de Champeix, accompagnée par la lave jusqu'à Neschers. Dès lors la vallée s'élargit, le sous-sol granitique demeure, et la Couze y dépose ses alluvions sur lesquelles elle coule ensuite jusqu'à Coudes, à son confluent dans l'Allier.

La Morge et la Sioule offrent des caractères différents des cours d'eau qui précèdent. La Morge descend des plateaux qui terminent, au nord, la chaîne des monts Dômes ; après un court trajet montagneux, elle descend à Saint-Myon dans la Limagne, qu'elle traverse jusqu'à Maringues avant de se jeter dans l'Allier. Son cours étant en pays de faible relief, sa pente n'est pas accentuée, et son allure est celle d'un cours d'eau de régime; ses crues sont rares et durent plus longtemps; son débit est plus régulier. Toutefois, les érosions sont assez considérables à la descente du plateau, et la Morge charrie beaucoup de sables et même de graviers. Elle fait de Maringues la « Venise d'Auvergne. »

La Sioule est aussi une rivière d'un genre spécial, très rare en Auvergne. Elle parcourt une série de terrasses faiblement accidentées, reliées les unes aux autres par des rapides; sur chacune de ces terrasses, sa pente est douce, n'atteint pas 0=001; son lit, sur un sol argileux qui recouvre le granite, est sinueux, bordé de roseaux, l'eau y coule paresseusement, « comme si elle quittait à regret les lieux de sa naissance ». Le débit est plus régulier qu'il n'est dans les autres rivières du bassin de l'Allier. Enfin, on y constate l'absence du poisson caractéristique des cours d'eau torrentiels, la truite.

Son origine est indéterminée : toutes les eaux de la région Rochefort-Orcival-Vernines-Aurières-Saint-Bonnet sont des Sioules. La Sioule de Rochefort naît du ruissellement abondant qui se fait aux roches Tuillière et Sanadoire. A la base du puy de l'Aiguiller une autre surface de ruissellement, contiguë à la précédente, donne naissance à la Sioule d'Orcival. Un émissaire souterrain du lac Servière crée la Sioule de Saint-Bonnet. Il faut attendre la jonction de toutes ces Sioules en aval d'Olby, et le confluent de la Miouze au Pont de la Miouze, pour que la rivière soit complètement formée. Presque aussitôt après, elle entre dans une fertile vallée où elle serpente lentement, de Saint-Pierre à Pontgibaud. Là jadis s'étendait un lac, quand les coulées de laves venues de Côme et de Louchadière barraient net le courant. Là encore c'est la force de l'érosion qui a fini par frayer une issue à la Sioule à travers la lave, et alors le lac s'est vidé. La pente de la Sioule, dans la traversée de cette petite Limagne, est presque insensible : le débit est régularisé par l'afflux des abondantes sources qui, de Mazayes à Pontgibaud, jaillissent à chaque pas de l'extrémité des coulées.

Après Pontgibaud, l'aspect de la vallée n'est plus le même. La Sioule pénètre dans un couloir étroit, percé entre une paroi de gneiss abrupte à droite, et les déjections basaltiques du volcan de Chalusset à gauche. A peine longe-t-elle quelques villages, comme Montfermy, que précèdent les gisements de plomb argentifère de Barbecot et de Pranal. Au delà de Montfermy, de la Chartreuse, de Châteauneuf et de Menat, la Sioule creuse son sillon dans le porphyre et le granite. C'est seulement à la hauteur d'Ebreuil qu'elle perd l'allure si pittoresque qu'elle avait depuis Pontgibaud; sa pente qui s'était légèrement accrue redevient douce; elle traverse encore quelques ravins, comme celui sur lequel est jeté le beau pont du chemin de fer de Gannat à Montluçon, et, un peu en aval, pénètre dans la Limagne. Dès lors c'est une paisible rivière qui coule tranquillement sur un terrain d'alluvions; sa vallée terminale est très fertile, et après avoir arrosé Saint-Pourçain, renommé pour ses vignobles, elle se jette dans l'Allier.

La Sioule se grossit d'une foule d'affluents, comme le Sioulet de Pontaumur. Ceux de rive gauche offrent ce caractère de sortir d'un pays d'étangs, de marécages, et de couler sur des terrains primitifs qu'ils ont mis à nu d'un bout à l'autre de leur cours.

BASSINS DE LA DORDOGNE ET DU LOT

Le bassin de la Dordogne est un des grands bassins de la France, et l'un des plus importants. Mais l'Auvergne n'en possède qu'une très petite partie. De la Dordogne même elle n'a que les sources, car, à peu de distance de son origine, cette rivière forme la limite de l'Auvergne qu'elle sépare du Limousin. Mais elle a le cours de ses affluents supérieurs, qui constituent, surtout ceux de la rive gauche, un réseau hydrographique du plus haut intérêt.

Superficie des bassins fluviaux du Cantal en projection horizontale (1) :

---

(1) Nombres fournis par les bureaux des Ponts-et-Chaussées d'Aurillac.

Grande-Rhue, environ..................	2206 kmq.
Sumène...............................	785
Auze.................................	318
Maronne..............................	1190
Cère (en Auvergne)....................	1275
Truyère, affluent du Lot (en Auvergne)	1957

La Dordogne est formée, au cœur du massif des monts Dore, par la réunion de deux ruisseaux, la Dore et la Dogne. La Dore naît à 1702 mètres d'altitude, sur la face nord du pic de Sancy, d'une multitude de suintements sous le trachyte, et aussi du ruissellement direct des eaux pluviales et de la fonte des neiges. Partout on entend l'eau bruire sous le sol bourbeux, partout on voit de petites rigoles dessiner de capricieux circuits, et, chaque fois que la pente les y invite, se précipiter en rongeant leurs parois et en charriant des sables vers les parties déprimées du terrain. Toute cette eau ruisselante se rassemble en un thalweg coupé dans le trachyte, qui par une suite de cascades la transporte au bas du ravin. Cette gorge est le résultat des érosions de la Dore, qui a mis à nu des couches colorées en rouge par du fer, des cinérites, et une foule de variétés du trachyte. Grossie de la Dogne, et d'une foule de torrents qui lui arrivent par des cascades, souvent fort belles (ex.: la Grande Cascade), la Dordogne entre dans une petite plaine d'alluvions, où est bâtie la ville des Bains du Mont-Dore (1040 mètres). Elle y coule sur un lit de cailloux roulés, que les torrents ont charriés des hauteurs, et avec une pente très affaiblie. Un peu plus loin, à Queureuilh, après avoir reçu l'émissaire du lac de Guéry, elle change brusquement de direction et d'allure. Sa vallée tourne à l'ouest et s'encaisse de nouveau; à la Bourboule, le trachyte cesse, et c'est dans le granite pur que la rivière s'est creusée son lit; la pente est accentuée, l'érosion intense; tout ce que la Dordogne dégrade sur ses parois est entraîné et déposé plus bas. On voit encore aujourd'hui, le long des berges, les traces de l'ancien thalweg et des niveaux de l'ancien lit; il semble que la rivière ait eu beaucoup de peine à s'ouvrir un passage à travers des roches aussi dures, les formes du relief aux environs de Saint-Sauves en donnent la preuve : ce ne sont que mamelons, cônes arrondis dans le sens du courant, pyramides désagrégées, vastes éboulements.

L'encaissement du lit persiste après le nouveau coude que fait la Dordogne vers le sud, dans la zone houillère de Bourg-Lastic, Messeix, Bort, Champagnac. La pente reste forte: Bort est à 427 mètres d'altitude; l'eau a donc descendu d'environ 1300 mètres sur une longueur de moins de 100 kilomètres. Au delà de Bort, la Dordogne prend la direction ouest-sud-ouest, et quitte l'Auvergne.

Il y a peu à dire de ses affluents de rive droite, qui viennent, comme le Chavanon, de plateaux granito-gneissiques semés de flaques marécageuses et sans grand relief. Mais il n'en est pas de même de ses affluents de gauche, qui descendent tous du massif du Cantal.

« Le massif du Cantal, dit Lecoq, p. 229, est le point de la
» France le plus intéressant pour l'étude de l'hydrographie.
» C'est un centre d'où rayonnent les plus admirables vallées,
» occupées par les plus charmants cours d'eau. Si, du som-
» met du puy Mary, on se dirige sur le col de Cabre, le Lioran
» et le puy de Bataillouse, on a sous les pieds ces longs sillons,
» tantôt hérissés de rochers, tantôt et le plus souvent ornés
» par la verdure des forêts et des prairies. Les ruines des
» vieux manoirs, les éboulements des montagnes, les nom-
» breux villages suspendus sur les flancs ou nichés sous les
» ombrages des vallées, offrent les tableaux les plus riants
» et les plus variés. L'eau, dans sa course rapide des som-
» mets dans la plaine, se soumet à tous les accidents du
» sol. Nulle part on ne voit de cascades plus belles, plus
» nombreuses, plus magnifiquement encadrées. Nulle part
» on ne voit de plus belles prairies au milieu desquelles s'ar-
» rondissent les gracieux méandres des rivières argentées
» qui semblent se reposer, dans ces beaux jardins de la na-
» ture, des fatigues et des accidents de leur descente. »

Ce qu'il faut avant tout signaler ici, c'est l'abondance des eaux fluviales due à l'abondance des précipitations météoriques. Ce versant du Cantal, exposé à l'ouest (du nord-ouest au sud-ouest), est la région de toute l'Auvergne la mieux partagée sous le rapport des pluies ; il en résulte un ruissellement intense, et un très grand nombre de bassins hydrographiques. Grâce à la constitution géologique des terrains et au relief du sol, tous ces cours d'eau ont l'allure torrentielle ; ils se font remarquer par leur activité érosive ; ils sont impropres à tout autre travail qu'à celui du flottage des bois.

Nous n'en décrirons que quelques-uns, choisis parmi les plus caractéristiques.

La Grande-Rhue est formée par la réunion de la Rhue de Condat et de la Rhue de Cheylade. C'est un torrent extrêmement impétueux et saccadé, semé de gouffres et de cascades dont la plus célèbre, le saut de la Saule, a 15 mètres de hauteur. Il est encaissé entre deux murailles de rochers à pic qui lui laissent une largeur moyenne de 15 mètres avec une pente très forte, puisqu'en 25 kilomètres la Rhue descend de 405 mètres. Cependant, dans le cours inférieur, l'aspect change : la largeur du lit augmente (30 mètres en moyenne et 105 mètres en hautes eaux) ; la pente diminue : la rivière ne descend plus que de 46 mètres dans ses 4 derniers kilomètres.

La Sumène change plusieurs fois d'allure dans ses 45 kilomètres de cours. Sa pente est d'abord assez douce, elle traverse une région de plateaux, de pâturages, où elle sert à l'irrigation ; puis tout d'un coup elle entre dans une gorge très resserrée, où elle coule avec une pente considérable qui la fait descendre de 840 mètres en 37 kilomètres ; dans ce trajet, ses érosions à travers le trachyte et le volcanique ancien sont énormes. Après le confluent du ruisseau de Neuvialle, sa vallée s'élargit jusqu'au village d'Ydes, où elle forme une belle plaine et où sa pente devient très faible. Enfin, depuis Ydes jusqu'à la Dordogne, la rivière s'encaisse de nouveau ; en basses eaux, la largeur de la Sumène n'est que de 8 mètres en moyenne, elle ne dépasse jamais 15 mètres : c'est le type de la rivière torrentielle.

L'Auze descend d'abord de 311 mètres en 16 kilomètres, en formant de belles cascades, dont la plus connue est la cascade de Salins, de 30 mètres de hauteur verticale. Puis, jusqu'au confluent de la Sionne, la vallée s'élargit légèrement et la pente faiblit (112 mètres de descente en 15 kilomètres). A la fin, les berges se rapprochent, et jusqu'à son arrivée dans la Dordogne, l'Auze coule entre des parois abruptes avec une pente rapide (268 mètres de descente pour 13 kilomètres).

La Maronne et l'Aspre, tels sont les noms des deux torrents qui constituent la Maronne. Ils n'ont pas l'un et l'autre le même aspect. La Maronne, ou rivière de Saint-Paul, descend du puy Violent, et traverse des étages successifs de plateaux où sa pente est relativement faible. L'Aspre, ou rivière de Fontanges, a au contraire une allure très rapide, et sa vallée est une des plus sauvages du Cantal : elle descend de 530 mètres en 13 kilomètres. Le confluent des deux torrents a lieu dans un cirque assez évasé où se déposent les alluvions. Puis, à partir de Saint-Martin-Valmeroux, commence une gorge profonde et sinueuse, au fond de laquelle la rivière coule entre des berges à pic. La pente redevient forte, la Maronne descend de 370 mètres en 50 kilomètres environ. Sa largeur finale est de 30 mètres en basses eaux et de 100 mètres en hautes eaux.

La Cère et la Jordane. « Parmi tous ces profonds sillons,
» dit Lecoq, p. 270, qui dirigent leurs eaux dans la Dor-
» dogne, il n'en est pas de plus intéressant ni de plus pitto-
» resque que la vallée de la Cère. Il n'existe rien en Auvergne
» de plus beau, ni de plus admirable que cette vallée : ses af-
» fluents qui dans le haut du val coulent sous la sombre ver-
» dure des sapins, ses sources pures comme la fraîcheur de
» ses prairies, ses rochers suspendus, les ruines des vieux
» manoirs, rien de plus varié et de plus digne de captiver
» l'attention. Partout la Cère s'écoule rapidement, tantôt sous

» de vieux arbres, tantôt resserrée entre des précipices, mo-
» dérant ou accélérant sa vitesse, selon les inégalités du sol,
» ou s'élançant en belles cascades. » Elle est due à la fois à
des sources pérennes et au ruissellement direct. Elle descend
de près de 650 mètres en 15 kilomètres, formant des défilés
célèbres, le Pas-de-Compaing, le Pas-de-la-Cère, « sites
» les plus curieux, les plus effroyables, les plus horri-
» blement beaux qui soient au monde » (1). Arrivée à
Vic, la Cère entre dans une vallée assez large où sa pente
devient très faible jusqu'à Arpajon. Là, elle reçoit la Jordane, descendue de la vallée de Mandailles, qu'aucune autre
n'égale pour la splendeur des paysages et la majesté de certains lieux : « le saut de la Menette n'est pas seulement
» affreux, il est morne; il fait plus qu'effrayer le regard, il
» serre le cœur » (2). Au delà du confluent de la Jordane,
la vallée de la Cère se rétrécit de nouveau, et, à partir
de La Roquebrou, elle coule dans une entaille du terrain
primitif, si étroite qu'il n'y a pas assez de place pour la
rivière et le chemin de fer. La pente est redevenue très forte.

La Truyère et le Goul. La Truyère, affluent du Lot, reçoit
des flancs sud du massif cantalien un grand nombre de torrents. Le Goul, par exemple, s'est creusé un lit très profond
entre des parois abruptes, où les crues sont inoffensives
parce que les eaux ne peuvent s'échapper hors de l'étroit
couloir qui les étreint. La pente de ce torrent est rapide, il
descend de 950 mètres en moins de 50 kilomètres. Sa largeur moyenne est de 14 mètres.

Les cours d'eau de l'Auvergne dans leurs rapports avec le régime des pluies

La question essentielle de l'hydrographie de l'Auvergne est
celle du *débit* de ses cours d'eau. Il n'y a pas deux rivières

---

(1) Cf. Durif, « Dictionnaire du Cantal, » t. II, p. 369.
(2) « Dictionnaire statistique et historique du Cantal, » t. II, p. 371.

qui aient exactement le même débit : de là un moyen de les comparer entre elles et de les classer par ordre d'importance. Mais, pour qu'un tel classement ait toute la valeur scientifique désirable, il faut faire entrer en ligne de compte *la superficie des terrains arrosés*. En effet le phénomène de la circulation des eaux douces peut atteindre son maximum d'intensité dans des régions où les bassins fluviaux sont peu étendus. C'est justement ce qui a lieu sur notre globe : ce maximum est atteint par les cours d'eaux de la Malaisie, de Java, Sumatra, Bornéo, etc. (1).

Si l'on ne veut pas faire d'étude comparée, si l'on se borne à l'hydrographie d'un pays déterminé comme l'Auvergne, les points à résoudre sont : *le débit moyen des rivières*, et surtout *le rapport de l'étiage aux grandes crues*. Cette étude est intimement liée à celle du régime des pluies, et on comprendrait mal le tempérament des rivières de l'Auvergne, si l'on ne se reportait souvent à ce que nous avons dit au chapitre du climat.

BASSIN DE LA DORDOGNE

Le fait saillant est celui-ci : le versant occidental de l'Auvergne étant soumis à la plus forte précipitation pluviale, il est naturel que la circulation fluviale y soit le plus abondante. S'il n'y a sur ce versant aucune rivière comparable même à l'Allier, cela tient aux conditions du relief du sol, qui ne s'est pas prêté au creusement d'un thalweg allongé ; mais, nous l'avons dit plus haut, ce n'est pas par des considérations de ce genre qu'il faut juger de l'importance du phénomène hydrographique. L'Allier, d'ailleurs, ne se forme pas en Auvergne ; il y entre déjà constitué : nous aurons à voir de combien diffèrent son débit à l'entrée et son débit à la sortie du pays : encore la différence devra-t-elle être, pour une bonne part, mise sur le compte de ses affluents.

Dans le bassin de la Dordogne, à défaut de grande vallée

---

(1) Cf. Marcel Dubois, *L'hydrographie des eaux douces.* « Annales de géographie, » avril 1893, janvier 1894.

fluviale, il y a un très grand nombre de réseaux secondaires. Tous les cours d'eau y ont, nous avons vu pourquoi, une allure torrentielle ; aussi leur débit est-il très irrégulier. Ils sont soumis aux conditions communes à tous les cours d'eau de montagnes. Au printemps, lors de la fonte des neiges sur les sommets et des premières pluies tièdes de l'année, ils grossissent sensiblement : c'est l'époque ordinaire de leurs plus fortes crues. En été, ils sont encore sujets à des hausses subites dues aux pluies d'orage de la saison : ces hausses sont généralement de très courte durée ; par un effet contraire, si la sécheresse se prolonge plus que de coutume pendant les chaleurs, comme leur débit n'est pas soutenu par un nombre suffisant de sources, alors ont lieu les plus basses eaux, alors le 0 de l'étiage est atteint : il est vrai que ce phénomène, pas plus que le précédent, ne dure d'habitude longtemps. L'automne et l'hiver ont un débit moyen moins soumis à changement.

Le tableau suivant indique, pour les principales rivières du bassin de la Dordogne, le débit moyen, l'étiage, et le volume des grandes crues, le tout en rapport avec la superficie des terrains égouttés :

	Superficie	Étiage	Débit moyen	Grandes eaux
Gde Raue	2200 km²	1mc 340 par seconde	10mc 200	323mc
		1mc 980	19mc 796	475mc
		2mc 200 (1)	21mc 935	526mc
Rapport de l'étiage aux grandes eaux : 275				
Sumène	785 km²	0mc 600	6mc	172mc
		1mc	10mc 800	236mc
Rapport : 236				
Maronne	1100 km²	0mc 200	2mc 700	38mc
		0mc 600	11mc	266mc
		2mc	20mc	389mc
Rapport : 195				
Cère	1275 km²	0mc 800	8mc	191mc
		2mc 800	20mc	498mc
Rapport : 250				

(1) Ces trois nombres correspondent à des points différents du parcours : cours supérieur, cours moyen, le troisième étant au confluent.

	Superficie	Étiage	Débit moyen	Grandes eaux
Truyère (1) 1957^{km²}		3^{mc}	30^{mc}	760^{mc}
	5^{mc} 500	55^{mc}	1350^{mc}

Rapport : 270

Ce tableau dispense de commentaires. Il montre quel contre-coup immédiat les pluies ont sur le régime de tous ces cours d'eau torrentiels, surtout les pluies de printemps qui accompagnent la fonte des neiges et qu'amène le vent chaud du sud-ouest ou du sud, vent qui active encore le dégel. Alors les crues sont formidables : de simples ruisseaux qui, en eaux moyennes, débitent 10^{mc} par seconde, comme la Sumène, en roulent tout à coup 236^{mc} ; des rivières qui ont un débit moyen de 20^{mc}, comme la Grande Rhue, la Maronne et la Cère, voient leur volume s'élever brusquement à 526^{mc}, à 389^{mc}, à 498^{mc} ; enfin la Truyère qui en temps normal écoule 55^{mc} atteint 1350^{mc} ! Dans le même tableau figurent aussi les nombres élevés qui représentent le rapport entre l'étiage et le maximum de crue de chacun de ces cours d'eau : **275** pour la Grande-Rhue, **236** pour la Sumène, **195** pour la Maronne, **250** pour la Cère, **270** pour la Truyère. Or, pour la Seine (d'après Poirée), le même rapport est représenté par le nombre **29,40**, et pour la Somme (d'après Mary) par le chiffre **4**. Ces valeurs sont en quelque sorte les coefficients de régularité du régime des rivières ; elles correspondent d'ailleurs sensiblement à ceux d'imperméabilité des terrains qui constituent leurs bassins, et à ceux de l'allure des pentes du relief dans ces mêmes bassins.

En somme, les rivières du Cantal rentrent toutes dans la catégorie des cours d'eau à régime très irrégulier. On peut penser à ce qu'un tel régime et de si énormes crues auraient de terrible pour les riverains, si la profondeur des thalwegs combinée avec la hauteur des berges n'empêchait les inondations, ou du moins ne les atténuait en très grande partie. Il

---

(1) D'après les registres de l'Ingénieur des Ponts et chaussées d'Aurillac. Ces chiffres sont un peu anciens (1880) ; nous n'avons pas pu étudier une crue bien déterminée, avec des maxima exactement relevés pour cette crue.

n'y a que dans les rares endroits où les vallées cantaliennes s'élargissent, où l'encaissement des rivières cesse pour faire place à quelque plaine, que les nappes d'eau débordent au loin sur les deux rives ; exemples : la Rhue à Condat, la Sumène à Ydes, le Mars au Falgoux et à Saint-Vincent, la Maronne dans la plaine de Fontanges jusqu'à Saint-Martin-Valmeroux, et la Cère de Vic à Arpajon. Le mal qu'elles font en détruisant les plantations est compensé par les dépôts de particules terreuses et de substances minérales qu'elles laissent derrière elles, et qui servent à fertiliser le sol.

BASSIN DE L'ALLIER

Le bassin de l'Allier étant soumis à une précipitation pluviale qui varie suivant les années et suivant les saisons de l'année, il en résulte que la quantité d'eau circulant à sa surface est essentiellement variable. En admettant (calculs de Monestier, p. 58-61) que la tranche moyenne d'eau de pluie tombée par an sur le bassin soit de 0^{m}852, que deviendra le volume énorme d'eau représenté par cette tranche ? Une partie sera absorbée par l'évaporation et par l'infiltration dans le sol. Monestier l'évalue à environ 30 %, soit 26 % pour l'évaporation, et 4 % pour l'infiltration. Ce dernier coefficient n'est pas aussi faible dans la réalité; mais il ne faut pas oublier que presque toute l'eau infiltrée se retrouve au moyen des sources à un moment quelconque dans la quantité d'eau qui circule et s'écoule.

Le tableau suivant indique, pour l'Allier et ses principaux affluents torrentiels d'Auvergne, le débit moyen, l'étiage, et le volume des grandes crues, le tout en rapport avec la superficie des terrains égouttés :

	Superficie	Étiage	Débit moyen	Grandes crues
ALLIER	6811	3^{mc} par seconde de Langeac à Brassac 12^{mc} de Brassac à Ris 17^{mc} après le confluent de la Dore	169^{mc} (calcul de Monestier)	4000^{mc} à Ris (crue de mai 1856)

Rapport de l'étiage aux grandes crues : **235**

	Superficie	Étiage	Débit moyen	Grandes crues
ALAGNON	1030^{km} 58	2^{mc} 500 à Lempdes	41^{mc} 22)	551^{mc} (crue de mai 1856)
		Rapport : 275		
DORE	1687^{km} 73	2^{mc} 750 à Ambert 5^{mc} au confluent	67^{mc}	777^{mc} (crue de mai 1856)
		Rapport : 155		

Ce tableau donne lieu aux mêmes réflexions que le précédent : le bassin de l'Allier en Auvergne ne renferme guère que des cours d'eau au régime très irrégulier (1) ; le rapport entre les débits d'étiage et de grande crue est sensiblement représenté par les mêmes nombres que pour les rivières du bassin de la Dordogne : **235** pour l'Allier, **275** pour l'Alagnon, **155** pour la Dore.

De ce côté comme de l'autre, les variations du débit accompagnent chaque saison de l'année. En temps de sécheresse, pendant les mois de juillet, août, même septembre, il n'est pas rare de voir l'Allier complètement à sec dans certaines parties de son cours : le 0 de l'étiage est atteint. Il est vrai que le phénomène dure à peine quelques jours consécutifs. A d'autres endroits, l'Allier conserve aux époques de plus basses eaux une profondeur de 0^{m}10 à 0^{m}20 centimètres. En eaux moyennes, son niveau s'élève à environ 0^{m}80 au-dessus des eaux basses, quel que soit d'ailleurs le niveau de ces dernières : c'est l'allure habituelle des mois de l'automne et de l'hiver. Les grandes crues surviennent d'ordinaire au printemps, et ont les mêmes causes que celles des cours d'eau de la Dordogne : fonte de neiges due à des pluies tièdes et à un vent chaud du sud-ouest ou du sud. Alors le niveau de l'Allier monte à de très grandes hauteurs au-dessus de l'étiage ; les hauteurs maxima enregistrées par le service des Ponts et Chaussées, depuis une centaine d'années, sont :

9^{m}60 à La Voûte-Chillac, en 1856 (crue du 31 mai), — (d'après Monestier, p. 84).

---

(1) Nous mettons à part la Morge et la Sioule.

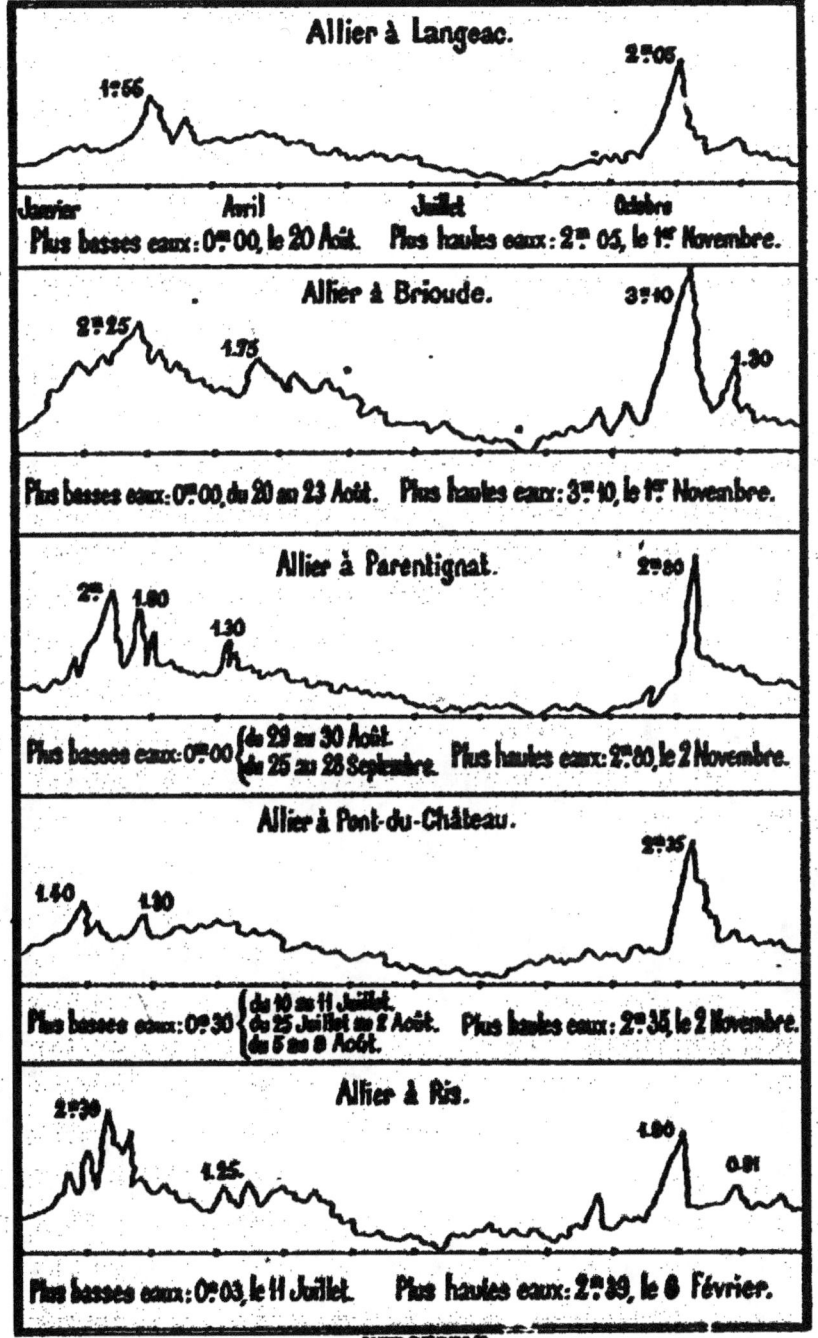

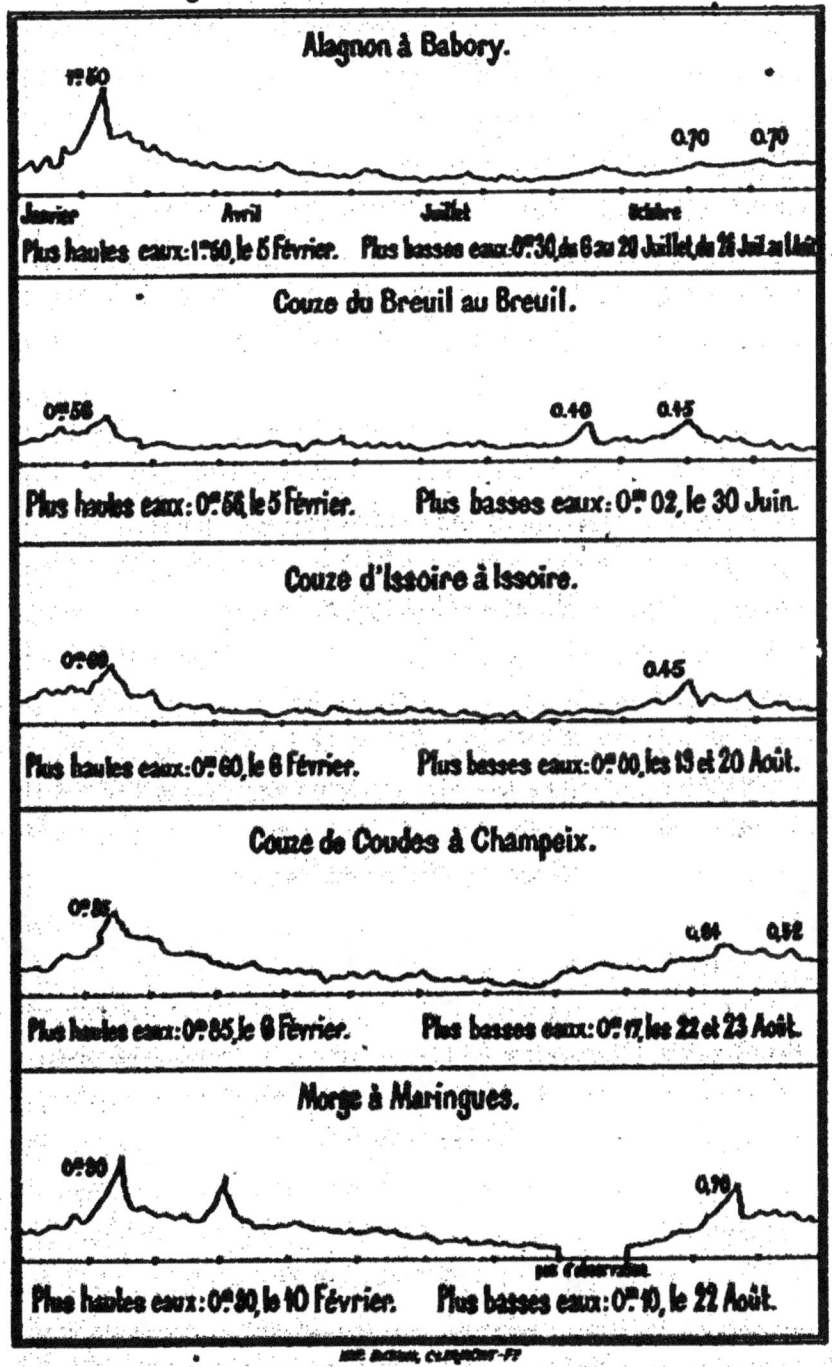

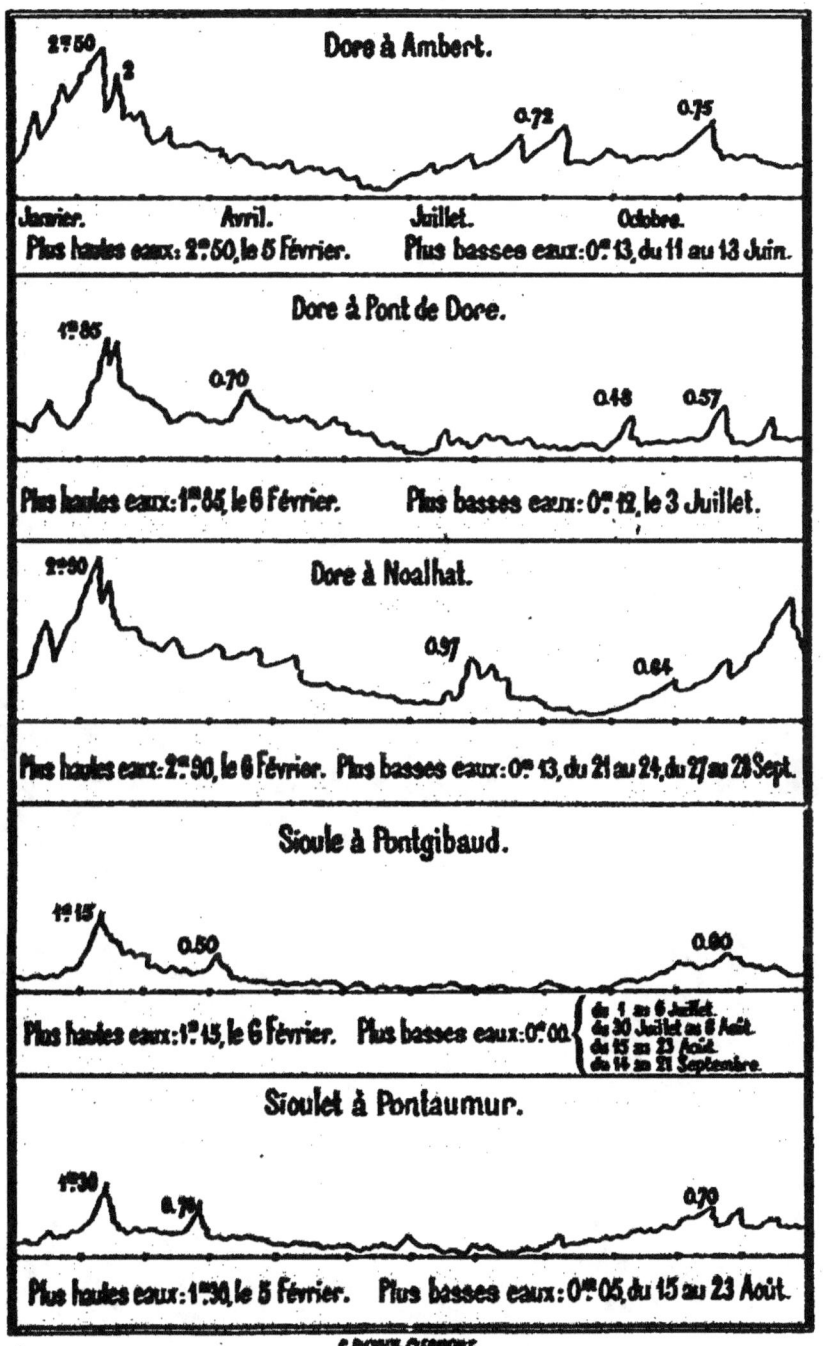

9ᵐ à Vieille-Brioude, en 1866 (d'après le rapport du Conseil général de la Haute-Loire, 1892).

8ᵐ50 à Coudes, en 1790 (d'après Monestier, p. 75).

7ᵐ55 à Coudes, en 1846 (d'après Monestier, p. 84).

6ᵐ70 à Coudes, en 1856 (d'après Monestier, p. 84).

5ᵐ55 à Pont-du-Château, en 1790 (d'après le rapport du Conseil général du Puy-de-Dôme, 1892).

Voici d'ailleurs les variations du niveau de l'Allier et de quelques-uns de ses affluents tous les jours d'une année ordinaire ou normale, c'est-à-dire où ne se produisirent ni sécheresse ni grandes pluies, l'année 1892 (1). (Planches V, VI et VII).

Même dans des années ordinaires, comme l'année 1892, les conséquences du changement perpétuel de niveau des rivières sont importantes. En Auvergne, pays de rivières à régime très irrégulier, les phénomènes de l'érosion, du transport et du dépôt des alluvions acquièrent une intensité redoutable. La plus grande partie des graviers et des sables granitiques ou basaltiques que l'on trouve aujourd'hui dans la plaine de la Limagne proviennent des granites et des basaltes démantelés dans le cours supérieur de l'Allier et de ses affluents (2). Des matériaux ainsi entraînés tous les jours, les plus gros, les blocs, se déposent les premiers, dès que la vitesse du courant n'est plus suffisante pour les transporter (3) ; ceux de dimension inférieure, les cailloux et les graviers, vont plus loin et ont le même sort ; les sables sont

---

(1) D'après les relevés du service des Ponts et Chaussées du Puy-de-Dôme.

(2) On ne se doute pas du poids des matières que les eaux peuvent charrier en temps de crue. Ce poids est égal aux quatre cinquièmes de leur propre poids, soit un cube de 0ᵐ53 par mètre cube d'eau, en supposant la densité de la vase égale à 1,50.

(3) D'ailleurs, les blocs les plus volumineux sont eux-mêmes réduits assez vite, par le frottement, à l'état de graviers, puis de sables. M. Fayol (*Etude sur le terrain houiller de Commentry*, 1886) a constaté que sur les cours d'eau à pente rapide de l'Auvergne, un parcours de cinq à six kilomètres suffisait pour réduire de 0ᵐ20 à 0ᵐ02 le diamètre de tous les blocs de gneiss et de micaschiste. Un parcours double amène ces mêmes matériaux à l'état de grains fins et de limon. Pour les granites, il faut deux fois plus de chemin.

entraînés plus en aval encore, ils encombrent le lit de l'Allier jusqu'à son confluent dans la Loire, où forment des sortes de plages incultes qui bordent la rivière le long des basses berges. Enfin le dernier résidu du phénomène érosif, le limon, a une destinée différente suivant les cas ; en temps normal, il accompagne l'eau courante jusqu'à la fin de sa course, descend de l'Allier dans la Loire, et de la Loire dans la mer ; en temps de crue, il s'épand avec l'eau débordante sur les terres riveraines et y constitue des dépôts fertilisateurs. En résumé, destruction dans les régions élevées, transport sur les fortes pentes, dépôts dans les vallées, telles sont les conséquences à la fois funestes et bienfaisantes de l'inégalité torrentielle des cours d'eau de l'Auvergne.

*

Si le bien et le mal se compensent dans une certaine mesure pendant une année ordinaire, il n'en est pas de même dans les années de très grandes crues : cette fois, le mal l'emporte, et de beaucoup.

Or l'Allier est sujet à des crues terribles qui, chose curieuse, semblent revenir tous les dix ans. Dans les quatre-vingts dernières années écoulées, les crues les plus célèbres sont celles de 1835, 1846, 1856, 1866, 1875 (depuis 1875, il n'y a plus eu que des crues sans caractère exceptionnel).

De toutes ces grandes crues, celle qui intéresse le plus directement l'Auvergne, *car elle s'est produite spécialement dans la partie du bassin de l'Allier située en Auvergne*, est celle du 31 mai 1856. Grâce aux études de Monestier sur cette crue, nous pouvons la décrire avec quelque détail.

Monestier en donne l'explication suivante : « Des pluies
» froides avaient eu lieu pendant plusieurs jours en Au-
» vergne, dans la vallée de l'Allier, principalement entre
» La Voûte-Chillac et Ris, avaient gonflé les sources,
» saturé la terre, et grossi les cours d'eau ; le vent, qui
» était nord-ouest, tourna au sud sans que les pluies cessas-
» sent ; de l'élévation de la température résulta une évapora-

» tion recrudescente dans l'air, une « sueur de la terre », si
» l'on peut s'exprimer ainsi ; la pluie, en tombant, s'aug-
» menta des produits de l'évaporation, elle se répandit avec
» un écoulement énorme sur le sol, sans que l'absorption
» et l'infiltration s'opérassent normalement ; ses filets in-
» tenses et continus s'accumulèrent dans les vallées avec
» une promptitude et une abondance extrêmes. »

Si nous traçons le profil en long de l'Allier, depuis La Voûte-Chillac jusqu'au pont de Ris, en indiquant aux points principaux du parcours les diverses cotes de la crue au-dessus de l'étiage, nous constatons que les hauteurs de niveau augmentent là où le thalweg est étroit et la vallée resserrée, qu'au contraire elles diminuent quand le lit est plus large et que l'inondation peut s'étendre aisément dans la plaine.

Le débit maximum de cette crue aurait été, d'après Monestier : à Langeac de 1600^{mc} ; — à Brassac de 2280^{mc} ; — à Parentignat de 2974^{mc} ; — à Coudes de 3000^{mc} ; — à Pont-du-Château de 3244^{mc} ; — à Ris de 4000^{mc}.

Mais ces chiffres sont d'une approximation très incertaine, parce qu'on n'était pas en mesure de faire les observations d'une manière scientifique.

La durée de croissance de la crue a été de cinq jours, celle de décroissance de dix jours environ : au total quinze jours.

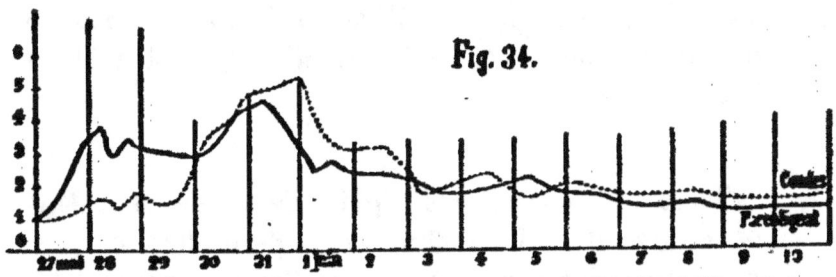

Croissance et décroissance de la crue à Parentignat et à Coudes (d'après Monestier).

Le maximum de la crue s'est déplacé d'amont en aval, à mesure que le tribut des affluents de droite et de gauche arrivait dans l'Allier. Le tableau suivant permet d'en suivre la marche, aussi bien dans l'Allier que dans ses principaux affluents :

Allier à Langeac	maximum	le 30 mai à 8 heures du soir.
Allier à Vieille-Brioude	—	le 30 mai à 11 h. et demie du soir.
Allier au confl. Alagnon	—	le 31 mai à 2 heures du matin.
Alagnon	—	le 29 mai à 10 heures du soir.
Allier à Parentignat	—	le 31 mai à 4 heures du matin.
Eaumère	—	le 30 mai à 2 heures du soir.
Allier à Coudes	—	le 30 mai à minuit.
Couze de Coudes	—	le 30 mai à 6 heures du soir.
Allier au pont de Ris	—	le 31 mai à 4 heures du soir.
Dore	—	le 30 mai à 10 heures du soir.

Le maximum de crue a donc mis vingt heures environ pour parcourir une distance d'à peu près 155 kilomètres, ce qui fait une vitesse d'environ deux mètres par seconde. Sa marche d'amont en aval n'a pas été parfaitement régulière ; il s'est produit plus tôt à Coudes qu'à Parentignat ; cela est dû à l'action des affluents. On voit enfin que le maximum des affluents précède toujours le maximum de la rivière maîtresse ; ce qui est heureux : car la coïncidence exacte de tous les maxima rendrait la crue à la fois plus énorme et plus longue, c'est-à-dire plus désastreuse, tandis que, dans les circonstances actuelles, le grand maximum est relativement atténué, ou tout au moins l'étale de la crue du cours d'eau principal est rendue très courte, puisqu'aucun maximum secondaire n'intervient plus pour la soutenir après coup. Ainsi l'étale de la crue de 1856 n'a pas duré plus de deux heures à Parentignat, ni plus de quatre heures à Pont-du-Château.

*

Toute cette étude sur le régime de l'Allier, soit dans une année normale, soit dans une année de grande crue, montre qu'en Auvergne toutes les rivières d'un même réseau hydrographique sont bien les membres d'un même corps. Elles vivent de la même vie et semblent animées du même souffle. Tout au plus peut-on dire que leur respiration est légèrement inégale. Les mêmes causes intervenant pour les impressionner de la même manière, les plus petites sont le plus rapidement frappées, et évoluent plus vite que les grandes. Voilà pourquoi l'Alagnon et la Dore, par exemple, écoulent leurs crues un peu avant celles de l'Allier; à son tour, l'Allier, quand il est impressionné en même temps que la Loire, transporte son maximum de crue au bec d'Allier à peu près en même temps que le fleuve, les deux cours d'eau étant sensiblement de même importance. On a constaté, à maintes reprises, la correspondance de leurs crues : en 1825, 1835, 1846, 1856, 1866, etc. Mais le phénomène est encore plus imposant, plus terrible dans la Loire que dans l'Allier.

En résumé, l'eau tombée des nuages sous forme de pluie, et coulant à la surface de l'Auvergne, est comme toute force naturelle en ce monde : livrée à elle-même, elle risquerait, par suite de ses caractères, de détruire plus qu'elle ne peut édifier; mais il appartient à l'homme, nous le verrons plus loin, de la discipliner, de la corriger dans ce qu'elle a de fâcheux, et de tirer merveilleusement parti de ce qu'elle a de bienfaisant.

CHAPITRE VII

Les lacs d'Auvergne

Outre l'eau de pluie qui s'infiltre dans le sol, outre celle qui ruisselle à sa surface, il s'en trouve une certaine quantité qui, par suite de circonstances géologiques spéciales et d'un relief particulier, forme des amas plus ou moins étendus, qu'on nomme *lacs* ou *marais*.

Les lacs sont d'origine et de caractère très divers ; mais, au point de vue qui nous occupe ici, c'est-à-dire de la circulation des eaux pluviales, ils se groupent en deux catégories : d'une part, ceux qui sont traversés par des rivières, qui ont des tributaires et des déversoirs ; d'autre part, ceux qui sont ou semblent être sans issue. On voit tout de suite que ces deux espèces de lacs n'ont entre eux rien de commun.

Les premiers sont alimentés à la fois par l'eau de pluie, et par un courant fluvial plus ou moins fort ; ils font partie de la vallée fluviale qu'ils accompagnent ; ce sont de simples accidents du régime des cours d'eau, dus soit au barrage de la vallée par une ancienne moraine glaciaire, soit à l'éboulement d'une montagne voisine, soit tout simplement à une dépression du sol, soit enfin, ce qui est plus rare, à un phénomène d'affouillement. Mais, dans tous les cas, leurs caractères sont les mêmes. Ainsi, étant donné qu'une certaine pente, si faible soit-elle, existe à leur surface, ils ont, comme les rivières, un écoulement régulier de l'amont vers l'aval, et leur contenu finit par se renouveler peu à peu ; de plus, ils sont sujets à des changements de niveau, produits par les crues de leurs tributaires ; ils traversent, comme les rivières, des périodes de hausse et des périodes de baisse ; enfin, ils exécutent, quoique dans des proportions différentes, un travail analogue à celui des eaux courantes, je veux dire qu'ils exercent une action érosive sur l'obstacle naturel qui les contient et agrandissent ainsi le couloir de sortie de leur émissaire, tandis qu'il se dépose à l'autre extrémité, là où leur tributaire débouche, un delta d'alluvions qui s'accroît insensiblement. Résultat : ces lacs diminuent progressivement d'étendue, se vident, et à la fin disparaissent tout à fait. Ils sont ainsi, à leur manière, des instruments de circulation des eaux pluviales ; ils représentent une phase du creusement des vallées et de l'établissement du lit des rivières (1). Ils sont unis si intimement au sort des eaux courantes qu'ils tendent sans cesse à se transformer eux-mêmes en eaux courantes, et que leur destinée ultime est de réaliser complètement cette transformation.

Les lacs de la seconde catégorie ont une autre origine, et des caractères tout à fait différents des premiers. Ils sont dus à des dislocations locales de l'écorce terrestre, ou à des phénomènes souvent très difficiles à déterminer. Ils sont alimentés uniquement, ou presque, par l'eau de pluie, n'ont de rapport avec aucune vallée fluviale, et sont plus vraiment lacs que les précédents. Leur contenu se renouvelle très lentement, par le seul fait de l'évaporation. On ne remarque pas de changement notable dans leur niveau ; ils conservent invariablement la même superficie, et ne semblent pas destinés à se vider jamais. En un mot, ils ne jouent aucun rôle dans la circulation des eaux douces ; ils existent indépendamment des rivières, et forment un chapitre à part dans l'hydrographie d'une région. C'est à d'autres points de vue que leur étude est intéressante, et qu'il convient de s'en occuper.

---

(1) Tels, les anciens lacs géologiques qui accompagnaient le cours de l'Allier, de ses affluents et de la plupart des rivières de l'Auvergne, lacs aujourd'hui desséchés et disparus.

Les principaux lacs de l'Auvergne ont un mode de répartition singulier. Au lieu d'être disséminés au hasard, ils se groupent assez régulièrement dans le voisinage du pic de Sancy, au sud, à l'est et au nord. Le centre de la région lacustre serait assez exactement la ville de Besse, l'ancienne *capitale des montagnes*, comme elle s'intitule encore fièrement. Les lacs sont rangés autour de Besse en forme d'éventail d'un rayon assez court, dont la convexité serait tournée à l'ouest, et la concavité à l'est (1). Ils sont de deux espèces : les *lacs de barrages* et les *lacs de cratères*. Les premiers rentrent jusqu'à un certain point dans la catégorie des lacs qui ont un rôle dans la circulation des eaux douces ; mais les seconds, qui sont d'ailleurs les plus remarquables, appartiennent nettement à l'autre catégorie.

L'origine des lacs de barrages est aisée à donner. Ils ont été formés par l'interposition d'une coulée de laves, qui a barré la vallée d'un cours d'eau, qui s'est durcie en se refroidissant, et qui a déterminé en amont l'établissement d'une nappe lacustre. On les appelle aussi *lacs de cheires*. Ils sont au nombre de trois : le lac d'Aydat, le lac Chambon, et le lac de Guéry.

Les lacs de cratères ou *cratères-lacs* ont une origine plus compliquée, parfois assez difficile à indiquer (2). Ils n'occupent pas, malgré leur nom, l'emplacement d'un cratère; ils sont situés tout auprès, et tout fait présumer que leur formation est contemporaine d'une éruption volcanique. Qu'on imagine, dans le voisinage de la cheminée centrale du volcan, une cheminée secondaire, qui a amené les gaz à la surface et déterminé une explosion ; l'explosion a creusé un gouffre, et c'est dans ce gouffre que le lac s'est amassé. Exemples :

---

(1) Cf. Berthoule, *Les lacs d'Auvergne*.
(2) Nous reconnaissons volontiers que les tentatives d'explications données dans le cours de ce chapitre sont de simples hypothèses, et non des démonstrations catégoriques.

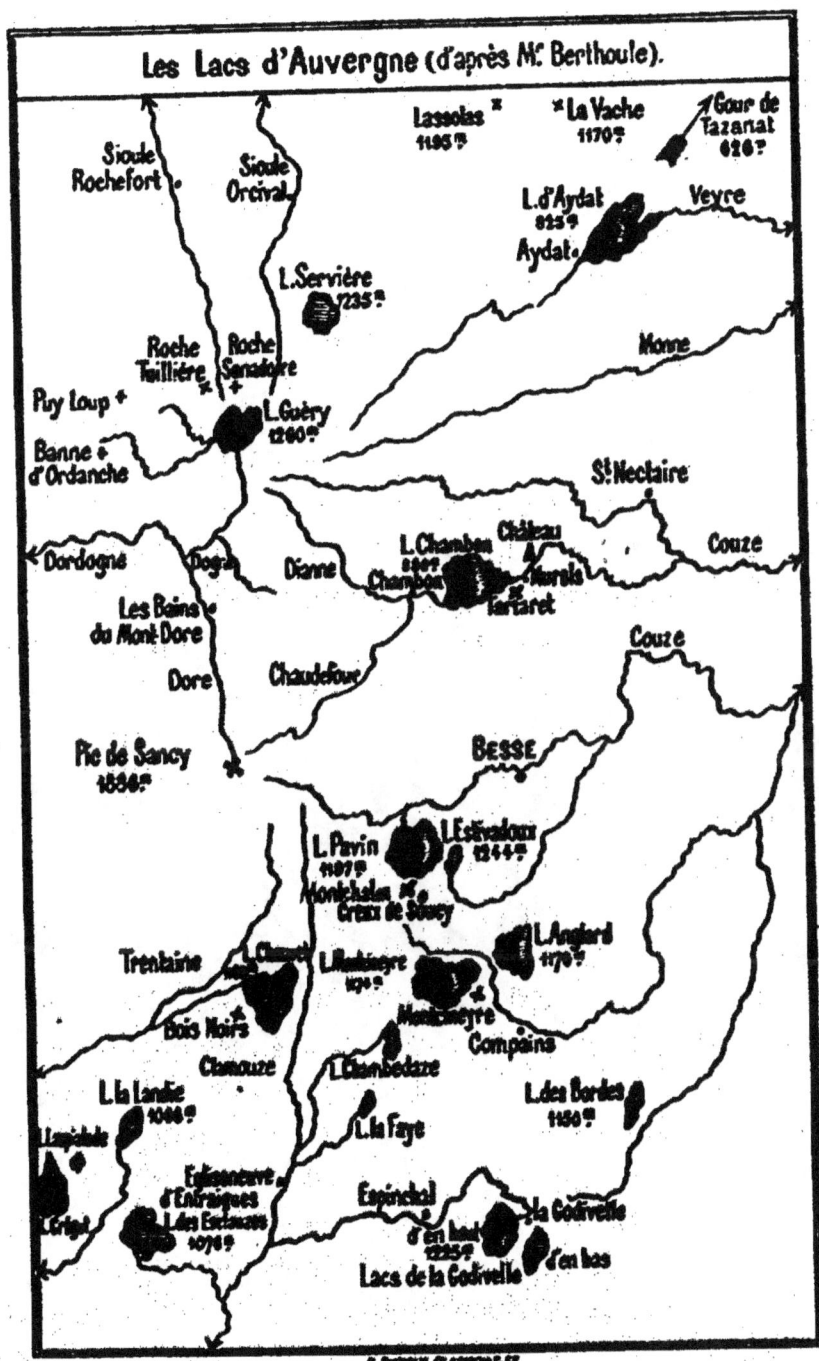

le Gour de Tazanat, le lac Servières, le lac Pavin, le lac de Montcineyre, le lac Chauvet, et le lac supérieur de La Godivelle.

Toutes ces nappes d'eau de l'une et l'autre sorte, également belles à voir et également curieuses à étudier, s'expliquent en somme par la géologie spéciale de l'Auvergne, c'est-à-dire d'un pays de volcans éteints. On n'en trouve pas d'analogues dans le reste de la France.

LACS DE BARRAGES

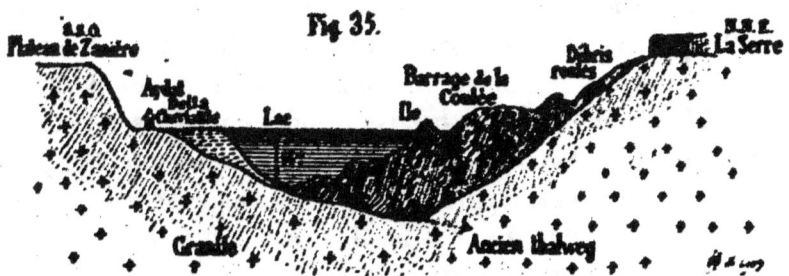

Coupe du lac d'Aydat, du sud-sud-ouest au nord-nord-est

Le type des lacs de barrages est le lac d'Aydat, situé à 825 mètres d'altitude, et d'une superficie de 60 hectares. Par ses contours capricieux, par ses anses profondes, ses îlots, sa ceinture d'arbres, de prairies et de rochers, ce lac est fait pour charmer la vue. L'œil s'y repose agréablement du spectacle qu'offre l'aspect chaotique des blocs de laves éparpillés alentour. Il y a là un contraste qui fit choisir cet endroit par Sidoine Apollinaire, évêque de Clermont au Vᵉ siècle, pour y construire sa villa d'Avitacum (1). Aujourd'hui, c'est un des lieux d'excursion les plus fréquentés des touristes en Auvergne.

Voici l'explication de son origine :

---

(1) Du nom de l'empereur *Avitus*, son beau-père, sous lequel il avait exercé, avant de se vouer à l'état ecclésiastique, une des premières magistratures de Rome. *Avitacum* a donné la forme *Aydat*.

La Veyre, un torrent affluent de la rive gauche de l'Allier, coulait jadis sur un sol de granite, dans la direction sud-ouest nord-est, quand une coulée de laves, issue du puy de La Vache et du puy Noir, a barré sa vallée. En se refroidissant, cette coulée a formé un obstacle qui a retenu en amont les eaux de la rivière. Comme la coulée est descendue ensuite dans l'ancien thalweg du torrent, le peu d'eau qui sort du lac a dû se frayer sa vallée à côté de l'ancienne.

Le lac d'Aydat se comble peu à peu. Les eaux de la Veyre, à l'allure très torrentielle, entraînent avec elles un grand nombre de matériaux qui se déposent à leur entrée dans le lac, et créent un delta fluviatile aujourd'hui déjà considérable ; la vase alluviale recouvre une bonne partie du sous-sol granitique, et empiète même sur les scories immergées. Aussi la profondeur du lac d'Aydat diminue-t-elle sans cesse : elle est actuellement de 14 mètres, au maximum. On peut donc prévoir l'époque où le lac sera complètement comblé et rendu à la culture, comme l'ancien lac de La Cassière, situé tout près de là.

En sortant du lac d'Aydat, la Veyre se reforme au moyen de sources provenant de dérivations souterraines du lac (1), et par un faible émissaire sorti de la pointe orientale de la nappe lacustre. Ainsi reconstituée, la Veyre va s'unir près de Saint-Saturnin à la Monne, pour aboutir finalement à l'Allier.

Le lac Chambon (880 mètres d'altitude) est situé à la rencontre de deux étroites vallées issues du Sancy : la vallée de Chaudefour, une des plus pittoresques de toute l'Auvergne, et celle de Dianne. Les deux torrents qui se rejoignent en cet endroit, au village de Chambon, se sont trouvés brusquement arrêtés, à quelque distance de là, dans leur descente, par la coulée de laves du Tartaret. Leurs eaux se sont alors répandues en une vaste nappe de plus de 60 hec-

(1) Sources de Pontéix, de Saint-Amant, de Tallende.

tares de superficie, qui forme le centre d'un amphithéâtre splendide. Partout, sur ses bords, les prairies alternent avec les bois de hêtres et de sapins. Si l'on regarde à l'ouest, on entrevoit, dans le lointain, les sommets neigeux des monts Dore; du côté opposé, s'ouvre plus largement la vallée de Champeix, bordée d'une part par le cratère du Tartaret, de l'autre par les ruines imposantes du château féodal de Murols.

Le lac Chambon est, de tous les lacs d'Auvergne, celui qui qui a le plus l'allure fluviale; sa surface est parsemée d'un grand nombre de petits îlots de verdure; la pente souterraine est douce et uniforme jusqu'au milieu du lac; le fond est rarement rocheux: la vase y couvre de grands espaces; l'apport incessant des matières entraînées par les deux torrents de Chaudefour et de Dianne exhausse rapidement le niveau du lit; depuis le début de la période historique, sa profondeur a grandement diminué, elle n'est plus aujourd'hui que de 5^m50 au maximum. Même il est question de le dessécher tout à fait, ce qui ne serait, affirment les personnes compétentes, ni long ni coûteux. Mais le lac desséché ne remplirait plus le rôle si bienfaisant qu'il joue de *régulateur* des torrents qu'il reçoit. A plusieurs reprises déjà, il a soustrait, en emmagasinant le trop-plein de leurs crues, les zones riveraines à de formidables inondations (1).

Son déversoir, la Couze de Champeix, passe par-dessus l'obstacle de la coulée lavique, qui est du reste, en cet endroit, à une faible hauteur; et, après 30 kilomètres de cours, va finalement aboutir à l'Allier.

*

Le lac de Guéry est, par l'étendue, bien inférieur aux deux précédents: il ne couvre que 22 hectares. Mais il est, de toute l'Auvergne, le plus haut situé, à 1260 mètres d'altitude; et, par la beauté grandiose des montagnes qui l'enve-

---

(1) En temps de grande crue, son niveau s'est élevé de 1^m46 au-dessus du niveau ordinaire. Cf. Berthoule, *Les lacs d'Auvergne*, p. 92.

loppent de toutes parts, il constitue un des principaux attraits de toute la région entre le puy de Dôme et le pic de Sancy.

Sa situation élevée et le manque d'abris font qu'il est recouvert de glaces pendant six mois de l'année, de novembre à mai. Il est alimenté par plusieurs torrents, entre autres le ruisseau des Mortes, qui viennent de la Banne d'Ordanche, du puy Loup et de l'Aiguiller de Guéry. Et il se déverse par le ruisseau de Guéry ou ruisseau d'Enfer, tributaire de la Dogne qui, par son confluent avec la Dore, forme la Dordogne. Le fond du lac est tapissé d'herbes ou de mousse, ailleurs de graviers : la vase y occupe moins d'espace qu'au lac Chambon. Sa profondeur moyenne est de 6 mètres, avec des fonds maxima de 23 mètres.

En somme, par certains de ses caractères, le lac de Guéry est encore de ceux qui se rapprochent de la nature fluviale, puisqu'il a des tributaires et un déversoir. Mais déjà son origine est plus enveloppée de mystère. Pour certains savants, il pourrait bien appartenir à une formation volcanique, et servir ainsi de transition entre les lacs de barrages et les cratères-lacs d'Auvergne.

Le lac du Creux de Soucy

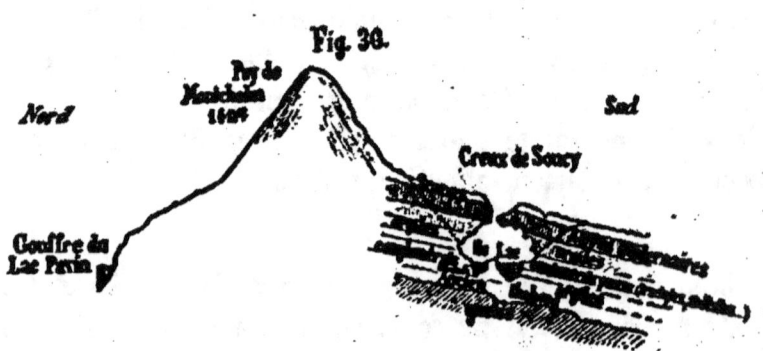

Coupe du Creux de Soucy, du nord au sud.

On doit une mention particulière, dans ce chapitre, à un lac dont l'aspect est unique, même en Auvergne : le lac du Creux de Soucy.

« C'est une nappe d'eau (1), d'étendue fort restreinte, il
» est vrai, mais dans une situation bien spéciale. Elle repose
» dans une vaste caverne, creusée à la face inférieure de la
» coulée du puy de Montchalm, à 21m50 au-dessous de l'ori-
» fice d'entrée qui est placé lui-même à l'extrémité d'un
» entonnoir de 11m50 de profondeur. »

A quelle cause attribuer la formation de cette nappe, qui n'a d'ailleurs ni tributaire ni déversoir visibles ?... On ne peut évidemment apporter ici que des hypothèses. En voici une, déduite de l'observation attentive des roches qui constituent les parois du Creux. Ce lac serait, si l'on ne craint pas la hardiesse de l'expression, un *lac d'érosion*. Voici comment :

Sous la couche de laves superficielle, issue du puy de Montchalm, s'étendent des couches d'argile, entre lesquelles est une couche de conglomérats poreux de trachytes, andésites et autres roches. Or on peut supposer que, par des fissures de la lave, l'eau s'est infiltrée jusqu'aux argiles, les a lavées peu à peu, et s'est échappée ensuite par les interstices du conglomérat, produisant ainsi un vide qui ne pouvait que s'agrandir avec le temps. L'érosion continuant sans cesse son œuvre, la roche du sommet finit par perdre son appui, et par tomber dans l'excavation ; elle se délite, se résout en particules assez ténues pour être entraînées, au moins partiellement, avec l'eau elle-même. Un jour viendra où toute la voûte s'écroulera, donnant naissance à un gouffre profond. Si, à ce moment, la couche de conglomérats est barrée par des dépôts imperméables, il arrivera que la nappe d'eau montera dans l'excavation à une faible distance de la surface du sol, ce qui lui donnera le caractère très précis d'un lac, d'un lac analogue à ce qu'est aujourd'hui le Pavin. « Le lac du Creux de Soucy méritera alors l'appellation de cratère-lac,

---

(1) Cf. Paul Gautier, *Observations géologiques sur le Creux de Soucy*. « Comptes rendus de l'Académie des sciences, » 22 novembre 1892. — Paul Gautier et Bruyant, *Observations scientifiques sur le Creux de Soucy*. « Revue d'Auvergne, » 1893. — Bruyant, *Bibliographie raisonnée de la faune et de la flore limnologiques de l'Auvergne*, 1894.

et, pourtant, il ne devra nullement son origine à une explosion volcanique. »

De l'étude de ce lac, nous tirerons pour nous-même cette conclusion : qu'il faut être très réservé dans l'explication de l'origine des lacs d'Auvergne, en particulier des cratères-lacs.

CRATÈRES-LACS

Gour de Tazanat

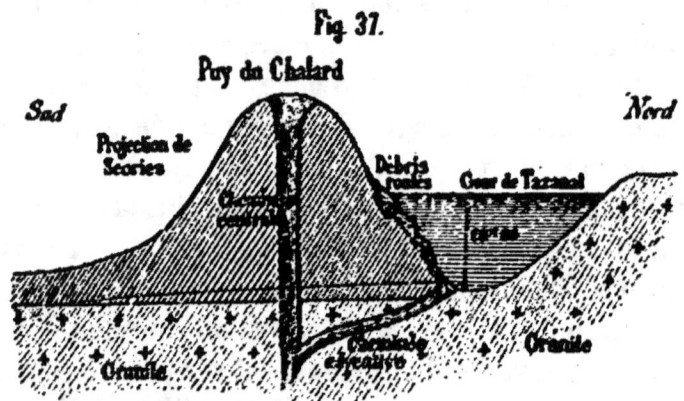

Coupe du Gour de Tazanat, du sud au nord.

Voici l'explication de son origine.

Lors de la période d'activité du volcan de Chalard, pendant que la cheminée centrale vomissait des projections de scories, lapilli, etc., qui en recouvrent aujourd'hui les flancs, il a dû se former une cheminée adventive sous la pression des gaz venus des profondeurs du sol. La masse granitique a été traversée ; en arrivant à la surface, les gaz ont fait explosion, écartelé les roches, et un gouffre a été creusé, où l'eau s'est accumulée pour former le gour actuel.

Ses bords sont escarpés, couverts de forêts, et parfois tellement à pic qu'on ne peut s'y tenir debout. Çà et là, les crêtes du pourtour atteignent 60 mètres au-dessus du niveau des eaux ; la profondeur maximum du gour est de

66=60. Outre l'eau de pluie, le gour est alimenté par quelques sources nées dans les scories et les pouzzolanes des environs ; en revanche, il a un émissaire insignifiant, qui sort d'une entaille très étroite située dans la partie ouest et qui aboutit à la Morge.

Ce qui le caractérise encore, c'est qu'il est le seul en dehors de la région lacustre de l'Auvergne. Il est tout à fait au nord de la chaîne des puys, et au pied du dernier des volcans à cratères, le puy de Chalard. Son altitude est relativement faible, 625 mètres, ce qui explique qu'il ne gèle jamais, et que ses eaux sont particulièrement chaudes. Ce détail a son importance : nous en verrons l'effet en parlant de la faune.

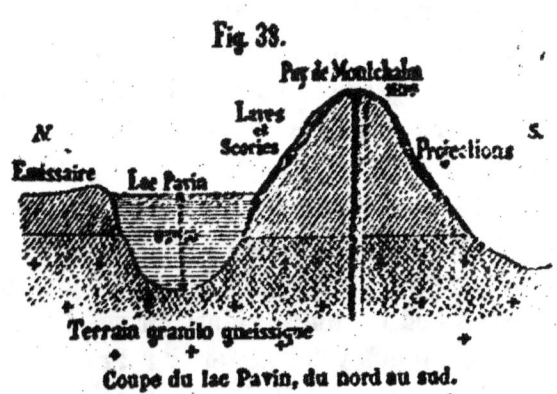

Fig. 38.

Coupe du lac Pavin, du nord au sud.

Le plus beau, le plus intéressant de tous les lacs d'Auvergne, est le lac Pavin. Il est situé dans le canton de Besse, à 4 kilomètres au-dessus de cette petite ville, à 1197 mètres d'altitude. Sa surface est de 42 hectares ; sa profondeur maximum est de 92=10.

Quelle est l'origine du Pavin ? Les géologues ne sont pas d'accord sur ce point. Les uns (1) pensent que c'est un *cratère-lac*, que la profonde cuvette occupée par ce lac a été produite par une explosion contemporaine des éruptions du

(1) Cf. Lecoq, *L'eau sur le Plateau central de France*. — Vimont. « Revue d'Auvergne, » 1889.

volcan voisin de Montchalm. Ils en donnent comme raison, d'abord, que le lac est creusé, par-dessous le terrain volcanique superficiel, dans le substratum granito-gneissique qu'il pénètre d'environ 60 mètres ; puis, qu'il n'existe sur le pourtour du lac aucun barrage de lave pouvant former une retenue pour les eaux : il s'y rencontre seulement deux nappes de basalte ancien qui ne proviennent pas du volcan moderne de Montchalm, mais qui sont la continuation du basalte des plateaux voisins ; de même, l'escarpement basaltique situé à l'est est un dyke vertical qu'on ne peut considérer comme un barrage. Ils invoquent aussi la forme à peu près complètement circulaire du Pavin, et la rapidité de sa pente souterraine. Tous les lacs de barrages en Auvergne, disent-ils, ont des bords en pente douce, et les inflexions des rivages sont déterminées par les mouvements de terrains du voisinage. Au contraire, Pavin est creusé brusquement, comme à l'emporte-pièce, et les pentes de sa cuvette n'ont aucun rapport avec le relief adjacent.

D'autres (1) sont d'avis que le Pavin est un lac de barrage ; que la lave issue du volcan de Montchalm a barré une tête de vallée, et que les eaux pluviales, retenues en amont, ont empli peu à peu l'entonnoir ainsi formé. La preuve, dit M. Julien, c'est que les 92 mètres du Pavin sont creusés dans le terrain erratique ou tuf très ponceux qui surmonte le soubassement granito-gneissique, et que le déversoir du lac est constamment creusé, lui aussi, dans le terrain erratique.

Ce qui est caractéristique, au Pavin, c'est que le terrain

---

(1) Cf. Julien, *Les glaciers*, 1869. — Dr Morin. « Revue d'Auvergne, » 1888.
Faut-il citer enfin une autre théorie (opinion de M. Paul Gautier, inédite), d'après laquelle le lac Pavin serait quelque chose comme un immense Creux de Soucy arrivé au terme de son évolution ? Ce serait, dans ce cas, un *lac d'érosion*.
Avant d'accepter définitivement l'une quelconque de ces théories, il faudrait être complètement fixé sur la nature géologique des roches qui constituent les parois du lac, et cela sur tout son pourtour. Tant que cela ne sera pas, l'origine du Pavin restera un mystère.

s'élève de toutes parts autour du lac, et que de partout il faut monter pour apercevoir la surface de l'eau (1). C'est un lac placé au sommet d'une montagne, laquelle est encore dominée par une autre. Les pentes extérieures du Pavin plongent dans le lac d'une façon si abrupte, qu'à peine une étroite corniche permet d'en faire le tour. Encore cette corniche est-elle, par endroits, recouverte de morceaux de laves et de fragments de rochers tombés des bords supérieurs. D'un côté, la pelouse, entrecoupée de blocs épars, descend jusqu'au niveau de l'eau; de l'autre, des bois disposés en amphithéâtre forment un rideau de verdure qui contribue beaucoup à la beauté du paysage.

« Rien de plus variable, dit Lecoq, que la physionomie des
» eaux de ce lac. Tantôt un vent léger y forme des rides, et
» des ondes multipliées paraissent tout à coup, réfléchissant
» la lumière du soleil sous des angles divers, et produisant
» des taches irrégulières, sans cesse renouvelées, et dont on
» ne peut saisir les contours; tantôt c'est un miroir étendu,
» sur lequel naissent çà et là des frémissements qui semblent
» s'élever de la profondeur. Le bleu du ciel et la verdure des
» arbres, la teinte sombre des rochers réfléchis par les eaux
» et modifiée par leur surface mobile, forment un tableau
» ravissant qu'un silence absolu rend encore plus majes-
» tueux. » — « Parfois, enfin, le vent chasse l'eau dans des
» directions diverses, pousse les vagues l'une contre l'autre,
» et de leur choc naissent de véritables tourbillons et une
» poussière blanche qui montent en tournant et donnent
» naissance à des sortes de fumées courant obliquement à
» la surface de l'eau avant de s'élever et de disparaître. »
— « En hiver, le lac est couvert d'une épaisse couche de
» glace, où de vastes fissures s'étendent presque d'un bord à
» l'autre, et divisent sa surface en grands parallélogram-
» mes. Plus près du déversoir, de larges fragments de

---

(1) Cf. Lecoq et Berthoule, *passim*.

» glace brisée flottent sur l'eau pure qui semble noire par
» contraste » (1).

Autrefois les gens du pays redoutaient le Pavin et ses colères. Ils disaient que c'était un trou sans fond. Ils n'osaient pas s'y aventurer en bateau. Aujourd'hui toutes ces légendes ont disparu. On a mesuré sa profondeur. Chevalier, en 1770, avait trouvé 228 pieds. Lecoq, en 1847, trouva un fond plat de 95 mètres. M. Delebecque, en 1892, a trouvé une profondeur maximum de 92m10. La déclivité est si rapide que les fonds de 50 mètres sont très voisins du bord, et qu'on atteint assez vite 85 et 90 mètres.

Le lac est alimenté par des sources souterraines, et par plusieurs autres sources jaillissant sous les laves et les scories du pourtour, entre autres par une source abondante, qu'on croyait jadis dériver du Creux de Soucy, mais qui, en réalité, n'en vient pas. En face, vers le nord, du seul côté où le sol s'abaisse, une étroite échancrure du terrain, percée dans un tuf ponceux blanchâtre, laisse échapper le trop-plein des eaux qui s'en va dans la Couze de Besse.

Le lac Servière (1235 mètres d'altitude) est une pièce d'eau de 12 hectares, parfaitement arrondie, située près du petit village de Servière, à 8 ou 10 kilomètres au nord-est du lac de Guéry. Suivant toute vraisemblance, c'est un lac d'explosion. Il est placé entre deux montagnes basaltiques toutes couvertes de scories, lesquelles ne sont peut-être que les deux bords inégaux d'une cavité profonde dont Servière occupe aujourd'hui le fond : la montagne du sud, le puy de Compéret, est la plus haute. Le pourtour du lac est boisé ; ses bords sont plats et monotones d'aspect ; l'eau y semble peu profonde ; mais à partir d'une faible distance le sol s'affaisse, et les fonds de 20 mètres et davantage commencent aussitôt ; la profondeur maximum est de 26 mètres.

(1) Lecoq, *l. c., passim.*

Le lac est alimenté par des sources souterraines, et par de petits suintements du terrain environnant. Il n'a qu'un déversoir insignifiant, par une étroite échancrure située à l'est; ce déversoir constitue l'origine d'une des Sioules qui descendent de cette région. On a lieu de croire également que ses eaux donnent naissance, souterrainement, à une autre Sioule, la Sioule de Saint-Bonnet.

Le lac de Montcineyre (1174 mètres) est situé dans une des régions de l'Auvergne « où la conflagration volcanique
» paraît avoir eu la plus vive intensité. De place en place, la
» pelouse qui couvre le sol de son tapis de verdure est trouée
» par des pointes de roches scoriacées; les tranchées creusées
» par les chemins laissent voir dans leurs talus des bancs de
» pouzzolane rouge ou noire qui semble à peine refroidie;
» une large coulée de laves s'est répandue à plusieurs lieues
» au loin, recouvrant, sur une épaisseur de trente mètres, le
» terrain primitif. Sur plusieurs centaines d'hectares, le sol
» est boursouflé par des cônes de cendres dissimulées sous
» une épaisse bruyère, et tous ces monticules, de forme régulière, d'importance à peu près égale, donnent à ces lieux
» sauvages un aspect étrange » (1).

Il n'est pas aisé de déterminer l'origine de ce lac. Pour les uns (2), c'est le résultat d'une explosion qui aurait accompagné les éruptions du volcan voisin de Montcineyre, un des volcans les plus actifs de la série moderne. Pour d'autres (3), il doit rentrer dans la catégorie des lacs de barrages : une coulée de laves, issue du volcan de Montcineyre, a barré la partie supérieure de la vallée de Compains, et a retenu en amont les eaux fluviales.

Quoi qu'il en soit, ce lac, d'une superficie de 38 hec-

---

(1) Cf. Berthoule, *Les lacs d'Auvergne*, p. 27.
(2) Lecoq, Berthoule.
(3) Julien, Vimont.

tares environ, est complètement enveloppé de scories, de lapilli, de pouzzolanes; sa profondeur moyenne est de 10 à 15 mètres; il n'a pas de déversoir apparent; il s'épanche souterrainement par un certain nombre de fissures, et ses eaux vont alimenter les sources de la vallée de Compains. Au milieu de la cuvette qu'il forme, existe une espèce de chaussée qui sépare le lac en deux nappes, « comme un bourrelet entre les deux lèvres du gouffre de l'explosion ».

Le lac Chauvet (1166 mètres d'altitude) est probablement un lac d'explosion. Il s'étend au sud des monts Dore, et est sans doute contemporain d'une éruption du volcan voisin des Bois-Noirs. Ici la poussée des gaz s'est produite au sommet même du plateau, et non plus sur le flanc d'une pente montueuse; l'effort a dû être moins violent, et l'explosion, moins formidable, n'a pas causé dans le sol d'aussi violentes déchirures. Aujourd'hui les alentours du lac n'offrent plus de traces de ruines et de désolation; la végétation forestière a enfoui les cendres sous un humus bienfaisant, et à la place des vieux arbres déracinés s'est étendue une fine pelouse d'herbe tendre, livrée, pendant la bonne saison, à la pâture et au parcours de nombreux troupeaux (1).

Les bords du lac sont arrondis, couverts de graviers ou de cailloux roulés; la profondeur est d'abord très faible, puis brusquement s'accentue, et atteint de 60 à 65 mètres. La majeure partie de la nappe liquide repose ainsi sur un plateau profondément immergé.

Le lac est alimenté par de nombreuses sources venues de la région voisine. Il a un déversoir apparent dont les eaux se rendent dans la Trentaine, affluent de la Rhue, tributaire elle-même de la Dordogne. En raison de son altitude, ce lac est soumis à des températures rigoureuses, et gèle tous les

---

(1) Cf. Lecoq et Berthoule.

ans, parfois pendant les trois mois d'hiver et jusqu'au milieu du printemps. On l'a vu gelé au milieu du mois de mai.

*

Le lac supérieur de la Godivelle (1235 mètres) présente des analogies de forme absolument frappantes avec le Pavin, tout en ayant des caractères plus marqués encore, s'il est possible. Il est dominé par une montagne semblable au Montchalm, un ancien volcan quaternaire, et tout fait présumer que son origine est due à une explosion contemporaine des éruptions de cette montagne. Comme le Pavin, ses bords sont inclinés, et un bourrelet de scories l'entoure.

« A la Godivelle, dit M. Vimont, tout démontre qu'on
» est en présence d'un cratère éruptif, et l'identité dans les
» dispositions essentielles de cette cuvette et de la cuvette du
» lac Pavin ne permet pas d'attribuer l'une à une cause dif-
» férente de celle qui a donné naissance à l'autre. »

La profondeur de ce lac n'a jamais été très exactement reconnue. Elle est, sur certains points, supérieure à 60 mètres. Les habitants prétendent même que ce gouffre est sans fond ; ils en avaient jadis une terreur superstitieuse, et ne se seraient pas volontiers hasardés sur ses eaux, qu'on disait creusées par de violents tourbillons.

Comme il est situé très haut, sur un plateau sans abri, il gèle tous les hivers ; au mois de mars 1889, la couche de glace y atteignait 0^{m}42 d'épaisseur (1).

En apparence, il est exclusivement alimenté par les eaux pluviales qui ruissellent sur les parois de l'amphithéâtre qui l'environne, et par la fonte des neiges de ce même amphithéâtre. Son déversoir, ouvert dans une coupure naturelle de la montagne, entre les scories et les pouzzolanes, est insignifiant, à sec durant la majeure partie de l'année : il n'a d'eau qu'après les fortes pluies, et cette eau va se perdre dans le torrent de la Clamouze.

(1) Cf. Berthoule, *Les lacs d'Auvergne.*

Il faut ajouter aux lacs que nous venons d'étudier sous les dénominations de lacs de barrages et de cratères-lacs (sans d'ailleurs avoir eu la prétention de connaître toujours leur véritable origine ni le mode de leur formation), un certain nombre de nappes lacustres, reposant pour la plupart dans des dépressions basaltiques, au sud des monts Dore. Elles dépendent soit de la vallée de la Couze d'Issoire (lacs d'Estivadoux, d'Anglars ou de Bourdouze, des Bordes), soit de la vallée de la Rhue de Condat et de son affluent la Clamouze (lacs de Chambedaze, de la Faye, lac inférieur de la Godivelle, lacs des Esclauzes, de la Landie et de la Crégut).

Quelques géologues pensent que beaucoup de ces lacs ont une origine morainique, sans que le fait soit d'ailleurs prouvé. En tous cas, leur profondeur est insignifiante, leur fond vaseux. En particulier, ceux de la vallée de la Couze d'Issoire méritent à peine le nom de lacs : le plus profond, celui d'Anglars, a des fonds maxima de 3 mètres. Ce qui les caractérise surtout, c'est l'existence d'îlots flottants à leur surface, et la présence de grandes plantes marécageuses sur leurs bords (1). Par exemple, au lac de Chambedaze, situé sur la rive gauche de la Clamouze, et creusé dans le basalte, ces plantes forment des masses aux contours onduleux, à peine adhérentes au terrain environnant, et sous lesquelles s'étend la nappe d'eau. Il ne reste à découvert que le milieu du bassin. « On doit sonder avec le plus grand soin
» les beaux coussins de mousse qui croissent sur ses bords,
» avant d'y poser le pied, et, si l'on est distrait, il arrive que
» l'on sent le sol fléchir, l'eau vous mouiller les pieds, puis
» les jambes; et l'on glisserait finalement dans le lac, si l'on
» ne se hâtait de s'élancer sur un terrain plus solide, c'est-à-
» dire plus épais et plus rapproché de la terre ferme (2). »

---

(1) On exploite de la tourbe autour de certains d'entre eux.
(2) Cf. Lecoq, *L'eau sur le Plateau central de France*, p. 332.

Le lac de la Faye, à quelques kilomètres au sud du précédent, et tributaire lui aussi de la Clamouze, a dû être jadis plus étendu. Aujourd'hui la digue qui barrait ses eaux ayant été rompue, il est presque entièrement vidé.

Le lac inférieur de la Godivelle, à quelques centaines de pas au-dessous du cratère-lac du même nom, couvre une surface de 15 hectares, et est plutôt un grand marais qu'un lac. La tourbe qu'on en extrait est le seul combustible en usage dans le village de la Godivelle, bâti sur ses bords.

Les derniers lacs qui méritent une mention entourent Egliseneuve-d'*Entraigues*, localité dont le nom, à lui seul, est significatif. Non seulement plusieurs torrents, appartenant tous au bassin de la Rhue, mais encore plusieurs nappes lacustres font de ce coin de l'Auvergne un pays extrêmement arrosé : « Ce sont de toutes parts, entrecoupés de bois et de
» bouquets de grands hêtres, sur un sol accidenté, de verts
» pâturages à l'herbe fine, peuplés de nombreux troupeaux,
» dont les clochettes d'airain tintent joyeusement auprès de
» l'eau qui gazouille (1). »

La superficie de ces lacs est d'environ 30 à 40 hectares, mais leur profondeur est assez faible (2).

Le premier, le lac des Esclauzes, est sans doute le résultat d'une dépression basaltique. Il est parsemé d'îles formées de racines enlacées et la plupart fixées par ces mêmes racines dans le sous-sol tourbeux du lac. L'une de ces îles est toujours flottante, et M. Berthoule dit « qu'elle se meut au gré
» des vents, qui exercent leur poussée sur les buissons dont
» elle est recouverte, comme sur la voilure basse de quelque
» lourd chaland (3). »

Le second, le lac de la Landie, a lui aussi un fond de roches basaltiques; son bord septentrional se creuse assez vivement

---

(1) Cf. Berthoule, *l. c.*, p. 65.
(2) Les Esclauzes : 1 à 2 mètres de profondeur. — La Crégut : insondé. — Seul le lac de la Landie atteint 20 à 22 mètres aux endroits les plus profonds.
(3) Cf. Berthoule, *l. c.*, p. 65.

sous l'eau ; mais au sud, là où s'échappe son émissaire, la nappe a l'aspect d'un grand marécage. Le pourtour est tout entier boisé, ce qui en accroît le pittoresque.

Le troisième, le lac de la Crégut, est un des plus ignorés de l'Auvergne, et cependant, par sa beauté, il vaut d'être connu. Ses eaux sont merveilleusement limpides ; et le seul bruit d'une cascade, à l'endroit où son déversoir s'écoule vers la Rhue, rompt le silence émouvant de ces lieux.

MARAIS

Tout lac en voie de dessèchement passe par l'état de *marais* : le marais est une nappe d'eau stagnante peu profonde, aux bords tourbeux, au fond de vase. Le nombre en a dû être autrefois bien plus considérable qu'aujourd'hui, puisque tous les anciens lacs de l'Auvergne ont été des marais avant d'être complètement desséchés. En particulier, le long des vallées des cours d'eau, ils se comptaient par centaines. Aujourd'hui, il reste en Auvergne des marais de plateaux et des marais de plaines.

Les marais de plateaux se trouvent surtout dans la région des monts Dore, au voisinage des lacs déjà étudiés ; beaucoup de nappes d'eau, comme Chambedaze, la Faye, les Bordes, la Landie, la Spialade, sont autant des marais que des lacs : ce sont des surfaces tourbeuses que l'on rend progressivement à la culture. On peut en dire autant des marais du Livradois, dissimulés en grand nombre dans les creux du granite.

Les marais de plaines sont épars à travers la Limagne. Toute la Limagne, jusqu'à ces derniers temps, a même été un vaste marais ; la couche épaisse de terre qui fait sa fertilité actuelle n'est autre chose que la vase déposée sous les eaux, et chargée de matières organiques, abstraction faite des phosphates provenant des anciennes éruptions des volcans. Certains érudits ont cru que le mot *Limagne* avait la même

racine que *Léman*, et voulait dire *marais*. D'après eux, on trouverait des Limagnes un peu partout, là où se trouvent un sol plat et un terrain marécageux (1). Mais aujourd'hui, si la Limagne d'Auvergne a toujours son sol plat, on ne peut plus dire que son terrain soit marécageux. A la suite de travaux de dessèchement, que nous étudierons en parcourant l'œuvre de l'homme en Auvergne, le marais a presque partout disparu : à peine trouve-t-on encore quelques espaces où l'eau séjourne après de fortes pluies : à Aulnat, à Saint-Beauzire, dans les narses de Lempdes, de Surat, de Cœur, d'Ennezat, etc. Le nom de *Marais* est encore donné, comme souvenir, au pays de la rive gauche de l'Allier, dans la zone comprise entre Lempdes et Ennezat; mais il ne répond plus à aucune réalité. L'aspect de la Limagne actuelle réalise le vœu que formulait Henri IV dans son Edit de 1599, quand il disait qu'il voulait « voir en labours, prairies et pâturages, ces
» paludes et marais inondés, inutiles et de point de profit,
» qui tiennent beaucoup de pays déserts et inhabités, et in-
» commodent les habitants voisins, tant à cause de leurs
» mauvaises vapeurs et exhalaisons, que de ce qu'ils rendent
» ces passages fort difficiles et dangereux ».

(1) Cf. Marcellin Boudet, *Les premiers travaux de dessèchement du marais de Limagne.* « Revue d'Auvergne », sept.-oct. 1890.

CHAPITRE VIII

La flore et la faune naturelles de l'Auvergne

Il serait trop long, et en dehors de notre sujet, de traiter de la flore et de la faune fossiles de l'Auvergne. Nous nous bornerons à indiquer rapidement les principaux dépôts fossilifères, que les botanistes et les paléontologistes ont le plus étudiés, et qui, d'ailleurs, n'ont pas encore livré tous leurs secrets.

Sans remonter jusqu'à l'époque houillère, dont les gisements sont rares en Auvergne (Brassac, Saint-Eloi, Champagnac, Langeac) (1), signalons les dépôts de l'époque tertiaire, celui de Gergovie (période miocène), et surtout ceux bien plus importants de la période pliocène :

Dépôt de Varennes, près du lac Chambon ; — de Pérler, près d'Issoire ; — du Pas-de-la-Mougudo, près de Vic-sur-Cère ; — de Niac, près de la Roquebrou ; — de Saint-Vincent ; — de Joursac, près de Neussargues ; — d'Auxillac, près de Murat.

Les espèces végétales et animales (2) de ces temps lointains furent à peu près complètement anéanties pendant l'époque glaciaire, à l'aurore des temps actuels. A ce moment il se produisit des changements profonds dans les conditions cli-

---

(1) Cf. les études de MM. Grand'Eury, Saporta, Julien et abbé Boulay. Voir plus loin, au chapitre des *Industries extractives et de l'industrie de la houille en Auvergne*.

(2) C'est le temps où vivaient en Auvergne les mastodontes, les premiers éléphants, les tapirs, les nombreux troupeaux de gazelles et d'antilopes, le rhinocéros à larges narines, l'ours d'Auvergne (Ursus arvernensis), l'hyène, et un terrible carnassier, le *machairodus*. Quant à la liste des végétaux pliocènes d'Auvergne, elle est très longue. Voir l'appendice I.

matériques et dans le régime des eaux de l'Auvergne, et la flore et la faune du pays en ressentirent nécessairement le contre-coup. Beaucoup d'espèces, ne trouvant plus la somme de chaleur nécessaire à leur développement, émigrèrent vers des régions plus chaudes, tandis que des espèces venues du nord ou des pays de hautes montagnes s'établirent à leur place. Enfin, après la dernière période d'activité éruptive qui éleva les cratères de la chaîne des puys, l'Auvergne entra dans la phase actuelle de son évolution cosmogonique, et les conditions nouvelles qui y furent faites à la géologie, au climat, au relief et à l'hydrographie la mirent en état de recevoir la flore et la faune qu'elle a encore aujourd'hui.

Cette flore et cette faune ont pour caractères essentiels la *richesse* et la *variété*. Pour la flore, la richesse est attribuable à la situation géographique de l'Auvergne, à la complexité de ses terrains, à la diversité de ses altitudes, et aux nombreux cours d'eau qui descendent de ses montagnes dans les vallées et dans les plaines. Ainsi, d'après l'étude bibliographique récente d'un botaniste lyonnais, M. le Dr Saint-Lager, le nombre des espèces phanérogames de la flore française est de 5600. Or l'Auvergne comprend 1800 espèces, c'est-à-dire environ le tiers des plantes connues dans la France entière (1). Ce qu'il faut remarquer surtout, c'est que la flore locale auvergnate possède de nombreux représentants de toutes les principales régions de la flore française : les sommets élevés des monts Dore et du Cantal offrent des espèces de la région alpine (Alpes et Pyrénées); les coteaux de la Limagne et le sud du Cantal, un grand nombre d'espèces méridionales, de la région circumméditerranéenne;

(1) Parmi les départements les plus pauvres, l'auteur cite ceux de la Haute-Vienne et de la Creuse, avec 950 espèces ; du Pas-de-Calais, avec 1050. Les plus riches sont : les Alpes-Maritimes, 2400 espèces; le Gard, 2390; l'Hérault, 2030; l'Aveyron, 2040; le Puy-de-Dôme et le Cantal, 1800. A cette heure, le Puy-de-Dôme renferme une cinquantaine d'espèces de plus que le Cantal, mais cela provient de ce qu'il a été mieux exploré. Les botanistes herborisants sont persuadés que le Cantal est *pour le moins* aussi riche que le Puy-de-Dôme.

enfin le voisinage des sources minérales, une colonie bien établie de plantes maritimes. Cela a permis de dire avec raison que *la flore d'Auvergne est le résumé de la flore française*. On peut en dire autant de la faune naturelle. Sans doute, la faune alpine auvergnate est bien restreinte, si on la compare à celle des Alpes et des Pyrénées, mais elle n'en offre pas moins un bon nombre d'espèces caractéristiques de la région alpine. En outre, toute la partie nord de l'Auvergne appartient à la faune dite gallo-rhénane, et les pentes sud et ouest des monts Dore et du Cantal à la faune dite méditerranéenne. Or ces deux zones se partagent, avec la zone alpestre, la France tout entière. Si bien que, pour les mêmes raisons que nous avons exposées tout à l'heure, nature variée des terrains et diversité des conditions climatériques, *la faune auvergnate est une image en raccourci de la grande faune rhéno-méridionale.*

FLORE

Ses rapports avec le relief du sol et le climat

La végétation actuelle de l'Auvergne peut être divisée en trois régions, caractérisées par un ensemble d'espèces se reproduisant dans les limites respectives assignées à chacune d'elles, et ne s'en éloignant qu'accidentellement. Ces régions sont déterminées d'après l'altitude, en d'autres termes d'après le relief du sol du pays. On obtient ainsi une flore de la plaine, une flore des bois et des forêts, et une flore des montagnes. Sans doute la ligne de démarcation entre ces trois zones végétales n'est pas rigoureusement déterminée ; même un certain nombre de plantes sont indifférentes à l'altitude, et occupent indistinctement la région des plaines, celle des bois, et aussi (mais plus rarement) celle des montagnes ; toutefois ces plantes forment l'exception (1).

(1) Voir la liste de ces plantes à l'appendice II.

On range d'ordinaire dans la flore de la plaine toutes les espèces qui ne s'élèvent pas normalement au-dessus de 700 mètres (limite supérieure du châtaignier) (1). Dans le nombre, il y en a une soixantaine qui appartiennent franchement à la flore méditerranéenne: ce sont celles des coteaux ensoleillés de la Limagne, et surtout du sud du département du Cantal, des cantons de Maurs et de Montsalvy. Dans la flore des bois et des forêts, on range les espèces qui habitent entre 700 et 1400 mètres, jusqu'à la limite supérieure du hêtre (2). Enfin, les espèces qui caractérisent en Auvergne la flore des montagnes se développent entre 1400 et 1886 mètres, altitude du pic de Sancy; la liste en est moins longue que celle des deux autres zones (3), mais elle est également intéressante; elle renferme, en particulier, une demi-douzaine d'espèces de la flore arctique, dernier reste dans la région de la flore de l'époque glaciaire. Ce sont :

Saxifraga hieracifolia (Cantal); Gnaphalium norvegicum (monts Dore et Cantal); Salix lapponum (monts Dore et Cantal); Salix herbacea (monts Dore); Carex vaginata (monts Dore); Woodsia hyperborea (Cantal).

Il est curieux de noter ici, en passant, les analogies remarquables qui existent entre la flore des montagnes d'Auvergne et la flore des Vosges. La liste des espèces communes aux deux régions est très longue (4), ce qui semblerait indiquer que les populations végétales actuelles de l'une et de l'autre ont une origine commune: les Alpes, les Pyrénées, et les contrées boréales.

Mais l'observation la plus importante à faire, dans la présente étude, est l'influence de l'altitude sur les caractères spécifiques des végétaux. A une altitude différente correspondent une température différente, un éclairement plus ou

---

(1) La liste en est très longue. Voir l'appendice III.
(2) Voir cette liste à l'appendice IV.
(3) Voir cette liste à l'appendice V.
(4) Voir cette liste à l'appendice VI.

moins grand, et une différente de l'hygroscopicité de l'air. Il est vraisemblable a priori que les mêmes plantes, suivant qu'elles sont exposées à des conditions climatériques différentes, ont un développement différent. Elles gardent sans doute les caractères intrinsèques de l'espèce ; mais ces caractères sont modifiés plus ou moins profondément par le phénomène de l'adaptation au milieu. M. G. Bonnier a fait dans ce sens des cultures expérimentales dans les Alpes et les Pyrénées (1); il a cultivé à la fois en plaine et à de hautes altitudes les mêmes plantes, par exemple (2) : Helianthemum vulgare ; Bupleurum falcatum ; Alchemilla vulgaris ; Helianthus tuberosus.

Toutes les précautions ont été prises pour que les autres conditions de développement, sol, nature du sol, exposition, etc., fussent les mêmes. Eh bien, M. G. Bonnier a toujours constaté que la plante de la station supérieure est modifiée dans sa structure externe et même interne, au point que certaines d'entre elles (ex. : Helianthus tuberosus) sont devenues méconnaissables après un an seulement (3). Les caractères nouveaux, dus à l'adaptation, sont :

Le faible développement des parties aériennes : la plante est de petite taille, et rampe presque toujours sur la terre, sans s'élever. Mais ses feuilles deviennent plus épaisses, et prennent une teinte plus verte ; les fleurs sont plus grandes et d'une coloration plus vive.

Le développement très considérable des parties souterraines : les racines doivent en effet opérer un emmagasinement énorme de réserves nutritives pour les besoins du long hiver que la plante a à traverser (4).

---

(1) Cf. « Revue générale de botanique, » 1890, t. II, n° 24. — Cf. « Annales de géographie, » 15 juillet 1895.
(2) Une liste des espèces ainsi étudiées par M. G. Bonnier est donnée à l'appendice VII.
(3) Cf. « Annales de géographie, » 15 juillet 1895.
(4) Ces deux premières modifications ont pour cause la température plus basse.

Une évolution plus rapide : les bourgeons, abrités par la neige, restent stationnaires pendant six ou sept mois de l'année. A peine la neige est-elle fondue, que la plante se hâte de dérouler ses feuilles et d'épanouir ses fleurs, de profiter de l'été si court qui doit mûrir ses graines. Ainsi la nutrition de la plante est à la fois plus rapide et plus intense (1).

Enfin, *des espèces annuelles dans la plaine deviennent souvent vivaces aux hautes altitudes.*

Parmi les végétaux d'Auvergne, un assez grand nombre subissent, par suite de l'adaptation au milieu, des modifications telles que certains botanistes (2) considèrent comme des espèces nouvelles les variétés des espèces transportées de plaine en montagne. C'est ainsi que :

Thalictrum minus	devient la variété	Delarbrei
Ranunculus nemorosus	—	Lecokii
Brassica Cheiranthus	—	montana
Biscutella laevigata	—	arvernense
Polygala vulgaris	—	alpestris
Cerastium arvernense	—	strictum
Genista tinctoria	—	Delarbrei
Trifolium pratense	—	nivale
Trifolium repens	—	arvernense
Lotus corniculatus	—	alpestris
Lathyrus pratensis	—	montanus
Potentilla verna	—	fagineicola
Scleranthus annuus	—	uncinatus
Solidago Virga-aurea	—	monticola
Leucanthemum vulgare	—	Delarbrei
Achillea Millefolium	—	sudetica
Serratula tinctoria	—	monticola
Carlina vulgaris	—	orophila
Picris hieracioides	—	monticola

(1) Cette troisième modification est due à la lumière plus forte.
(2) Les botanistes de *l'école multiplicatrice.*

Myosotis silvatica devient la variété	alpestris
Thymus Chamaedrys —	montanus
Galeopsis Tetrahit —	Reichenbachii
Brunella grandiflora —	pyrenaica
Luzula multiflora —	sudetica
Aira flexuosa —	montana
Kaeleria cristata —	vestita
Poa nemoralis —	alpina
Festuca ovina —	montis-aurea, etc. (1).

Le phénomène inverse a lieu, mais plus rarement; certaines espèces des hautes altitudes s'acclimatent dans la plaine. Ainsi, en Auvergne : Arabis alpina a été trouvé à Aurillac; Cochlearia pyrenaica, dans la vallée de Rentières, près d'Ardes-sur-Couze; Pirola secunda, dans le bois de Gravenoire, près de Royat; Petasites albus, sur trois ou quatre points de la vallée de Royat; Festuca spadicea, sur les rochers d'Enval, près de Riom. Cette graminée s'y présente sous la variété *fallax*, forme beaucoup plus élancée que le type de nos hautes montagnes (2).

Il se passe, à ce propos, un fait assez singulier : ces plantes, habituées dans la montagne à un éclairement plus grand, s'étiolent dans les jardins de la plaine; et d'autre part, ayant un tissu plus lâche et plus humide que celui des végétaux des basses altitudes, elles sont, une fois transportées en plaine, plus sensibles au froid que les autres. Pour les conserver, il est nécessaire ou de les couvrir, ou de les mettre en serre tempérée, en un mot de leur procurer l'abri que leurs sœurs des montagnes trouvent naturellement sous l'épaisse couche de neige qui les protège de novembre à avril,

(1) Cependant un certain nombre d'espèces auvergnates peuvent s'élever de la plaine à la montagne sans subir de modifications notables. Telles sont : Trollius europæus ; Lunaria rediviva ; Impatiens Noli-tangere ; Circaea lutetiana ; Saxifraga hypnoides ; Silene inflata ; Sanguisorba officinalis ; Taraxacum dens-leonis ; Thymus Serpyllum ; Chenopodium Bonus-Henricus ; Dactylis glomerata ; Polypodium vulgare.

(2) Phénomène inverse de celui que nous avons constaté tout à l'heure.

en agissant comme un vêtement qui s'oppose à la pénétration du froid (1).

Rapports de la flore avec la géologie

Tout ce qui précède constitue les rapports de la flore avec le relief du sol et avec le climat du pays. Peut-on également lui trouver des rapports avec la nature des terrains, c'est-à-dire avec la géologie? Ou mieux, la constitution chimique du sol influe-t-elle sur la dispersion des espèces?

Le sol est généralement formé de calcaire ou de silice, ou parfois des deux réunis. Il peut renfermer aussi des principes salins, notamment du chlorure de sodium, dont l'action sur les plantes est des plus remarquables. Il y aura donc en Auvergne une *flore calcicole* (2), une *flore silicicole* (3), et une *florule des terrains arrosés par les eaux minérales*. Cette dernière est des plus curieuses. Elle comprend une série de plantes essentiellement maritimes, que les botanistes herborisants ne sont pas peu surpris de rencontrer au centre même de la France. Cette petite colonie, venue des bords de l'Océan, se groupe exclusivement autour des sources salines de l'Auvergne : isolées et perdues à cent lieues de leur patrie, ces plantes recherchent moins la douceur du climat que l'élément minéralogique du sol, lequel préside à leur habitat. Les espèces maritimes d'Auvergne sont :

Spergularia marginata, salina; Trifolium maritimum; Melilotus parviflora; Apium graveolens ; Taraxacum lepto-

---

(1) Le sol des montagnes, grâce au manteau de neige, n'atteint jamais de très basses températures; il est le plus souvent dans le voisinage de 0°, tandis que dans les plaines découvertes, comme la Limagne, il arrive fréquemment à des froids de -15°, -18°. D'autre part le sol des montagnes n'est débarrassé de la neige qu'à une époque où les gelées ne sont plus à craindre. Au contraire, les plantes de la plaine sont exposées jusqu'au mois de mai à des alternatives de gels et de dégels, de chutes de neige et de fusions qui ont pour elles un effet désastreux, souvent mortel.

(2) Cette division est de F. Héribaud. Voir la liste des espèces de cette flore à l'appendice VIII.

(3) Voir la liste à l'appendice IX.

cephalum ; Glaux maritima; Beta maritima; Triglochin maritimum ; Juncus Gerardi; Polypogon monspeliense; Glyceria distans ; Chara crinita, var. brevispina.

Quelques autres plantes recherchent aussi les terrains salés, mais peuvent également s'en éloigner; on les range dans une catégorie à part, sous la dénomination *d'espèces préférentes*. Telles sont : Ranunculus sceleratus; Lepidium latifolium, ruderale; Althæa officinalis; Lotus tenuifolius; Bupleurum tenuissimum ; Scirpus maritimus; Carex divisa, distans; Triglochin palustre; Atriplex hastata.

Quant au Rumex maritimus, son nom spécifique, mal choisi par Linné, ne répond nullement à l'habitat de cette Polygonée; elle semble, au contraire, s'en éloigner pour rechercher les bords vaseux des étangs d'eau douce.

Y a-t-il, ici encore, une adaptation du végétal au milieu ? Les recherches expérimentales de M. P. Lesage (1) semblent le prouver. D'après cet auteur, le chlorure de sodium a pour effet d'augmenter l'épaisseur du limbe de la feuille. Ainsi une plante vivant naturellement dans un sol neutre, transportée dans une terre salée, y acquiert des feuilles plus épaisses. Réciproquement une plante maritime, cultivée à l'intérieur des terres, y prend des feuilles plus minces. Le phénomène peut se constater en Auvergne, dans le voisinage des sources minérales. Exemples : le Lotus tenuifolius, en se développant dans un sol arrosé par une source saline, devient la variété *crassifolia*; il en est de même du Medicago Lupulino, de l'Atriplex hastata, du Polygonum aviculare, du Plantago graminea, de l'Agrostis stolonifera, etc.

En résumé, à côté du mode de répartition géographique des espèces, dû à la nature elle-même, nous avons constaté pour la flore l'existence d'un phénomène nouveau et très remarquable, celui de *l'adaptation au milieu*, c'est-à-dire d'un mode de répartition artificielle, où se marquent non seule-

(1) Cf. « Revue générale de botanique, » 1890, nos 14, 15 et 16.

ment l'influence du relief, du climat et de la géologie du pays, mais aussi l'intervention de l'homme lui-même. Ce phénomène de l'adaptation, nous allons le retrouver plus puissant encore à propos de la faune ; et, cette fois encore, l'homme y contribuera, poussé par le besoin de modifier à son avantage les espèces vivantes au milieu desquelles il doit vivre.

FAUNE

Ses rapports avec la flore

Il ne faudrait pas croire que l'aire de répartition des espèces animales, même phytophages, fût toujours la même que celle des espèces végétales qui les nourrissent. Le principe est vrai dans son ensemble, mais n'est pas absolu et comporte des exceptions nombreuses.

Tantôt l'aire de répartition de l'animal est plus étendue que celle du végétal, car l'animal n'est pas attaché au sol comme la plante, il subit moins puissamment l'influence du milieu, il peut, sans se modifier sensiblement, occuper des régions nouvelles, alors que la plante ne pourra pas s'y transporter sans variation. Reiber (1) cite à cet égard un fait significatif, et qui se vérifiera certainement en Auvergne : « L'Orchestes
» fagi se nourrit des feuilles du hêtre nain et rabougri des
» hautes Vosges, comme de celles du majestueux colosse des
» forêts de la plaine. La différence du climat est si énorme
» entre les deux régions, qu'elle imprime au végétal un faciès
» tout différent. Pourtant l'insecte ne change pas, et se main-
» tient sous son aspect ordinaire partout où se rencontre le
» hêtre ». Dans le même ordre d'idées, on peut citer les espèces qui se nourrissent indifféremment de plusieurs végétaux, et dont l'aire de répartition ne coïncide pas par conséquent avec celle de chacun de ces végétaux. Ainsi la larve de Spondylis buprestoides, qui vit à l'intérieur des souches du Pinus

---

(1) Cf. Reiber, *Des régions entomologiques des Vosges.* Colmar, 1878.

maritima dans les Landes, s'accommode parfaitement, en Auvergne, des souches du Pinus silvestris. De même Crioceris lilii se rencontre aussi bien sur le Lilium Martagon que sur le Lis des jardins.

Tantôt l'aire de répartition de l'animal est moins étendue que celle du végétal. Exemple : en Auvergne, Rosalia alpina, dont la larve vit dans les hêtres, a été trouvée dans la zone sub-alpine, aux monts Dore, tandis qu'elle fait toujours défaut, ou du moins n'a jamais été trouvée jusqu'ici dans les régions inférieures, au moins en Auvergne. Reiber (1) cite une autre observation du même genre : « L'Ancylocheira 8-guttata se rencontre en juin en grand nombre sur les pins des collines calcaires et des contreforts vosgiens non calcaires des environs de Turckeim. Pourquoi ne se trouve-t-elle pas vers le haut de la montagne où pourtant le pin, dont les racines nourrissent sa larve, ne fait pas défaut non plus? Cette espèce ne s'arrête pas à un seul terrain géologique, mais, *comme tant d'autres espèces*, ne suit pas non plus son végétal nourricier partout où prospère ce dernier, ce qui prouve bien que la corrélation de la dispersion de la plante et de l'insecte n'est pas absolue. »

Rapports de la faune avec le relief du sol et le climat

Il y a, en Auvergne, deux sortes de faunes à considérer : 1° La faune terrestre, — 2° La faune aquatique.

1° La faune terrestre est différente suivant l'altitude et les conditions climatériques des lieux. On peut y distinguer, comme pour la flore, trois régions principales : une région de la plaine, — une région montagneuse (la zone des plateaux), — et une région alpine (la zone des hauts sommets).

Ainsi la répartition géographique des espèces animales, comme celle des végétaux, se fait suivant le relief et le climat du pays.

(1) Cf. Reiber, *l. c.*, p. 4.

Mais quel facteur essentiel intervient pour les différencier? c'est ce qu'il est difficile, dans l'état actuel de la science, d'affirmer d'une manière catégorique. A peine peut-on dire qu'un certain nombre d'espèces sont caractéristiques ou des parties sèches ou des parties humides : humidité et sécheresse sont en effet, en la matière, les facteurs les plus faciles à déterminer. Un exemple surtout est assez concluant. Il s'agit de deux espèces voisines d'un même genre de fourmis. La Myrmica scabrinodis recherche les lieux arides, tandis que la Myrmica laevinodis, si voisine de la précédente que les anciens auteurs ne l'en distinguaient pas, se trouve exclusivement dans les terrains humides. Cet exemple n'est pas unique, et si nous considérons les Coléoptères, nous trouvons toutes les transitions entre les espèces des terrains absolument secs et les espèces purement aquatiques, chacune d'elles adoptant un milieu déterminé qu'elle pourrait presque caractériser. Enfin, pour revenir à un exemple déjà cité, c'est « à la température et à l'hygroscopicité du milieu » que Reiber attribue la répartition particulière de l'Encylocheira rustica dans les Vosges.

On peut donc dire, en dernière analyse, que tous les caractères du milieu ambiant influent sur la faune de l'Auvergne, et que les espèces s'adaptent naturellement à tel ou tel milieu, suivant les causes générales qui régissent leur développement.

Est-il nécessaire maintenant d'énumérer toutes les espèces qui caractérisent chacune des trois régions précédemment déterminées ? Assurément non (1). D'abord les Vertébrés, jouissant de moyens de locomotion très puissants, ont une aire de répartition bien plus vaste que l'Auvergne, et ne peuvent servir à caractériser un pays aussi peu étendu. Seuls les Insectes peuvent fournir des documents intéressants pour une telle étude, car ils ne s'éloignent guère, en général, des lieux où vivent leurs

(1) Voir ces listes à l'appendice X.

chenilles et leurs larves, et par suite offrent une localisation assez spéciale (1).

2° La faune aquatique de l'Auvergne doit son intérêt particulier à la présence des nombreux lacs qui s'y rencontrent, lacs qui sont presque tous d'origine volcanique. Si l'on envisage la faune aquatique d'une façon générale, on s'aperçoit que les conditions du milieu où elle vit sont, prises dans leur ensemble, moins variées que celles du milieu terrestre : de là l'immense aire de répartition de beaucoup d'espèces aquatiques (2), et que, d'autre part, dans une même région d'étendue restreinte, le milieu aquatique affecte des allures différentes : de là une grande variété des formes aquatiques d'un pays comme l'Auvergne, qui permet d'y distinguer :

a) Une faune pélagique,

b) Une faune littorale ou des eaux dormantes,

c) Et une faune des eaux courantes ou des rivières.

a) La faune pélagique (3) varie d'un lac à l'autre, suivant la température de l'eau (Diaptomus laciniatus ne se trouve que dans les lacs élevés et froids, comme le lac Chauvet), suivant

---

(1) Il n'existe pas, d'ailleurs, d'espèces strictement auvergnates, malgré le nom d'Arvernica que l'on a donné à plusieurs d'entre elles. Ainsi parmi les Coléoptères, Pterostichus femoratus, var. cantalicum Chd., et Bembidium cantalicum Fauv. n'ont été trouvés jusqu'ici qu'en Auvergne.

(2) Ainsi les lacs d'Auvergne renferment une série d'espèces d'Entomostracés (Daphnella Brandtiana ; Bosmina longirostris ; Alona affinis, Diaptomus coeruleus), qui se retrouvent dans les lacs du Jura et des Pyrénées, d'origine bien différente pourtant. De même pour les Rotifères et les Protozoaires. Il y a même une série de Diatomées commune aux lacs d'Auvergne, de Suisse et d'Amérique. On s'est demandé à ce propos comment, chaque lac constituant pour sa faune pélagique un bassin fermé, celle-ci arrivait à prendre possession d'un lac nouvellement constitué. Le transport des espèces ne peut être effectué que par le vent ou les êtres vivants. C'est M. de Guerne qui a établi d'une façon indiscutable ce mode de peuplement en étudiant la faune des îles des Açores (cf. de Guerne, *Excursions zoologiques aux îles Fayal et San-Miguel*). L'action du vent est bien plus restreinte que celle des êtres vivants, surtout des oiseaux, seuls capables des transports à grande distance. Ce sont donc, en somme, les oiseaux qui, grâce à leurs migrations, sont les agents les plus actifs du peuplement des lacs.

(3) Voir la liste des espèces à l'appendice XI.

la composition chimique de l'eau, suivant encore d'autres causes mal élucidées jusqu'à ce jour. Elle varie aussi dans le même lac d'une saison à l'autre, comme le prouvent les recherches de Zacharias au laboratoire de Ploën dans le Holstein; et, dans la même journée, d'une heure à l'autre. La cause de cette dernière particularité est que les espèces se tiennent à des profondeurs différentes déterminées par les conditions de température et d'éclairement, si bien que les pêches effectuées en un même point d'un lac, à des heures différentes, montrent des espèces différentes (1).

b) La faune littorale comprend des espèces inaptes à la vie pélagique, et qui, trouvant dans les bords des lacs les mêmes conditions d'existence, ou à peu près, que dans les mares, les eaux faiblement courantes, s'y développent de la même manière. Elle est plus riche que la précédente. Tandis que la faune pélagique est exclusivement formée d'Entomostracés, de Rotifères, et de Protozoaires, la faune littorale comprend en outre des Insectes, des Crustacés supérieurs (Ecrevisses, Gammarus, Asellus), et toute une série, peu étudiée jusqu'ici en Auvergne, de Vers et de Mollusques. Elle varie elle aussi suivant l'altitude, c'est-à-dire suivant la température des lacs: en Auvergne, Empleurus alpinus, Henicocerus granulatus, Helophorus arvernicus sont des espèces caractéristiques des eaux froides et élevées. Elle varie également suivant la distribution des végétaux de chaque lac, car beaucoup d'espèces sont phytophages : les Gammarus se rencontrent dans toutes les eaux qui admettent leurs végétaux nourriciers; elles sont aussi répandues dans les mares froides ou chaudes que dans les ruisseaux et jusque dans le lac de la Godivelle; mais elles manquent au Pavin, dont la flore est très pauvre.

c) La faune des eaux courantes comprend les espèces qui recherchent les eaux vives, sans doute parce que celles-ci sont plus oxygénées. Toutes les espèces ne peuvent pas vivre

---

(1) Observation de M. Ch. Bruyant.

également, comme la Sigara minutissima (Hémiptère), sur les bords du lac Chauvet et sur les bords de l'Allier. Il y en a qu'on trouve dans les cascades du ruisselet qui alimente le Pavin, comme la larve d'un Névroptère du genre perla, et qu'on ne trouve pas dans le lac lui-même (1). D'autres, comme l'Ancylus fluviatilis (Mollusque), qui vivent dans les ruisseaux des pentes des monts Dore, sont remplacées dans les lacs par d'autres espèces (Ancylus lacustris du Pavin). De même, les Unio ou Mulettes offrent des formes d'eau stagnante et des formes d'eau courante (2). Dans cette faune se rangent les poissons, qui jouent ici le même rôle que les autres Vertébrés dans la faune terrestre. Les principales espèces naturelles de l'Auvergne sont : la perche et la tanche, à un moindre degré la carpe, le brochet et le gardon, le goujon et l'ablette. Mais comme ces espèces échappent facilement aux conditions spéciales de milieu, elles ne peuvent fournir les remarques caractéristiques que viennent de nous donner les espèces inférieures.

Ici, comme précédemment pour la flore, l'étude la plus intéressante est celle de l'influence du milieu sur les caractères spécifiques des espèces. Une espèce transportée de plaine en montagne se modifie-t-elle, et comment? Les expériences directes, faites à ce propos, sont fort rares. Nous ne pouvons citer que celles de M. Nicolas d'Avignon, faites d'ailleurs à un point de vue spécial (3). M. Nicolas transporte à différentes altitudes (depuis 600 jusqu'à 1912 mètres) au mont Ventoux des nids d'Osmie, et s'assure par des observations répétées que « les éclosions des larves se produisent avec » d'autant plus de retard que la station est à une altitude » plus élevée ». Ce transport anormal entraîne une autre conséquence. Les Hyménoptères, éclos à une hauteur où ils ne trouvent aucune nourriture à amasser pour leurs larves,

---

(1) Observation de M. Ch. Bruyant.
(2) Cf. plus loin : adaptation au milieu.
(3) Cf. « Association française pour l'avancement des sciences, » 1891 et sq.

désertent ces parages ; mais, à des altitudes moindres, ils savent parfaitement se maintenir et chercher sur des fleurs qu'ils n'ont pas l'habitude de visiter le miel spécial nécessaire à leurs larves. C'est là un cas curieux d'adaptation, et il serait intéressant de poursuivre ces observations, pour savoir si les Osmies ainsi transplantées subissent une modification organique en rapport avec leur nouvel habitat, ce que l'auteur n'indique pas.

En revanche il est possible de comparer, pour certaines espèces, des exemplaires capturés en plaine et des exemplaires capturés à des altitudes supérieures, de façon à découvrir l'influence du milieu. En général, les exemplaires de la montagne sont plus petits que ceux de la plaine; d'autre part, dans la plupart des cas, au moins chez les Insectes, les exemplaires des montagnes ont une coloration plus sombre que ceux de la plaine :

1° Le Carabus monilis, qui est très répandu en Auvergne, en offre un premier exemple. Les exemplaires qui habitent la plaine et les coteaux de 6 à 800 mètres, atteignent de vingt-quatre à trente millimètres de longueur. La forme alpine, qui habite les montagnes de 1200 à 1900 mètres, comprend des individus à corps plus courts, dont la taille varie de seize à vingt-deux millimètres (1). D'autre part, si l'on réunit une série suffisante de ces carabes, il est facile de s'assurer que la couleur noire ou foncée domine parmi les exemplaires des montagnes, la couleur verte ou vert bronzé parmi les exemplaires de la plaine.

2° Le Carabus auronitens offre un exemple encore plus typique. La taille ordinaire de ce carabe est de vingt-deux à vingt-quatre, même à vingt-huit millimètres ; le dessus du corps est d'un vert doré brillant, avec la tête et le prothorax d'un cuivreux doré (région des coteaux, — vallée de Royat). Or on prend aux monts Dore la variété Zwickii, dont

---

(1) Cf. Gehin, *Notes sur le carabus monilis*, « Le Naturaliste, » n°" 41 et 42, 1880.

les individus ne dépassent guère dix-huit millimètres, et dont la couleur est très foncée, plus ou moins bleuâtre. L'abbé Carret (1) a également rapporté du puy de Dôme la variété Cupreonitens de la même espèce : cette variété ne diffère du type que par la couleur du dessus du corps « qui, au lieu d'être d'un vert doré, est d'un vert très foncé » bleuâtre, ou d'un bleu violacé ou même noirâtre (2) ».

3° Il n'est pas sans intérêt de rappeler ici les caractères de l'espèce alpine de la salamandre, la Salamandra atra des régions alpestres de la Savoie. Elle diffère de la salamandre ordinaire par sa taille plus petite, et sa coloration entièrement noire. C'est cependant le dérivé de la salamandre ordinaire, ou Salamandra maculata, par adaptation à de nouvelles conditions d'existence (3).

En somme, la diminution de la taille et l'assombrissement de la coloration semblent une conséquence habituelle de la vie aux hautes altitudes. Quel facteur particulier produit cette modification spécifique des espèces? moindre densité de l'air? température? hygroscopicité?... Rien n'autorise jusqu'à présent à se prononcer sur ce point.

En revanche, une espèce descendue de montagne en plaine se modifie-t-elle, et comment? Il n'a été fait à ce sujet aucune observation en Auvergne. Tout ce qu'on peut dire, c'est que les mêmes causes produisant les mêmes effets, il n'y a aucune raison, à priori, pour ne pas croire à d'autres modifications, inverses de celles que nous venons de signaler : les expériences faites à propos de la Salamandra atra viennent à l'appui de cette supposition.

A qui demanderait si le même phénomène se passe dans la faune aquatique, on peut répondre oui sans hésitation. En

---

(1) Carret. « Feuille du Jeune Naturaliste, » n° 92, 1878.
(2) Cf. Gehin, *Carabus auronitens et ses variétés*. « Le Naturaliste, » n° 1, 1882.
(3) Cf. Mlle Marie de Chauvin, *Sur le pouvoir d'adaptation des larves de la salamandre noire des Alpes*. « Revue internationale des sciences, » 1878, p. 151-4.

effet les espèces aquatiques, étant sous une dépendance plus étroite du milieu, subissent des modifications bien plus sensibles que les espèces terrestres pour s'adapter à ce milieu. La cause de ces modifications est parfois facile à saisir : les exemplaires de Limnæa lacustris du lac Chauvet ont un test excessivement mince et fragile, tout simplement à cause de l'extrême pauvreté en calcaire des eaux de ce lac. Les espèces pélagiques sont en général transparentes, tout simplement par un fait de mimétisme, pour échapper plus facilement à leurs ennemis. Ainsi le Cyclops strenuus des lacs est absolument transparent : tandis que dans les petites mares de Gergovie, où il abonde, sa variété est du plus beau rouge. Mais, d'autres fois, nous les constatons sans en saisir la cause; d'ailleurs ces modifications, auxquelles peuvent se soustraire un certain nombre d'espèces aquatiques pourvues d'ailes, et par là capables de changer de milieu, se retrouvent jusque dans les Vertébrés, où elles ne sont pas moins sensibles que chez les êtres de moindres dimensions. Un exemple nous en est offert par les truites du lac de la Landie. A une époque qu'il est difficile de préciser, mais qui remonte à plus de 20 ans, le propriétaire du lac a fait recueillir au moment du frai, dans les ruisseaux du pays, une certaine quantité de truites adultes. La truite, malgré la faiblesse des premières colonies, a vigoureusement pris possession de ce joli domaine; sans y être en grand nombre, elle s'y montre néanmoins assez fréquemment pour qu'on doive supposer qu'elle s'y reproduit en liberté. Il est facile d'apprécier la remarquable métamorphose produite par le changement de milieu. « C'est encore cette même taille épaisse,
» mais sensiblement moins trapue; la queue est moins
» lourde, la tête plus fine, la robe plus claire et plus riche,
» avec des reflets argentés et quelques macules rhomboïdes,
» mêlées aux taches rouges qui tendent à s'effacer. La ligne
» médiane est franchement marquée... Ce fait d'acclimata-
» tion est digne de remarque; il ne montre pas seulement un
» résultat matériel obtenu au prix d'un effort insignifiant,

» mais surtout l'influence immédiate d'un changement d'ha-
» bitat sur la manière d'être d'une espèce (1). »

Il en est de même des goujons qui se sont acclimatés dans le lac Pavin, et auxquels Blanchard a consacré une notice spéciale dans son ouvrage sur les poissons de France (2) :
« Quelques-uns de ces goujons étaient remarquables non
» seulement par leur taille, mais encore par leur coloration
» plus grise qu'à l'ordinaire, par les taches noires répan-
» dues sur toutes leurs écailles à l'exception de celles de la
» région centrale, par la présence des mouchetures très
» nombreuses et très prononcées de leurs nageoires dorsale
» et caudale, et par la présence de semblables mouche-
» tures encore assez multipliées sur leurs nageoires infé-
» rieures. Ces goujons du Pavin étaient des individus très
» développés et remarquablement colorés par suite de cir-
» constances locales, dont il ne m'a pas été possible de
» déterminer la nature. »

Rapports de la faune avec la géologie

Il est clair que la constitution chimique des terrains, ayant une influence plus ou moins grande, parfois très nette, sur la distribution des espèces végétales, en aura une également sur la répartition des espèces animales phytophages. Il suffit, pour le confirmer, de quelques exemples caractéristiques. Les Lépidoptères les fournissent d'autant plus concluants que ces insectes semblent très capables d'échapper aux influences particulières du milieu, tandis que leurs larves sont généralement attachées à tel ou tel végétal. Or, tandis que les Zygaena Achilleae, Peucedani, les Lycaena Adonis et Corydon paraissent spéciales aux terrains calcaires de la Limagne, où leurs chenilles trouvent la plante nécessaire à

---

(1) Cf. Berthoule, *Les lacs d'Auvergne*, p. 73.
(2) Cf. Blanchard, *Les poissons des eaux douces de la France*. Paris, 1880.

leur subsistance, la Lycaena Arion ne se rencontre que sur les terrains granitiques (1).

La constitution chimique du sol est indifférente, cela se conçoit, aux espèces polyphages ou carnassières. Mais la constitution physique du terrain peut dans ce cas influer sur la répartition de quelques-unes d'entre elles. Reiber en cite un exemple très net (2) : « La Cicindela silvatica est un des
» rares Coléoptères qui soient confinés à un seul terrain géo-
» logique en Alsace et dans les Vosges. En effet cet insecte
» ne se trouve chez nous que sur les sables du grès vosgien,
» tant des sommets que des plaines. Comme on le rencontre
» dans d'autres pays, sur les sables d'autres terrains géo-
» logiques, nous pouvons en conclure que l'influence chi-
» mique du sol et la différence de densité de l'air ou d'altitude
» n'exercent aucun effet sur sa dispersion, mais que l'in-
» fluence physique du sol (état sablonneux nécessaire aux
» galeries de sa larve) est la seule dont il est affecté. »

Dans le même ordre d'idées, existe-t-il une faune spéciale accompagnant la flore maritime de l'Auvergne ? Non. Les espèces maritimes ne trouveraient guère en Auvergne, malgré la présence de cinq ou six plantes de cette flore, de conditions d'existence semblables à celles qu'elles rencontrent au bord de la mer. Mais aucune observation concluante n'a été faite à ce propos. Tout ce qu'on peut dire, c'est qu'il est fort probable que la faune maritime fait défaut à l'Auvergne, et que, si elle y existe, elle ne peut y être représentée que par de très rares espèces (3).

(1) Cf. *Catalogue des Lépidoptères du Puy-de-Dôme*, par Guillemot, Clermont-Ferrand, 1854.
(2) Cf. Reiber, *l. c.*, p. 4.
(3) La faune aquatique des sources minérales d'Auvergne n'a pas été étudiée jusqu'ici. A peine peut-on citer Cyclops fimbriatus, trouvé par le Dr Girod dans le trop-plein de la source minérale de Sainte-Marguerite, et que M. Richard a pu garder très longtemps dans l'eau minérale de plus en plus concentrée.

CHAPITRE IX

Caractère général et divisions naturelles de l'Auvergne

De l'exposé des caractères physiques du pays auvergnat, il résulte que l'Auvergne offre, dans son ensemble, un double aspect : tantôt c'est la montagne, et tantôt c'est la plaine. Mais, à la considérer de plus près, la variété devient plus grande, et les divisions naturelles sont sensiblement plus nombreuses. En montagne, la structure des terrains et leur force productive, en plaine, la diversité des climats, le régime des eaux courantes, les ressources spéciales de chaque sol ont imprimé à la région un cachet différent. Chacune de ces divisions naturelles porte un nom, dont l'origine est difficile à déterminer (1). Elles sont très anciennes, ont traversé intactes toutes les révolutions de l'histoire, et tout fait présumer qu'elles demeureront telles dans la suite des temps. A peine les différences qui les séparent s'atténuent-elles légèrement aujourd'hui par les progrès de la science, améliorations agricoles apportées à la terre, substitution de la grande industrie à la petite, construction de routes et de chemins de fer, etc. D'autre part, elles n'ont rien de précis, et ne couvrent pas tout le sol de l'Auvergne. Leurs limites n'existent que dans la « tradition ». C'est ce qui empêche de les considérer comme

---

(1) D'après M. Thomas (« Annales du Midi, ») il faudrait voir simplement dans les noms donnés à ces divisions naturelles des extensions progressives des noms des villes capitales : le Lembronais, extension du nom de Saint-Germain-Lembron ; la Combrailles, extension du nom de Combrailles, etc. Cela expliquerait tout au moins le vague et l'incertitude de leurs limites.

des « unités destinées à devenir le fondement d'une étude
» géographique » de l'Auvergne, bien qu'à certains égards,
« elles possèdent une unité climatérique, botanique, zoolo-
» gique », etc., des plus remarquables (1).

L'Auvergne de montagne comprend tous les massifs qui se
succèdent du sud au nord depuis le Cantal jusqu'aux monts
Dômes.

Le massif cantalien est constitué, à l'ouest et au sud-ouest,
par une zone de *terrains primitifs*, granitiques ou gneissiques,
dont la nature est différente de celle des régions avoisinantes.
Ce sont, à perte de vue, de grands plateaux de bruyères,
plissés par les ondulations de nombreux ruisseaux, bordés
par des ravins très encaissés; ou bien des landes stériles
s'inclinant largement jusqu'au lit des cours d'eau qui les
sillonnent. Aux endroits abrités se dressent des forêts de
sapins, de pins, de chênes et de bouleaux; entre les massifs
boisés remontent çà et là, mais rarement, quelques prés qui
viennent mourir dans la bruyère. Vers le sud de l'Auvergne,
dans le pays appelé *Veynazés* (vallées de la Rance, de la
Veyre, du Célé; région de Montsalvy, de Saint-Mamet, de
Maurs), ce sont les plantations de châtaigniers qui dominent :
pays pauvre et nu, où les villages sont clairsemés, composés
de huttes grossières recouvertes de genêts ou de mottes de
bruyères. Mais si, des hauteurs de Saint-Mamet, vous vous

---

(1) Cf. Alfr. Leroux, *La France du massif intérieur*. Introduction. Limoges, 1894.

Il en est de même pour les autres provinces de France. Ainsi, pour ne citer qu'un exemple pris dans le voisinage immédiat de l'Auvergne, le Limousin n'a que deux régions naturelles bien tranchées, le Haut-Limousin ou Montagne, et le Bas-Pays ou Vignoble. M. Champeval, qui publie en ce moment, après de longues études et de patientes recherches, le *Dictionnaire topographique du département de la Corrèze*, et qui, dans son Introduction, en étudie l'état physique et le sol (Cf. « Bulletin de la Société scientifique, historique et archéologique de la Corrèze, » t. XVIII, Brive, janvier-mars 1896), le reconnaît expressément : A part ces deux régions, le Haut-Limousin et le Bas-Pays, et quelques petits pays, comme la Lavastre, la Montagne-Noire, le Martiniat (encore, ajoute-t-il, les contours de ces derniers sont mal définis, et leurs limites fort indécises), « nous n'avons pas d'autres régions proprement naturelles ».

tournez à l'est, le paysage change brusquement : à vos pieds se déploie la *plaine tertiaire* d'Arpajon et d'Aurillac, où se réunissent la Jordane et la Cère. Plaine petite, mais remarquablement riche : les prairies, les céréales, les cultures de toutes sortes s'y succèdent également prospères. C'est de là, après Brive, que Clermont fait venir ses primeurs : on peut l'appeler « le Midi » de l'Auvergne.

Après le plateau et après la plaine, voici maintenant le volcan, voici le vrai Cantal, avec ses trachytes et ses basaltes, qui ont donné à la région une physionomie si curieuse. Plusieurs pays différents s'y succèdent : la *Planèze*, le *Cantal*, le *Cézallier*, l'*Artense*.

La *Planèze*, de Paulhac à Saint-Flour et à la vallée de l'Alagnon, est une contrée uniformément plate, coupée de distance en distance par les affluents de la Truyère, qui y dessinent une multitude de ravins escarpés; d'innombrables champs de seigle y font suite aux forêts de *La Margeride*, et annoncent les pâturages du Cantal. Le *Cantal* doit à son sol toute sa richesse; l'herbe y pousse fine et savoureuse, à Salers comme à Murat, étendant son manteau vert sur les rampes et les croupes des montagnes, en adoucissant les arêtes, en cachant les aspérités. « On sent toutefois la roche sous cet épiderme
» végétal; elle le perce de toutes parts, elle en dessine les
» rebords, elle en dentelle les sommets : différence parmi
» tant d'autres entre les cimes du Cantal et celle des monts
» Dômes, dont les cônes et les coupoles s'arrondissent sous
» une couche moelleuse de cendres et de pouzzolanes (1). »
Enfin, par delà le *Cézallier*, peu boisé et ardu, s'étendent de nouveaux pâturages mêlés de bruyères, sur des plateaux fréquemment tourbeux qui s'étendent, d'une part jusqu'aux pieds des monts Dore, de l'autre jusqu'à la frontière limousine : c'est l'*Artense*, tout entrecoupé de bois, d'anses de verdure et de déclivités, qui laissent peu de lointains dans l'œil, mais qui diversifient à chaque instant le paysage. Une

(1) Cf. Durif, *L'ancienne Auvergne et le Velay*, t. III.

rivière assez importante, la Trentaine, déchire cette contrée, roulant ses eaux entre d'épaisses broussailles et mille sinuosités. Non loin, les nappes bleues des lacs Chauvet, de la Godivelle, Crégut, des Esclauzes, etc., sans parler des lacs plus petits, donnent à ces sites plus de fraîcheur et d'éclat.

Lorsque, quittant le massif cantalien, on s'élève au nord sur les premières pentes des monts Dore, on foule aux pieds une terre déjà différente. D'abord, confinant à l'Artense, on est au pays de *Chandesse*, au relief accidenté, offrant tantôt des rochers sombres et dénudés, tantôt des oasis de verdure et d'herbages. Besse, sa capitale, est triste et noire comme ses basaltes, mais encore entourée de foins épais et de riches moissons. Le voyageur qui monte plus haut, après avoir traversé des vallées vertes et des bois de sapins, entre dans la région des pentes inaccessibles, avec leurs écorchures hideuses, puis dans la zone des cimes résignées et silencieuses, assistant à leur lente agonie, subissant les combats gigantesques que leur livrent les éléments, toujours debout et redoutables dans leur linceul de neige. Partout le relief est anguleux, abrupt, par opposition aux formes douces et arrondies des Dômes.

Plus au nord, s'étend la région des volcans à cratères ou la *Mauvaise-montagne*. Ce qui frappe ici, c'est le contraste entre les cheires hérissées de cailloux coupants, et les cônes harmonieux des puys, se détachant nettement dans le ciel. D'ordinaire ces lieux sont d'une poésie sauvage : les villages sont rares, blottis dans les replis du sol, abrités contre les froids de l'hiver, leurs fenêtres bien tournées vers les rayons du midi, et bien défendues des rafales de l'ouest par la toiture lourde et basse de leurs maisons (1). Le pays des laves rugueuses et des grands puys immuables se termine à l'ouest par les *plateaux de Laqueuille*, aux frontières du Limousin. Après les lignes sévères d'une campagne morte, voici repa-

(1) Ainsi Randanne, Fontfreyde, Saint-Genès, Theix, Saulzet-le-Froid, Theddes, etc.

raître les horizons de maigres bruyères, de terres granitiques, de bouleaux : pauvre sol, pauvre végétation. De là on peut voir à l'extrême-sud les grasses pâtures des monts Dore; et dans la direction du nord, par delà Herment, le relief capricieux de la *Marche*.

Le dernier pays de la Haute-Auvergne, du côté de la Marche, du Berry et du Bourbonnais, est la *Combrailles*, l'une des plus tristes entrées de la province. Au lieu des riches et pittoresques vallées, des sommets grandioses, de la nature ample et large de la véritable Auvergne, le sol ici est triste, haché de forêts de hêtres, coupé de profonds et sauvages ravins. Il est vrai qu'on n'est plus en terrain volcanique, mais de nouveau sur le granite et sur le gneiss. Végétation parcimonieuse, cultures améliorées à force de travail, belles horreurs le long de la vallée de la Sioule, de Châteauneuf à Ebreuil, plateaux couverts de broussailles et rendus depuis très peu de temps accessibles à la culture, des deux côtés de la vallée, avec une terre aux tons rougeâtres ou grisâtres : tel est le pays de Combrailles, dont la capitale est Montaigut (1).

L'Auvergne de plaine s'étend, parallèlement à l'Auvergne de montagne, depuis Langeac au sud jusqu'à Gannat au nord, et depuis le plateau des monts Dore et des Dômes à l'ouest jusqu'aux granites du Livradois à l'est.

Si l'on pénètre en Auvergne par sa frontière sud-orientale, par les sapinières de Saint-Anthème et de Viverols, ou par le site sauvage de la Chaise-Dieu, ou par les horizons mélancoliques de Fix, on traverse d'abord le *Chaliergue*, pays de maigres pâturages et d'élevage, dont la capitale est Paulhaguet ou Saint-Georges-d'Aurac. De là, en se dirigeant vers le nord, on entre dans le *Livradois*, qui présente lui-même deux caractères nettement tranchés. Le *Haut-Livra-*

---

(1) Les habitants de Montaigut sont désignés familièrement, dans le pays, sous le nom de *Bitous*.

dois, de Saint-Germain-l'Herm à Saint-Dier, est un pays accidenté, nu, et en général peu productif; le granite y perce à fleur de terre, et n'a pas de couverture végétale suffisante pour mûrir des moissons. Seuls, des bois et quelques pâturages nourrissant une race étique de bestiaux y poussent convenablement. Le *Bas-Livradois*, au contraire, qui correspond à la vallée de la Dore, d'Arlanc et d'Ambert à Olliergues et à Thiers, est une région pleine d'agréments et de grâce, avec de riches et vives verdures, qui donnent à ce coin de l'Auvergne sa physionomie propre.

La disposition particulière du relief et de l'hydrographie de la vallée de l'Allier a créé, elle aussi, toute une suite de pays distincts, désignés sous le nom commun de *Limagnes*.

Entre la première Limagne, toute petite, de Langeac, ou *Langeadois*, et celle déjà plus considérable de Brioude, s'étend, le long même de la rivière, dans le fossé étroit qu'elle s'est creusé, le pays vignoble de la *Ribeyre*, séparant les terres à seigle de la Planèze des terres à pâtures du Velay. Au delà, vers le nord, la *Limagne de Brioude* ou le *Brivadois* se présente avec un double caractère : le fond de la vallée est une plaine verdoyante et riche; les flancs sont des plateaux grisâtres, couverts de pins et de sapins. On peut y rattacher, à la limite de la Basse-Auvergne vers l'ouest, *la Limagne de Blesle et de Massiac*, sur l'Alagnon. Quand l'Allier a franchi le défilé du Saut-du-Loup, il entre dans le *Lembronais*, nouvelle Limagne analogue aux autres, dont le centre est la ville d'Issoire. Là, les paysages humides et féconds des bords de la rivière font un contraste frappant avec la laideur des terres en pente qui les entourent, surtout avec les argiles rouges qui les bordent à l'ouest, avec les escarpements à pic et les éboulements effrayants d'Ardes et de Rentières, qui annoncent déjà les monts Dore.

Mais la vraie *Limagne*, ou *Limagne de Clermont*, ainsi nommée du nom de sa capitale Clermont-Ferrand, se déploie au delà des gorges de Saint-Ivoine, dans la large vallée alluviale de l'Allier, entre le Forez granitique et les volcans de la chaîne des puys. Tout a été dit (1) sur la variété de ses cultures et l'abondance de ses récoltes : c'est une « mer de moissons », avec des horizons infinis de céréales. En particulier, entre Gerzat et Maringues, la fertilité du *Marais* est devenue proverbiale. Mais déjà, à partir de Maringues, qui est, ou plutôt qui était jadis, la porte de la Basse-Auvergne sur la route de Paris, l'aspect change. A la campagne pleine de vie, à la verdure épaisse, aux tons chauds, aux perspectives immenses d'où la vue s'étend du Forez au puy de Dôme, vont succéder des paysages de plus en plus grêles, aux teintes sans vigueur, aux horizons bornés : ce n'est plus l'Auvergne, c'est le *Bourbonnais*.

(1) Voir la deuxième partie, ch. XIII.

DEUXIÈME PARTIE

L'HOMME

CHAPITRE X

Les rapports de l'homme avec le pays — La race

Avant de rechercher s'il existe une race auvergnate, il faut s'entendre sur le sens du mot. Si par le mot de *race*, on désigne un ensemble de caractères ethniques nettement déterminé, qu'on ne retrouve que dans un pays, *et pas ailleurs*, il n'y a pas de race spéciale en Auvergne. Si ce mot signifie simplement le groupement de certaines populations présentant entre elles des traits héréditaires de ressemblance, et suffisamment distinctes des groupes avoisinants, nous sommes autorisé à parler d'une race auvergnate (1).

---

(1) Il a paru utile de marquer tout d'abord cette distinction, à cause de l'étrange abus qu'on a fait dans ces derniers temps et du mot et de la chose. Les discussions au sujet des races sont encore aujourd'hui très vives entre les savants; et c'est au moment où les différences de races vont s'atténuant de plus en plus qu'on tend à les opposer l'une à l'autre davantage. Ce qui n'empêche pas les types locaux de disparaître peu à peu pour faire place à un type toujours plus général. Comment parler maintenant de race pure en Auvergne, avec le mouvement continuel des allants et des venants, avec les croisements multipliés non seulement d'un village ou d'un canton à l'autre, mais de province à province, et de pays à pays? Si cette race pure existe encore, c'est à de bien rares endroits et avec un nombre bien restreint de spécimens.

Les anciens auteurs n'entendaient pas grand'chose à ces délicates questions d'anthropologie, et ce n'est pas dans leurs écrits qu'il faut aller chercher des renseignements. Parmi ceux qui ont écrit sur la Gaule, la plupart accueillaient trop volontiers les légendes, même absurdes, qui couraient sur les peuples de l'Occident ; ils en parlaient, comme nos savants du moyen-âge parlaient des populations de l'Afrique centrale, sans les connaître.

Même ceux d'entre eux qui ont vu et pratiqué les Gaulois sont très sobres de détails ethnographiques. César, dans ses *Commentaires* (1), distingue en Gaule trois peuples (il ne dit pas trois races), les Aquitains au sud de la Garonne, les Celtes entre la Garonne et la Seine, et les Belges au nord de la Seine et de la Marne (2). Il ne note entre eux de différences ni dans la taille, ni dans la couleur des cheveux, ni dans aucun des caractères sur lesquels s'appuie l'anthropologie moderne pour définir la race. A peine trouvons-nous de rares indications à ce sujet dans Ammien Marcellin (XV, 12), qui parle des Gaulois à la grande taille, au teint blanc, et aux cheveux blonds, dans Tibulle (VII, 12), qui note les cheveux blonds des Carnutes, et dans Lucain (*Pharsale*, I, 21), qui parle aussi des cheveux blonds des Ruthènes. Il semble donc que, pour les anciens, les Gaulois, dans l'ensemble, aient été des peuples grands et blonds.

Simplifiée à ce point, l'ethnographie de la Gaule n'est pas exacte. En réalité toutes les provinces de notre pays, l'Auvergne peut-être un peu moins que les autres, renferment un mélange inévitable de types appartenant à diverses races. L'Auvergne a été habitée depuis une époque très lointaine, l'époque quaternaire : la présence de l'homme quaternaire y est attestée par la découverte de silex acheuléens dans les sablières d'Arpajon (Cantal), de débris solutréens et

---

(1) Cf. César, *De Bello gallico*, I, 1.
(2) Strabon (IV, 4) trouve en Gaule les mêmes éléments de population que César. Mais il augmente la part des Belges en les faisant avancer jusque sur les bords de la Loire.

magdaléniens dans les terrains d'alluvions qui recouvrent les coulées des volcans modernes ; par la découverte récente d'ossements humains dans les scories de Gravenoire. Ces populations primitives de l'Auvergne, *les chasseurs de rennes*, étaient dolichocéphales. A un certain moment, elles furent repoussées vers le nord par d'autres populations venant de l'est, populations brachycéphales et douées d'une civilisation déjà plus avancée. Les nouveaux venus connaissaient la pierre polie, les animaux domestiques, les plantes cultivées. Ce sont eux qui dressent sur leur passage les mégalithes, menhirs et dolmens, dont il existe encore de beaux restes en Auvergne (1). Plus tard, avec le bronze et le fer, commence la période historique. L'Auvergne a encore à subir bien des invasions de races diverses, des Romains, des barbares de Germanie, des Sarrazins. Ces peuples ne laissent pas, il est vrai, d'égales traces de leur passage ; mais ils contribuent, par leur séjour plus ou moins prolongé dans le pays, à multiplier les croisements et à augmenter le nombre des métis.

Ce n'est guère que depuis le milieu du xix° siècle que l'on a fait, en France, de l'anthropologie sérieusement. Amédée Thierry, l'un des premiers, divise les Français actuels en deux races, les Kimris ou Belges, qui occupent surtout le nord et le nord-est, et les Celtes ou Gaels qui habitent le nord-ouest et le centre, sans parler des métis ou Kimro-Gaels, qui, dit-il, sont fort nombreux. Avec Broca, à partir de 1859-1860, l'anthropologie fait de rapides progrès. Broca se demande d'abord à quels caractères principaux on distingue

---

(1) Principaux menhirs et dolmens d'Auvergne :
Menhir de Theddes (à l'angle du chemin de Saint-Genès-Champanelle) ; — menhir du chemin de Beaulieu (près du puy de la Poix) ; — pierre branlante de Mont-Lacôte (près de Celles) ; — tumulus de Thuret (canton d'Aigueperse), dix mètres de hauteur ; — pierre branlante du bois de Reure (près de Combronde) ; — pierre branlante d'Olloix (au-dessous d'Olloix) ; — dolmen ou allée couverte de Cournol (onze mètres de long) ; — dolmen de Saint-Nectaire ; — dolmen d'Unsac (près de Saint-Gervasy), appelé aussi « la Grotte aux fées », etc., etc.

une race d'hommes d'une autre race. Doit-on se borner à l'étude des caractères les plus saillants, comme la taille? Ne doit-on pas tenir grand compte d'observations plus intimes et plus profondes, par exemple, l'examen du crâne, la couleur des cheveux et des yeux, la proportion des membres, l'étendue des différences sexuelles, la coloration de certaines parties du corps, l'immunité vis-à-vis de certaines maladies? etc.

Broca a commencé par les caractères le plus facilement observables; il a donné, en 1859, une carte de la taille en France (1).

L'examen de cette carte montre que les grandes tailles sont au nord et à l'est de la France, tandis que les petites sont surtout au nord-ouest et au centre. Le Puy-de-Dôme, dans le classement des départements de 1 à 86, 86 étant le coefficient de taille le moins élevé, a le numéro 84. En admettant que cette carte soit dressée d'après des éléments d'information suffisants, un premier point est acquis : *l'Auvergne renferme une race d'hommes de petite taille.*

En 1873, M. Pommerol ayant recueilli quatre-vingt-huit crânes auvergnats de l'ossuaire de Saint-Nectaire-le-Haut, canton de Champeix, les fit parvenir à Broca, qui étudiait à ce moment même cent trente-six crânes bretons des Côtes-du-Nord, réunis par le docteur Guibert, de Saint-Brieuc. Le résultat des observations et des comparaisons auxquelles se livra Broca, fut que tous ces crânes appartenaient à une race brachycéphale, qu'ils avaient un indice céphalique élevé, les

---

(1) Cette carte est reproduite par Elisée Reclus, *La France*, p. 40.
Légende : blanc — de 24.39 à 52.19 sur 1000
— teinté — de 52.19 à 75 sur 1000 — exemptés du service militaire pour défaut de taille.
— noir — de 75 à 174.65 sur 1000

Le département du Cantal a le numéro 66 sur 86, avec 92.68 exemptés sur 1000. — Le département du Puy-de-Dôme a le numéro 84 sur 86, avec 128.55 exemptés sur 1000.

crânes auvergnats ayant l'indice le plus élevé, et les crânes bretons étant encore, sous ce rapport, fort au-dessus des crânes de Parisiens modernes. Cela ressort du tableau suivant (1).

AUVERGNATS

HOMMES	FEMMES	ENSEMBLE
84.45	83.37	84.07

BRETONS

| 82.54 | 81.45 | 82.49 |

PARISIENS MODERNES

| 79.49 | 77.72 | 79 |

Broca remarqua également que la capacité de ces trois séries de crânes était inégale, et qu'ils se classaient dans le même ordre, les plus brachycéphales étant aussi les plus capaces :

AUVERGNATS	BRETONS	PARISIENS
1523cc12	1505cc43	1480cc52

Voilà donc un second point acquis : *les Auvergnats sont, dans l'ensemble, une race brachycéphale et d'une capacité crânienne considérable.*

Plus récemment encore, en 1888, le Dr Pommerol, de

---

(1) Cf. « Dictionnaire des sciences anthropologiques, » article *Celtes*.
En 1890, le Dr Collignon a publié un opuscule, *L'indice céphalique des populations françaises*, résultat d'observations portant sur 8707 sujets vivants, pris dans tous les départements sans exception. Il a trouvé que l'indice céphalique moyen de la population française d'aujourd'hui est de 83.57, l'écart individuel allant de 65.3 à 97.09. Dans la carte jointe à son travail, l'Auvergne (départements du Puy-de-Dôme et du Cantal) fait partie du groupe des départements présentant l'indice le plus élevé :

Puy-de-Dôme.......... 85.5
Cantal................ 87.8

Les pays du nord de la France sont ceux où l'indice céphalique est le moins élevé :

Nord................. 80.4
Pas-de-Calais.......... 80.4

Le rapport est le même que dans les résultats fournis par Broca, mais les chiffres obtenus sont plus élevés, aussi bien pour les Auvergnats que pour les gens du Nord.

Gerzat, a fait une enquête, dans la région qu'il habite, sur la couleur des cheveux et des yeux des gens du pays (1). De ses deux cents observations, il conclut qu'il y a dans cette partie de l'Auvergne 75 % de cheveux bruns et 25 % de cheveux blonds. Pour les yeux, la proportion est tout autre : 47 % d'yeux foncés ou bruns, et 52 % d'yeux clairs ou bleus. Le Dr Pommerol ajoute qu'il a fait des constatations analogues dans les montagnes de l'est de l'Auvergne, entre Vollore et Noirétable. Il s'ensuit, et c'est notre troisième point, que *la race moyenne auvergnate est une race à cheveux bruns, et aux yeux tantôt bruns, tantôt bleus.*

Partant de là, Broca émit une théorie que la plupart des anthropologistes ont adoptée, que quelques-uns cependant se refusent encore à admettre : c'est que cette race auvergnate, de petite taille, brachycéphale et aux cheveux bruns, était la pure race celtique, qui s'est conservée dans le Plateau central comme elle s'est conservée en Bretagne, bien plus aisément que dans le reste de la France, et que les Auvergnats d'aujourd'hui sont les descendants directs des Celtes dont parle César. Broca divise les populations de la France en deux grandes races : les Kimris et les Celtes. Les Kimris sont grands, dolichocéphales et blonds. Ils habitent surtout les pays voisins de la Seine, de l'Oise, de l'Aisne, de la Somme. Les Celtes, au contraire, sont petits, brachycéphales et bruns. On les trouve en Bretagne, mais leur type le plus pur est en Auvergne. Car les Bretons, malgré leur situation isolée à l'extrémité ouest de la France, ont subi l'invasion des Kimris et des Normands, ce qui a altéré leur type, tandis que les Auvergnats sont restés indemnes de telles invasions. Voilà pourquoi l'indice céphalique des Bretons est moins élevé que celui des Auvergnats, tout en restant bien

---

(1) Cf. Dr Pommerol, *Sur l'anthropologie de la Limagne.* « Revue d'Auvergne » 1888. — Legrand d'Aussy (*Voyage d'Auvergne*, I, p. 9; III, p. 280) avait déjà observé, au XVIIIe siècle, que les femmes des environs d'Aurillac avaient des cheveux noirs et des yeux bleus, et les femmes de la Planèze des yeux bleus et des cheveux blonds.

plus élevé que celui des Parisiens, ceux-ci étant les descendants des Kimris beaucoup plus que des Celtes.

Un disciple de Broca, Hovelacque, confirme la théorie par des recherches ultérieures (1). Il se demande si d'autres représentants de cette race brachycéphale, petite et brune, existent en France ailleurs qu'en Auvergne et en Bretagne. Et il en trouve en Savoie, pays de montagnes comme l'Auvergne et la Bretagne, c'est-à-dire pays relativement isolé, et pouvant demeurer plus aisément, grâce au relief de son sol, en dehors de tout mélange avec des populations d'autres races. Il étudia soixante-dix crânes de Savoyards, originaires de la haute montagne, et il constata que leur indice céphalique était plus élevé encore que celui des Auvergnats : il est de 85.41. Au contraire, à considérer la capacité crânienne, les Savoyards sont au-dessous des Auvergnats et même des Bretons : le chiffre trouvé par Hovelacque est 1495^{cc}, à peine supérieur à celui des crânes parisiens (1480^{cc}52).

Fort de toutes ces observations, Broca, confondant absolument les brachycéphales et les Celtes, résume ainsi les caractères ethniques de la race auvergnate : taille petite, brachycéphalie remarquable, grande capacité crânienne, cheveux bruns, yeux à iris gris, visage arrondi, cou assez court, épaules et poitrine larges, système pileux développé. Tous ces caractères s'opposent nettement à ceux des Kimris, hommes grands, dolichocéphales, aux yeux bleus, et à la carnation molle.

Il va sans dire que ce qui précède s'applique à la généralité, et non à la totalité des cas. L'Auvergne renferme, de l'aveu de tous les anthropologistes sans exception, des types qu'il est impossible de ranger parmi les brachycéphales, qui ne sont ni de petite taille, ni bruns, en un mot qui n'ont aucun des caractères attribués par Broca aux descendants des Celtes. Le mélange incessant et inévitable de types appartenant à

---

(1) Cf. « Dictionnaire des sciences anthropologiques, » art. *Celtes*.

des races différentes a multiplié à l'infini le nombre des métis. Voilà pourquoi il existe en Auvergne, à côté des brachycéphales, une certaine quantité de dolichocéphales, et toutes les nuances intermédiaires entre ces deux grands groupes. Personne ne conteste plus cette vérité. Mais les anthropologistes ne sont pas d'accord sur cette question des races accessoires ou secondaires de l'Auvergne.

Certains, comme Roujou et Boyer (1), croient à l'existence, en Auvergne, de quelques débris de races inférieures, au teint basané, qui, très au-dessous des sauvages par l'intelligence, ont néanmoins à leur service un vocabulaire de deux cent cinquante à trois cents mots de français, grâce auxquels ils prennent rang parmi les civilisés. Ces derniers vestiges d'une humanité primitive, qui ont persisté çà et là malgré les invasions sémitiques et aryennes, sont un élément appréciable de l'ethnographie de l'Auvergne. Les gens de la campagne eux-mêmes, les voisins de ces types inférieurs, constatent fort bien leur infériorité, et y voient le résultat d'une malédiction prononcée jadis contre eux; ils leur donnent les sobriquets de *loups, ours, kalmouks*; ils les fuient, car ils en ont peur. D'ailleurs ces épaves de races perdues ne se rencontrent que dans certaines conditions d'habitat : elles sont localisées presque toujours dans les gorges étroites, à la naissance des torrents, en des points peu accessibles, comme sur des escarpements de rochers, ou encore dans quelques villages des monts Dômes, entre Aydat et Pontgibaud, ou enfin à certains endroits de la plaine, près de Riom, à Thuret, à Sardon, à Cournon-les-Marais. Ces types, qui ont tous la peau très basanée ou jaunâtre, ont : les uns une face plate et large, des yeux bridés et obliques — ils sont mongoloïdes; les autres un front haut et fuyant, le nez mince

---

(1) Cf. Roujou, *Les races humaines du Plateau central, et en particulier celles de l'Auvergne et des régions montagneuses environnantes*. « Bulletin hist. et archéol. de la Corrèze, » 1879-80. — J. Boyer, *Recherches sur les races humaines de l'Auvergne*, 1879.

et très aquilin, la face longue et les yeux noirs — ils sont australoïdes ou berbères.

Inférieurs physiquement, de semblables individus le sont aussi moralement. Ils se montrent féroces et brutaux, d'une immonde rapacité : tel petit hameau, la Narse, voisin de Celles, a fourni à lui seul, dit M. Roujou, un nombre très grand d'assassins qui sont allés au loin commettre leurs crimes. Ailleurs les habitants s'adonnent au vol, ailleurs à la débauche. Il n'y a pas de sens moral chez ces populations malfaisantes, qui ne comptent du reste, remarquons-le, ni idiots ni goîtreux.

C'est là, dira-t-on, compliquer singulièrement l'ethnographie de l'Auvergne. Mais d'autres savants, qui ont pris part au Congrès de l'Association française pour l'avancement des sciences, tenu à Clermont-Ferrand en 1876, Broca, Topinard, Hovelacque, et qui en ont profité pour visiter le pays, rejettent unanimement les assertions de Roujou et de Boyer (1). Ils n'ont vu nulle part de type lapon ou mongoloïde, pas plus que de type australoïde ni de type berbère en Auvergne. On leur a montré de tout jeunes enfants blonds ou roux, d'un type exceptionnel, il est vrai. Mais ce n'est pas avec des enfants que l'on fait de l'anthropologie : ils n'ont rien d'assez caractérisé, et leur teint n'est pas celui qu'ils auront plus tard : leurs cheveux blonds passeront au châtain ou au brun, leurs yeux deviendront plus foncés. On leur a montré aussi des métis. Mais actuellement tous les hommes sont des métis, il n'y a plus sur la terre que des races croisées. Toutefois ces spécimens, qui avaient tant frappé Roujou, ne sont pas le produit d'un mélange de races primitives inférieures avec la race française actuelle. Ce qui est vrai, c'est que dans les villages de Laschamps et de Fontfreyde, comme aussi en certains points des cantons de Rochefort et de Pontaumur, existent, par petits groupes, des types semblant

---

(1) Cf. *Association française pour l'avancement des sciences*. Réunion à Clermont-Ferrand, en 1876; p. 588-592.

appartenir à la pure race des dolichocéphales aux yeux bleus et aux cheveux blonds.

A ce propos, Broca fit très sagement remarquer que ce n'est pas par l'étude des individus isolés qu'on peut fonder l'ethnologie d'un pays, mais par l'étude des groupes. Il faut se défier grandement des exemples individuels qui reproduisent le type d'une race très ancienne, préhistorique : ce sont des cas extrêmes qui ne peuvent pas servir comme base de comparaison. Il vaut mieux procéder par des séries de faits, suivant une méthode plus lente, mais plus sûre; étudier, si on le peut, des centaines de crânes provenant d'une région nettement définie, comme les séries que possède l'Institut anthropologique de Paris.

A ce compte, qui a jamais mesuré, en Auvergne, un seul crâne de la race mongoloïde ou de la race laponne? et si de telles mensurations n'ont pas été faites, doit-on se borner à l'examen de la forme du nez ou de la coloration des seins de quelques individus, pour affirmer l'existence de telles races dans le pays?

Le dernier mot, dans cette question de la race moyenne auvergnate, doit rester à M. Topinard, qui, quoique partisan convaincu de la réalité du métissage, reconnaît en Auvergne deux types principaux seulement : l'un au visage long, au nez saillant, aux cheveux et aux yeux clairs, à la forme svelte, et à la taille élevée : c'est le type kimri. L'autre, au visage large et aplati, au nez très peu développé et comme enfoncé au milieu de la face, aux cheveux bruns, aux yeux gris-verdâtre ou noirs, à la taille petite et au corps robuste : c'est le type celtique. Les deux types se sont d'ailleurs fondus insensiblement l'un dans l'autre, si bien qu'on trouve aujourd'hui des spécimens offrant tous les intermédiaires. Dans la plaine d'Auvergne surtout, le mélange a été complet, absolu : voilà pourquoi les tailles y sont si variées, les crânes si divers et la coloration des cheveux et des yeux si différente. Dans la montagne, un type général se dégage plus nettement, et c'est celui que Broca qualifiait de celtique : « L'Auvergnat mo-

» derne est brachycéphale (1), a le front large et bien déve-
» loppé, les tempes pleines, les arcades sourcilières saillantes,
» le nez peu prononcé, le visage en rectangle un peu aplati,
» l'élargissement se manifestant à la fois aux apophyses or-
» bitaires externes, aux os malaires, et aux angles des mâ-
» choires, du reste assez lourdes, le cou large, la taille au-
» dessous de la moyenne, les membres gros, les épaules
» larges. Tel est le type général. Quant à ses variétés, elles
» sont infinies, les unes dues au milieu ou au genre de vie
» menée, les autres à la prédominance variable de l'une des
» nombreuses races qui figurent dans le passé historique et
» préhistorique du centre de la France. Mais ces variétés
» ne sont ni étranges, ni bizarres. En un mot, *l'Auvergnat*
» *est bien le représentant de la vieille race de Gergovie, de la*
» *race celtique.* »

La seule critique à adresser à l'auteur de ce portrait, c'est qu'il confond les brachycéphales et les Celtes, alors qu'il n'est pas du tout prouvé *historiquement* que ce soit une seule et même race. Il y a de par le monde bien d'autres brachycéphales que les Celtes et les descendants des Celtes, et si le mot *race*, au sens large du mot, s'applique bien aux premiers, il ne nous paraît pas s'appliquer aussi bien aux seconds. En d'autres termes, le savant peut parler d'une race brachycéphale, et rien n'empêche le géographe de le suivre sur ce terrain. Mais l'historien ne parlera pas, — dans le même sens, — d'un race celtique (2), et par suite le géographe doit éviter cette expression.

A côté de la critique plaçons l'éloge. Il a été question, dans le passage cité plus haut, des modifications apportées à la race auvergnate par le milieu, c'est-à-dire par le pays, son climat et son sol. Quelle que soit donc cette race, le moment est venu de rechercher comment elle s'est *adaptée à son*

---

(1) Cf. *Association française pour l'avancement des sciences.* Réunion à Clermont-Ferrand, en 1876; p. 590.

(2) La preuve en est qu'un autre anthropologiste, M. Hamy, lui donne le nom de race ligure.

milieu, autrement dit comment elle a été influencée par les conditions d'existence qui lui étaient faites, en particulier par les conditions climatériques auxquelles elle s'est trouvée soumise, ici en plaine, là en montagne. Rien, en effet, de plus certain : il a dû résulter de cette adaptation des procédés différents d'alimentation et d'hygiène, une santé et des maladies spéciales, comme aussi un tempérament moral, un caractère et des usages propres aux divers habitants de l'Auvergne.

CHAPITRE XI

Le tempérament physique et moral de l'habitant de l'Auvergne

« Il existe, dit Karl Ritter dans sa *Géographie générale
» comparée,* une liaison profonde de l'histoire des peuples
» avec la nature. D'un côté, on les voit dans une dépendance
» fatale de la nature, dépendance d'autant plus forte que
» l'homme est plus près de l'état sauvage. De l'autre, il se
» manifeste une tendance progressive des peuples à s'en
» affranchir; et, à mesure qu'ils gagnent en liberté, l'in-
» fluence de la nature qui les entoure diminue dans une
» égale proportion. Les habitants des villes, arrivant à la
» satisfaction de leurs besoins par des moyens artificiels,
» sortent entièrement de l'influence de la nature (1). »

C'est ce que Bacon avait déjà dit, sous une forme plus con-
cise et à la fois plus éclatante : « Homo, arbiter et interpres
» naturae quantum sit, tantum potest. »

Si Bacon et Ritter ont raison, il ne s'ensuit pas qu'il faille
appliquer trop rigoureusement leurs idées à la description
géographique d'un pays, ni s'imaginer que *le caractère et
l'histoire d'une population dérivent uniquement de la nature
du pays qu'elle habite.*

L'homme, être pensant et libre, et par conséquent responsable, ne doit pas être étudié à la manière d'un animal ou
d'une plante, et nous ne saurions, sans absurdité, « traiter

---

(1) Cf. Ritter, *Géographie générale comparée.* Traduction Buret et
Desor. Introduction, p. 25-26.

» les événements humains, souvent si déconcertants et si
» imprévus, comme les évolutions des plantes et des races
» d'animaux (1) ». Le premier emploi, en effet, que l'homme
fait de sa liberté, consiste à se soustraire le plus possible à la
toute-puissance du milieu ambiant. Voilà pourquoi le géographe, en observant les rapports de l'homme avec le pays,
usera de beaucoup de réserve et d'une grande discrétion;
comme il ne s'appuie en définitive que sur des faits isolés et
sur des documents trop souvent incomplets, il saura qu'en
généralisant outre mesure il s'expose à l'erreur, et que son
trop de hardiesse tournerait peut-être à sa confusion.

*

En Auvergne, la nature du pays a marqué son empreinte,
dans une certaine mesure, sur le tempérament physique et
moral des populations. La montagne et la plaine ont façonné
différemment leurs habitants, la montagne surtout.

La rudesse du climat, dans la Haute-Auvergne, influe
d'abord sur le genre de vie, sur l'hygiène, et sur la santé
générale (2). Le froid y est très dur et très prolongé pendant
l'hiver; d'où la nécessité d'un costume spécial, que les montagnards ont dû adopter, plus capable qu'aucun autre de les
préserver contre le mauvais temps. Ce costume tend à disparaître; on le retrouve encore chez les pâtres des hauts
plateaux, qui ne se sépareront pas de sitôt du lourd manteau
appelé *limousine*, du chapeau à larges bords, des guêtres
hautes, et des sabots massifs. De leur côté, les femmes se défendent du froid en se couvrant la tête d'un vaste capuchon
retombant sur les épaules, et retenu par un large cercle de
cuivre, le *serre-malice*. Sur tout le versant sud du massif
des Dore, à Latour, et en plusieurs points du Cantal, ce

---

(1) Cf. Marcel Dubois, *Leçon d'ouverture du cours de géographie coloniale à la Sorbonne*, 14 déc. 1893.

(2) Nous n'irons pas jusqu'à prétendre qu'elle empêche les Cantaliens d'être complètement formés avant vingt-cinq ans, et les femmes d'être nubiles avant dix-huit, comme le croient certains auteurs. Cf. Durif, *l. c.*

costume adapté au climat, est demeuré en usage : il n'a pas reculé devant l'invasion de costumes nouveaux, venus de la ville, et beaucoup moins appropriés aux besoins des gens du pays.

La neige, qui pendant de longs mois bloque les villages de la montagne, et qui même, dans chaque village, isole les habitations les unes des autres, provoque d'autres usages particuliers. Partout où, par suite de déboisements ou d'infertilité du sol, le bois de chauffage fait défaut, et n'est pas remplacé en quantité suffisante par la tourbe, les paysans se réfugient dans les étables (1), et y passent tout l'hiver en compagnie de leurs bestiaux. Ce n'est pas assez de vivre dans des demeures mal aménagées, mal aérées, prenant à peine jour et lumière sur le dehors ; on s'en va habiter l'endroit le plus malsain de toute la maison, où l'atmosphère est à la fois chaude et humide, tout imprégnée de miasmes organiques et d'acide carbonique. Joignez à cela une alimentation peu variée : comme boisson, du lait ou du petit lait ; comme nourriture, du pain de seigle (2), ou tout au plus du pain de méteil (mélange de seigle et de blé), des pommes de terre, quelques légumes, surtout des œufs et du fromage. La seule viande consommée normalement est la viande de porc : celle de boucherie ne paraît qu'aux jours de fêtes (3). Enfin l'hygiène du corps est inconnue de la plupart des montagnards : ils ignorent les soins de propreté, ou, s'ils les connaissent, ils s'en désintéressent tout à fait.

Toutes ces causes réunies font que l'hiver est pour eux la saison des maladies ; l'inaction complète, prolongée pendant plusieurs mois, les alanguit ; leur sang, vicié par l'air qu'ils respirent, se corrompt. Alors, suivant les cas et suivant les

---

(1) Ou, comme ils disent, dans les « voûtes », car ces étables sont d'habitude voûtées.

(2) Pour le montagnard, la céréale par excellence est le seigle, qu'il appelle *le blé*. Il réserve le nom de froment à ce que nous appelons, nous, le blé.

(3) Voir le tableau ci-après, page 219.

tempéraments, se déclarent des affections diverses, qui sont, pour ne parler que des plus répandues, les maladies de la peau ou scrofules, les maladies d'yeux, les goîtres (1).

Mais viennent la fin de l'hiver et le retour du soleil. Les conditions hygiéniques sont maintenant excellentes. Le montagnard sort de l'étable où il était confiné et à demi-enseveli, il jouit dès lors d'un air pur et constamment renouvelé, plus frais et d'une température moins variable que celui de la plaine. Cette atmosphère vivifiante rétablit ses forces, rend leur vigueur à ses muscles affaiblis, et chasse les impuretés accumulées dans son sang. Bientôt son organisme est redevenu sain, et il peut alors se livrer aux fatigues de son labeur quotidien, semer et récolter avant que le soleil ait épuisé pour lui la chaleur de ses rayons bienfaisants (2).

*

Dans la plaine, les circonstances climatériques sont différentes ; par conséquent, l'hygiène n'est pas la même, la santé non plus. Le froid de l'hiver est moins accentué et moins te-

---

(1) Il faut noter que, par les dispositions de leur race, les montagnards auvergnats sont plutôt réfractaires à ces maladies. Ce sont donc bien la mauvaise hygiène et les influences extérieures qui les y rendent sujets. En veut-on une preuve ? Prenons par exemple les maladies d'yeux en Auvergne. Les plus fréquentes sont les cataractes. Il y a une quantité relativement faible de myopies, et surtout il est très rare d'y observer des trachômes ou ophtalmies granuleuses. Le Dr Chibret soutient que cette immunité spéciale de l'habitant de l'Auvergne, par rapport au trachôme, est un caractère ethnique indiscutable, et que la race celtique de Broca jouit tout entière d'une telle immunité ; ou, du moins, si un Celte est atteint du trachôme, c'est toujours sous une forme bénigne, et avec l'impossibilité de le transmettre (quoique ce mal soit très contagieux) à un autre Celte. Il explique l'extension du trachôme en Belgique, surtout dans la Belgique flamande, par le fait que les populations de ce pays sont d'une autre race, de la race kimri ou germanique. De même la disparition assez rapide de cette maladie en France, depuis un siècle environ qu'elle a été rapportée d'Égypte, vient de ce que la France est en majeure partie peuplée de Celtes. — (Cf. Dr Chibret, *Congrès de l'Association médicale de Berlin 1890, et d'Edimbourg 1893.*)

(2) Le tableau suivant donne la proportion des jeunes gens exemptés du service militaire pour causes physiques dans le Cantal pendant la pé-

nace qu'en montagne : il y a moins lieu de se protéger contre ses atteintes. Aussi le costume du Limanien n'a-t-il pas le même rôle défensif que celui du montagnard ; voilà pourquoi peut-être, avec plus de rapidité encore, il s'est modifié dans ces derniers temps. Au lieu de l'étoffe universellement employée jadis, le basin, fabriqué dans le pays, d'une solidité éprouvée, et mieux approprié aux occupations fatigantes du cultivateur, celui-ci fait de plus en plus usage de cotonnades

riode 1842-1846 (cf. de Parieu, *L'Agriculture dans le Cantal, 1865*, p. 87).

	Examinés	Exemptés pour causes physiques		
Aurillac, nord	316	150	c'est-à-dire 1 sur	2
— sud.	487	266	plus de 1	2
Laroquebrou..	332	188	près de 2	3
Maurs.......	371	191	près de 2	3
Montsalvy....	353	215	2	3
Saint-Cernin .	178	75	pas même 1	2
Saint-Mamet..	349	223	plus de 2	3
Vic..........	318	166	1	2

Les affections caractéristiques qui donnent lieu au plus grand nombre d'exemptions sont les scrofules, les maladies d'yeux et le goître :

Tableau des cas d'exemption du service militaire pour causes physiques dans le Cantal, de 1840 à 1844

	Examinés	Goître	Yeux	Scrofules
1840	1636	21	35	45
1841	1492	18	21	35
1842	1628	19	27	62
1843	1633	24	49	49
1844	1614	15	21	70

Proportion pour cent des exemptés dans le Cantal et dans la France pour les mêmes causes physiques et pendant la même période

	CANTAL	FRANCE	OBSERVATIONS
Goître........	1.21	0.70	Près du double de la moyenne
Maladie d'yeux	1.82	0.93	Près du double de la moyenne
Scrofules.....	2.98	1.06	Près du triple de la moyenne

Quant à la durée moyenne de la vie, elle est, malgré ces affections, plus grande dans le Cantal que dans le reste de la France : 41 ans 10 mois, au lieu de 36 ans 7 mois, (d'après Angeville : *Essai sur la statistique de la population française*). Ce renseignement est ancien, il n'est donné qu'à titre de curiosité, mais il montre toutefois ce que les observations des médecins d'aujourd'hui confirment de plus en plus, que la race à laquelle appartient l'Auvergnat est douée, au point de vue des maladies en général, d'un faible degré de réceptivité.

à bon marché ou de lainages manufacturés. Sa maison, en outre, est plus grande, mieux aménagée, et surtout plus aérée que celle du montagnard; on n'y trouve pas la même cohabitation des bêtes et des gens; l'étable est réservée aux bestiaux; et, à part quelques domestiques mâles, le propriétaire et sa famille ont leurs appartements pour la nuit. Même, en certains points de la Limagne, des améliorations sérieuses ont été apportées à l'habitation du paysan: on ne se contente plus du nécessaire, on veut du confortable. D'autre part, l'alimentation du Limanien est plus variée et plus fortifiante. D'abord il boit du vin, et cela seul, en entretenant sa bonne humeur, soutient aussi sa santé physique; en pays vignoble, le propriétaire fait une grande consommation du vin de ses vignes (1); l'ouvrier et le journalier boivent du petit vin ou *piquette*; comme l'eau est généralement très pure et très fraîche, on en boit beaucoup également, et nous allons en voir la conséquence. Aujourd'hui, dans toute la Limagne, on mange du pain de froment; seuls les plus pauvres mélangent un peu de seigle au blé; on consomme toutes sortes de légumes, des pommes de terre; on se nourrit non seulement de viande de porc, mais de viande de boucherie (2). Enfin l'hygiène du corps est mieux connue, et pratiquée davantage; on tient un plus grand compte des soins de propreté; on met un certain amour-propre à se parer, soi et les siens, chaque fois qu'une circonstance extraordinaire se présente.

L'hiver n'est donc pas, dans la plaine, la saison la plus à craindre en ce qui concerne la santé et les maladies. Mais dès que le printemps paraît, le climat devient redoutable. D'abord il n'y a pas, à vrai dire, de printemps; les jours sont alternativement beaux et laids; dans la même journée, après une matinée froide, la soirée est chaude, ou inversement; déjà des orages éclatent, précédés d'une chaleur ac-

---

(1) Le vigneron de Beaumont ou d'Aubière boit en moyenne de six à sept litres de vin par jour.
(2) Voir le tableau ci-contre.

TABLEAU

DE LA CONSOMMATION ANNUELLE DE L'HABITANT DE L'AUVERGNE EN VIANDE, BLÉ OU SEIGLE, ET POMMES DE TERRE DANS LE DÉPARTEMENT DU PUY-DE-DÔME, ANNÉES 1893-1894

VIANDE

	Habitant de la plaine	Habitant de la montagne
Viande de bœuf et vache......	12 k. 48	3 k. 12
— de veau.............	16 k. 24	4 k. 06
— de mouton et brebis.....	1 k. 84	0 k. 46
— de porc.............	14 k. 77	22 k. 15
Total....	45 k. 33	29 k. 79

Soit en moyenne 37 k. 57 (tandis qu'à Paris elle est d'environ 77 kil. par an); ce qui fait par jour 124 grammes pour l'habitant de la plaine et 81 grammes pour celui de la montagne, et par semaine 871 grammes pour l'habitant de la plaine, et 573 grammes pour celui de la montagne.

PAIN DE BLÉ OU DE SEIGLE

	Habitant de la plaine	Habitant de la montagne (1)
Pain de blé ou de seigle	197 k. 465	296 k. 015

Soit en moyenne 246 k. 740 par an; ce qui fait par jour 541 grammes pour l'habitant de la plaine, et 811 grammes pour celui de la montagne; soit en moyenne 676 grammes de pain par jour (ce qui représente 520 grammes de farine).

POMMES DE TERRE

	Habitant de la plaine	Habitant de la montagne
Consommées par an	1 quintal	1 quintal et demi

Soit en moyenne 1 quintal et quart.

---

(1) Les coefficients moyens de consommation par habitant sont de 0.40 pour la plaine, et 0.60 pour la montagne.
Ces coefficients sont les mêmes pour le pain et les pommes de terre. On suppose dans le calcul que les deux groupes de population (plaine et montagne) sont de nombre égal.

cablante, et suivis de refroidissements subits. En été, on ne peut pas compter davantage sur une longue période de beau temps stable; la chaleur, d'une lourdeur fréquemment orageuse, est accompagnée de coups de vent extrêmement violents, qui durent jusqu'à deux ou trois jours de suite. Même pendant les périodes les plus chaudes, les nuits sont fraîches, et le thermomètre descend parfois au-dessous de zéro (1). En un mot, ce qui caractérise un tel climat, ce sont ses vicissitudes et son inconstance : c'est aussi ce qui en fait le danger.

Quiconque n'est pas suffisamment acclimaté, ou ne prend pas de précautions suffisantes contre les variations de la température, paie son tribut à l'une des maladies les plus répandues dans la Basse-Auvergne : aux rhumatismes, par suite des alternatives de chaleur extrême et d'humidité excessive; aux névralgies, par suite de la violence des vents; aux affections des voies respiratoires, de la gorge et du larynx, des bronches et des poumons, par suite des brusques refroidissements (2). C'est peut-être aussi dans de semblables conditions climatériques qu'il faut chercher la cause d'un mal plus singulier et assez fréquent en Auvergne, le goître.

On n'a pas encore déterminé d'une manière certaine l'origine du goître : savants et médecins ne s'accordent pas sur la question. Pour les uns (3), il faut en rendre responsable la situation des villages au fond de vallées étroites et exposées à un excès d'humidité, ou bien le défaut d'insolation, ou l'altitude, ou la misère et la malpropreté, ou l'insuffisance de nourriture. Pour d'autres (4), c'est surtout dans les *influences*

---

(1) Cf. un chapitre précédent : *Le climat de l'Auvergne. La température.* — L'automne seul est en Auvergne une belle saison, d'une température égale et assez douce.

(2) Jusqu'en ces derniers temps régnaient dans une partie de la Limagne, dans le Marais, des fièvres intermittentes : les travaux de desséchement, en assainissant le pays, les ont fait disparaître.

(3) Maffei, Niepce, Parchappe, Bramley.

(4) Hitsch, Grange, Chatain, Bailly, des Salins, Cointet, Saint-Lager. Tous rejettent l'argument tiré de la situation topographique, en faisant remarquer qu'en Auvergne l'endémie du goître est surtout forte dans des villages excellemment placés par rapport à la pureté de l'air et à la

telluriques, celle du sol et celle de l'eau, qu'on doit en chercher la vraie cause.

Quoi qu'il en soit, ce qui importe ici, c'est de donner une carte aussi exacte que possible de la répartition du goitre en Auvergne. Nous nous servirons, pour la tracer, des travaux

lumière, par exemple : Corent, Vic-le-Comte, Mirefleurs, Dallet, Lempdes, et surtout Cournon, Pont-du-Château, Beauregard, Vertaizon, Saint-Bonnet. Pour eux, c'est la substance même de notre habitat terrestre qui exerce ici une action funeste sur notre organisme ; certains terrains renferment des principes goîtrigènes qu'ils transmettent à l'eau qui en sort ou qui les traverse, et ces eaux deviennent à leur tour goîtrigènes. En particulier, toutes les eaux sortant des coulées laviques, à leur base, à Saint-Genès, à Chamalières, à Royat, à Fontmaure, à Nohanent, entre Riom et Volvic, etc., sont goîtrigènes, malgré leur limpidité et leur pureté, à cause peut-être de cette limpidité et de cette pureté. Aussi y a-t-il une très forte proportion de goîtreux à Royat, à Chamalières, à Marsat, à Riom (*). La preuve que certaines sources ont la réputation de donner le goitre, c'est que chaque année des jeunes gens vont s'y abreuver, pour se faire exempter du service militaire. On appelle ces sources *fontaines du goitre*, et leur effet ne manque jamais.

Le Dr Saint-Lager, en examinant une carte de répartition des goitreux dans la Basse-Auvergne, constate qu'il n'y en a point ou presque point dans le Marais (Gerzat, Ennezat, Maringues, Lezoux), qui est pourtant une région humide, où certaines fièvres régnaient avant les travaux de dessèchement de la grande rase de Sarlière, de Sarlière à Maringues, tandis qu'ils sont nombreux dans les villages placés sur les sources des fins de coulées. Étendant ses observations plus loin, il constate qu'en Italie il n'y a pas de goîtreux dans le Mantouan, région humide et marécageuse, tandis qu'ils se rencontrent en grand nombre dans le Brescian et le Bergamasque, pays bien plus salubres. De même, dit-il, dans le Jura, le goitre est surtout fréquent dans la partie la plus riche du département, de Lons-le-Saulnier à Voiteur, Poligny, Arbois et Salins. Ce n'est donc pas le climat, ni le relief du pays qu'il faut incriminer ; c'est dans la constitution même du terrain qu'on doit chercher le principe goîtrigène.

Le Dr Saint-Lager pense qu'en Auvergne les granites sont exempts du goitre ; les terrains porphyriques, au contraire, compteraient beaucoup de goîtreux, ainsi que les basaltes et les laves reposant sur les arkoses. De même il a observé qu'en Dauphiné toutes les eaux qui coulent sur les argiles à lignites donnent le goitre, si bien exposés que soient les villages ; exemple : le village de Septème, près de Vienne, très bien placé cependant. Même effet des eaux qui coulent sur la mollasse miocène, ce qui est le cas de la plupart des eaux du Dauphiné. Quand on quitte la mollasse pour passer sur les calcaires jurassiques et néocomiens, le

(*) Déjà Legrand d'Aussy avait remarqué que le goitre était plus répandu à Clermont et à Royat que sur la montagne. La cause du mal, dit-il, est dans l'habitude qu'ont les femmes de porter de lourds fardeaux sur leurs têtes (ce qui amène le gonflement des muscles du cou), et pour les hommes dans le fait de boire l'eau de certaines sources.

du docteur Nivet, et du croquis qui accompagne son traité du goître. (Voir planche IX.)

*

Les caractères physiques du pays exercent aussi une influence notable sur les usages et les mœurs des populations

goître cesse. Enfin, dans la Drôme, le goître accompagne de préférence les terrains de marnes aptiennes, par exemple au village de Vesc (*).

Pour le D' Nivet, qui a, lui aussi, étudié la question, la cause hydrotellurique du goître doit être écartée (**). Il n'a trouvé la preuve de l'influence du terrain sur la production du goître dans aucun cas. Il repousse également l'influence des miasmes organiques ou paludéens. Il croit à des causes multiples déterminant d'abord le goître aigu chez les sujets prédisposés; et est d'avis que la répétition des mêmes causes, jointe à l'insuffisance du premier traitement et à l'ancienneté de la maladie, fait passer peu à peu le goître aigu à l'état de goître endémique. Pour lui, les causes fondamentales qui rendent les tempéraments auvergnats aptes à recevoir le goître sont une mauvaise hygiène, comme l'habitude de se livrer à des exercices violents, qui amènent d'abondantes transpirations, puis de boire de grandes quantités d'eau froide pendant qu'on est en sueur, alors aussi qu'on est exposé, en été surtout, à des courants d'air vif, ou à des vents froids venant de la montagne. Si les femmes sont plus sujettes au goître que les hommes, cela vient de ce qu'elles ont une vie plus renfermée, et par suite un tempérament plus lymphatique; de ce qu'elles boivent beaucoup d'eau; enfin de ce qu'elles portent de lourds fardeaux sur la tête, habitude qui amène à la longue la contraction des muscles du cou et en particulier de la thyroïde.

Tout récemment une théorie nouvelle a été émise par des médecins militaires, Richard, Viry, qui ont observé dans les casernes des épidémies de goîtres, accompagnant d'ordinaire des épidémies d'oreillons. Ils croient à l'existence d'un microbe particulier du goître. Mais ils ne sont pas parvenus à l'isoler.

(*) Cf. D' Saint-Lager, *Causes du crétinisme et du goître endémique*, 1869. — Le D' Saint-Lager confond goîtreux et crétins : « Le poison crétinisant, » dit-il, agit sur les individus, rapetisse la stature et détruit l'harmonie des » proportions du corps, déforme les os du crâne et de la face, et donne à » celle-ci un aspect bestial; il modifie la structure des os et des dents, change la » forme et la consistance du cerveau lui-même, abolit ou émousse l'énergie des » sens, fait des sourds, des sourds-muets, des bègues, change la teinte blanche » et rosée de la peau en une couleur jaunâtre et terreuse, enfin assombrit ou » éteint complètement l'intelligence. »
Pour lui, l'action du milieu extérieur ou du pays sur l'homme influe même profondément sur la race et sur les qualités ethniques d'une population : « A partir du » crétinisme confirmé, dernier terme de la dégradation humaine et de *l'asser-* » *vissement aux puissances telluriques*, il est possible de remonter toute une » échelle d'états intermédiaires et *d'actions décroissantes* jusqu'au point où » l'homme, entouré de conditions favorables, est en possession de la plénitude » des facultés qui sont sa force et sa dignité ». P. 51.

(**) Cf. D' Nivet, *Traité du goître*, 1880.

Pl. IX.

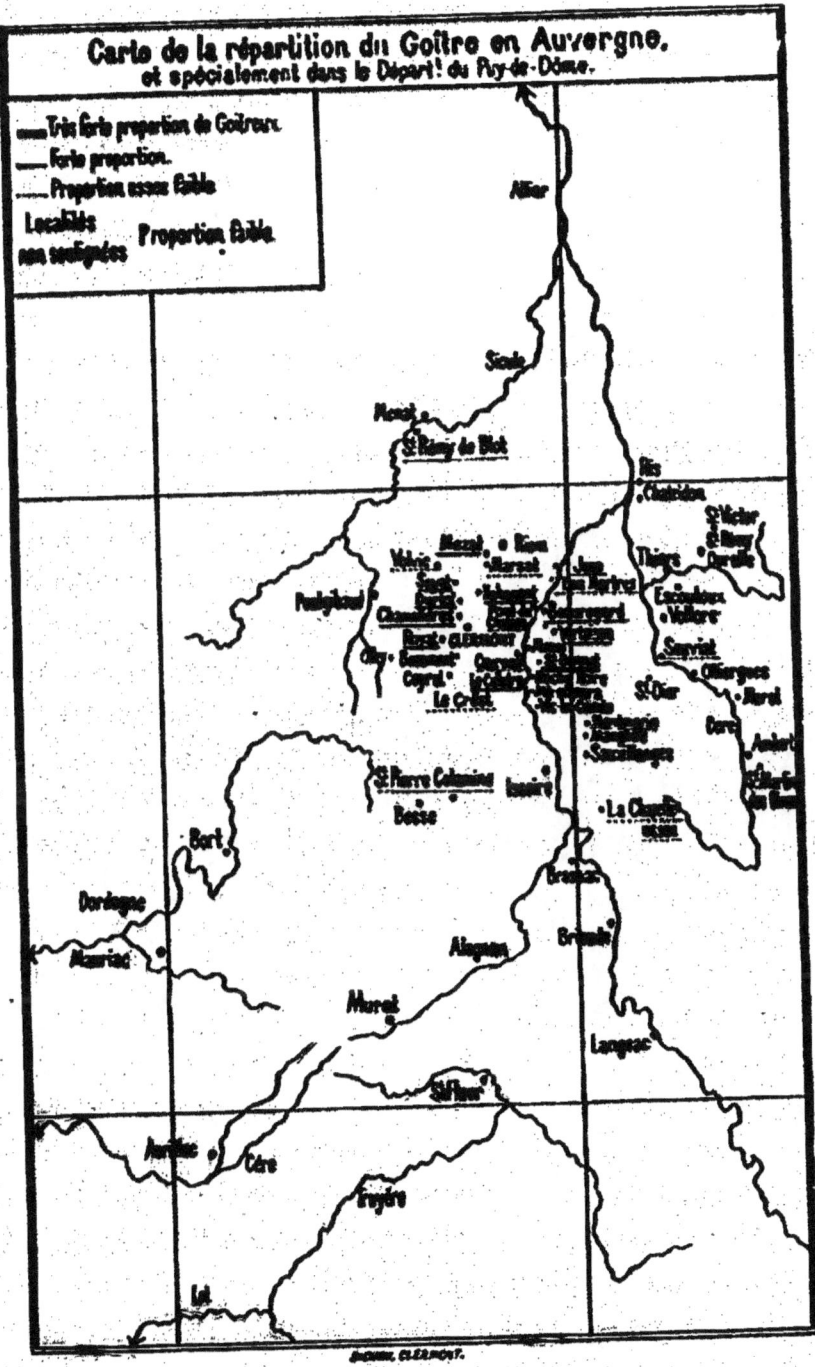

de l'Auvergne. Déjà Ballainvilliers, au xviii siècle, en avait fait la remarque : « On trouve la même différence dans le caractère des habitants que dans le climat ; le penchant et les coutumes des peuples qui habitent la Limagne et les montagnes sont opposés. Dans la Limagne le peuple est laborieux, mais grossier et pesant ; dans les montagnes le peuple est beaucoup plus vif et industrieux, il a plus d'ouverture d'esprit et d'intelligence, mais il est paresseux... En particulier, le peuple d'Aurillac passe pour avoir beaucoup d'esprit et de vivacité, mais il est paresseux jusqu'à l'excès. Le peuple de Saint-Flour passe pour plus malin, et ne manque pas de pénétration et de vivacité. Le peuple des montagnes du mont Dore est dur, grossier et sauvage. Dans les lieux de commerce comme Thiers et Ambert, le peuple a les manières fort douces et fort simples (1). »

Aujourd'hui encore, la même différence existe entre Auvergnats de la plaine et Auvergnats de la montagne ; et la preuve, c'est qu'ils se jalousent réciproquement et se tournent en dérision, sans toutefois que cette antipathie prenne jamais un caractère aigu. Le montagnard qui est le plus vif raille sans pitié le Limanien, plus épais et plus lourd, disant que « de la plaine d'Auvergne ne viennent ni bon vin, ni bon argent, ni bonnes gens. »

Dans la plaine l'influence des conditions climatériques et physiques sur le tempérament des habitants est moins marquée que dans la montagne ; cela tient à ce qu'en plaine le mélange de plusieurs races s'opère plus aisément, et que chaque race perd de son caractère propre au contact des autres. La Limagne surtout, par sa fertilité naturelle et sa puissance productive, était de nature à attirer chez elle des

---

(1) Cf. Ballainvilliers, Mémoire de 1765, *l. c.*
En 1847, Durif écrit : « Le peuple d'Aurillac a de la vivacité d'esprit, mais beaucoup de paresse ; celui de Saint-Flour est pénétrant, mais malin ; celui de Mauriac industrieux, mais irascible ; celui de Murat actif, mais peu loyal. » Cf. *L'ancienne Auvergne et le Velay*, t. III.

exploitants venus de tous pays : des montagnes voisines d'abord, où l'on constate à toutes les époques un exode des populations des hauteurs vers des régions plus basses (1), ensuite des contrées plus pauvres placées tout autour de l'Auvergne. De là la difficulté de tracer un tableau ressemblant du Limanien, d'en indiquer les traits essentiellement changeants et divers. Il faut, ici, se borner à essayer de dégager les quelques caractères généraux applicables à la majorité des cas.

Le premier effet de l'action que nous étudions, c'est, d'un bout à l'autre de la Limagne, l'attachement sincère, profond, presque religieux, de l'homme pour la terre. Le paysan aime son champ, grand ou petit; il éprouve une jouissance intime à le voir prospérer entre ses mains, et regarde comme un malheur irréparable d'être obligé de s'en dessaisir. Ce culte du paysan pour la glèbe entraîne avec lui la nécessité du travail, et non pas d'un travail léger ou superficiel, mais d'un travail continu et acharné. Avec une patience admirable et un zèle inouï, le paysan s'occupe de son bien, et c'est peut-être cette existence obstinément tendue au même but qui, à la longue, l'a alourdi, et lui a enlevé l'originalité de caractère qu'on trouve encore chez le montagnard. D'un autre côté une telle vie, exempte de toute espèce d'imprévu, a pour résultat le calme absolu de l'imagination, en même temps qu'elle donne à l'esprit une perception pratique et positive des choses.

Quoique doué d'un grand bon sens, le cultivateur de la Limagne est lent au progrès, routinier; c'est que, le plus souvent, il a un besoin trop immédiat du revenu de sa terre,

---

(1) Il n'y a, pour s'en convaincre, qu'à feuilleter les chartriers et les pouillés conservés dans les archives des principales villes de l'Auvergne, de Clermont en particulier. Tous les noms que l'on rencontre de familles établies pendant le moyen-âge en Limagne sont originaires de la montagne, où elles étaient fixées à une date antérieure. Ces familles ont donc suivi la pente naturelle du terrain, et sont descendues, à une certaine époque, dans la plaine.

Le phénomène inverse n'a jamais lieu.

pour hasarder quoi que ce soit avec elle; il se contente des profits qu'une culture uniforme lui en fait retirer depuis des siècles, et n'envie pas ceux qu'il pourrait avoir en essayant d'autres méthodes. Cependant il n'est pas, à priori, hostile aux nouveautés, et, s'il voit un essai réussir chez le voisin, il s'empresse de l'imiter.

Le même attachement de l'homme pour le sol explique sa conduite vis-à-vis des membres de sa famille. Il tient la femme dans un rang inférieur (1), bien que celle-ci joue un rôle actif dans le ménage, et prenne sa bonne part des travaux de chaque jour. C'est le fils aîné qui est le favori de toute la maison, c'est lui que le chef de famille, s'il a plusieurs enfants, cherche à avantager le plus possible par son testament, c'est à lui qu'il voudrait pouvoir transmettre l'héritage tout entier, de crainte que la propriété, en se morcelant, ne diminue de valeur. Voilà pourquoi l'habitant de la plaine, en Auvergne, n'a pas beaucoup d'enfants : autant le premier-né, surtout si c'est un garçon, est accueilli avec transport, autant les suivants sont mal vus (2).

Il est plus difficile de rattacher à l'influence du pays les autres traits de la physionomie du Limanien. Il est probe, obligeant, de mœurs douces, peu susceptible d'entraînement et de passions vives. Mais, parfois, il devient défiant, rusé et faux, aussi bien dans les petites que dans les grandes circonstances; et cela, non seulement à l'égard de l'homme des

---

(1) Les femmes ne mangent pas à table avec les hommes : elles ne prennent part à la conversation que vers la fin des repas, et encore, à ce moment, restent debout.

(2) Tel village de la Limagne, à peu de distance de Clermont, est réputé pour le grand nombre des avortements et des infanticides qui s'y commettent. Les médecins du pays avouent qu'ils ont eu affaire chacun plusieurs fois à des cas de ce genre, cas où ils avaient *la preuve morale absolue*, sinon la preuve matérielle, qu'un crime avait été commis. — Ajoutons que le phénomène social de la *limitation de la population* n'est malheureusement pas particulier à la plaine d'Auvergne : on le constate en bien d'autres régions fertiles de la France, comme en Normandie; on le constate aussi dans les grandes villes, et notamment à Paris. Si nous en parlons ici, c'est pour accentuer le contraste entre les pays de plaines et les pays de montagnes de l'Auvergne.

villes, mais avec son voisin; entre eux les paysans ont la même allure, et, comme ils jouent à jeu égal, ils déploient dans leurs discussions des ressources inimaginables.

*

Tandis que l'habitant de la Limagne se déforme peu à peu au contact d'autres populations, et devient de moins en moins rebelle à la civilisation cosmopolite de notre époque, le montagnard d'Auvergne demeure plus fidèle aux traditions de sa race, et conserve son type presque aussi pur qu'autrefois. C'est que l'empreinte mise sur lui par le sol est plus profonde : « Populations, caractères, coutumes, mœurs, tout » dans la Haute-Auvergne se ressent et s'inspire du sol; tout » paraît avoir son explication, sa démonstration, sa raison » d'être dans le climat (1). »

En montagne, le point de départ des rapports du pays et de l'homme n'est pas le même qu'en plaine. Devant les espaces immenses que la nature lui offre pour faire paître ses troupeaux, le paysan ne peut pas éprouver la même passion, le même culte pour la terre; il ne connaît pas si bien les bornes précises ni les limites exactes qui séparent deux propriétés l'une de l'autre; il jouit du sol plus librement, sans craindre de contestation de son voisin pour qui la même jouissance existe; aussi, d'ordinaire, les troupeaux vont où ils veulent, et nul ne songe à reprocher aux pâtres de les laisser se conduire à leur guise.

La première conséquence de ce fait, c'est que le montagnard est paresseux. Dans toute l'Auvergne pastorale, il a peu de peine à vivre, l'herbe poussant toute seule pour engraisser ses bœufs et donner du lait à ses vaches; aussi se contente-t-il d'utiliser une ressource qui ne lui manquera jamais, ou ne cherche-t-il que très rarement à accroître la surface cultivée de ses plateaux. Au lieu de défricher des zones encore incultes et d'installer, là où ce serait pos-

---

(1) Cf. Durif, *L'ancienne Auvergne et le Velay*, t. III, p. 191.

sible, des cultures plus rémunératrices, céréales, prairies, etc., il se borne partout au minimum d'exploitation. Il aime mieux s'en tenir à la mauvaise alimentation qu'il a pendant l'hiver que de l'améliorer en travaillant et en récoltant davantage. Non seulement, dans la mauvaise saison, il se nourrit mal lui-même, en raison de sa paresse, mais il nourrit mal son bétail. Toutes les récoltes qu'il a eues dans l'année sont conduites au marché de la ville voisine, et échangées contre de beaux et de bons écus. Même la paille est vendue; si bien que les bestiaux sont réduits à manger en hiver... des feuilles d'arbres. Pendant tout le mois d'octobre, sur le bord des chemins, dans les taillis et les buissons, le long des bois, on peut voir les paysans juchés dans les arbres, et les tondant, branche par branche, du haut en bas : spectacle piteux, singulier passe-temps !

N'ayant pas la même obligation du travail, et craignant moins le morcellement de son héritage, le montagnard se comporte autrement dans sa famille. D'abord il ne redoute pas une descendance nombreuse; ensuite il ne fait pas de différence trop tranchée entre son fils aîné et ses autres enfants; enfin il met sur le même rang ses fils et ses filles, et a pour tous une égale affection. La vie de famille est très développée dans les montagnes d'Auvergne, et contribue, en maintenant intactes les traditions du passé, à faire du montagnard actuel la vivante image de ses ancêtres.

Le point de départ des rapports du pays et de l'homme est ici le mode de groupement des populations, mode imposé par la nature du sol. Tandis qu'en plaine la nécessité d'un grand concours de bras pour les travaux agricoles et la grande quantité de produits variés réunis sur un même espace amènent la fondation de villages relativement peuplés (dans la Limagne les villages ont communément un millier d'habitants), les habitudes pastorales, en obligeant les montagnards à construire leurs chaumières près des pâturages où ils font paître leurs bestiaux, les dispersent à l'infini. En montagne, pas d'agglomération possible : ou les villages, quand il s'en rencontre, sont très peu peuplés (les villages de la Haute-Auvergne ont en moyenne une centaine d'habitants), ou plus souvent de simples hameaux, séparés les uns des autres, groupent tout au plus quelques familles ensemble.

Un semblable isolement oblige à ne compter que sur soi, et à être économe. En d'autres termes, le montagnard s'habitue forcément à régler sa dépense sur les ressources ordinaires d'un sol qui tous les ans a les mêmes productions; au lieu que, dans la plaine, les récoltes variant d'une année à l'autre et pouvant passer de la quasi-nullité à l'extrême abondance, les dépenses se mesurent aux chances aléatoires des bonnes et des mauvaises années, et sont par suite bien moins régulières. La seconde conséquence du même fait, c'est, chez le montagnard, le développement de la faculté de réflexion, même d'une certaine imagination, parfois d'un certain mysticisme. Presque toujours son intelligence est alerte, vive, primesautière; comme il use moins son corps, et dépense moins de force physique, comme il a du temps pour rêver, son cerveau demeure plus libre et plus souple, plus capable de légèreté, de frivolité, ou parfois de poésie. Qu'on ne s'y trompe pas, en effet : sous son écorce rude et grossière, l'Auvergnat de la montagne est naturellement gai, serviable, plein de bienveillance et d'honneur; s'il entreprend un métier, il s'y montre constamment attentif et ordonné, il y fait preuve d'aptitudes remarquables; et comme il joint à son intelligence native la volonté ferme et tenace de réussir, il triomphe là où d'autres échouent (1). Il est seulement regrettable que l'activité de son esprit ne soit pas plus souvent tournée vers le progrès, et que son entêtement habituel le laisse indéfiniment ignorant (2).

---

(1) On a pu dire de lui, assez justement, « qu'il avait du génie à force » d'industrie, et de l'esprit à force de bon sens ». Cf. Durif, *l. c.*

(2) Cf. Grenier. *L'industrie dans le Cantal*, 1836; chapitre intitulé : *Des obstacles qui s'opposent, dans le Cantal, aux progrès de l'agriculture*. L'auteur signale, parmi ces obstacles, la paresse, l'entêtement, l'ignorance, le goût des procès, et la trop grande quantité des mendiants.

Faut-il trouver enfin une influence quelconque de la nature extérieure dans certaines distractions préférées des Auvergnats? Nous n'irons pas jusqu'à le dire. Qu'on nous permette seulement de détacher à ce sujet, dans les ouvrages d'auteurs qui ont bien vu et bien décrit l'Auvergne, quelques passages caractéristiques. Il y est question principalement des danses du pays et des amusements qui les accompagnent :

« Après le plaisir de boire, dit Legrand d'Aussy, dans son
» *Voyage d'Auvergne* (1), le plus grand plaisir que connaisse
» l'Auvergnat est celui de danser. Mais son caractère apa-
» thique n'étant point fait pour trouver de l'amusement dans
» une danse grave et sérieuse, il lui en a fallu une qui, par
» sa vivacité, fût propre à le secouer. Or telle est celle qu'il
» a inventée, et qui porte le nom de *bourrée d'Auvergne*.
» C'est une sorte d'allemande qui, avec beaucoup de mou-
» vements, est néanmoins monotone et insipide. « Dans les
» bals, dit Fléchier, on danse ordinairement les bourrées,
» soit parce qu'elles conviennent fort au pays, soit parce
» qu'il est permis de saluer la dame et de baiser : ce qui ne
» se fait point ni pour les courantes, ni pour les autres
» espèces de contre-danses. » L'habitant des campagnes,
» comme celui des villes, a ses danses aussi, et particuliè-
» rement sa bourrée; mais la sienne, plus grossière encore
» et plus agreste, s'appelle *la montagnarde*. Ordinairement
» il ne danse qu'au chant et au son de la voix, excepté dans
» certains mariages opulents et autres fêtes d'éclat, où
» l'on fait venir une cornemuse, instrument qui dans
» pays porte le nom de chèvre, parce qu'il est fait avec la
» peau de cet animal. »

Monnet, qui visitait les Bains du Mont-Dore à peu près à la même époque, raconte à ce propos une anecdote curieuse (2) : « Cette demoiselle était affectée d'une extinction

---

(1) Cf. Legrand d'Aussy, *Voyage d'Auvergne*, 1788; t. III, p. 346.
(2) Cf. Monnet, *Voyage aux Bains du Mont-Dore*, 1786; *passim*.
Cité dans les « Mémoires de l'Académie de Clermont, » 1887, p. 86-166.

» de voix si grande, qu'elle ne pouvait se faire entendre qu'à
» la façon des muets. Cette pénible situation lui était venue
» à la suite d'une danse forcée et trop longtemps continuée. »
Et il ajoute : « Les accidents du genre de celui de cette de-
» moiselle sont très fréquents parmi les jeunes filles de l'Au-
» vergne, en raison de leur extrême passion pour la danse.
» L'amour de ce divertissement dégénère chez elles en une
» espèce de fureur, surtout dans les montagnes, ce qui peut
» s'attribuer au grand froid qu'on y éprouve en hiver. »

A un autre endroit, Monnet dit encore : « De ce balcon, ma
» fille voyait avec plaisir les montagnards et montagnardes
» s'assembler sur la petite place, et souvent, après avoir bien
» dansé et s'être bien réjouis, se battre à coups de gaule.
» Les femmes alors s'occupent à les séparer, et y par-
» viennent rarement avant qu'il y ait du sang répandu.
» Ces batteries, très fréquentes dans ces montagnes, ne sont
» pas des guet-apens, mais des espèces de duels où l'adresse
» consiste à parer les coups. Une dame présente dit à ma
» fille que ces gens-là n'étaient pas de notre espèce, mais
» des bêtes féroces ayant des crânes et des épaules de fer.
» Leurs disputes naissent souvent d'une bagatelle, d'un mot
» injurieux, mais n'ont que rarement pour cause un vol ou
» une injustice. Car ces paysans sont renommés pour leur
» probité, et s'arment même pour aller défendre les op-
» primés. »

Et Monnet conclut ainsi : « J'appris à ma fille à distin-
» guer, à cette occasion, le caractère des montagnards
» auvergnats de celui des habitants de la Limagne. Les
» premiers sont francs, farouches et brutaux, mais hon-
» nêtes gens ; les seconds, rusés, fourbes et processifs,
» cherchant à se supplanter et à se ravir leurs biens. Il
» semble donc que, plus on approche de la civilisation,
» plus on trouve l'injustice. »

CHAPITRE XII.

L'exploitation de la montagne

Il est manifeste que, si l'homme subit la nature, il a à sa disposition une intelligence et une volonté grâce auxquelles il la dompte : l'influence de l'homme sur la terre est immense ; elle s'accroît chaque jour ; elle l'emporte finalement sur l'influence contraire, de sorte que l'habitat humain, modifié et amélioré sans cesse par le travail de l'homme, ne ressemble plus à ce qu'il était à l'origine.

En s'établissant en Auvergne, l'homme a trouvé devant lui : — un terrain datant, nous l'avons vu, de toutes les époques géologiques, — un sol accidenté, ici nu, là recouvert de terre végétale, — un climat très changeant et très varié, — un système compliqué d'eaux courantes, dont rien ne semblait a priori devoir régler l'allure, — enfin des espèces naturelles de plantes et d'animaux, en nombre variable suivant les lieux, et d'une utilité plus ou moins immédiate.

Ces divers éléments de richesse, comment va-t-il les « exploiter » ?

L'exploitation agricole d'un pays est fonction de sa géologie, de son relief et de son climat, puisque les végétaux ont besoin, pour vivre, à la fois de la terre et de l'atmosphère (1). Il faut donc prendre, pour point de départ d'une

---

(1) Cf. Cauwès, *Economie politique*. On a calculé que les végétaux puisent environ un vingtième de leurs substances nutritives dans le sol, et que les dix-neuf vingtièmes restants leur étaient fournis par l'atmosphère.

telle étude, certaines considérations sur les natures de sols, les formes du relief, et les climats locaux de l'Auvergne.

a) Toutes les natures de sols existent en Auvergne. Nous en avons déterminé trois principales, les terrains granitiques, les terrains volcaniques, et les terrains tertiaires et quaternaires. Pour connaitre leur composition et leur qualité agricole, il faut chercher dans quelles proportions ils renferment les éléments essentiels qui constituent le sol arable et en font la fertilité : la chaux, la potasse et l'acide phosphorique.

Les terrains granitiques de l'Auvergne renferment de la potasse en quantité suffisante, mais ils manquent à peu près complètement de chaux, et sont pauvres en acide phosphorique (1). Par suite, les terres qui proviennent de la désagrégation de ces granites ne sont fécondes qu'à la condition d'être chaulées ou phosphatées. Sinon, elles ne produiront qu'un peu de seigle, un peu d'avoine, des pommes de terre, du sarrazin : on ne pourra y cultiver ni blé ni trèfle (2).

Les terrains volcaniques renferment à la fois de la chaux (quoique en quantité relativement faible), de la potasse, et surtout de l'acide phosphorique. Les analyses de ces terrains montrent que leur fertilité est en raison directe de la proportion d'acide phosphorique qu'ils contiennent (3). Par suite, et sans amendements, ces terrains sont fertiles : ils produisent tantôt des pâturages excellents, tantôt des céréales, ailleurs de la vigne.

Les terrains tertiaires d'Auvergne renferment, eux aussi, et en plus grande quantité encore, de la chaux, de la potasse

---

(1) Cf. Truchot, *Observations sur la composition des terres arables de l'Auvergne*, dans les « Annales agronomiques », I, n° 4, 1875. Comme exemples, voir les analyses des terres de Bourgnon-Trézioux (canton de Saint-Dier), et de Theix (canton de Clermont).

(2) Cf. Leroux, *Les terrains agronomiques du Puy-de-Dôme*, dans la « Revue agricole du Puy-de-Dôme », de mai 1893 à mai 1894.

(3) Cf. Truchot, *Analyse des terres de Beaumont, d'Aubière, etc.*, l. c.

et de l'acide phosphorique. Le sol de ces terrains est brunâtre, se tenant en grumeaux, et ne se délitant pas en grains de sable. La couche arable y atteint parfois une très grande épaisseur, et sa fertilité naturelle est si grande qu'on a cru à la présence, dans ces terrains, de terreau ou d'humus en quantité. Cela n'est pas : les seules causes de la fécondité de la Limagne d'Auvergne sont, outre l'acide phosphorique, les chlorures alcalins, qui influent spécialement sur la culture de la betterave (la betterave absorbant avidement ces chlorures), et la lithine, ou chlorure de lithium des sources, qui influe spécialement sur la culture du tabac (le tabac étant une plante lithinifère) (1).

En résumé, l'acide phosphorique est l'élément principal de la fertilité des terres de l'Auvergne, et les sols volcaniques et tertiaires doivent leur grande valeur agronomique à une proportion notable de cet acide phosphorique, rendu d'ailleurs plus facilement soluble et assimilable par la présence de la chaux (2).

b) Toutes les formes de relief existent également en Auvergne, et la distribution du ruissellement des eaux douces s'y fait, nous l'avons vu, de la manière la plus variable. Or cette distribution est essentielle en ce qui concerne la culture, car l'eau est d'un secours immense pour la fécondité des terres arables. Toutes les eaux, du reste, n'ont pas à ce sujet la même valeur : les eaux qui ruissellent sur les sols granitiques sont sans action chimique appréciable sur les terres cultivées; au contraire celles qui sortent des sols volcaniques les améliorent considérablement. Cela vient de ce que les eaux granitiques, assez riches en potasse, ne contiennent presque point d'acide phosphorique; tandis que les eaux volcaniques, plus pauvres en potasse, sont bien plus riches en

---

(1) Cf. Truchot, *l. c.* Il y a quinze ans, on trouvait dans le département du Puy-de-Dôme 65 hectares cultivés en tabac. Aujourd'hui on n'en trouve plus que 15 hectares. C'est une culture qui s'en va.

(2) Cf. Truchot, *l. c.* Conclusion.

acide phosphorique; quelques-unes en renferment plus d'un milligramme par litre :

l'eau de Nohanent en contient.... 0^{mg}873
celle du lac Pavin.............. 1^{mg}080
celle de la Couze d'Issoire....... 0^{mg}850 (1).

c) Enfin tous les climats locaux existent en Auvergne, mais on sait qu'ils échappent à une classification régulière et précise. Leur action sur l'agriculture est fondamentale : d'eux dépendent à peu près entièrement les semailles et les récoltes, ainsi que la date de chacun des travaux que réclament les cultures du pays. Ce n'est pas tout; les agents atmosphériques, en contribuant pour une large part à la décomposition des roches, et en en dégageant les principes fertilisants, augmentent encore la puissance productive de l'Auvergne. Il faut donc tenir le plus grand compte des conditions climatériques auxquelles un sol est soumis pour savoir quelle culture lui convient le mieux, et pour obtenir de lui un rendement maximum.

*

De ce qui précède, il résulte que l'Auvergne a des terrains *naturellement fertiles*. Cela suffit-il pour que le pays soit riche? Non. A l'œuvre de la nature doit s'ajouter l'œuvre de l'homme. Si l'homme n'intervient pas pour *mettre en valeur* le sol, s'il n'applique pas son intelligence à l'*exploiter* savamment, de quoi sert la fertilité naturelle? et combien de temps durera-t-elle? Ici se pose un problème économique intéressant.

Certains savants (2), n'envisageant que la fertilité naturelle du sol, et faisant peu de place à son exploitation par l'homme, ont pensé que la force productive de la terre avait des limites, et que plus l'humanité avancerait, moins l'agriculture donnerait de fruits. La conclusion d'un tel système, c'est qu'il

---

(1) Cf. Truchot, *Analyse des eaux volcaniques d'Auvergne*.
(2) Malthus, Ricardo.

faut se garder d'accroître indéfiniment la population du globe, sous peine de s'exposer à laisser mourir de faim une partie des habitants. Le point faible de cette théorie frappe immédiatement l'esprit. Il suffit, pour la rétorquer, de faire appel à la loi universelle du progrès, qui montre que chaque jour l'homme exploite de nouvelles terres jusque-là en friche et considérées comme infertiles, et qui veut que, grâce aux perfectionnements incessants de la culture du sol, il lui fasse rendre tout ce dont il a besoin.

D'autres économistes (1), mieux inspirés, l'ont parfaitement démontré. Ils ont observé que les premiers agriculteurs cultivèrent, à l'origine, les lieux élevés, les plateaux, c'est-à-dire les terres où l'épaisseur de la couche arable était très petite ; il en devait être ainsi, parce qu'à ce moment-là les bas-fonds et les vallées étaient encore sous l'eau, ou recouverts de forêts impénétrables. Ainsi les premiers défrichements ont eu lieu dans des zones que nous considérons aujourd'hui comme peu fertiles naturellement. En Auvergne, les choses se sont certainement passées de la sorte. Puis, à la longue, mais très lentement, la culture est descendue des hauteurs et s'est avancée dans la plaine : l'homme a desséché les marais, élagué les forêts, et a pu mettre en exploitation des terres plus favorisées de la nature et douées d'une plus grande force productive. Ainsi l'habitant de l'Auvergne a peu à peu ensemencé les coteaux, plus tard il s'est rapproché de la Limagne, et a attendu encore longtemps avant de pouvoir en tirer parti ; enfin, quand les marais eurent définitivement disparu, grâce en partie à ses efforts, il a fait de cette plaine un des greniers de la France (2).

(1) Carey, Cauwès.
(2) Pour se convaincre de ce fait, il n'y a qu'à voir ce qui s'est passé en Amérique, après la découverte du continent au xve siècle. Partout, au sud comme au nord, les nouveaux immigrants ont occupé et exploité d'abord les régions hautes. Ce n'est que depuis peu, après de grands travaux d'assèchement et de déboisement, qu'ils ont transporté les cultures dans les vallées et les plaines. Aujourd'hui ils s'attaquent aux régions alluviales et d'aspect marécageux, comme le delta du Mississipi, dont on

Ce qui prouve mieux encore la vérité de ce fait agronomique, c'est ce qui arrive de nos jours dans les pays dont la prospérité agricole décline : la culture abandonne les vallées et retourne aux plateaux. Considérons, en Italie, le versant occidental ; la région appelée maintenant *Maremmes* et *Marais Pontins* s'appelait autrefois *Plaines Pontines*; c'était, au temps des Etrusques et des anciens Romains, une terre extrêmement fertile et productive. Peu à peu l'exploitation de l'homme a faibli, puis a cessé tout à fait; l'appauvrissement a amené du même coup l'insalubrité de la contrée; et, depuis l'abandon de cette plaine, ce sont les collines de l'intérieur qui seules sont mises à contribution pour fournir aux besoins du pays.

Tout cela montre qu'une exploitation raisonnée, une culture susceptible de perfectionnements à l'infini, modifient sensiblement les conditions agronomiques naturelles du sol. Dans ce qui suit, nous ne séparerons jamais ces deux termes jumeaux de la richesse agricole de l'Auvergne, la fertilité naturelle de la terre, et son exploitation par l'homme.

FORÊTS ET REBOISEMENT

L'Auvergne portait autrefois bien plus de forêts qu'aujourd'hui (1). C'était un des pays les plus boisés de toute la France. Un rapport de 1843, rédigé par le Préfet pour le Conseil général du Puy-de-Dôme, constate qu'en 1790 le département avait une contenance de 150,000 hectares de bois. En 1860, d'après le rapport de l'Inspecteur des forêts, ce même département n'en contient plus que 56,276 hectares.

---

craignait jusqu'ici les miasmes pestilentiels. Or les premières tentatives d'assainissement et de mise en valeur de ces terrains ont donné des résultats merveilleux; et tout fait prévoir qu'un jour viendra où ces régions seront exploitées régulièrement, et compteront parmi les plus fécondes et les plus productives du continent tout entier.

(1) Cf. *Inventaire sommaire des Archives départementales*, Puy-de-Dôme, série C, t. I, 1893; *passim*.

En 1895, le chiffre s'est relevé, et la superficie forestière du Puy-de-Dôme atteint 94,000 hectares (1).

Il en est de même pour le département du Cantal : lui aussi, pour la superficie boisée, a perdu depuis le dernier siècle. Elle dépassait 100,000 hectares en 1789 ; elle n'est plus que de 75,000 en 1864 (2) ; depuis, ce chiffre n'a pas sensiblement augmenté.

On peut donner de ce déboisement, poursuivi malheureusement pendant trop d'années, plusieurs causes, les unes légitimes ou excusables, les autres fâcheuses et impardonnables.

En tête des premières se place le *défrichement*, qui, en Auvergne, s'opère sans arrêt, quoique avec lenteur. D'après la loi (3), aucun défrichement ne peut avoir lieu sans que l'Administration des forêts ne donne au préalable son consentement ; il ne faut pas, en effet, que l'intérêt général soit lésé par les intérêts particuliers. Mais la loi n'est pas toujours observée, et souvent les déclarations de défrichements ne sont pas faites à qui de droit : un certain nombre de terrains boisés d'Auvergne ont ainsi disparu pour faire place à des cultures plus rémunératrices : vergers, prairies naturelles, etc.

Mais à côté de ces défrichements excusables s'exerce le déboisement mal compris, aveugle et sot. L'Administration des forêts, qui voit le dommage, ne peut pas toujours l'empêcher ; elle se heurte à un parti-pris et à une obstination singulière de la part des gens des campagnes. Tantôt c'est une exploitation imprévoyante de la forêt (coupes trop fréquentes, pas de réserves gardées) qui amène peu à peu sa disparition complète ; et, dans ce cas, la bruyère apparaît bientôt, tenace et envahissante, sur l'emplacement des anciens

---

(1) Cf. Bénardeau, *Les forêts au Concours régional de Clermont-Ferrand*, 1895.
(2) Cf. de Parieu, *L'agriculture dans le Cantal*, 1864.
(3) Cf. *Code forestier*, art. 220.

bois. Tantôt c'est par l'introduction du bétail dans les futaies et les taillis que le déboisement s'opère, et les ravages causés par les animaux non soumis à surveillance ont bientôt raison des plus belles forêts. Le Code forestier a beau donner aux agents de l'Administration certains droits à faire valoir contre un semblable vandalisme; par exemple, il prescrit de ne tolérer le pacage que là où le sol est absolument rebelle à la pousse des essences forestières. De telles défenses sont vaines, et les nécessités immédiates du pâturage l'emportent toujours, aux yeux des particuliers, sur toute autre considération, surtout sur le souci de l'avenir. Enfin il faut bien dire que parfois c'est l'État lui-même qui, entendant mal l'intérêt général, le sacrifie aux intérêts particuliers, et qui, pour sauvegarder le présent, compromet lui aussi l'avenir. Pendant la longue sécheresse de l'année 1893, l'ordre est venu du Ministère de l'agriculture de laisser paître le bétail dans les tout jeunes semis, dans les plantations les plus récentes. L'ordre a été exécuté de telle sorte que, dans certaines régions d'Auvergne, autour de certains villages, le bétail a détruit pour des centaines de milliers de francs de semis de pins ou de sapins : et cela pour trouver une nourriture équivalente à quelques francs à peine. Rien que du fait de cette sécheresse anormale qui a duré trois mois (mars-juin 1893), l'Auvergne a subi une perte immense de ses ressources forestières, surtout de ses espérances (1). Une dernière cause de déboisement provient des incendies, dus soit au hasard, soit à la malveillance. Chaque année on a des sinistres de ce genre à enregistrer : il est vrai qu'on parvient d'ordinaire à localiser immédiatement le fléau (2).

Le déboisement d'une partie de l'Auvergne, à travers toute la première moitié de ce siècle, a eu des conséquences graves.

(1) Renseignement fourni par un fonctionnaire de l'Administration des forêts, bien placé pour juger des funestes conséquences d'une pareille mesure.
(2) Les bois de Durtol, aux environs de Clermont, flambent presque tous les ans.

Il suffit, pour s'en convaincre, de se rappeler *qu'en montagne un sol déboisé est forcément inculte.* En effet, tant que les pentes sont couvertes de bois, le ruissellement des eaux sauvages est amorti, et le travail de l'érosion, dont nous avons vu plus haut la puissance, est relativement diminué. Si au contraire la montagne a été déboisée, le ruissellement reprend toute son intensité, et l'érosion redevient formidable. Les crues des torrents sont terribles, les inondations causent de véritables désastres ; et finalement les versants, dépouillés de leur couverture végétale, perdent toute puissance productive.

En Auvergne, malgré les défrichements et les déboisements, il reste encore de belles forêts, et la surface boisée est très appréciable. On rencontre à la fois des forêts de plaines et des forêts de montagnes, mais ces dernières l'emportent de beaucoup. Elles se répartissent en trois catégories, forêts domaniales ou de l'Etat, forêts communales, et forêts particulières.

Forêts domaniales. — Le département du Puy-de-Dôme en compte quatorze, dont les plus grandes sont celles de Bois-Grand (238 h. 67), de Chartreuse (212 hectares), de l'Eclache (191 hectares), de Saint-Gervais (173 h. 30), et de Saint-Germain-l'Herm (137 h. 28) (1). Leur contenance totale est de 1476 h. 73. Elles sont pour la plupart d'origine ecclésiastique, ce qui signifie qu'elles dépendaient autrefois, avant la Révolution, d'évêchés ou de monastères.

---

(1) Voici les noms et la contenance des quatorze forêts domaniales du Puy-de-Dôme, d'après le tableau fourni au Concours régional de Clermont-Ferrand en 1895 :

Saint-Germain-l'Herm	137 h. 28	Queuille	71 h. 85
Bois-Grand	238 67	Saint-Gervais	173 30
Royat	42 20	Châteauneuf	43 11
Chartreuse	219 09	Blot-l'Eglise	70 42
Chaumadoux	67 47	Chapdes-Beaufort	62 73
Eclache	191 11	Combrailles	62 31
Sur la Sioule		Miremont	45 92
Montfermy	55 h. 27	Total	1476 h. 73

Dans le Cantal, les sept forêts domaniales sont aussi, pour la plus grande partie, des forêts de montagnes : elles s'élèvent jusqu'à 1450 mètres (1), mais ne montent pas plus haut, car la violence des vents supérieurs aurait vite raison de la résistance des troncs les plus solides. Les principales sont celles de Murat, de Suquet (2), de Maubert, du Siniq, de la Margeride (3). Leur contenance est d'environ 1700 hectares (4).

Forêts communales. — Elles appartiennent à des communes, ou mieux à des *sections* de communes, car dans le langage forestier, les communes se subdivisent en *sections*, c'est-à-dire en agglomérations d'habitants ayant des droits privatifs et exclusifs des autres habitants de la commune. Ainsi, rien que pour le Puy-de-Dôme, les forêts communales, dont la contenance est de 19,975 hectares, appartiennent à 959 sections, faisant partie de 113 communes (5); dans le Cantal, où la contenance des forêts communales est d'environ 13,000 hectares (6), le fait est le même. C'est là du reste une grosse complication pour l'Administration des forêts, et une source de difficultés presque constantes. Des conflits naissent chaque jour de la délimitation, du bornage des bois; les agents ont affaire à la mauvaise volonté des sections riveraines en même temps qu'à l'enchevêtrement résultant d'un morcellement exagéré. Il

---

(1) On observe le même phénomène dans le massif des monts Dore.

(2) Voici les noms et la contenance des sept forêts domaniales du Cantal, d'après le « Dictionnaire statistique du Cantal, » t. I, p. 321-323 :

Murat.............	900 hectares	Algères.............	100 hectares
Suquet............	258 —	Miers..............	100 —
Maubert...........	150 —	Siniq..............	60 —
Gaulis.............	100 —	Total...	1668 hectares

(3) Cf. Durif, *La Haute-Auvergne*, 1847; tome III de *L'ancienne Auvergne et le Velay*.

(4) Cf. *Statistique des forêts soumises au régime forestier*, 1892-1893; dans le « Bulletin du Ministère de l'agriculture » de 1895.

(5) Cf. Bertrand, *Statistique forestière du Puy-de-Dôme*, 1889. — *Les forêts au Concours régional de Clermont-Ferrand*, 1895.

(6) Cf. *Statistique du Ministère de l'agriculture*, 1892-1893.

manque trop souvent l'extrait du rôle cadastral qui précise exactement les limites des diverses sections, et, si l'extrait existe, il ne coïncide plus à cette heure avec l'aspect actuel de ces bois. Une autre source de difficultés vient de l'entêtement des communes à restreindre la durée des révolutions pour les coupes ; on a beau les engager à l'allonger, ce qui permettrait à leurs forêts de s'embellir en se fortifiant ; on n'y parvient pas. Et ainsi le bon état des bois communaux en Auvergne est souvent compromis.

Forêts particulières. — La plus grande surface boisée de l'Auvergne n'est ni à l'État, ni aux communes : elle appartient soit à des établissements, comme les forêts des hospices de Clermont, les forêts de l'hospice d'Ambert, soit surtout à des propriétaires particuliers. Il est très difficile, pour ne pas dire impossible, d'en donner le nombre et la contenance (environ 73,000 hectares dans le Puy-de-Dôme (1), 70,000 dans le Cantal). Comme elles ne sont pas soumises au régime forestier, leur sort dépend de l'intelligence et des caprices de leurs propriétaires. Dans le nombre, beaucoup, comme celles des hospices de Clermont, sont fort bien entretenues et d'un très bon rapport.

Les forêts d'Auvergne offrent comme essences principales :

En première ligne, le chêne, le hêtre et le pin ;

En seconde ligne, le sapin ;

En troisième ligne, l'épicéa, et ensuite des essences diverses, assez variées (2).

Le chêne domine partout en plaine, et sur les faibles coteaux n'atteignant pas 1000 mètres, par exemple dans toute la Limagne, dans le bassin d'Aurillac, et sur les premières pentes du plateau granito-gneissique qui supporte la Haute-Auvergne.

---

(1) 586 h. 47 pour forêts d'établissements, et 72,518 h. 90 pour bois particuliers. Cf. *Les forêts au Concours régional de Clermont*, 1895.
(2) Cf. Bertrand, *Statistique des forêts*, 1889.

Le hêtre se trouve encore en plaine, mais devient plus abondant à mesure qu'on s'élève : il domine dans les régions de 1000 à 1200 mètres. On le voit par masses au Lioran, mélangé déjà au pin et au sapin.

Le pin d'Auvergne, qui est une variété du pin de Haguenau, dit aussi pin sylvestre, vient surtout dans la région de Thiers, d'Ambert, dans le Haut-Livradois (Saint-Dier, Saint-Jean-des-Ollières, Saint-Germain-l'Herm), et aussi sur les versants est et sud-est du Cantal. C'est l'essence la plus employée pour le reboisement. C'est déjà une espèce montagnarde.

Le sapin est bien moins abondant en Auvergne aujourd'hui qu'autrefois ; on le rencontre jusqu'à 1450 mètres d'altitude. Il domine dans tout le haut pays, aussi bien dans le Livradois que dans les Dômes, les Dore et le Cantal : c'est par excellence une espèce de montagne.

L'épicéa a été introduit par le reboisement à des altitudes variables comprises entre 700 et 1400 mètres; il existe en grande abondance dans toutes les forêts voisines de Clermont.

Enfin les essences diverses sont le bouleau blanc, le coudrier, utilisés surtout dans les cheires et dans les jeunes coupes de hêtres et de chênes, sans parler du noyer et du châtaignier, qui constituent une ressource d'alimentation et un élément d'industrie dans plusieurs cantons de l'Auvergne.

**

Deux questions restent à traiter :
1° De l'utilité des forêts qui existent en Auvergne;
2° De la nécessité d'en augmenter le nombre, c'est-à-dire de reboiser les parties incultes du pays.

*

1° Il faut, pour tirer bon parti d'une forêt, *l'entretenir, l'aménager* avec soin. La question n'est pas à dédaigner, car il est constaté qu'aujourd'hui, en France, la consommation du bois est supérieure à la production, et qu'en particulier l'Auvergne, qui jadis exportait ses sapins à Paris et jusque dans les pays étrangers, en reçoit maintenant du dehors (1). Il y a là un danger, peu sensible tant que dure la paix, mais qui serait grave en temps de guerre.

Comme les revenus des propriétés boisées sont *périodiques*, on peut les rendre *annuels* au moyen d'un aménagement bien compris. Il faut bien se garder de couper les taillis (2) de trop bonne heure, par révolutions trop courtes; sans quoi la forêt s'affaiblit. Ainsi, grâce à une exploitation précipitée, dans la forêt de Royat, il n'y a presque plus de chênes. Sur les puys de Dôme, de Côme, de Louchadière, etc., aux bois de hêtres ont succédé des taillis de coudriers, qui sont en voie de disparaître à leur tour pour faire place à de mauvaises bruyères (3). Cet usage a encore un autre inconvénient, il diminue la valeur du bois coupé. Voilà pourquoi les coupes valent moins aujourd'hui qu'autrefois. Cette diminution, il est vrai, a une autre cause, la concurrence relativement récente que la houille fait au bois.

Le remède serait d'accroître l'âge d'exploitation des taillis, de le porter de douze ou quinze ans (révolution actuelle) à *vingt-cinq ans au moins, même à trente ans :* on aurait ainsi, assure M. Bertrand, un revenu quadruple. Il faudrait en outre garder des réserves lors des coupes de taillis, et laisser croître des futaies sur les taillis, de façon à avoir toujours dans chaque forêt quelques arbres de cent ans ou de cent-vingt ans. La forêt des hospices de Clermont, à Vic-le-Comte, une des mieux traitées de l'Auvergne, renferme des arbres

---

(1) Cf. Bénardeau, *Les forêts au Concours régional de Clermont*, 1895.
(2) On appelle *taillis* les essences susceptibles de repousser de souches et de donner des rejets; exemple : les essences feuillues (les essences résineuses n'appartiennent pas à cette classe), et *futaies* les essences qui se reproduisent par graines tombées des arbres; exemple : les essences résineuses, aussi bien que les essences feuillues.
(3) Cf. Bertrand, *Traitement et aménagement des bois taillis*. « Bulletin de la Société d'horticulture et de viticulture du Puy-de-Dôme », 1892.

magnifiques que l'on conserve précieusement, et les coupes y valent aisément 850 francs l'hectare, ce qui est un bon prix.

Le revenu direct d'un bois consiste d'abord dans la vente de ses coupes, dans le prix de la matière ligneuse. Or, si l'on consulte les statistiques faites chaque année par le Ministère de l'agriculture (où il n'est question naturellement que des bois soumis au régime forestier), on y trouve les nombres suivants :

FORÊTS DOMANIALES		FORÊTS COMMUNALES	
Production moyenne en produits ligneux par hectare en 1892			
Cantal	2505^{mc}	Cantal	1207^{mc}
Puy-de-Dôme	1305^{mc}	Puy-de-Dôme	2337^{mc}
Production moyenne en argent par hectare en 1892			
Cantal	26 fr. 44	Cantal	3 fr. 58
Puy-de-Dôme	8 fr. 16	Puy-de-Dôme	6 fr. 36

Les bois d'Auvergne sont peu demandés par l'industrie locale, bien que leur qualité intrinsèque soit très grande. Seul le pin est l'objet d'un commerce assez actif; il se débite en planches et en échalas, dont la consommation est considérable dans toutes les parties vignobles du pays. Le hêtre est également exploité en traverses de chemins de fer, en outils aratoires, en sabots. Certaines essences spéciales, le noyer et le cerisier, servent à l'industrie du meuble. Mais le chêne est peu utilisé, et cependant les forêts de l'Allier fournissent des échantillons de merrains hors de pair. « Ce merrain serait
» excellent pour la fabrication des tonneaux destinés à loger
» les eaux-de-vie *fin bois*. Il est plus dense et moins poreux
» que le merrain étranger, et ne jaunit pas la liqueur qu'il
» contient. Les merrains d'Autriche et d'Amérique, dont se
» servent les vignerons, ont le grave défaut de suinter et de
» ne pas garder les deux tiers du liquide qu'on leur confie.
» Aussi la partie du fût qui repose sur le chantier doit-elle
» être toujours faite en pur merrain d'Auvergne » (1).

(1) *Les forêts au Concours régional de Clermont*, 1895.

Une autre source de revenus des forêts consiste dans certains droits d'usage, restes des vieux droits féodaux de pâture, *pasnage, pasnaticum*. Mais ces droits ne s'exercent plus que rarement, et seulement dans les vieux bois. Les jeunes forêts, nouvellement reboisées, sont exemptes de tout droit d'usage.

*

2° Il ne suffit pas que l'homme entretienne et aménage avec soin les forêts qu'il possède : il a intérêt à *reboiser*, c'est-à-dire à accroître l'étendue de ses bois. Le terrain est loin de manquer pour cet usage en Auvergne : on y trouve environ 200,000 hectares de landes, de bruyères, de montagnes incultes, qui autrefois étaient couronnées de forêts, et dont aujourd'hui l'agriculture proprement dite ne saurait tirer parti. Qu'en faire, sinon les reboiser ?

La première idée des reboisements, en Auvergne, date de 1843, et les premiers essais furent faits sous la direction de M. Leclerc, alors Inspecteur des forêts à Clermont. De 1843 à 1860, avec les seules ressources de la Société d'agriculture et du Conseil général du Puy-de-Dôme, on reboisa environ 1800 hectares. La loi du 18 juillet 1860, sur le reboisement des montagnes, ajouta au crédit alloué par le Conseil général une légère subvention de l'Etat, et donna aux travaux une impulsion plus vive, qui se prolongea jusqu'en 1870 (1). Puis l'œuvre languit dans les années qui suivirent immédiatement la guerre ; elle ne reprit qu'en 1887, et dès lors s'est continuée et se continue maintenant encore avec vigueur. A la fin de 1894, la surface reboisée par l'Administration dans le seul département du Puy-de-Dôme atteint 9680 hectares (2). Il faut y ajouter les travaux de même nature que de très nombreux particuliers ont entrepris dans leurs pro-

---

(1) Dans l'intervalle, la législation forestière fut complétée par le décret du 27 avril 1861, et la loi du 8 juin 1864. Cf. Cauwès, *Notions d'économie politique*.

(2) Cf. Bertrand, *Les forêts au Concours régional de Clermont*, 1895.

priétés, au moyen de subventions en graines et en plants à eux alloués par les Sociétés d'agriculture et par l'Etat. On peut compter de ce chef environ 3000 hectares reboisés jusqu'à ce jour.

Le reboisement se fait dans ce qu'on appelle *la moyenne montagne*, entre 500 et 1100 mètres d'altitude: plus haut, le vent est un obstacle invincible. Certains semis réussissent pourtant jusqu'à 1200 mètres, dans les endroits bien abrités; mais sur les points plus exposés au vent, même en deçà de 1100 mètres, on n'obtient que des massifs très clairs et qui ne s'élèvent jamais bien haut. Par exemple, dans les monts Dore, les plants ne parviennent pas à dominer la bruyère; ils s'élèvent jusqu'à même hauteur, protégés par elle, c'est-à-dire de 0^m50 à 1^m50; arrivés là, ils sont frappés par le vent, périclitent, et finalement meurent.

Cette considération a aussi imposé le choix des espèces de reboisement : il a fallu se servir d'essences rustiques et résineuses, qui trouvent dans l'atmosphère les éléments nutritifs qu'un sol trop pauvre ne peut leur donner. Ces mêmes essences sont aussi les plus aptes à améliorer rapidement les terrains, et à leur donner, par la décomposition de leurs branches et de leurs feuilles, un humus riche qui y entretient la fraîcheur. Ce sont : le pin, le sapin, l'épicéa, et quelques autres (1).

Pin. — On s'est servi d'abord, de 1845 à 1874, du pin de Haguenau ou pin sylvestre pour le reboisement du Puy-de-Dôme. Il a donné de bons résultats, mais à la longue on a constaté qu'il cassait trop facilement sous le poids de la neige. On a employé alors le pin indigène, pin d'Ambert, pin de Murat, appelé aussi pin d'Auvergne, qui n'est autre chose qu'une variété du pin sylvestre, modifié par le climat. Celui-ci résiste mieux à la neige, et doit donc être préféré à tout

---

(1) Cf. Bertrand, *Les reboisements dans le Puy-de-Dôme.* « Bulletin de la Société d'horticulture et de viticulture », 1890.

autre. Seulement sa graine n'existe pas dans le commerce ; il faut se la procurer par la récolte directe. Voilà pourquoi on a établi, à Murat, une sécherie qui fonctionne sur une vaste échelle ; pourquoi aussi, dans les montagnes d'Ambert, l'Administration a organisé la récolte des cônes de pin d'Auvergne et le traitement de ces cônes jusqu'à détachement de la graine. La récolte se fait dans les trois centres de Saint-Anthème, Saint-Romain et Viverols, sous la direction des agents forestiers. Après le traitement, les graines retirées des cônes sont centralisées dans les magasins des pépinières, d'où on les répartit pour faire les semis. On avait essayé aussi, à une certaine époque, du pin noir d'Autriche ; mais il ne vient bien que sur les terrains calcaires ; or ces terrains sont rares dans la zone soumise au reboisement : on l'a abandonné.

Sapin. — Cette essence ne peut pas être utilisée avec fruit dans les reboisements au-dessous de 500 mètres. Elle est à tempérament délicat, demande l'exposition du nord et du nord-est, et en outre craint la lumière. Voilà pourquoi elle réussit surtout sous le couvert des pins. On a reboisé en sapin surtout le Livradois et le massif des Dore.

Épicéa. — C'est au contraire une essence robuste, qui exige beaucoup de lumière, et qui pousse bien à découvert. On s'en sert dans les reboisements par le mélange avec nos essences nationales, le chêne, le hêtre, le mélèze, le bouleau.

Le chêne peut servir au reboisement jusqu'à 8 ou 900 mètres, mais pas plus haut. En Auvergne, les sommets des plateaux sont trop froids pour lui. En général, il ne dépasse guère la zone où l'on cultive la vigne.

Le hêtre a un habitat beaucoup plus étendu, quoique son tempérament soit assez délicat : ainsi on ne peut l'employer pour le reboisement que sous le couvert d'autres essences, ou bien à l'exposition du nord.

Le mélèze croît rapidement, mais il lui faut beaucoup d'espace et de lumière : il est utile surtout pour créer des *prés-bois*, son feuillage léger permettant à l'herbe de pousser avec vigueur.

Enfin le BOULEAU, lui aussi, est très précieux pour le reboisement, car il est très robuste, et vient aussi bien en plaine qu'en montagne; en outre, il a un couvert très léger qui permet d'élever sous son abri d'autres essences plus délicates.

Les essences choisies, faut-il *semer* ou *planter?*

Cela dépend du sol, de l'exposition, de l'altitude, de la pente, et de la nature du sous-sol. En Auvergne, on a employé les deux procédés. Le plus en usage est celui des *semis à la volée*, qui réussissent surtout sur bruyères courtes. Ses avantages sont que la main-d'œuvre est moins chère, qu'on obtient des massifs plus serrés permettant des éclaircies deux fois plus nombreuses que dans le système des plantations. Le seul obstacle au semis, c'est la gelée, qui provoque le soulèvement du sol dans les terrains volcaniques et granitiques, et qui déchausse ainsi les jeunes pousses.

Le procédé des *plantations* a été également employé avec succès, soit pour introduire des essences plus rares ou plus délicates, soit pour remédier à l'envahissement des genêts, des fougères ou des bruyères. Les plants sont fournis par un certain nombre de pépinières, entr'autres par la pépinière centrale de Royat, créée de 1862 à 1867, pour le repeuplement des forêts domaniales de la vingt et unième Conservation (Puy-de-Dôme, Allier, Creuse, Haute-Vienne), et des Conservations voisines (Aurillac). Sa contenance est de 4 hectares. Sa production, dans ces dernières années, a été de près de un million de plants par an (exactement 2,859,220 pour les trois années 1892-93-94, soit par an 953,073 (1).

Après l'opération des semis ou des plantations, tout n'est pas terminé. Les surfaces reboisées doivent être l'objet de soins minutieux, et les agents des forêts ont eu d'autant

---

(1) Cf. Bénardeau, *Les forêts au Concours régional de Clermont*, 1895.

plus à faire que, dans les premiers temps, les populations étaient hostiles au reboisement. Les montagnards s'imaginaient que l'Etat s'emparerait un jour de leurs communaux reboisés, qu'ils allaient être atteints dans leurs moyens essentiels d'existence, et même dans leurs droits à la propriété des pâturages. Aujourd'hui cette erreur s'est dissipée, et les populations, reconnaissant les bienfaits de l'opération, aident au contraire, presque partout, les agents dans leur tâche. Cette tâche consiste à faire des éclaircies dans les terrains nouvellement reboisés, pour activer et améliorer la croissance des jeunes arbres, pour dégager les diverses essences dont les massifs sont trop serrés. Si ces éclaircies n'avaient pas lieu à intervalles fixés, épicéas et pins n'auraient pas assez de place pour se développer, deviendraient maigres et sans avenir. Au contraire, par des éclaircies bien comprises, chaque essence reste dans les conditions de développement les plus favorables; on fait autour des épicéas des vides d'une certaine étendue, les sapins et les hêtres demeurent dans les plus petits vides et sous le couvert même des pins. En d'autres endroits, malgré la prudence avec laquelle les éclaircies ont été faites, le reboisement est devenu vite très clair, et aujourd'hui toute exploitation doit être suspendue jusqu'à nouvel ordre.

Tout cela est une question de mesure. Le dernier moyen employé par l'Administration des forêts est de semer, sous les premiers plants une fois poussés, d'autres essences qui constitueront les bois de l'avenir. Par exemple, sous les pins qui sont des *arbres importés*, grandissent aujourd'hui des sapins et des hêtres qui sont des *arbres indigènes*, et qui resteront seuls quand, à force d'éclaircies, les pins auront disparu. Ces bois de l'avenir, d'après M. Bertrand, doivent être constitués par le mélange de sapins, de hêtres et d'épicéas : espèces qui semblent devoir le mieux s'acclimater. Comme exemples de forêts ainsi créées de toutes pièces, je citerai celle des Lucs, des Angles, et de Bonabry, dans la commune de Perpezat, qui présentent actuellement des types robustes de tous bois mélangés, sapins, hêtres et épicéas, sous une pineraie datant de trente-deux ans (1).

*

Les bienfaits du reboisement sont nombreux et considérables. Il a été parlé plus haut des ravages produits par les grosses pluies d'orages sur les pentes des montagnes dénudées. Pour y obvier, l'homme a eu recours à toutes sortes de moyens : au *système des digues*, système très coûteux, insuffisant, et impraticable dans bien des cas; au système des *barrages-réservoirs*, par lequel on inonde les vallées latérales, pour sauver la vallée principale. Rien de tout cela ne vaut la consolidation du sol des pentes raides par le *reboisement*. Les arbres, avec leurs troncs, leurs racines, leurs mille fibres, les feuilles tombées des branches, forment comme une armature puissante qui protège le terrain : la mousse, les herbes, les broussailles qui entourent le pied des arbres constituent une masse spongieuse à grand pouvoir absorbant (2). Ainsi les terres ne sont plus entraînées par l'action érosive de l'eau, les pluies s'infiltrent pour une plus grande part dans le sous-sol; et, au lieu d'être précipitées violemment dans les thalwegs et les plaines qu'elles ravagent, elles s'écoulent lentement sous forme de sources, qui entretiennent une humidité constante dans la région et contribuent ainsi à sa plus grande valeur économique.

Il faut donc surtout reboiser les versants des montagnes tournés vers les côtés de l'horizon d'où vient habituellement la pluie, en Auvergne le versant ouest. Le reboisement d'une pente montagneuse est un remède infaillible contre les dangers d'un ruissellement trop actif; il n'y a que de très rares endroits où le sol ne se prête pas au reboisement, par exemple, le puy Chopine. Et encore est-on arrivé à reboiser

---

(1) Cf. Bertrand, *Les forêts au Concours régional de Clermont*, 1895.
(2) Cf. Bénardeau, *La restauration des montagnes*. « Revue des eaux et forêts », 1887.

ce puy en grande partie : seules les écorchures restent et resteront vraisemblablement toujours dénudées (1).

Les bois exercent encore une influence salutaire, sinon sur les orages et les chutes de grêle, du moins sur l'intensité des vents et sur les variations de la température. En forêt, le refroidissement et l'échauffement se produisent avec plus de lenteur ; la température est plus égale du jour à la nuit, d'un jour à l'autre, de saison à saison ; les chaleurs et les froids subits, s'ils n'ont pas de durée, ne s'y font pas sentir comme dans les terrains nus. De là suit qu'une forêt, en montagne, est un abri protecteur pour les bergers et les troupeaux, qui peuvent ainsi rester plus longtemps dans les pâturages. Or, nous le verrons plus loin, les troupeaux constituent la principale richesse de tout le haut pays d'Auvergne (2).

Enfin les reboisements sont une source de richesse directe pour les populations, puisque le bois fournit un revenu annuel appréciable. Dans une montagne nue, où trouver le combustible ? tantôt les montagnards recueillent péniblement de maigres bruyères et des genêts qu'ils font sécher ; tantôt, sur les plateaux tourbeux, ils exploitent un peu de tourbe. Au contraire, une montagne reboisée fournit aux villages voisins un chauffage plus commode et meilleur. Bien plus, le long des ruisseaux jadis torrentiels, et que le reboisement a régularisés dans une certaine mesure, l'industrie naît ; la force motrice de l'eau est utilisée dans des *scieries* qui débitent les bois, en particulier les pins, dont on fait des échalas à l'usage des cantons vignobles de la plaine. M. Bertrand a calculé, d'une part, les dépenses faites depuis une quinzaine d'années pour reboiser environ 10,000 hectares de terres ; et d'autre part les bénéfices rapportés par les éclaircies, par la vente des bois, etc. : il trouve que le capital engagé dans les reboisements de l'Auvergne rapporte

---

(1) Ce sont ces écorchures qui ont fait donner au puy Chopine le surnom de *puy écorché*.

(2) Cf. Clavé, *Météorologie forestière*. « Revue des Deux-Mondes », 1875. 3.

6, 7, parfois 8 % (1). Y a-t-il, en ce moment-ci, beaucoup de placements aussi avantageux que celui-là?...

PATURAGES

« Le sol élevé et montueux de l'Auvergne, où les brouil-
» lards, les neiges, et l'abondance des sources se réunissent
» pour forcer la terre à produire du gazon, a dû *nécessaire-*
» *ment* inspirer au peuple qui l'habite l'idée de devenir pas-
» teur (2). » Rien de plus vrai. L'intervention de l'homme, en montagne, est moins variée et moins active qu'en plaine, parce qu'elle se heurte à l'action toute-puissante du climat, et qu'elle ne peut rien, ou peu de chose, contre elle. Les montagnes reçoivent trop de pluies et ont une trop grande humidité pour qu'on y introduise avec fruit la culture des céréales; elles n'ont ni assez de soleil ni assez de chaleur pour permettre la culture de la vigne. Seul le système pastoral y est praticable, c'est-à-dire l'exploitation des vastes surfaces de prairies naturelles et d'herbages qui s'y trouvent. Dans le Cantal, 225,000 hectares, près de la moitié de la superficie totale du pays (3), et dans le Puy-de-Dôme, 215,000 hectares, plus du quart de la région, sont en prés ou en pâturages (4). De là le régime agricole spécial de toute la Haute-Auvergne, l'élevage des bestiaux, soit pour le lait, soit pour l'engraissement, l'industrie fromagère, etc.

Dans les montagnes d'Auvergne, la propriété privée coexiste avec les *communaux*, c'est-à-dire la jouissance *en commun* de tout un territoire par les habitants d'un village. Le communal est tantôt une forêt, tantôt un pâtis. D'ordi-

---

(1) Cf. Bertrand, *Les forêts au Concours régional de Clermont*, 1895.
(2) Cf. Brieude, *Observations économiques et politiques sur la chaîne de montagnes appelées ci-devant d'Auvergne*, 1802, p. 8.
(3) Cf. de Parieu, *Statistique agricole du Cantal*, 1884.
(4) Cf. Bénardeau, *l. c.* — Ces 215,000 hectares se répartissent ainsi : 134,000 hectares de prés et d'herbages, 81,000 hectares de pâtures et de bruyères.

naire la jouissance en appartient non pas à tous les habitants de la commune, mais à une section seulement, à un hameau, à un groupe de fermes. Ce régime, devenu très rare dans la Limagne (1), se comprend plus facilement en montagne, où l'appropriation individuelle de chaque coin de prairie serait impossible. Il existe même encore sur certains points du Cantal quelques restes d'un vieux droit féodal, le *droit de parcours*, ou droit fondé par titre pour deux ou plusieurs communes d'envoyer paître des bestiaux sur leurs territoires respectifs. Cet usage tombe de plus en plus en désuétude.

La seule main-d'œuvre que réclament les prairies et les pâturages des montagnes est le travail de l'irrigation et du drainage. Suivant les expositions et les pentes du relief, suivant aussi les conditions climatériques, le sol est tantôt insuffisamment arrosé, tantôt arrosé en excès : dans le premier cas, il faut irriguer; dans le second, drainer.

L'irrigation, dans la Haute-Auvergne, est généralement bien comprise et bien pratiquée. Déjà, au xviii° siècle, Arthur Young, dans son *Voyage en France*, déclare « n'avoir vu » aucun arrosement important, depuis le nord du royaume » jusqu'à l'Auvergne, quoiqu'il y eût un grand nombre de » cours d'eau propres à cet usage », et avoir été frappé du procédé d'irrigation qui fonctionne dans cette province. On y employait, du temps d'Arthur Young, on y emploie encore aujourd'hui le système des *rases*. Le moindre filet d'eau ruisselant à la surface du sol est capté au sommet de chaque pente, et dirigé dans une rigole creusée horizontalement et de niveau : c'est la *rase-mère*. De là s'échappent, de distance en distance, des *rases de distribution* qui conduisent l'eau de la rase-mère tout le long des terres en pente, et de pente en

---

(1) Il n'y a pas bien longtemps que des procès interminables étaient intentés entre les communes de Mezel, Dallet, Cournon, au sujet du droit de *pacage commun*. Chaque commune invoquait de vieilles chartes, de vieux diplômes du moyen-âge pour justifier ses prétentions respectives, et les tribunaux étaient fort embarrassés.

pente jusque dans les vallées, à la base des plateaux. L'usage, la tradition ont consacré la manière dont sont ouvertes certaines rases, pendant que les autres restent fermées : chaque parcelle de terrain a droit à un nombre déterminé de journées d'arrosement, ou, comme on dit, de *jours d'eau;* quand elle est suffisamment arrosée, on passe au terrain suivant. Les contestations que fait naître ce mode de distribution de l'eau par les rases sont portées devant l'assemblée des anciens, qui exercent ainsi dans les villages de la montagne quelques-unes des dernières attributions des anciens syndics de paroisses. Une telle irrigation, toute simple et toute primitive, donne d'excellents résultats. En parcourant un coteau irrigué de la sorte, on note un contraste frappant entre la partie du terrain demeurée au-dessus de la rase-mère, et celle qui est en contre-bas. Le haut est nu et improductif; tout le reste est verdoyant, et donne en été une herbe abondante (1).

Dans les terrains trop arrosés des montagnes, le drainage s'impose. En Auvergne, jusqu'à ces dernières années, on se servait, surtout dans le Cantal, de petits canaux souterrains appelés *truels*; les truels étaient simplement construits en pierres, et placés à une petite profondeur dans le sol (2). Ce système est encore usité aujourd'hui. Cependant on commence à pratiquer le véritable drainage, importé d'Angleterre en France vers 1850, et qui donne de meilleurs résultats (3).

Dans le pays, l'idée de pâturage s'accorde si bien avec celle de montagne que les deux termes sont synonymes : on dit, dans tous les monts Dore, pâturage à lait et pâturage à

---

(1) Nulle part ce contraste n'est mieux marqué que sur les coteaux de Fontanas, près de Clermont.
(2) Cf. de Parieu, *l. c.*
(3) L'emploi du véritable drainage est encore très rare aujourd'hui dans la Haute-Auvergne.

graisse, pour dire montagne à lait et montagne à graisse. Ces deux sortes de montagnes sont en effet les plus caractéristiques de la Haute-Auvergne.

Montagnes a lait. — Elles appartiennent à des domaines, à des sections de villages, ou à des villages tout entiers du voisinage. De ces villages ou de ces domaines part chaque année vers le 15 mai, pour les pâturages, un nombreux bétail qui doit en revenir vers le 15 octobre (1). Ce mode d'exploitation s'appelle *estive, estivage*. Les vaches laitières paissent en liberté, sans autre abri pour la nuit qu'un clayonnage en branches entrelacées, qu'on déplace chaque jour ou chaque semaine pour fumer insensiblement tout le canton (2). On le voit : rien de plus simple ni de plus économique. Mais il y a, à cette simplicité, un grave inconvénient. Les bêtes, soumises à toute espèce d'intempéries, et mal protégées contre les rigueurs de l'atmosphère, perdent rapidement leur lait. Le voyageur, qui passe en touriste dans ces montagnes, se demande parfois, en constatant les froids attardés qui se produisent jusqu'au milieu de juillet (3), et les refroidissements subits qui accompagnent les orages et les chutes de grêle de la saison chaude, comment les vaches supportent tous ces changements de temps et tous ces écarts de température; dans le jour, il est vrai, elles s'abritent dans les bois, sous les taillis; mais, la nuit, rien ne les garantit.

Quant aux bergers, ils ont, au centre de chaque pâturage, des demeures d'été, appelées *burons*. Le buron est spécial à

---

(1) Le « Bulletin officiel du Ministère de l'agriculture, » 1892, accuse 110,500 vaches pour le département du Cantal, et 201,000 pour celui du Puy-de-Dôme en 1891 : année moyenne. L'année suivante, 1893, fut exceptionnellement sèche : il n'y eut presque ni foin ni regain, et les montagnards, ne pouvant nourrir leurs bêtes, en vendirent un très grand nombre pour la boucherie.

(2) Cette partie du pâturage s'appelle *fumade*.

(3) Ainsi le lac de la Godivelle était couvert d'une mince pellicule de glace, et ses bords étaient complètement givrés le 14 juillet 1891 (Observation personnelle).

l'Auvergne, comme la *chaume* est spéciale aux Vosges, et le *chalet* à la Suisse.

Il faut distinguer le buron ancien du buron moderne; celui-ci, construit d'après des procédés récemment introduits dans la région, est une habitation rustique sans caractère tranché; mais le vrai buron auvergnat, qu'on trouve encore sur les pentes bien isolées, mérite une brève description. Imaginez une construction rectangulaire, adossée à un terrain déclive de façon à ce que sur un des côtés le toit (en chaume, en racines de bruyères ou parfois en phonolithe) touche le sol. Une seule ouverture, tournée généralement au levant, sert à la fois de porte et de fenêtre, et donne accès dans l'intérieur. Ici, une simple cloison sépare le buron en deux appartements : la pièce de devant est réservée au berger, celle de derrière à la laiterie. Parfois un réduit placé tout au fond sert d'abri au petit bétail en cas de trop mauvais temps. Le plancher du buron n'est pas plan; le milieu est légèrement creusé et en pente, pour servir à l'écoulement des eaux sales : douteuse propreté, hygiène relative !

Tant de troupeaux donnent naturellement beaucoup de lait : il y a environ deux cent quarante jours de lactation par an, et chaque vache fournit en moyenne quatre à cinq litres de lait par jour (1). Que fait le montagnard du lait ainsi obtenu (2)? Il en vend une partie qui est expédiée par chemin de fer jusqu'à Paris. Ce sont les éleveurs tout à fait rapprochés des voies ferrées qui, seuls, peuvent agir de la sorte. Plusieurs ont constaté qu'ils tiraient un meilleur revenu de leur lait en le vendant et en l'expédiant à Paris, qu'en le transformant sur place en fromage (3). Mais leur

---

(1) Elles en donneraient bien davantage si elles étaient moins exposées aux mauvais temps.

(2) Le « Bulletin du Ministère de l'Agriculture, » 1892, donne les chiffres suivants pour 1891 : Cantal, 860,000 hectolitres de lait; — Puy-de-Dôme, 3,015,000 hectolitres de lait.

(3) D'après des renseignements fournis par un éleveur de Marcenat (Cantal), ce procédé est employé dans la région de Mauriac et de Bort.

nombre est assez restreint, et il ne doit guère s'accroître par la suite.

Le plus souvent, comme le chemin de fer est loin, on traite le lait immédiatement. On en fait du beurre, ou, ce qui est le cas le plus fréquent, du fromage. La fabrication du fromage, dans toutes les montagnes à lait, est la principale occupation et la grande ressource des habitants : les revenus, s'ils ne sont pas considérables, en sont du moins toujours assurés (1). Au xviii° siècle, il semble même que cette fabrication eût pris un développement extraordinaire, puisqu'on lit dans une *Histoire du commerce hollandais*, publiée par Luder à Leipzig, en 1788, cette phrase : « L'exportation » du fromage de Hollande pour la France a considérable» ment diminué, depuis que l'élève du bétail s'est tant » développé dans la province d'Auvergne, *qui pourrait suf-* » *fire, à elle seule, à l'approvisionnement en fromage de* » *tout le royaume* (2). »

Chaque buron fabrique pour lui : il faut un chiffre minimum de vingt vaches pour servir de base à un établissement de fabrication, et, par suite, une étendue de pâturages correspondante : les montagnards d'Auvergne n'ont pas encore adopté le *système de l'association* usité en Suisse et dans l'est de la France, ou du moins ils commencent à peine à le laisser pénétrer chez eux. Les principaux centres de fabrication du fromage en Auvergne sont : le Cantal, les monts Dore, la partie du Forez comprise entre Noirétable et Saint-Anthème.

---

(1) Cf. les *Mémoires des Intendants d'Ormesson (1698)*, et *Ballainvilliers (1765)*, sur l'agriculture, le bétail, les fromages de l'Auvergne.

(2) La fabrication du fromage n'a pas beaucoup diminué depuis cette époque. Tiolier, dans son « Mémoire sur l'agriculture, » fait au début de ce siècle une description très détaillée et très intéressante du mode de fabrication des fromages d'Auvergne. Plus récemment encore, une description analogue, accompagnée de conseils sur la manière d'accroître les revenus du lait et sur les soins qu'exige sa manipulation, se trouve dans une conférence, faite en 1879 par M. Truchot : *De l'industrie fromagère dans le Puy-de-Dôme* ».

La principale espèce de fromage qu'on y fabrique est la *fourme*.

Etant donné le bénéfice qu'on en retire (1), il n'y a pas lieu d'introduire en Auvergne des méthodes nouvelles de fabrication, pas plus que des fabriques de fromages étrangers. Cependant, il y a quelques années, la Société d'agriculture du Cantal a installé dans une fromagerie modèle du département la fabrication du chester. Son président, dans un rapport adressé au Conseil général, juge ainsi l'expérience : « La fabrication du chester ne paraît pas devoir être avantageuse dans nos contrées, et nous ne pensons pas qu'il faille la substituer à celle de la fourme. Pour produire 50 kg. de chester, il faut 650 litres de lait, et pour produire 50 kg. de fourme, il n'en faut que 440. Sans doute le chester est un fromage sec, pouvant supporter les voyages et les longues traversées; mais ses qualités sont peu appréciées en France, où l'on préfère les fromages moins durs et d'un goût plus fin; aussi s'en consomme-t-il fort peu chez nous. L'Amérique le produit à très bon marché, et l'expédie en énormes quantités dans les colonies, et même en France, où le peu qui se consomme est de provenance américaine. Pour que cette fabrication fût avantageuse en France, il faudrait vendre 90 francs les 50 kg.; et on ne peut les vendre que 60, 65, 67 francs tout au plus. »

Dans le même rapport, il est question d'autres tentatives faites également en Auvergne (à Pontgibaud, par exemple), pour fabriquer une imitation du fromage de Roquefort. La conclusion est la même : « Pour le simili-roquefort, il ne peut

(1) On a calculé qu'il faut de 8 à 9 litres de lait pour obtenir un kilogramme de fourme. Or la fourme se vend de 44 à 50 francs les 50 kg., ce qui fait un revenu d'environ 0 fr. 10 par litre de lait (le prix du beurre et du petit lait vendus compensent les frais d'installation des burons et d'entretien du personnel employé à la fabrication des fromages). Or ce revenu (0 fr. 10 par litre de lait) est à peu près le même que celui qu'on obtient dans les autres pays de grande fabrication fromagère, en Suisse, en Hollande, etc.

» pas réussir non plus dans le Cantal ni dans le Puy-de-Dôme.
» Car le vrai roquefort est fait avec du lait de brebis, et il est
» difficile à obtenir avec du lait de vache. Il faudrait des
» règles de manipulation toutes nouvelles, et la réussite
» d'une telle fabrication reste très peu certaine (1). »

MONTAGNES A GRAISSE. — Dans les mêmes régions élevées, à côté des pâturages à lait, où l'herbe est très tendre, bonne surtout pour les vaches laitières, se trouvent les pâturages à graisse, qui ont une herbe plus drue, plus nourrissante, et où les montagnards engraissent de nombreux troupeaux de gros et de petit bétail. Il faut distinguer les pâturages du Cantal et des monts Dore de ceux des monts Dômes. C'est dans les premiers surtout que l'élevage du bétail est soigné, et se fait dans d'excellentes conditions : c'est là aussi qu'il rapporte les plus gros bénéfices aux éleveurs. L'engraissement a lieu de préférence dans les régions ayant des débouchés faciles, des communications assurées avec les grands centres de consommation.

Les races les plus célèbres du bétail auvergnat sont la race de Salers et la race ferrandaise; la première caractéristique des riches pâturages du terrain volcanique, la seconde répandue surtout dans les régions pauvres du terrain granitique (Tauves, Herment, Pontaumur, etc.). On peut y ajouter, dans la Limagne, une race voisine, la charolaise, qui envoie de plus en plus de ses représentants en Auvergne, et qui ainsi refoule insensiblement les Salers et les Ferrandais dans leurs pays d'origine. Les spécimens de race bretonne sont rares, et ne sont qu'à titre de curiosité.

Les Salers du Cantal ont le poil roux et frisé (2), et la robe sans tache (3). A côté des types absolument purs, on engraisse également, dans les hauts pâturages, du bétail venu

---

(1) Cf. *Conseil général du Cantal*, 1892.
(2) Tant qu'ils restent en montagne. Les spécimens de la race, transportés en plaine, perdent ce caractère distinctif.
(3) La moindre apparence de blancheur ou de couleur autre que le roux dénote une moindre pureté de la race.

de la Limagne, et qu'on renouvelle à mesure. Il arrive ainsi qu'un très grand nombre de têtes de bétail passent par les montagnes à graisse, et que l'élevage s'y développe dans des proportions de plus en plus grandes. Aujourd'hui plusieurs institutions spéciales : les Sociétés d'agriculture, les Concours régionaux et cantonaux, contribuent à l'amélioration du bétail (1) tout en multipliant le nombre de ses représentants (2). Aussi la production est-elle surabondante, et donne lieu à une forte exportation. Les races bovines d'Auvergne sont exportées d'une part, vers le Nord, dans le Charolais, le Nivernais, le haut Bourbonnais, à Paris; d'autre part, vers Lyon, vers l'Ouest et le Midi. Elles vont ainsi, par le métissage, influer de la manière la plus heureuse sur les autres races françaises.

Dans les monts Dômes, où du reste les pâturages sont moins succulents, l'élevage est moins bien pratiqué. On fatigue trop le bétail; on le soumet, les vaches comme les bœufs, à de trop durs travaux. Aussi la race de cette région, dite ferrandaise, est-elle moins belle ; ses représentants sont petits de taille, assez musclés, mais réfractaires à l'engraissement (3).

(1) Le Concours régional agricole tenu à Clermont-Ferrand du 1er au 5 juin 1895 a permis de constater les résultats de l'élevage en Auvergne. Les taureaux et les vaches laitières de la race de Salers l'emportaient sur les autres par la pureté de leurs lignes et la proportion de leurs formes.

(2) Chiffres du Ministère de l'Agriculture pour 1891 : Cantal, 228,000 têtes de gros bétail; — Puy-de-Dôme, 333,688 têtes.

(3) Cela provient aussi de la mauvaise nourriture qu'on leur donne en hiver : feuilles d'arbres, au lieu de foin et de paille. Les vaches, soumises à un tel régime, et travaillant beaucoup, ne peuvent pas non plus avoir beaucoup de lait. Telle ferme, à Nébouzat, possède douze vaches, et on n'y peut avoir assez de lait pour les enfants. Il est vrai que, dans le même village, la propriétaire de deux vaches qui sont bien nourries toute l'année et qui ne travaillent pas, a 50 litres de lait par jour.

Comme race de petit bétail particulière à l'Auvergne, je signalerai une race pure de brebis et de mouton, le rava. — Chiffres du Ministère de l'agriculture pour 1891 : Cantal, 363,500 têtes de petit bétail; — Puy-de-Dôme, 379,577 têtes. — Cantal, 12,200 quintaux de laine; — Puy-de-Dôme, 33,005 quintaux.

Cultures diverses. — Dans certaines régions du haut pays, l'homme a cherché également à introduire d'autres cultures ; il a profité des conditions naturelles favorables pour faire produire au sol autre chose que des bois et des pâturages. Ainsi il a exploité en céréales diverses, blé, seigle, orge, avoine, les terrains constitués par le volcanique ancien, le trachyte et le basalte, par exemple la Planèze, l'Artense, la Chandesse. Là, sur un sous-sol de tuf qui est à 0^{m}80 environ de profondeur, on rencontre soit la terre siliceuse des champs, soit la terre forte, rouge ou jaune, produite par la décomposition de l'argile. Malgré la pauvreté relative de ces terres en chaux, en potasse et en acide phosphorique, le seigle, le sarrazin, le chanvre, la pomme de terre, poussent volontiers (1). Dans les endroits où les basaltes ont atteint un plus fort degré de décomposition, la terre arable a plus de vigueur encore, et produit non seulement du seigle, mais du froment. La Planèze, c'est-à-dire tout le haut pays environnant Saint-Flour, est la région du seigle par excellence. Quant au blé, on le récolte çà et là, du nord au sud de la Haute-Auvergne, partout où l'intervention de l'homme a modifié les caractères primitifs du terrain. Grâce aux engrais et aux amendements, au chaulage surtout, on est arrivé, dans l'espace des cinquante dernières années, à transformer merveilleusement la valeur économique de plusieurs cantons montagneux, même de cantons granitiques qui étaient jadis improductifs. Dans tout le pays de Montaigut, de Pionsat, de Menat, on cultive aujourd'hui plus de froment que de seigle. Autour de Pontaumur, de Pontgibaud, de Manzat, le froment le dispute au seigle et vient au même rang que lui. Le Livradois, à son tour, se transforme, quoique plus lentement. Il produit actuellement encore plus de seigle que de blé. C'est la plaine d'Arlanc, dans la Dore supérieure, qui est

---

(1) Cf. « Grande Encyclopédie, » article *Cantal.*

en tête du mouvement de transformation, et tout fait prévoir que l'usage de meilleurs procédés de culture et d'amendements en plus grande quantité aura ici les mêmes effets, c'est-à-dire donnera à cette portion de l'Auvergne une somme d'aisance et de prospérité au-dessus de la moyenne.

*
* *

Il serait intéressant, après les considérations d'ensemble qui précèdent, de voir le fonctionnement aussi précis que possible d'un domaine exploité en montagne; mais aussitôt se présente une grave difficulté. Les conditions d'exploitation varient, non seulement d'un endroit à l'autre, mais aussi d'une année à l'autre; même en montagne, la terre change de valeur, et ce qui est vrai aujourd'hui peut ne plus l'être quelques années après. D'autre part, il n'est pas aisé de se procurer des renseignements exacts sur un pareil sujet : les éléments d'appréciation, ayant tous quelque chose de personnel ou, si l'on veut, de partial, manquent de la rigueur scientifique désirable. Nous choisirons un exemple, aussi typique que possible, dans les dossiers du Concours régional agricole, tenu à Clermont en 1895 (1).

Dans la Chandesse, non loin de Besse, un domaine de 250 hectares, formant un tout compact, est le type des domaines du haut pays d'Auvergne. Le sol et le sous-sol sont du volcanique ancien; la plus grosse part du terrain (180 hectares) consiste en herbages pâturés; à côté s'étendent 45 hectares de prairies naturelles arrosées, et 25 hectares de bois. A peine renferme-t-il 2 hectares de seigle, 50 ares de pommes de terre, 40 ares d'avoine, et 30 ares de sarrazin, dont le produit est très variable et consommé sur place. Ce domaine, évalué à 200,000 francs, nourrit 14 bœufs, 30 taureaux, 70 vaches, 50 veaux de l'année, 40 veaux d'un an, sans compter les porcs et la basse-cour. Tout le gros bétail est de

---

(1) Communiqués par M. le Professeur départemental d'agriculture.

la race de Salers, et les bénéfices qu'il rapporte chaque année se décomposent comme suit :

Vente de 50 têtes par an..................	14,000 fr.
Étant donné un total de 8 litres de lait par vache et par jour, on vend 300 kg. de beurre par an......................	800
Et on fabrique 4000 kg. de fromage par an..	4,500
En tout....	19,300 fr.

A ces recettes, il faut opposer les dépenses, qui consistent, outre les impôts annuels (845 francs et 111 de prestation), l'achat et l'entretien du matériel agricole, les défrichements, la nourriture et l'entretien du propriétaire et de sa famille, dans les salaires du personnel occupé par le domaine et qui s'élève à douze hommes et trois femmes en hiver, et à vingt hommes en été. Les salaires varient de 130 à 380 francs, non compris le salaire spécial de la fauchaison, qui est de 100 francs (1). C'est ce prix élevé de la main-d'œuvre agricole qui enlève à l'exploitant le plus clair de ses bénéfices.

PISCICULTURE

La pisciculture consiste dans l'entretien des espèces de la faune supérieure soit des lacs soit des rivières, et dans l'introduction d'espèces nouvelles, là où s'offrent des conditions favorables à leur développement.

Les principales espèces de poissons, en Auvergne, sont la perche et la tanche, et, à un moindre degré, la carpe, le brochet et le gardon, auxquels on peut ajouter le goujon et l'ablette. Non satisfait des ressources qu'il en tirait au moyen de la pêche, l'homme a voulu améliorer l'exploitation de ses rivières et de ses lacs, et y introduire une faune plus com-

(1) La nourriture n'est pas comprise dans ces salaires. Quand on l'y comprend, on l'estime à 250 francs par an et par personne (pain, lard, fromage, lait, légumes; et vin en été).

plète et plus riche. De là la création de plusieurs établissements de pisciculture, laboratoires d'élevage, qui fournissent chaque année des milliers d'alevins : par exemple, celui de Clermont-Ferrand, celui d'Aurillac, celui de Theix; et pour les lacs, la station limnologique de Besse, le vivier du lac Chauvet, le laboratoire du lac de Guéry, etc.

On a dit déjà combien l'Auvergne est remarquable par l'abondance et la pureté des sources qui jaillissent des terrains volcaniques; d'autre part, à peine formés, les ruisseaux ont une pente rapide due au relief de leur bassin. Voilà pourquoi, l'eau en étant généralement froide et limpide, et des plus convenables pour la truite, on a cherché surtout à obtenir des alevins de truites et de salmonides (1). Tous les ans, les établissements départementaux de pisciculture sont mis à contribution : en 1892, celui de Clermont a fourni 10,000 alevins de saumons qui ont été jetés dans l'Allier (2); il a fourni la même année environ 40,000 alevins de truites, jetés dans divers affluents (3). Ces alevins sont souvent la proie d'espèces nuisibles, perches, brochets, etc. Ils sont également détruits en foule par d'indignes procédés de braconnage. Sans parler des substances délétères que des usines établies le long des cours d'eau y envoient, et qui font périr beaucoup de poisson, il arrive fréquemment que des ruisseaux entiers soient empoisonnés volontairement par des braconniers. Tel cours d'eau, par exemple la Veyre, à sa sortie du lac d'Aydat, était très riche en écrevisses; aujourd'hui elle n'en a plus, et la faute en est au braconnage; tel autre, comme la Monne, renfermait

---

(1) Les autres espèces, exigeant des eaux plus profondes et moins pures, sont d'ailleurs en assez grande quantité pour qu'on s'occupe moins de leur multiplication.

(2) 5000 au pont de Coudes, 5000 au Saut-du-Loup. (Conseil général du Puy-de-Dôme, 1892.)

(3) 4000 dans la Couze d'Ardes, 4000 dans celle d'Issoire, 4000 dans celle de Champeix, 4000 dans la Sioule, 4000 dans la Miouze, 5000 dans la Dore, 2000 dans la Durolle, et le reste dans des ruisseaux plus petits.

plusieurs espèces, la truite, le goujon : tout a été empoisonné et détruit. Il faudrait, pour empêcher et réprimer le braconnage, une surveillance active de tous les cours d'eau ; or, dans l'état actuel des choses, cette surveillance n'existe pas ; bien plus, elle est impossible.

Pour permettre aux alevins devenus grands d'occuper tout le cours des rivières, on a établi en plusieurs endroits ce qu'on appelle des *échelles à poissons*, qui assurent la remonte des poissons jusque dans la partie supérieure. Il en existe une sur l'Allier dans le barrage du moulin de Brioude, qui fonctionne normalement malgré les dommages que lui font subir les crues, puisque les salmonides remontent la rivière jusqu'au delà de Saint-Ilpize, jusqu'à Langeac et même plus haut. Il en existe une également sur l'Alagnon, dans le barrage du moulin de la Roche; elle aussi donne d'excellents résultats, puisqu'on constate la présence des saumons en amont du barrage. En 1891, il a été question d'en établir une autre, sur la Dore (1).

Mais c'est surtout des lacs d'Auvergne qu'on s'est attaché à développer les ressources. Chacun d'eux, outre sa faune naturelle plus ou moins variée, a maintenant une faune introduite. Celle-ci est représentée par la tanche, la carpe, l'ombre-chevalier, qui se sont acclimatés dans certains lacs seulement, et par la truite, qui a réussi presque partout (2).

Le lac Pavin, qui ne renfermait naturellement que l'ablette et le goujon, est devenu, à partir de 1859, un riche vivier, grâce aux efforts de Lecoq et de Rico. Des alevins de truites

---

(1) Cf. Rapport à cet effet de l'Ingénieur de Thiers, Hermann. Conseil général, 1892.

(2) Dans un seul lac, le gour de Tazanat, l'introduction des alevins de truites n'a pas donné de résultats. Même de grosses truites, jetées dans le gour, ont péri. D'où vient cela? Est-ce à cause de la présence de trop dangereux voisins, les perches et les brochets, qui y pullulent et y atteignent une grosseur énorme?... ou bien, ce qui est plus vraisemblable, parce que ses eaux sont trop chaudes? Les truites, en effet, dépérissent dans une eau dont la température normale dépasse 18° centigrades.

y furent déposés, et dès 1862 le lac donnait chaque année 200 kilogrammes de truites. A partir de 1873, le Pavin étant devenu propriété de la ville de Besse, on négligea de le repeupler. On essaya toutefois d'y introduire le saumon d'Europe, pour voir si cette espèce, qui aime par-dessus tout la pleine liberté des mers et des grands cours d'eau, s'acclimaterait dans un bassin fermé. L'expérience n'a pas été concluante; un ancien fermier du lac affirma que pendant les pêches de juin 1887 de nombreux saumons furent retirés, les plus gros pesant jusqu'à 10 et 12 kilogrammes; mais cet unique témoignage mériterait confirmation. Les autres espèces qu'on a tenté d'y introduire, carpe, tanche, ombre-chevalier, n'ont pas prospéré (1).

Le lac d'Aydat, déjà riche en espèces naturelles, perche, tanche, carpe, goujon, a maintenant, lui aussi, une faune introduite. Les propriétaires du lac, qui sont en même temps propriétaires de l'établissement de pisciculture de Theix, y ont jeté des alevins de truites qui se sont fort bien acclimatés, et qui donnent au lac aujourd'hui une valeur économique appréciable. D'autres encore, le lac Servière, le lac de la Landie, ont reçu les mêmes colonies, qui s'y sont multipliées rapidement (2).

Le lac de Guéry, qui, seul en Auvergne, renferme une espèce caractéristique, l'épinoche ou épinochette, a également de la truite en abondance. Son propriétaire a construit, en 1881, un vivier, et créé un établissement de pisciculture pour la récolte des œufs de truites : chaque année, il obtient ainsi 150 à 200,000 alevins, de quoi assurer la richesse de son lac, et fournir à ses voisins.

---

(1) Au contraire, l'écrevisse s'est très bien développée dans le Pavin, alors qu'elle périclite dans tous les ruisseaux du voisinage, même dans l'émissaire du lac. C'est qu'elle trouve dans les terrains des bords du lac le calcaire dont elle constitue son test, et qu'i` manque dans les cours d'eau voisins.

(2) Tous ces renseignements sont tirés de l'ouvrage de M. Berthoule intitulé : *Les lacs d'Auvergne*.

Mais nulle part la pisciculture n'est mieux comprise qu'au lac Chauvet. Le propriétaire a fait bâtir une maison de pêche à l'endroit même où l'émissaire sort du lac, et cette installation est complétée par un laboratoire d'éclosion situé à Besse. Depuis 1869-1870, des ensemencements réguliers et méthodiques ont eu lieu, de saumon, de truite, de tanche, d'ombre-chevalier. Le saumon seul ne s'est pas acclimaté. La truite, pour laquelle on pouvait craindre la voracité de la perche, espèce naturelle du lac, a très bien réussi; la tanche et l'ombre-chevalier de même. Enfin, malgré l'introduction de toutes ces espèces nouvelles, l'ablette, autre espèce naturelle, n'a pas disparu : elle foisonne.

En résumé, les entreprises de pisciculture faites jusqu'ici en Auvergne sont intéressantes, non seulement par leur côté pratique, mais en raison des renseignements qu'elles fournissent sur le meilleur mode de repeuplement des cours d'eau et des lacs de la France. Leur exploitation rationnelle est en effet un élément important de l'aisance du pays, et on a raison de dire : « Tout homme qui pêche un poisson tire de l'eau » une pièce de monnaie; et si le filet ramené sur le rivage » est gorgé de butin, il procure au pêcheur un véritable » trésor. »

CHAPITRE XIII

L'exploitation de la plaine

VIGNES

L'une des cultures caractéristiques des coteaux (1), en Auvergne, est celle de la vigne. La réputation des vins d'Auvergne n'est plus à faire : ceux de Souvigny étaient en grande faveur à la Cour des rois de France au moyen-âge. L'intendant Ballainvilliers, dans son Mémoire de 1765, insiste longuement sur l'abondance des récoltes de vins faites en Auvergne, et nous apprend comment ces vins étaient exportés par la voie de l'Allier (2) : « La rivière d'Allier facilite
» la sortie des vins d'Auvergne et leur transport à Paris. Et
» les marchands de la capitale feraient chez nous leurs pro-
» visions ordinaires, sans les droits exorbitants que ces vins
» paient à la sortie de la province dans les bureaux de
» Gannat et de Vichy. Le poinçon (18 pots, le pot a une con-
» tenance de 15 litres), qui vaut sur place 18 livres, paie
» pour droit de sortie plus de 5 livres, presque le tiers de sa
» valeur. » Ballainvilliers termine en disant : « Le grand
» débit de ces vins dans la Haute-Auvergne, dans la Marche
» et dans une partie du Forez, doit être attribué à la grande
» quantité de terrains de la Basse-Auvergne nouvellement
» plantés en vignes. »

---

(1) Nous plaçons ici l'étude de la vigne, à titre de culture intermédiaire entre la montagne et la plaine.
(2) Cf. Ballainvilliers, « Mémoire de 1765, » p. 49.

A cette époque, le vin d'Auvergne était de qualité médiocre, en raison des cépages employés et de la mauvaise méthode de travail et de préparation : « Le cépage le plus usité, ou
» peut-être le seul en usage, est le *gamay* (1). Le *pinaud*, que
» nous appelons *neyroux*, n'y réussit pas pour la quantité;
» l'on s'en dégoûte tous les jours. Nos pères employaient
» deux plants que l'on rebute aujourd'hui, l'un se nommait
» *chany*, et l'autre *frayet*. Les vignes vieillissaient alors, au
» lieu qu'aujourd'hui il faut les renouveler tous les trente
» ans; mais aussi la vigne, qui est maintenant en état de
» production après quatre ans, exigeait dans ce temps-là
» dix ans. On a tenté, ajoute-t-il, de planter en Auvergne
» le cépage de Bordeaux : mais les gros raisins du midi n'ont
» pu mûrir, tant leur écorce est épaisse. » Plus loin, il dit encore : « Le vin d'Auvergne est très miscible avec l'eau et
» avec d'autres vins; mais il est froid; c'est un vice incor-
» rigible; il faut bien des précautions et des soutirages
» pour le préserver de la pousse. Quoique rien ne puisse
» soutenir la comparaison avec les caves de Clermont, il
» se trouve cependant plusieurs autres endroits où le vin
» ne se corrompt pas, et même s'améliore. » Ailleurs : « On
» fabrique peu de vins blancs en Auvergne. » Et enfin :
« Dans nos marais, c'est l'usage du vin qui a diminué les
» fièvres et procuré le plus grand bien. »

Pendant tout le XIXe siècle, la culture de la vigne n'a cessé d'acquérir plus d'étendue et d'importance en Auvergne. Elle a traversé, il est vrai, plusieurs crises, dues à la surabondance des récoltes, et à l'impossibilité pour les vignerons de se défaire de leurs vins. Mais, depuis la construction des chemins de fer, l'accroissement des moyens de transport, et la facilité toujours plus grande des échanges, cet obstacle a disparu.

Aujourd'hui les vignobles d'Auvergne (environ 43,000 hectares plantés en vignes en 1895) sont situés de préférence

---

(1) Cf. Tiolier, *Mémoire sur l'agriculture en Auvergne*, 1820.

dans les régions les moins pluvieuses, et exposées au plus chaud soleil. Il faut distinguer les vignes de coteaux et les vignes de plaines. Les premières couvrent toutes les pentes servant d'appui à l'est au plateau des monts Dômes et des monts Dore, depuis Riom au nord, jusqu'à Issoire au sud : crus de Chanturgue, des Côtes, de Beaumont, d'Aubière, de Corent, de Neschers, de Champeix. Ces vignes grimpent parfois sur les escarpements les plus abrupts, et s'accrochent aux moindres replis du terrain. C'est merveille de voir le paysan planter ses ceps partout où un peu de terre végétale a pu se maintenir, jusqu'en des points en apparence inaccessibles. En face de ces plantations, et parallèles à elles, sont les vignobles des coteaux de la base du Forez, depuis Ris et Châteldon jusqu'à Courpière : crus de Noalhat, d'Escoutoux (1), de Vollore, de Courpière. La troisième région vinicole de coteaux s'étend tout le long des deux versants de l'Allier, de Langeac à Vieille-Brioude, dans le pays de la Ribeyre, et plus en aval encore, sur les flancs du Lembron. Les vignes de plaines couvrent une bonne partie de la Limagne d'Issoire et de celle de Clermont. Leurs terrains préférés sont les terres de moyenne consistance, plutôt légères que fortes ; les sols volcaniques leur plaisent plus que tous les autres.

Les plants les plus répandus sont, avec le gamay, le pinaud et le portugais bleu. Le mode de plantation varie suivant les pays. Quant à la période productive, elle est d'environ trente-cinq à quarante ans, mais les vignes de quatre-vingts ans ne sont pas rares. Le rendement du vignoble auvergnat est très variable :

En 1885, le département du Puy-de-Dôme tenait le troisième rang parmi tous les départements de France avec 1,600,000 hectolitres.

---

(1) A Escoutoux, on fabrique les vins blancs dits « vins de Champagne de la Dore ». — Cf. Joanne, *Guide du département du Puy-de-Dôme*, p. 210.

En 1888, il occupait le 6ᵉ rang avec 1,000,000 hectolitres.
En 1889,   —   le 11ᵉ   —   800,000   —
En 1892,   —   le 6ᵉ   —   1,180,000   —
En 1893,   —   le 12ᵉ   —   1,200,000 (1) —
En 1894,   —   le 7ᵉ   —   1,015,958   —

La récolte moyenne des dix années écoulée de 1883 à 1893, pour le Puy-de-Dôme, a été de 1,005,730 hectolitres (2), ce qui représente, en chiffres ronds, un rendement moyen de 30 hectolitres à l'hectare.

Enfin la qualité des produits actuels s'est améliorée. Il s'est tenu à Clermont, en 1890, une Exhibition des vins d'Auvergne, sous le patronage des Associations agricoles du département; et, de l'examen des rapports des Jurys (3), on peut conclure : « que la couleur de ces vins est très vive,
» leur degré alcoolique au-dessus de la moyenne (9°5), leur
» goût franc et agréable. Ils se rangent en majeure partie
» dans la catégorie des vins dits *de consommation courante*,
» mais quelques-uns d'entre eux méritent d'entrer dans la
» *consommation fine*. Les vins les plus réputés sont ceux
» de Chanturgue, de Vollore, de Neschers, de Champeix.
  » L'Auvergne produit peu de vins blancs, à l'exception de
» ceux de Corent, de Vollore-Ville, qui sont expédiés sur
» Paris, Lyon, Saint-Etienne. Il n'y a pas de cépages spéciaux
» de raisins blancs pour la production de ces vins ; ils proviennent du meilleur jus des cuvées de vins rouges, et
» sont, par conséquent, supérieurs en qualité aux vins
» rouges produits par les mêmes cépages (4). »

---

(1) Cette année là, la récolte a été exceptionnelle dans tout le Midi.
(2) Cf. *L'Economiste français*, 13 janvier 1891.
(3) Cf. Girard-Col, *Rapport de la Commission sur l'Exhibition des vins d'Auvergne de 1890*. Clermont-Ferrand, 1891.
(4) Un vin spécial à l'Auvergne est le vin dit *vin de paille*, que l'on obtient avec le jus de raisins très mûrs et déposés sur la paille où ils restent pendant cinq ou six mois. « Ces vins blancs, pressurés seulement
» en février ou en mars, sont d'abord très sucrés, sirupeux même. La
» fermentation se fait très lentement, elle n'est souvent pas terminée au
» bout de deux à trois ans; et suivant que le jus est mis en bouteilles

Dans ces dernières années, le fléau qui a sévi sur le plus vieux vignoble français, le phylloxéra, a pénétré également en Auvergne. Il a été constaté *pour la première fois officiellement* à Mezel en 1874; puis à Dallet, à Lempdes, à Cournon, etc. En 1888, il couvrait déjà 200 hectares de vignes du Puy-de-Dôme; en 1889, 600 hectares appartenant à 23 communes; en 1890, 2,211 hectares appartenant à 32 communes.

Au 30 Octobre 1894, dans 75 localités ON COMPTAIT :	Au 30 Octobre 1895, dans 83 localités ON COMPTE :
559 hect. de vignes arrachées	735 hect. de vignes arrachées
1949 — — dépérissantes	2010 — — dépérissantes
6511 — — contaminées (1)	8551 — — contaminées (1)

Les vignerons des pays ainsi atteints ont recours à deux procédés : ou bien ils traitent les vignes malades par le sulfure de carbone (ce sont les sulfuristes); ou bien, là où ce traitement ne suffit pas, ils plantent des vignes américaines greffées avec des cépages français (américanistes).

Le traitement au sulfure de carbone doit être employé dès le début de la maladie de la vigne. S'il est appliqué avec soin, le vignoble peut demeurer encore longtemps en état de bon rapport. Il réussit surtout dans les sols profonds, meubles et non calcaires. Citons un exemple. A Lempdes, une vigne de trois hectares (2), dite *le Grand-Champ*, plantée depuis 1832 d'abord avec du pinaud, et à partir de 1860 seulement avec du gamay, a été envahie par le phylloxéra en 1890. Le propriétaire l'a immédiatement

» avant la fermentation complète, c'est-à-dire s'il renferme encore une
» quantité plus ou moins grande de sucre de raisin non transformé, ou
» selon qu'il n'en renferme pas lors de la mise en bouteilles, les vins
» blancs qui en résultent sont plus ou moins liquoreux ou secs. Dans
» un cas comme dans l'autre, ils sont toujours très agréables à boire, et
» les vignerons d'Auvergne doivent sans crainte en augmenter la pro-
» duction, certains qu'ils sont d'en trouver l'écoulement. » Girard-Col,
l. c.

(1) Cf. Girard-Col, *Rapport du Professeur départemental d'agriculture au Conseil général du Puy-de-Dôme*, années 1894 et 1895.

(2) Cf. *Dossiers du Concours régional agricole de Clermont*, juin 1895.

traitée par le sulfure de carbone, et l'a ainsi préservée du fléau. Aujourd'hui cette vigne vaut 12,000 francs l'hectare. Elle rapporte par an en moyenne 80 hectolitres de vin à l'hectare, ce qui, à raison de 25 francs l'hectolitre, fait 2,000 francs. Or en admettant que les frais de culture (375 francs par hectare), de fumure (170 francs à l'hectare), d'échalassement, de vendange, etc. (environ 400 francs par hectare), s'élèvent à la somme totale de 900 francs, il reste comme produit net de cette vigne (environ 1100 francs à l'hectare) environ 3300 francs par an.

Mais, si la terre est trop calcaire, trop compacte, le précédent remède est peu efficace (1). Dans ce cas il faut avoir recours à un moyen radical : arracher les vignes atteintes, et les remplacer par des vignes américaines greffées avec des greffons français. C'est ce qui a lieu déjà dans un grand nombre de communes du Puy-de-Dôme (région de Clermont, de Thiers, de Veyre-Monton, de Saint-Amant-Tallende). Mais les plants ainsi introduits varient avec les terrains, et les vignerons doivent avoir soin de faire des essais d'adaptation des nouveaux cépages à chaque terrain, avant d'en admettre un définitivement. Les premières expériences d'adaptation, faites près du Cendre sur deux sols différents, ont donné des résultats contradictoires :

1° Dans le premier sol, profond et alluvionnal, toutes les variétés ont réussi (2).

2° Dans le second, peu profond, argilo-calcaire, la plupart des variétés ont échoué ; quelques-unes, mais très rares, ont à peu près tenu bon.

---

(1) Cf. Girard-Col, *Conférence sur le phylloxéra dans le Puy-de-Dôme.* B. S. H. V., 1891 ; — et Grassion, *Le traitement des vignes d'Auvergne*, B. S. H. V., 1891.

(2) En 1887, une vigne traitée a rapporté 10 hectolitres. — Une vigne non traitée 20 hectolitres.
En 1890, la même vigne traitée a rapporté 70 hectolitres. — La même non traitée 11 hectolitres.
En 1891, la même vigne traitée a rapporté 60 hectolitres. — La même non traitée, rien.

Il faut choisir ensuite entre l'emploi des *producteurs directs* (1) et l'emploi des *porte-greffes*. Le premier système semble devoir moins bien réussir que le second : il donne un vin inférieur aux vins des cépages français; et de plus les producteurs directs ont moins de résistance que les porte-greffes. C'est à ce dernier procédé que les vignerons d'Auvergne s'adressent de préférence : ils conservent les cépages indigènes, le gamay et le portugais bleu, l'un convenant à tous les sols, l'autre convenant surtout aux sols secs, sablonneux des coteaux, et donnant des produits supérieurs parfois à ceux du gamay. Puis, avec ces plants français, ils greffent des vignes américaines, Riparias, Rupestris, Solonis. Les vignes ainsi greffées résistent au phylloxéra, si le greffage a été fait avec tout le soin qu'exige cette opération délicate; de plus, les raisins mûrissent vite, et donnent un vin très estimé (2).

Aussi, dans les pépinières de vignes américaines créées en Auvergne (à Langeac, Espaly, le Cendre, le Broc près d'Issoire, Riom, etc.), ce sont ces trois variétés qui dominent et ce sont des boutures de ces diverses espèces qu'on distribue en plus grand nombre aux vignerons qui en font la demande.

Si l'on veut un exemple du traitement par ce procédé, le même propriétaire que nous avons cité tout à l'heure nous le donnera. L'une de ses vignes (3), appelée *les Molles*, située en terre d'alluvions calcaires et de marnes blanches ou vertes, a été atteinte par le phylloxéra en 1890; il a arraché aussitôt un hectare, et l'a reconstitué à nouveau dès 1891; il a planté

---

(1) Producteurs directs : Othello, Canada, Secrétary, Jacquez.
(2) La surface du vignoble français reconstitué avec des vignes américaines s'accroît chaque année dans de rapides proportions :

En 1881 elle était de	8904 hect.	En 1887 elle était de	165217 hect.
1883	— 28012	1889	— 299801
1885	— 75292	1890	— 370000

(Extrait du Rapport de M. Tisserand, directeur au Ministère de l'agriculture. B. S. H. V., 1890).

(3) Cf. *Dossiers du Concours régional agricole de Clermont*, juin 1895.

un cépage américain, le Riparia-gloire, et l'a greffé avec des greffons français, du gamay, du pinaud, du portugais bleu. L'opération a été faite avec la plus grande attention, l'œil du greffon étant toujours au niveau du sol, ce qui a avancé la production d'une année. Aujourd'hui cette vigne est en plein rapport; et le propriétaire, témoin des résultats obtenus par ce moyen, est maintenant convaincu que le vrai et seul remède contre le redoutable fléau est la plantation de vignes américaines, après arrachage préalable du vignoble contaminé.

D'ailleurs, actuellement, la Société d'horticulture et de viticulture du Puy-de-Dôme, par ses encouragements, ses subventions, les concours et les expositions qu'elle organise, contribue à soutenir les vignerons dans leur œuvre de résistance. Dernièrement, il a été question de constituer un Syndicat de tous les vignerons d'Auvergne, qui centraliserait les moyens de défense, et viendrait au secours des propriétaires isolés : le projet n'a pas abouti; du moins il s'est formé des syndicats de défense locaux, au nombre d'environ quarante dans le département du Puy-de-Dôme.

AGRICULTURE

Les plaines de l'Auvergne sont constituées, outre le bassin d'Aurillac et une partie de la vallée de la Dore, par la longue vallée de l'Allier; elles vont depuis la Limagne de Brioude jusqu'à celle de Clermont. Les terrains de toute cette zone, considérés au point de vue de la géologie agricole, sont très différents des terrains des pays de montagnes; d'une part ils sont *naturellement fertiles*; ce sont des calcaires mêlés à des marnes, à des argiles, à des cendres volcaniques issues des cratères voisins, jadis en activité; sur tout cela les alluvions de l'époque glaciaire, très riches elles aussi en débris volcaniques, se sont accumulées, et des alluvions plus récentes encore, également riches en poussières phosphatées, s'accumulent tous les jours. Il en résulte une terre végétale renfermant en abondance les principes minéraux les plus fertilisants, potasse et phosphates en particulier.

D'autre part *l'intervention de l'homme* y est constante et active; à mesure que la production fatigue le sol et lui enlève ses éléments constitutifs, l'homme lui rend ce que la culture lui fait perdre, et renouvelle soigneusement sa puissance de fécondité. L'usage des engrais et celui des amendements accompagnent forcément le système de la *culture intensive* (1).

En Auvergne, l'engrais le plus simple est fourni par les plantes elles-mêmes, sainfoin, vesces, féverolles, lupin, etc. Mais la fumure par ces engrais, dits engrais verts, n'a d'action efficace que sur une récolte, deux au plus (2), et son effet ne se fait sentir qu'après l'hiver, au moment où la décomposition des herbes s'accomplit.

L'engrais préféré dans les campagnes est l'engrais organique ou fumier de ferme : c'est aussi le plus complet. Mais le cultivateur auvergnat ne sait pas assez que le bétail doit être bien nourri pour donner du bon fumier, et qu'en lésinant sur la nourriture des bêtes, il fait une déplorable économie (3). Outre que l'installation des fumiers laisse beaucoup à désirer, il est trop souvent d'usage de fumer insuffisamment le sol : l'expression *fumeter un champ* indique que l'opération qu'on fait est un diminutif de celle que l'on devrait faire ; et ce sont justement les champs qui ont le plus besoin de fumier auxquels on en donne le moins. Il n'y a pas d'économie plus mal comprise : avec une bonne fumure, les

---

(1) Ce système est celui qui consiste à *bien cultiver* chaque espace, même le plus restreint, et à faire produire au sol tout ce qu'il peut donner. Par opposition, le terme de *culture extensive* désigne l'exploitation par à peu près d'une grande étendue de terrains dont la valeur intrinsèque, prise dans l'ensemble, est faible. Exemple : la culture du caféier au Brésil.

(2) Un seigle suivi d'une avoine, par exemple.

(3) Il faut employer en moyenne 30 mètres cubes de fumier par hectare de betterave et par an, pour que le sol ne s'épuise pas.

récoltes, par leur abondance et par leur qualité, dédommagent amplement le cultivateur.

L'emploi des engrais dits chimiques, phosphates et superphosphates, est peu répandu dans la Limagne ; et cela se comprend, puisque ses terrains renferment une proportion notable d'acide phosphorique. Toutefois, dans les calcaires peu argileux, dans les prairies tourbeuses, ou dans les sables des bords de l'Allier, il est bon d'employer les engrais potassiques (chlorure de potassium et sulfate de potasse) : des expériences récentes, faites il est vrai par places isolées, à Coudes, à Puy-Guillaume, etc., ont montré que dans les froments et dans les trèfles ils donnaient de forts bons résultats.

Enfin les engrais de commerce, os pulvérisés, chiffons de laine, poudrette, résidus de fabrique, rognures de cuirs, cheveux, plumes, etc., qui contiennent tous de l'azote, sont utilisés dans la Limagne, dans la région de Thiers, de Châteldon, de Courpière, de Lezoux. Leur action est excellente sur les champs qu'ils fument pour deux ans, et sur les prés qu'ils fument pour cinq ans. Les chiffons de laine sont surtout employés pour fumer les vignes affaiblies : il suffit d'en déposer une petite quantité dans un trou creusé au pied de chaque cep (1).

Après les engrais, les amendements. En Auvergne, le chaulage et le marnage sont nécessaires partout où manque le carbonate de chaux. Il y a, dans le pays même, d'abondants gisements de pierre à chaux, surtout au nord, dans la vallée de l'Allier; il s'en rencontre aussi à Vertaizon, à Vic-le-Comte, à Cournon, à Chiniac, à Combronde, etc. Ailleurs, là où la chaux manque, on la fait venir de loin : ainsi la chaux de Pontgibaud est apportée du département du Cher. Or, partout où on a mis en œuvre le chaulage, dans les régions de

---

(1 L'usage en est fréquent tout le long de la vallée de la Dore, par exemple dans le canton de Courpière, et aussi dans ceux de Vertaizon, de Chauriat, de Cebazat, etc.

Thiers, de Menat, de Châteldon, et aussi dans la montagne, les résultats ont été des plus heureux. Le froment a pris la place du seigle; des sols qui ne produisaient pas de trèfle ont pu en produire. Actuellement le chaulage est très répandu dans toute l'Auvergne; c'est qu'il suffit d'une quantité relativement faible de chaux pour amender une terre (de 2 à 10 mètres cubes par hectare suivant les terrains).

Au contraire, le marnage est maintenant très peu employé. Il ne l'est que dans les cantons où les gisements de marne sont à proximité et sont abondants, comme dans le canton de Lezoux. L'opération rend propres à la culture du froment et du trèfle des terres qui se refusaient à les produire, et son action est sensible à peu près sur toutes les cultures, sauf sur celle de la pomme de terre. Ce qui empêche le marnage de prendre un plus grand développement, c'est qu'il faut une très forte quantité de marne pour amender un sol : de 50 à 200 mètres cubes par hectare suivant les terrains. Or, la main-d'œuvre agricole ayant beaucoup augmenté dans ces derniers temps, les propriétaires préfèrent un système moins coûteux, et qui exige moins de bras (1).

L'usage de plus en plus répandu des engrais et des amendements entraîne une variété sans cesse croissante dans les assolements : pour l'Auvergne, on ne peut donner aucune règle fixe. Ici l'assolement est biennal, là il est triennal ; cela dépend de la qualité du sol et de l'abondance des engrais. Ce qu'on peut dire, c'est qu'en Limagne il n'y a nulle part de jachère pure : on ne laisse jamais la terre se reposer complètement. On lui donne à produire, entre les années réservées aux céréales ou à la betterave, tantôt du trèfle ou de la luzerne, tantôt de la pomme de terre ou encore du colza. Ainsi un domaine de plaine, qu'on peut prendre comme type d'exploitation, dans la commune de Montferrand, près de

(1) On emploie aussi comme amendements dans la Limagne les *écumes de sucreries*, en particulier pour les betteraves. Cf. *Dossiers du Concours régional agricole de Clermont*, juin 1895.

Clermont, comprend, sur 21 hectares de terres arables, 8 hectares semés en froment, 7 hectares en betteraves, 5 hectares en luzerne, et 1 hectare en pommes de terre. L'assolement y est biennal : la culture du blé et celle de la betterave alternent; et tous les six ans, le sol se repose en produisant de la luzerne. Le roulement serait donc le suivant : première année, blé; deuxième, betteraves; troisième, blé; quatrième, betteraves; cinquième, blé; sixième, luzerne; septième, huitième, neuvième, luzerne; dixième, défrichement, et blé de nouveau (1).

Il ne suffit pas, pour qu'un sol acquière son maximum de rendement, qu'il soit doué de certaines propriétés intrinsèques ; il lui faut en outre des conditions déterminées d'arrosement. Sur ce point, l'intervention de l'homme est essentielle. C'est lui qui règle la distribution de l'eau dans la plaine, comme il le fait dans la montagne : il draine les terres qui ont trop d'humidité, il irrigue celles qui en manquent.

Dans la Limagne, le danger, en général, ne vient pas de défaut d'humidité; il est plutôt venu jusqu'ici, et vient encore parfois d'une surabondance fâcheuse. Jadis toute la vallée de l'Allier, et une partie des vallées formées par ses affluents, Dore, Alagnon, Sioule, etc., étaient de vastes marécages, impropres à toute culture. A plusieurs époques, les populations riveraines cherchèrent à les dessécher, et y réussirent plus ou moins. Mais toujours le mal reparaissait, et ce n'est que dans le courant du xix° siècle que les travaux de dessèchement des différentes Limagnes d'Auvergne ont abouti à un résultat décisif. Déjà, dans des textes du moyen-âge, les mots *chenaux, chanaux, canaux,* reviennent fréquemment, appliqués aux marais de la Limagne, et ces chenaux sont qualifiés de *vieux* (2). Il semble qu'il y ait eu ainsi un réseau

---

(1) Cf. *Dossiers du Concours régional agricole de Clermont,* juin 1895.
(2) Cf. Marcellin Boudet, *Les premiers travaux de dessèchement des marais de la Limagne,* dans la « Revue d'Auvergne, » septembre-octobre

primitif de tranchées et de rases, qu'on abandonna par la suite, si bien qu'au commencement des temps modernes la Limagne était encore en grande partie sous l'eau.

Quand, après le xvi° siècle et les guerres de religion, la France respira enfin, Henri IV tourna son attention de ce côté, et rédigea l'Ordonnance célèbre de 1599, qui imposait la reprise des travaux de dessèchement dans tout le royaume. En 1607 se fonda une société qui prit le nom d'Association pour le dessèchement des marais et lacs de France, et qui devait étendre ses opérations sur tout le pays. En 1612 elle traita en Auvergne pour le dessèchement du marais de Sarliève, le plus grand marais de la Limagne. Ceux de ses membres qui, à dater de ce jour, s'occupent avec le plus de zèle de dessécher les marais de l'Auvergne, appartiennent à la famille des Strada, allemands naturalisés français (1).

Le marais de Sarliève s'étendait tout le long de la rive gauche de l'Allier, sur plusieurs kilomètres de largeur. A partir de 1625 on creusa le canal dit *grande rase de Sarliève* (2), auquel aboutissaient une foule de canaux secondaires. Mais bientôt des difficultés surgirent entre Octavius de Strada, le directeur des travaux, et les riverains. Ceux-ci, au fur et à mesure du dessèchement, s'emparaient des terrains devenus disponibles, les ensemençaient et en récoltaient les produits. Strada s'adressa aux tribunaux, et obtint gain de cause. Il resta propriétaire des marais, et devint même seigneur de Sarliève. Les travaux de la grande rase furent continués : ils étaient achevés vers 1650. Le fils d'Octavius de Strada, Jean de Strada, voulut pousser plus loin encore

---

1890. L'auteur pense que ces premiers travaux remontent à l'époque gauloise indépendante, du temps de la splendeur de l'antique Arvernie, ou, au plus tard, à l'époque gallo-romaine, alors que tant de grands travaux d'intérêt général étaient entrepris et menés à bonne fin dans toutes les Gaules. Ce ne sont là que des hypothèses.

(1) Cf. de Dienne, *Histoire du dessèchement des lacs et marais de France avant 1789*.

(2) La grande rase est encore visible aujourd'hui, entre le chemin de fer de Clermont à Nîmes et la route de Clermont à Issoire.

les dessèchements entrepris par son père. Mais il était protestant. Les persécutions dirigées contre les réformés par Louis XIV l'atteignirent, et ses biens furent confisqués en 1685 (1). On retrouve pourtant des Strada en Auvergne jusqu'au milieu du xviii° siècle : ils possèdent toujours le marais à demi-desséché de Sarliève. En 1674 un édit royal (2) recommande d'activer les opérations du dessèchement de la Limagne: c'est que les travaux, plusieurs fois repris, avaient été interrompus à la suite d'une opposition formelle des consuls de Riom. Ces messieurs prétendaient que le dessèchement nuisait élevage du bétail, principale richesse du pays, et qu'il était inutile d'avoir des terres labourables dans la contrée, si l'on n'avait pas de bestiaux pour les cultiver!...

Dans le courant du xix° siècle, les travaux ont été menés activement; les parties défectueuses de la grande rase ont été approfondies et sa pente régularisée. Aujourd'hui la Limagne est une des plus fertiles plaines de France : cependant quelques-unes de ses parties sont encore recouvertes d'eau après une pluie un peu abondante, par exemple dans le Marais, entre Aulnat et Ennezat. Voilà pourquoi la Basse-Limagne est couverte de petits canaux souterrains de dessèchement, garnis de pierrailles dans le fond; on les a établis là où l'humidité était le plus gênante, mais sans aucune méthode. On ne connaissait pas alors les principes du drainage moderne. Maintenant encore on creuse de ces pierrées, qu'on appelle dans le pays *rases-sourdes;* mais, depuis ces dernières années, le drainage méthodique avec tuyaux de terre commence à être appliqué dans la Limagne, et il y a donné d'excellents résultats: les prés trop humides et les champs des zones basses s'améliorent par là rapidement; on ne saurait donc trop en développer l'emploi, encore très peu fréquent aujourd'hui.

(1) Cf. de Dienne, *l. c.*
(2) Cf. Cohendy, *Dessèchement des lacs et marais dans la généralité d'Auvergne,* 1870.

Sur d'autres points au contraire de cette même Limagne, l'eau manquerait à certains jours de l'année, si les Limaniens ne savaient irriguer (1). Ils ne peuvent guère se servir directement pour l'irrigation des affluents torrentiels de l'Allier, des Couzes au débit excessivement inégal; ils font usage d'un système assez primitif, le système des *bondes*, qui correspond au système des rases employé dans la montagne.
« Le système des bondes fonctionne dans les champs cultivés
» de la plaine; mais il y aurait des améliorations à y intro-
» duire (2). Les gens de la campagne ont trop souvent la
» mauvaise habitude de prendre la terre des chemins pour
» bonder les eaux de leurs ruisseaux. Qu'arrive-t-il? Les
» chemins sont peu à peu défoncés, et finissent par devenir
» impraticables. De plus, les bondes ne sont pas solides, et
» ne durent pas. Il faudrait les construire en maçonnerie
» jusqu'à une hauteur déterminée; il faudrait aussi, ce qui
» n'est pas, creuser des réservoirs assez vastes pour rassem-
» bler une grande quantité d'eau, et en faciliter la distribu-
» tion sur le plus grand espace possible. »

Depuis 1820, les améliorations demandées par Baudet-Lafarge ont été réalisées en partie. Ainsi l'habitude des bondes en maçonnerie s'est généralisée assez vite (3). Mais les réservoirs, si utiles pourtant, n'ont pas été construits. On compte trop, pour avoir un volume d'eau toujours sensible-

---

(1) Les avantages d'une irrigation bien comprise sont considérables, surtout dans un pays de culture intensive. L'eau de rivière renferme, entre autres principes fertilisants, une forte proportion d'azote. Le Var entraîne chaque année à la mer 22 à 23,000 tonnes d'azote. Les limons les plus pauvres contiennent environ 4/1000 de leur poids d'azote, ce qui en fait des engrais aussi riches que le fumier ordinaire. On a calculé que 200,000 mètres cubes d'eau de la Seine, employés en irrigation, produiraient, en substances alimentaires, l'équivalent d'un bœuf de boucherie. Ainsi ces eaux, en se perdant, jettent à la mer une tête de gros bétail de deux minutes en deux minutes, c'est-à-dire 262,800 têtes par an.

(2) Réponse aux questions posées par M. le Préfet à M. Baudet-Lafarge, 1820.

(3) Le service hydraulique, organisé par les Ponts-et-Chaussées, relève dans le département du Puy-de-Dôme 3423 prises d'eau destinées à l'irrigation. Cf. *Rapports du Conseil général 1894-1895.*

ment le même, sur la régularité des chutes de pluie, chose rare cependant en Auvergne.

Si, dans la montagne, le morcellement des propriétés est moindre, si l'on trouve des domaines de 30, 50, 100 hectares, en plaine c'est la *petite culture* qui l'emporte de beaucoup sur la grande. Dans toute la zone des vignobles, le morcellement est excessif; ainsi, dans les villages qui cultivent principalement la vigne, la surface moyenne des parcelles ne dépasse guère 6 à 8 ares, et les domaines étendus sont en très petit nombre : c'est que la vigne demande trop de travail, et un travail trop minutieux, pour admettre un autre régime. Dans les pays de céréales, la propriété est déjà plus étendue : c'est ce qu'on peut appeler la *moyenne culture*; il y a peu de domaines qui rentrent dans ce qu'on est convenu d'appeler la *grande culture*. Prenons un exemple : dans le village d'Ennezat, qui compte environ 1000 habitants, ce qui représente 250 chefs de famille, on trouve, je suppose, le quart du territoire constitué par huit ou dix domaines de 20 à 30 hectares chacun, que les propriétaires font valoir par des fermiers ou des métayers; un second quart représente dix ou douze domaines de 8 à 10 hectares chacun, possédés par des paysans-propriétaires qui les exploitent au moyen de domestiques et de journaliers; le troisième quart, composant cinquante à soixante propriétés de 2 à 5 hectares chacune, est possédé par de petits cultivateurs faisant tout l'ouvrage par eux-mêmes et leurs enfants; le dernier quart comprend cent à cent-vingt propriétés d'environ 1 hectare, dont les tenanciers vont en même temps travailler chez les précédents. Le reste des cultivateurs du village, c'est-à-dire environ cinquante à quatre-vingts personnes, sont simplement des journaliers ou des domestiques.

Ajoutons que le système de la petite culture, le plus répandu dans toute la Limagne, lui est favorable : le maximum de rendement à l'hectare est obtenu par ce procédé, comme il l'est d'ailleurs en Flandre et aux Pays-Bas. Bien que, dans ce cas, le matériel agricole soit réduit à sa plus simple expression (1), et que les petits cultivateurs soient parfois routiniers, il faut croire qu'un tel régime a du bon, puisque les populations de la Limagne sont aujourd'hui mieux logées, mieux nourries; que leurs récoltes sont plus abondantes, et leur bétail de meilleure qualité qu'autrefois.

Et puis, quand le morcellement devient trop grand, et que l'exploitant isolé n'a pas un capital suffisant pour acheter la machine dont il a besoin, l'idée de l'*association* (2) lui vient à l'esprit. L'association rendra de grands services à l'agriculture, comme elle en rend à l'industrie, quand elle aura pénétré plus profondément dans les mœurs des paysans auvergnats (3). Plus de cent villages dans la Limagne (cent-cinquante exactement en 1894) ont déjà des syndicats locaux, comprenant un nombre plus ou moins considérable d'habitants d'une même localité, et formés soit pour l'irrigation

---

(1) Un domaine de 23 hectares de superficie, situé à Montferrand près de Clermont, offrant 18 hectares agglomérés et 5 morcelés, dont la plus grosse parcelle couvre 5 hectares, n'a comme machines agricoles que deux charrues, une houe à cheval, un semoir, une araire, et une pompe à purin. Cf. *Dossiers du Concours régional agricole de Clermont*, juin 1895.

(2) Il ne s'agit pas de revenir aux *Communautés agricoles* qui existaient jadis en Auvergne. Ces Communautés étaient sans doute le résultat de l'isolement où l'ancien régime laissait les paysans : comme ils auraient été, pris à part, incapables de tenir tête aux exigences seigneuriales, ils formèrent des associations agricoles dont quelques-unes furent très importantes. Les dernières qui survécurent étaient situées sur les confins de l'Auvergne et du Bourbonnais : citons, parmi les plus célèbres, celle des *Pinons*, agriculteurs, à 3 ou 4 kilomètres à l'ouest de Thiers, qui comprenait encore trente à quarante personnes en 1815; ils furent dissous en 1819; du reste, comme ils se mariaient entre eux depuis très longtemps, ils étaient très affaiblis, mouraient jeunes, et se seraient probablement éteints d'eux-mêmes; depuis le partage de 1819 qui a séparé les familles jadis unies en communauté, des procès interminables ont été engagés pour la délimitation des biens de chacun.

Citons aussi la communauté des *Dunand*, près de Vollore, dissous seulement en 1850, et celle des *Bourgade*, dissous dès 1789. La Coutume d'Auvergne, au moyen-âge, consacre à ces Communautés au moins dix articles, ce qui témoigne de l'importance qu'elles avaient dans la province.

(3) Certains pays, la Silésie par exemple, s'en trouvent fort bien.

du territoire de la commune, soit pour le dessèchement d'un marais, soit pour la surveillance des berges d'une rivière. D'autres se sont créés pour l'achat d'instruments destinés à un usage commun (batteuses mécaniques, etc.), pour l'achat d'engrais ou de semences. C'est un commencement. Il existe aussi au chef-lieu du département du Puy-de-Dôme deux syndicats : un syndicat des agriculteurs du département, qui s'adresse surtout à la moyenne culture, et un syndicat départemental agricole, qui date de 1886, et qui progresse chaque jour. Ce dernier s'adresse surtout à la petite culture; il a pour but l'achat en bloc de graines et de semences, et leur répartition entre tous les syndiqués : on voit tout de suite quelle garantie précieuse c'est pour les cultivateurs des villages éloignés des grandes voies de communication. Aussi grossit-il le nombre des syndicats locaux d'une dizaine tous les ans. Le nombre de ses membres dépasse aujourd'hui 6,000. Il publie un journal, la *Revue agricole*, qui tirait à l'origine, en 1886, à 500 exemplaires, et qui, en 1895, tire déjà à plus de 7000 (1).

La plaine d'Auvergne admet tous les modes d'exploitation agricole usités en France, le faire-valoir, c'est-à-dire l'ex-

---

(1) On doit souhaiter qu'une institution si utile prenne, dans toute l'Auvergne, un grand développement, et que ses opérations s'étendent au plus grand nombre possible de matières intéressant l'agriculture du pays. Ses progrès sont ralentis, malheureusement, par la nonchalance et le manque d'initiative des paysans de l'Auvergne, et aussi par l'apathie des corps élus. En voici un exemple. La vallée de la Couze-Pavin, de Besse à Issoire, serait susceptible de culture intensive, sans l'irrégularité du débit de la Couze. Or, depuis plus de trente ans, les ingénieurs ont fait un projet d'établissement d'un barrage, placé à la sortie de l'émissaire du Pavin. Dépense très faible : à peine 50,000 francs à répartir entre toutes les communes de la vallée, et entre les propriétaires de chacune d'elles. Moyennant quoi, le Pavin deviendrait un vaste réservoir capable d'alimenter la Couze en temps de basses eaux, et de fournir des eaux d'irrigation pendant les sécheresses. Tout le monde en comprend l'utilité, mais le syndicat des communes de cette vallée n'a pu encore se constituer.

Nous avons vu plus haut que les mêmes résistances sont faites par les vignerons de la Limagne à tout projet de syndicat général contre le phylloxéra.

ploitation par le propriétaire lui-même, le fermage et le métayage.

Le premier de ces trois procédés est le plus communément employé dans la Limagne, comme du reste dans tous les pays de petite culture, et il y donne les meilleurs résultats. N'oublions pas, en effet, que le paysan-propriétaire a le culte, la passion de sa terre, qu'il l'aime jalousement, qu'il tient à elle par toutes les fibres de son être. Ce sentiment s'est développé chez lui surtout depuis la Révolution de 1789, et il est tout-puissant aujourd'hui. « L'influence magique de la *propriété* convertit le sable en or », disait déjà Arthur Young au xviiie siècle ; et Doniol, parcourant la Basse-Auvergne en 1847, écrivait (1) : « Tout le
» peuple agricole est aux champs, débarrassant les tiges
» des jeunes blés des herbes précoces qui entourent leurs
» pieds. Hommes, femmes, enfants, tous s'y emploient ; tous
» sont là, baissés vers ces petites touffes si fraîches, dans
» lesquelles il y a toute vie ou toute misère. Je ne vis jamais
» campagne si animée. Jamais non plus je n'eus devant les
» yeux un plus frappant tableau du travail de nos paysans.
» C'était vraiment là ce que Michelet a appelé « le mariage
» de l'homme avec la terre ». Dans les champs les moins
» bons, où la récolte montrait un aspect souffreteux, il y
» avait des gens accroupis sur la terre, et qui la grattaient
» de leurs mains : labeur incroyable de la femme, de
» quelques enfants, et du chef de famille propriétaire. L'ap-
» plication de ces gens à leur tâche, la sollicitude avec
» laquelle ils entouraient chaque pied du pauvre froment,
» formaient un spectacle touchant. Une année de disette
» pesait sur eux, et leurs soins excessifs me semblaient
» comme une adoration de la plante pour conjurer l'avenir...
» Ce tableau peut se résumer en un mot : *idolâtrie du travail*.
» Tels sont les résultats du régime de la petite propriété en
» Auvergne. Car c'est la petite propriété que je venais de voir

---

(1) Cf. Doniol, *L'ancienne Auvergne et le Velay*, t. III.

» à l'œuvre. Quelque partie de la Basse-Auvergne que j'eusse
» traversée à ce moment, je l'aurais trouvée dans les mêmes
» soins minutieux, dans un labeur égal, et j'ajoute, excessif. »
Et Doniol conclut : « Des journaliers, à plus forte raison
» des métayers ou des fermiers, n'eussent pas fait seuls un
» tel ouvrage : il fallait que le propriétaire donnât l'exemple,
» et il le donnait bravement. »

Ces lignes sont vraies encore à présent (1). Dans toute la Limagne et dans tout le Marais, où la culture intensive existe, c'est le plus souvent le propriétaire qui cultive en personne, avec sa famille, aidé d'un nombre plus ou moins considérable de domestiques ou de journaliers. Il est vrai que la main-d'œuvre agricole est devenu très chère, en Auvergne comme partout, et que les ouvriers des campagnes ne le cèdent en rien pour les exigences de toutes sortes aux ouvriers des villes. Ainsi un domaine de 23 hectares (2), à Montferrand, près de Clermont, emploie un personnel régulier de dix domestiques loués à la Saint-Jean, nourris et logés à la ferme, avec des gages fixes de 300 à 330 francs par an, et quatre ou cinq journaliers supplémentaires en été. Le salaire d'un jour de travail en été est de 3 francs avec la nourriture, et 5 francs sans nourriture. On calcule encore ces salaires d'une manière différente. Le prix de la moisson à la main est de 25 francs l'hectare, plus la nourriture ; du fauchage de la luzerne, 8 francs l'hectare ; du premier binage de la betterave, 10 francs l'hectare ; du second binage, 18 francs ; du troisième, 15 francs ; et de l'arrachage, 40 francs par hectare. De pareils chiffres font comprendre l'avantage des familles nombreuses, qui disposent de beaucoup de bras et qui ont moins besoin d'étrangers.

Après le mode d'exploitation directe, le procédé le plus répandu est le fermage. Les effets du fermage, appliqué à la culture de la plaine, seraient excellents, si les baux étaient

---

(1) « Tant vaut l'homme, tant vaut la terre », dit-on à la campagne.
(2) Cf. *Dossiers du Concours régional de Clermont*, juin 1895.

de plus longue durée. En Limagne, ils ne dépassent guère six ou neuf ans, et sont le plus souvent de neuf ans (1). Qu'arrive-t-il ? C'est que le fermier se désintéresse trop souvent de l'avenir d'une terre qu'il quittera avant peu. Il faudrait pouvoir le condamner à payer une indemnité s'il rend le domaine en mauvais état, et au contraire le récompenser s'il le rend en meilleur état qu'il ne l'a reçu. Il faudrait aussi, et surtout, prolonger la durée des baux, comme on a pris l'habitude de le faire en Angleterre, où elle est de vingt-cinq ans. A cet égard, la Société sucrière de Bourdon, entre Clermont et Pont-du-Château, a pris une excellente initiative en 1860, en ne consentant à prendre des fermes que pour une jouissance minimum de dix-huit ans. Mais aujourd'hui Bourdon ne compte plus qu'une ferme, et son exemple ne peut plus être invoqué. Les fermiers de la Limagne ont des modes de paiement très variés. En droit, ils sont tenus de payer intégralement leur ferme en argent ; mais, en fait, ils introduisent dans le marché, indépendamment de la somme d'argent, toutes sortes de petites redevances, graines, œufs, beurre, volailles, etc., de gré à gré avec le propriétaire (2).

Le système d'exploitation le plus rare, dans la plaine d'Auvergne, est le métayage (3). Toutefois, depuis quelque temps, il gagne du terrain. On ne peut qu'indiquer brièvement les conditions les plus usuelles des contrats de ce genre. Le propriétaire, outre son apport en terres, bâtiments et cheptel, fournit la moitié de toutes les semences, une partie aussi du matériel agricole, et des amendements, si on en fait usage. En retour, il reçoit la moitié de tous les produits du sol, sauf du fourrage et des pailles destinés à être consommés

---

(1) Cf. *Dossiers du Concours régional de Clermont*, juin 1895.

(2) Rien de plus divers que les contrats passés entre propriétaires et fermiers. Il faudrait pouvoir entrer dans le détail, et dire quelles clauses bizarres renferment certains de ces contrats, rappelant les plus singulières redevances du moyen-âge.

(3) C'est le système des pays pauvres ; ou encore le système des pays de grande culture.

dans le domaine. Il a la moitié de tout le croît du bétail, soit que ce croît se partage, soit qu'il se vende. Le métayer paie rarement l'impôt, fournit à tous les frais de la culture, et doit transporter chez le propriétaire, même si celui-ci réside à la ville, sa part de tous les produits du domaine (1). La durée des baux de métayage est très variable. Tantôt, ce qui est un grand mal, elle n'est que d'un an, et on voit des métayers changer de domaine à toutes les Saint-Jean, ou toutes les Saint-Martin. Tantôt, ce qui vaut beaucoup mieux, le bail est renouvelé indéfiniment, et on voit des familles se perpétuer cinquante et cent années, pendant plusieurs générations successives, sur le même domaine. Il arrive trop souvent que, dans les baux de durée moyenne, le métayer commette vers la fin du bail de véritables fraudes : ou bien il se sert des bêtes du domaine pour faire des charrois en faveur de voisins, d'étrangers ; ou bien il fatigue la terre outre mesure par des cultures épuisantes, afin d'avoir le plus possible à récolter avant de partir.

*

Peut-on donner les chiffres de la production agricole annuelle de la Basse-Auvergne ? Rien n'est plus délicat qu'une telle évaluation. Il vaut mieux se borner à un exemple caractéristique, pris pour modèle, comme celui du domaine de 23 hectares, situé à Montferrand, dont il a déjà été plusieurs fois question (2). Il y a vingt ans, les cultures y étaient réparties comme suit, et donnaient les rendements suivants :

Froment....... 7 hect. 150 lit. de semence par h. Récolte { 20 quint. / 25 hectol. } 45 quint. de paille.

Betterave ...... 5 hect. 15 — — 33000 lit.
Luzerne........ 4 hect. 35 — — 100 quint. (3 ou 4 coupes par an)
Pommes de terre 1 hect. 200 — — 15000 lit.
Vignes......... 1 hectare. Récolte : 600 litres de vin pesant 8°5 (3).

(1) Cf. Baudet-Lafarge, *L'agriculture dans le Puy-de-Dôme*, 1860.
(2) Cf. *Dossiers du Concours régional agricole de Clermont*, juin 1895.
(3) Le domaine n'avait pas alors la même superficie qu'aujourd'hui.

Aujourd'hui, grâce aux améliorations apportées par les derniers exploitants (arrosages, sélections de blés pour semence, soins au fumier, etc.), le domaine a gagné en étendue et en valeur; les betteraves sont plus riches en sucre; et le rendement du blé s'est sensiblement accru à l'hectare.

Froment....... 8 hect. 125 kil. de semence par h. Récolte {30 quintaux 60 quint. de paille.
(variété dite de Taganrok)   {37 hectol. 5
Betterave...... 7 hect. 20 — — 33500 kilos (7°2 de densité)
Luzerne........ 5 hect. 35 — — 120 quint. (4 coupes annuelles)
Pommes de terre 1 hect. 200 — — 18000 kilos (espèce Juliette).
Vignes......... 1 hectare. Récolte : 600 litres de vin pesant 9°.

On voit, par cet exemple, que les chiffres de la production totale du pays doivent varier tous les ans; et, de fait, les statistiques publiées chaque année dans le Bulletin du ministère de l'Agriculture accusent des différences de rendement considérables d'une année à l'autre (voir le tableau ci-contre). Un des hommes qui s'entendent le mieux aux choses de l'agriculture auvergnate, M. Côte-Blatin, a publié dans la « Revue d'Auvergne » de 1890 une comparaison de l'agriculture dans le Puy-de-Dôme pendant les quatre années écoulées de 1875 à 1879 et de 1885 à 1889, c'est-à-dire à dix ans d'intervalle (1). De ses recherches il résulte que la culture des céréales a fait de grands progrès, partout où la rigueur du climat et les autres obstacles naturels ne s'opposaient pas à son développement. Le froment a gagné du terrain au détriment du seigle, même sur les sols siliceux que le chaulage a amendés; par suite d'une exploitation plus habile, le rendement moyen par hectare a augmenté, il a passé de 14 hectolitres de 1875 à 1878, à plus de 15 hectolitres de 1885 à 1888. Les variétés de blé jadis les plus répandues, le blé géant de Sainte-Hélène, et le Poulard roux velu d'Auvergne, analogue au Taganrok, ont été remplacées, depuis la disparition de l'industrie des pâtes alimentaires et des semoules, par d'autres variétés, donnant des farines de meilleure qualité, les blés

(1) Cf. Côte-Blatin, « Revue d'Auvergne, » 1890.

Extrait du Bulletin du Ministère de l'Agriculture. Années 1890-1892-1894.

PRODUITS	1890		1892		1894	
	PUY-DE-DOME	CANTAL	PUY-DE-DOME	CANTAL	PUY-DE-DOME	CANTAL
Blé	53.105 hectares 1.206.104 hectolit.	8.910 hectares 106.920 hectolit.	155.000 hectares 1.155.000 hectolit.	8.085 hectares 104.220 hectolit.	155.000 hectares 1.265.000 hectolit.	8.725 hectares 122.150 hectolit.
Seigle	85.093 hectares 1.476.581 hectolit.	64.340 hectares 707.740 hectolit.	75.000 hectares 1.425.000 hectolit.	65.385 hectares 915.390 hectolit.	70.000 hectares 1.540.000 hectolit.	66.840 hectares 1.009.440 hectolit.
Avoine	30.025 hectares 778.848 hectolit.	8.110 hectares 194.640 hectolit.	35.000 hectares 630.000 hectolit.	7.895 hectares 189.480 hectolit.	33.000 hectares 660.000 hectolit.	8.795 hectares 175.900 hectolit.
Orge	12.414 hectares 312.541 hectolit.	2.890 hectares 46.240 hectolit.	15.000 hectares 330.000 hectolit.	2.850 hectares 45.600 hectolit.	15.000 hectares 360.000 hectolit.	2.950 hectares 64.900 hectolit.
Sarrazin	2.506 hectares 25.110 hectolit.	17.150 hectares 222.950 hectolit.	2.000 hectares 16.000 hectolit.	18.115 hectares 181.150 hectolit.	2.218 hectares 33.270 hectolit.	14.015 hectares 168.180 hectolit.
Pommes de terre	31.000 hectares 2.607.100 quintaux	7.450 hectares 119.200 quint.	38.450 hectares 4.374.000 quint.	7.674 hectares 152.900 quint.	35.780 hectares 4.293.600 quint.	7.800 hectares 589.500 quint.
Chanvre	589 hectares	1.100 hectares	395 hectares	1.080 hectares	431 hectares	1.125 hectares
Betteraves à sucre	3.052 hectares 711.116 quint.	»	2.600 hectares 491.400 quint.	»	2.669 hectares 477.751 quint.	»
Prairies naturelles	161.800 hectares	115.000 hectares	159.629 hectares	119.000 hectares	135.756 hectares	119.250 hectares
Vignes	45.000 hectares	431 hectares	43.000 hectares 1.500 (nouvelles)	326 hectares	42.340 hectares 1.068 (nouvelles)	334 hectares

Victoria, les blés bleus de Noë, et de nombreuses variétés de blés anglais.

Au contraire, la surface ensemencée en seigle a bien diminué dans ces dix années : elle était de 85,000 hectares en 1875-1878 ; elle n'est plus que de 76,000 hectares en 1885-1888. Le rendement moyen par hectare est de 14 hectolitres. La culture de l'avoine est en progrès : 40,000 hectares en 1885-88, au lieu de 35,000 hectares en 1875-78. Le rendement moyen à l'hectare est de 24 hectolitres. Celle de l'orge a aussi progressé, et passé de 25,000 à 30,000 hectares, à la suite de l'introduction de l'orge-chevalier qui a très bien réussi en Auvergne. Le rendement moyen à l'hectare est de 19 hectolitres. La culture du sarrazin tend à disparaître complètement de la Basse-Auvergne ; on n'en trouve plus que quelques champs (3000 hectares environ) dans l'ouest de l'arrondissement de Riom. Au contraire, la pomme de terre vient en abondance dans presque toute la Limagne, en particulier dans la région de Maringues, Aigueperse, Gerzat, Vertaizon, etc. ; elle couvre près de 35,000 hectares ; et son rendement par hectare est de 9 à 10,000 hectolitres. Quant au chanvre et au colza, jadis bien cultivés, ils ont été presque entièrement délaissés ; le chanvre occupait 3000 hectares au moins avant 1870 ; il n'en couvre plus que 500 en 1890.

C'est la betterave, ce sont les prairies naturelles et les vignobles qui ont pris le plus rapide et le plus brillant développement dans la Limagne depuis ces dernières années. Le rendement moyen de la betterave à l'hectare, sur environ 3000 hectares, a passé de 20,000 à 25,000 kilogrammes ; la superficie des prairies naturelles s'est accrue de 125,000 à 150,000 hectares en moins de dix ans, 1878-1888 ; la vigne, au lieu de 30,000 hectares qu'elle occupait en 1878, en occupe au moins 40,000 en 1888, et son rendement moyen par hectare a passé de 28 hectolitres à plus de 30.

De ces produits agricoles, une part est consommée dans le pays même, une autre part est transformée industriellement, enfin une dernière part, celle-ci assez faible, est matière à exportation. Et cependant la Limagne, malgré son renom de fécondité, souffre en ce moment de la même crise qui sévit sur toute la France. Cette crise est due à deux causes principales, dépendantes l'une de l'autre : 1° l'avilissement des prix de vente des produits végétaux et animaux; 2° la concurrence étrangère.

PRIX DE VENTE DES PRODUITS VÉGÉTAUX ET ANIMAUX
A CLERMONT-FERRAND

	Froment hect.	Seigle hect.	Orge hect.	Avoine hect.	Pommes de terre hect.	Foin 100 k.	Paille 100 k.	Viande le kil.
De 1875 à 1878	20'70	17'79	13'80	10'35	4'85	8'50	5'25	1'60
De 1885 à 1888	16'40	12'30	12'50	10'	4'70	8'	5'	1'20

Le beurre, les œufs, la volaille ont conservé à peu près les mêmes prix pendant les deux périodes (1).

Ce n'est pas tout : depuis l'établissement des traités de commerce et la multiplication des moyens de transport, la France a à lutter contre la concurrence de pays grands producteurs de céréales, comme le sud de la Russie, l'Amérique, même l'Australie; dans ces deux derniers pays, l'agriculture se fait par des procédés purement industriels, avec des machines qui suppriment, ou à peu près, la main-d'œuvre. Le prix de revient y est très bas; et le prix de fret, depuis ces pays jusqu'en France, n'est pas très élevé non plus. Voilà pourquoi, malgré les droits d'entrée qui frappent ces produits étrangers dans les ports français, ils valent en France un prix relativement peu élevé, un prix qui n'est pas rémunérateur pour les producteurs indigènes. « De là vient la ruine
» actuelle d'un grand nombre d'exploitations agricoles; de là
» vient que les fermes ne trouvent plus preneurs qu'à des
» prix très inférieurs. En Auvergne, on peut évaluer cette
» baisse des baux de fermage à 20 % depuis vingt-cinq
» ans (2). La valeur du sol est encore plus dépréciée; car non

(1) Cf. Côte-Blatin, « Revue d'Auvergne, » 1890. Ce tableau comparatif est tiré de l'article cité plus haut.
(2) Côte-Blatin, l. c.

» seulement la terre perd 20 %, de son produit, mais depuis
» quelque temps les placements en valeurs mobilières font
» une concurrence désastreuse à la terre : il en résulte une
» grande élévation dans le taux des placements en biens
» ruraux. On peut dire, en résumé, que la baisse de la valeur
» du sol atteint chez nous 25 %. »

Le Limanien se défend mieux que le paysan d'autres provinces de France contre cette crise agricole, parce qu'il a conservé davantage certaines qualités de tempérance et d'économie, et parce que le luxe, avec son cortège d'exigences variées, n'a pas encore pénétré tout à fait chez lui. Mais il se défend avec beaucoup de peine, et peut-être serait-il temps pour lui de chercher un moyen d'exploiter son sol suivant des procédés nouveaux. De très bons esprits (1) pensent qu'il devrait de plus en plus introduire les méthodes industrielles dans la culture de ses champs, et avoir recours de plus en plus à l'association, au régime des syndicats, pour faire aboutir cette réforme; ou bien encore, qu'il devrait s'adonner beaucoup plus à l'élevage et à l'engraissement du bétail, mode d'exploitation bien plus rémunérateur. Le but à atteindre, aujourd'hui, se résume en ces mots : produire beaucoup à bon marché. Il faut que le cultivateur de la Limagne y parvienne; sans quoi, dans un des pays les plus fertiles du monde, non seulement il cesserait de vivre à l'aise, mais peu à peu il s'appauvrirait.

(1) Cf. Tixier-Aubergier, *Considérations sur la crise agricole en Auvergne, ses causes et ses remèdes*, 1895.

CHAPITRE XIV

L'industrie en Auvergne

Quoique l'Auvergne ne soit pas prédestinée par la nature à être un pays industriel, il est certain qu'au xviiie siècle l'industrie y était prospère : les Archives de l'Intendance en font foi. Cette prospérité a même duré jusque vers le milieu de ce siècle ; puis, tout-à-coup, le déclin est venu. En veut-on savoir les causes ? La première et la principale, c'est le développement extraordinaire de la grande industrie ou industrie mécanique à partir des environs de 1850 ; la conséquence en a été une extrême centralisation de la main-d'œuvre, et l'attraction fatale de la population ouvrière vers les villes de manufactures. Ce phénomène économique tout récent a frappé surtout certaines industries agricoles, en Auvergne comme dans le reste de la France. L'agriculture s'est même vue parfois privée du concours de ses travailleurs les plus robustes, dans le temps même où, par une autre conséquence nécessaire, le prix de la main-d'œuvre agricole s'élevait d'une manière sensible. Presque partout des industries purement agricoles, comme la meunerie, et des métiers qui jusque-là prospéraient exclusivement dans les campagnes ont pris place dans les villes : nous verrons tout à l'heure qu'au lieu du moulin à meule établi dans presque chaque village, d'immenses usines ou moulins à cylindre accaparent les grains de toute une contrée. A présent le paysan ne fait plus son pain lui-même, il l'achète chez le boulanger. De même, il ne fabrique plus son huile ; il ne tisse plus sa toile ; il n'use plus de dentelles faites chez lui... Toutes ces industries familiales, qui jadis retenaient les habitants dans les campagnes, qui procuraient des bénéfices modestes, mais assurés, ont disparu : l'industrie mécanique en a eu vite raison.

La seconde cause, qui découle de la précédente, est la création d'un outillage industriel tout nouveau, et incomparablement plus puissant que l'ancien. La grosse machine de l'usine a tué l'outil du petit fabricant : c'est l'éternelle histoire du pot de terre et du pot de fer. Avec les engins actuels, l'ouvrage se fait beaucoup plus vite; il donne des produits qui, à coup sûr moins solides, ont meilleure tournure et plus d'élégance.

En outre, une semblable fabrication permet de mettre en vente les objets à un prix exceptionnel de bon marché. Comment soutenir, dans ces conditions, une concurrence rémunératrice ? L'ouvrier isolé ne le peut pas; il quitte son métier pour en prendre un autre qui le fasse vivre plus aisément.

Enfin, et c'est la troisième raison à noter, la grande industrie moderne a poussé à l'extrême le principe de la division du travail. Autrefois le fabricant faisait tout : le marchand d'étoffes, par exemple, tissait son chanvre, confectionnait le basin, et broyait lui-même les couleurs, le bleu indigo surtout, dont il le teignait ensuite. Aujourd'hui le marchand achète des produits tout fabriqués, venus de manufactures spéciales; chaque grande fabrique a un procédé, une marque à elle, qu'elle perfectionne sans relâche; car en ce moment, ne pas progresser, c'est déchoir.

Pourtant, dans ces dernières années, une industrie adaptée aux exigences nouvelles se fait sa place en Auvergne. Il est bien difficile d'en mesurer exactement l'importance, car usines et manufactures ouvrent malaisément leurs portes aux agents de l'administration, et les chefs d'industries refusent presque toujours de communiquer le chiffre exact de leurs affaires; ils ne sont pas moins réservés à l'égard des simples particuliers, ce qui s'explique sans doute par la peur des concurrences possibles, le visiteur étant peut-être un rival déguisé (1).

On peut diviser les industries de l'Auvergne en trois groupes :

Industries agricoles ; — industries manufacturières ; — industries extractives.

INDUSTRIES AGRICOLES

La *meunerie* a été longtemps florissante en Auvergne, surtout au voisinage des villes ; le long des moindres ruisseaux des moulins à meules broyaient les grains de la Limagne. Ainsi le bourg de Chamalières, près de Clermont, pour ne citer qu'un exemple, avait une corporation puissante de maîtres-meuniers (2). Aujourd'hui, cette meunerie a beaucoup diminué (3). D'ailleurs ses procédés étaient défectueux ; la farine s'échauffait par le frottement de la meule, et donnait un pain de médiocre qualité. Les procédés actuels sont tout autres : c'est le cylindre hongrois qu'on emploie dans les grandes usines établies le long des cours d'eau, comme celle de Saint-Pourçain, sur la Sioule. Le grain de blé est décortiqué tout à fait, il s'en détache une pellicule extrêmement mince ; la farine et le pain qu'on en fait n'en sont que meilleurs ; le déchet est moindre également.

Tous les blés de l'Auvergne ne sont pas exclusivement transformés en farine ; on en cultive une variété qui donne lieu à une industrie remarquable, celle des *pâtes alimentaires*.

---

(1) Qu'on ne s'étonne donc pas de trouver dans ce chapitre beaucoup moins de chiffres et de renseignements statistiques que je n'eusse désiré en mettre. Jusque dans les bureaux de préfecture que j'ai fouillés en tous sens, je n'ai pu mettre la main sur ce que je cherchais. Force m'a été de recourir à des documents déjà anciens, et de compléter mes informations par de simples causeries, forcément vagues et incomplètes.

(2) L'un des chemins actuels entre Clermont et Royat par Chamalières porte encore le nom de « Chemin des moulins ».

(3) Il reste environ 1200 moulins à eau dans le département du Puy-de-Dôme.

Les premiers essais de fabrication de ces pâtes furent faits à Clermont vers 1820 ; bientôt, sur un grand nombre de points, s'élevèrent des usines qui fabriquèrent soit de la semoule, soit des pâtes, en très grande quantité. Les blés employés pour cette préparation sont des blés durs, ou blés glacés, qui proviennent surtout de la Limagne, quoiqu'on les appelle parfois blés de Taganrok. Ce sont des blés rouges, au grain non farineux, qui sont peu recherchés par la meunerie à cause de leur dureté et aussi de leur peu de blancheur, et qui au contraire sont très demandés par les semouleurs. La proportion de gluten y est plus abondante que dans les blés tendres, et cela résulte à la fois du terrain qui les produit et des influences atmosphériques qu'ils subissent. Ainsi quelle que soit la semence jetée dans le champ, si un coup de soleil frappe brusquement les épis après une pluie légère, il produit du blé glacé ; ou encore, une verse qui survient à la suite d'un grand vent amène un semblable effet. Aucun blé importé soit d'Afrique, soit de Russie méridionale n'est comparable aux blés glacés de la Limagne pour la proportion de gluten qu'il renferme, c'est-à-dire de la condition essentielle exigée par l'industrie des pâtes. En ce moment, bien que la production des blés d'Auvergne n'ait pas faibli, au contraire, cette industrie périclite : les grandes maisons de fabrication (1) produisent moins qu'il y a vingt ans ; et, au lieu d'exporter des pâtes dans toute la France, l'Auvergne en a à peine assez pour sa consommation, elle en demande à l'Italie.

L'Auvergne est aussi richement pourvue d'*arbres fruitiers* de toutes sortes, poiriers, pommiers, abricotiers, cerisiers, noyers, etc. Toute la bordure occidentale de la Limagne, depuis Riom jusqu'à Issoire, et au delà d'Issoire, en est couverte : les prés-vergers, comme on les appelle, constituent la

---

(1) Cf. Truchot, *Les blés glacés d'Auvergne*, 1877. L'Etablissement Chatard et Chaumeix, à lui seul, produisait, en 1877, 3000 kilogrammes de pâtes par jour, soit près de 900,000 kilogrammes par an.

richesse essentielle de ces pays (1) Avec les pommes, on fait du cidre, quand le vin est cher (2). Avec les autres fruits, on fabrique des *confitures*, des *fruits confits*, et de la confiserie. La réputation des fruits confits et des pâtes de fruits de Clermont est européenne. En 1860, Baudet-Lafarge calcule que, dans cette seule ville, il entre par an six millions de kilogrammes de fruits destinés à l'industrie, qui valent, une fois fabriqués, 2,250,000 francs (3). Riom et quelques autres villes ont également des fabriques de ce genre. Mais, depuis 1860, cette industrie a faibli. Voici pourquoi : quand les récoltes de fruits étaient peu abondantes dans l'Auvergne, surtout celle des abricots, les négociants en achetaient dans le Midi, en particulier sur le rivage de Gênes. Or, aujourd'hui, des usines se sont fondées dans le nord de l'Italie pour travailler sur place les abricots. Le prix de revient s'est par suite élevé rapidement; et les marchands d'Auvergne n'ont plus voulu en acheter au nouveau prix. Comme on n'a pas accru les plantations d'abricotiers en Auvergne, au contraire (4), il en est résulté une crise qui pèse actuellement sur l'industrie des fruits confits de Clermont.

L'industrie agricole qui, de nos jours, a fait les plus remarquables progrès est celle du *sucre de betterave*. Au début du siècle, quelques cultivateurs de Pont-du-Châ-

---

(1) Telle petite vallée aboutissant à l'Allier, par exemple celle de Saint-Amant-Tallende, offre, dans un espace restreint, un nombre prodigieux d'arbres fruitiers, dont la récolte, année moyenne, est estimée à plusieurs millions. C'est un plaisir pour les yeux que la vue de cette vallée au printemps quand tous les arbres sont en fleur. Mais aussi de quels soins ils sont entourés! La chenille est le grand ennemi, et, pour la combattre, le propriétaire déploie des prodiges de vigilance et d'astuce.

(2) Rendement de l'Auvergne en quintaux de pommes et en hectolitres de cidre, 1891 : Cantal, 1550 quintaux, 3240 hectolitres; — Puy-de-Dôme, 10,000 quintaux, 28,614 hectolitres.

(3) Cf. Baudet-Lafarge, *L'agriculture du Puy-de-Dôme*, 1860.

(4) Ces plantations ont plutôt diminué dans ces trente dernières années, car beaucoup de propriétaires leur ont substitué des vignobles, pensant trouver dans la culture de la vigne plus de bénéfices que dans l'exploitation de leurs vergers. Ils le regrettent aujourd'hui, depuis que le vignoble d'Auvergne est la proie du phylloxéra.

teau et des environs eurent l'idée, simplement pour éviter d'acheter du sucre de canne, de planter des champs de betterave, et de faire leur sucre eux-mêmes. Il se trouva que la terre de la Limagne y était propice, et que sa fertilité naturelle supportait fort bien une culture aussi épuisante. Peu à peu ces premiers exploitants s'enhardirent et les plantations de betteraves s'accrurent. Mais les deux premières sucreries fondées, celle de Beyssat, près de Maringues, en 1811, et celle d'Epinay, près de Saint-Beauzire, en 1820, ne firent pas leurs frais : elles étaient abandonnées en 1843 (1). C'est vers 1850 que l'usine à sucre de Bourdon, fondée par de Morny, reprit la fabrication dans des circonstances plus favorables qui en assurèrent le succès. Aux anciens bâtiments de de Morny se sont ajoutées peu à peu de nouvelles constructions ; la sucrerie de Bourdon couvre aujourd'hui un vaste espace, et, avec ses succursales de Chappes et de Saint-Beauzire, elle peut suffire à toute la production de la Limagne, elle suffirait même au double de la production actuelle (2). Depuis sa création, Bourdon a traversé toutes sortes de vicissitudes (3) ; car la culture de la betterave est sujette à des rendements variables ; et, de plus, en même temps qu'elle se développait en Auvergne, elle s'étendait aussi dans presque toute la France, et même à l'étranger, en Belgique, en Allemagne, en Autriche. Aujourd'hui l'exploitation est prospère, car les propriétaires sont assurés d'écouler toute leur marchandise, et d'être payés à jour fixe et en écus sonnants, chose rare à la campagne. Ils ont à la longue réalisé de vrais progrès dans leurs procédés de culture, et obtiennent à présent des betteraves très riches en sucre. Il a fallu pour cela trouver un mode spécial de fumure pour la terre, et par exemple se

---

(1) Cf. Baudet-Lafarge, *l. c.*
(2) Voir au chapitre précédent les chiffres concernant la production de la betterave à sucre dans la Limagne.
(3) Il y a eu en particulier une crise terrible en 1875-1876, qui a failli décourager à jamais les cultivateurs de la Limagne. Cf. Truchot, *Culture de la betterave*, 1876.

garder de la potasse, car la potasse passe dans la betterave, et l'industriel est obligé alors de la retirer du jus obtenu avant d'en extraire le sucre. Il a fallu surtout soumettre la terre à un assolement particulier, c'est-à-dire laisser reposer pendant un an le champ qui a produit de la betterave, en lui donnant une culture facile, trèfle ou pomme de terre par exemple. En somme, les cultivateurs de la Limagne ont trouvé dans cette industrie agricole un élément très appréciable de richesse, et les fermiers un moyen d'acquitter leur fermage (1).

INDUSTRIES MANUFACTURIÈRES

Une mention spéciale est due à une industrie qui eut son heure de célébrité en Auvergne, vers le milieu du XVIII° siècle, et qui a aujourd'hui tout à fait disparu : *l'industrie de la soie*. C'est en 1730 que les premières pépinières de mûriers blancs, destinées à l'élève des vers à soie, furent établies à Brioude et à Issoire (2). De 1740 à 1750, l'industrie de la soie se propagea dans toute l'Auvergne, à Clermont (pépinière en 1741), à Riom, à Arlanc (1751). La première *Manufacture royale pour le tissage de la soie* est celle de Brioude, la seconde celle de Clermont (manufacture Bancal). A ce moment l'industrie bat son plein :

La récolte de 1751 donne 1592 livres de cocons qui produisent 100 livres de soie ; — celle de 1754 donne 1600 livres de cocons qui produisent 110 livres de soie et 54 de filoselle ; — celle de 1772 donne 3359 livres de cocons ; — celle de 1776 donne 4449 livres de cocons.

---

(1) Tout récemment, M. Aubergier, le premier doyen de la Faculté des sciences de Clermont, trouva une espèce d'opium indigène dans le suc de la laitue ; il fit faire de grandes plantations de laitue autour de Clermont, et en tira un principe calmant et soporifique, le lactucarium, avec lequel il fit fortune. Chose curieuse : ce n'est pas en Auvergne que ce produit est utilisé ; l'inventeur l'a surtout vendu en Perse.

(2) Cf. *Inventaire sommaire des archives départementales*. Puy-de-Dôme, série C., t. I, c. 198-255.

Un rapport de l'Intendant Chazerat constate en 1775 que les manufactures de Clermont et de Brioude livrent au commerce « des soies de première qualité qu'on exporte à Paris, » et même hors de France. » Toutefois, quelques symptômes de découragement apparaissent bientôt chez les éleveurs de vers à soie. Dès 1769, l'Administration a des difficultés avec les pépiniéristes de Clermont; les pépinières de Riom sont abandonnées, « le sol étant épuisé »; en 1774, il en est de même des pépinières d'Arlanc et de Billom. Mais celles qui restent sont toujours prospères. D'autre part la manufacture Bancal se plaint vivement des droits de douane exorbitants qu'on lui fait payer aux bureaux de Gannat, pour les bas de soie qu'elle expédie à Paris; elle demande une réduction de taxes, sinon elle ne pourra pas continuer à fabriquer. Or les taxes ne sont pas diminuées, et leur maintien va porter un grand préjudice à cette industrie pourtant si intéressante. Pour comble de malechance, le Contrôleur général des finances, Joly de Fleury, en 1781-1782, conteste l'utilité des pépinières de mûriers en Auvergne, et incline à leur suppression. Il demande l'avis de l'Intendant Chazerat, qui lui répond (1) : « Depuis 1751, la production de la soie en
» Auvergne s'est élevée à 10,421 livres de soie organsin, non
» compris le produit des cocons vendus hors de la province.
» A 2400 livres les 50 kilogrammes, ces 10,421 livres de soie
» ont valu à l'Auvergne 250,000 livres. La suppression des
» pépinières anéantirait cette industrie, qui n'en est qu'aux
» commencements, et qui tend, en s'accroissant chaque jour,
» à diminuer l'importation étrangère. »

Chazerat eut beau faire : une dernière pépinière fut, il est vrai, créée à Saint-Flour en 1785; mais, les unes après les autres, toutes disparurent peu à peu, et l'industrie de la soie périt faute d'aliments. Vers le milieu de ce siècle, de 1845 à 1855, il sembla qu'elle allait renaître. De nouvelles pépinières de mûriers furent plantées à Clermont,

(1) Cf. *Inventaire sommaire des archives départementales*, l. c.

dans le quartier situé en contre-bas de la rue de l'Hôtel-Dieu. L'Etat fit distribuer des œufs de vers à soie; les cocons obtenus furent envoyés dans le Midi pour être travaillés, et donnèrent une très belle soie. Cela dura huit ou dix ans, puis on n'en parla plus. Depuis cette date, la maladie des vers à soie français, et d'autre part la concurrence de tissus nouveaux, ont empêché et empêchent cette industrie de refleurir jamais en Auvergne.

Une autre industrie également florissante autrefois était celle *des toiles de lin et de chanvre*. Cette dernière culture abondait dans toute la Limagne (1). Le chanvre était tissé au rouet, dans chaque famille, ou bien était centralisé à Clermont, dans le quartier Saint-Alyre, appelé quartier des tisserands. Les autres centres de tissage étaient Besse, Chaudesaygues, Bort, Ambert et ses environs, Issoire et le Breuil dans la vallée de l'Allier. Là se fabriquaient les étoffes de basin, teintes en bleu indigo, et d'une trame singulièrement solide, que la plupart des habitants portaient comme vêtements dans ce temps-là. Aujourd'hui on n'en voit presque plus; c'est à peine si quelques maisons de Clermont fabriquent encore le basin; car les usages ont bien changé depuis cinquante ans; l'ancien costume auvergnat devient une rareté, le paysan trouvant plus simple d'acheter les « complets-confection » dont regorgent les grands magasins.

La région d'Arlanc à Ambert fabriquait aussi, en très grande quantité, les étoffes dites *étamines*; c'étaient des toiles au tissu lâche, employées dans la marine pour la voilure. L'Auvergne (le Livradois) fournissait d'étamines toute la flotte française, et un certain nombre de flottes des autres pays d'Europe. Arlanc a dans ses armes un navire, comme

---

(1) Aujourd'hui cette culture est délaissée :
Surface plantée en chanvre, 1894 : Cantal, 1125 hectares; — Puy-de-Dôme, 431 hectares.
Dans la France centrale, il n'y a plus guère que l'Anjou qui produit encore beaucoup de chanvre.

symbole de l'industrie qui faisait alors sa richesse. Aujourd'hui cette industrie a vécu. J'ajouterai que la vallée si industrielle de la Dore avait déjà en ce temps-là, — et a du reste encore aujourd'hui — son horizon économique tourné vers Roanne, Saint-Etienne et Lyon, bien plus que vers Clermont-Ferrand. Arlanc et Ambert ont de grandes routes à travers le Forez, qui, par Montbrison, descendent sur la Haute-Loire, et plus loin encore vont aboutir au Rhône : leur grand débouché commercial est Lyon.

Il était naturel que l'Auvergne vit de bonne heure se développer chez elle l'industrie de la *tannerie*. En montagne surtout et dans tout le Cantal, privé jusqu'à ce siècle-ci de voies faciles de communication, cette industrie utilisait sur place les matières premières indigènes, le cuir de son nombreux bétail, et le tan ou écorce de ses chênes. Le Cantal fut longtemps renommé pour ses cuirs. En 1864, Aurillac comptait encore 18 tanneries, Saint-Flour 17, Chaudesaygues 5, Laroquebrou 5, Murat 3. Leurs produits étaient exportés par Limoges, par Tulle et par Rodez, dans tout le midi de la France. Actuellement cette industrie cantalienne a faibli : le Languedoc lui fait une concurrence contre laquelle elle ne peut pas lutter. La Basse-Auvergne eut aussi, au dernier siècle, des tanneries florissantes. Le Livradois, avec Ambert, Arlanc et Thiers, la Limagne avec Maringues, Riom, Clermont, Sauxillanges, même le plateau de Besse et la vallée de la Sioule, travaillaient le cuir et les peaux. Le cuir était alors tanné en fosse, et de bien meilleure qualité qu'il ne l'est aujourd'hui. Maringues s'était fait une spécialité qu'elle a gardée jusqu'à ces derniers temps : on y *chamoisait* les peaux de mouton et de brebis ; et comme les bêtes y étaient conduites avec leur laine, on séparait sur place la laine de la peau, et on avait ainsi deux industries également actives, celle de la laine et la tannerie. Maringues était devenu un des grands centres industriels de l'Auvergne, et, par la voie de l'Allier, exportait au loin ses produits. Mais cette importance n'est plus : une concurrence heureuse, ici encore, a tué l'industrie de Maringues, la concurrence de la région lyonnaise et de Lyon.

Les Archives de l'Intendance nous apprennent qu'au xviii° siècle il existait en Auvergne de nombreuses *papeteries*, fonctionnant activement, par exemple celles de Brioude, d'Aurillac, de Thiers, d'Ambert, de Saint-Amant-Tallende, de Chamalières près de Clermont. Leurs produits étaient justement renommés : « A Thiers, disent les fabricants (1), on pourra fabriquer des papiers aussi beaux que ceux de Hollande, et supérieurs en qualité, en faisant plus d'attention au choix des matières (2), et en réprimant l'indiscipline des ouvriers. En effet l'usage immodéré du vin rend la plupart des ouvriers incapables de travailler avec justesse. » C'est aussi dans leurs rangs qu'on trouve la plus grande quantité de grévistes de l'époque : il y eut une grève célèbre des ouvriers papetiers de Thiers en 1732. Cette industrie avait sa législation particulière (3) : la *marque* du papier, insérée dans le filigrane, était la propriété exclusive du fabricant ; elle constituait un monopole gardé avec un soin jaloux. Souvent des contestations s'élevaient entre fabriques et marques rivales, au sujet de ce droit de propriété de la marque. Mais déjà, dans ce temps-là, l'industrie du papier avait à lutter contre la concurrence des fabriques similaires de Montargis. Aujourd'hui la plupart des papeteries d'Auvergne ont disparu : il en reste quelques-unes dans la région de Thiers et la vallée de la Dore, d'autres dans la vallée de la Monne, et un petit nombre dans le Cantal. On fait le papier de bois à Saint-Amant-Tallende ; le papier journal et le papier de classe à Blanzat ; le papier à lettre et les enveloppes à Thiers.

L'Auvergne n'a jamais eu beaucoup de *verreries*. Au xviii° siècle, on en trouvait à Brassac, à la Roche près de Mon-

---

(1) Cf. *Inventaire sommaire des archives départementales*, t. I, c. 489.

(2) Ces matières sont les « peilles et vieux drapeaux venus de Bourgogne ».

(3) Cf. *Inventaire sommaire des archives*, c. 824, t. I, p. 148.

tel-de-Gelat, à Montoncel près de Thiers (1). Elles n'ont pas duré. Mais il est intéressant de signaler la tentative de régénération de l'art du vitrail, faite à Clermont-Ferrand vers 1835-1840. Un groupe de « gentilshommes verriers » s'établit dans le quartier central de la ville ; et, sous la direction d'artistes fort remarquables, comme Emile Thibaud, fonda une véritable école, d'où sortirent des chefs-d'œuvre. Les couleurs des vitraux du xiiie siècle furent retrouvées, si bien qu'on put remplacer les vitraux de l'abside de la cathédrale de Clermont, cassés par la grêle en 1835. Les cartons de cette école fournirent en outre des sujets pour d'autres églises d'Auvergne, et ses vitraux approvisionnèrent tout le centre de la France. Aujourd'hui les disciples d'Emile Thibaud s'efforcent de continuer sa tradition, mais ils n'atteignent pas la vérité de son dessin ni la variété de ses cartons.

*
* *

Après les industries qui déclinent, les industries qui se maintiennent.

Au premier rang se place la *coutellerie*. Au dernier siècle, les principaux centres de fabrication de la coutellerie étaient Tallende, Thiers et Chamalières. La manufacture de Tallende, prospère en 1758, tomba assez vite ; c'en était fait d'elle en 1783. Celle de Chamalières eut aussi son heure de grand développement vers 1784, puis s'affaiblit. Celle de Thiers devait avoir, entre toutes, la plus brillante destinée. Elle était déjà en plein essor en 1729 ; déjà elle affirmait sa vitalité par les conflits nés au sujet de la *marque* de chaque fabricant. Chacun en effet avait sa marque propre, chacun tenait à la conserver avec honneur, c'était le blason de la maison. Un père qui avait plusieurs enfants la donnait à l'un sans autre signe, pour un autre, il se bornait à la surmonter d'une couronne, d'un croissant, d'une feuille de persil, ou d'un simple

---

(1) Cf. *Inventaire sommaire des archives*, t. I, c. 570-79.

point. Ces marques, qui étaient l'objet de tant de sollicitude avant 1789, n'ont point perdu de leur importance ; il en est qui valent encore aujourd'hui de 30 à 40,000 francs : nature de propriété éminemment respectable. Les couteliers de Thiers utilisaient jadis la seule Durolle comme force motrice : ils ont actuellement des machines à vapeur. Ils fabriquent également le produit bon marché, les couteaux à sifflet valant quinze sous la grosse, et le produit de luxe (1), qui est exporté non seulement dans toute l'Europe, mais dans le monde entier. C'est l'Espagne surtout qui est tributaire de l'industrie thiernoise. Les *navajas* du Castillan et de l'Aragonais viennent d'Auvergne. Plusieurs fabricants de Thiers ont des succursales à Madrid, et des vitrines à la Puerta del Sol (2).

Une autre industrie assez active du pays est celle de la *dentelle*. Au xviiie siècle, les dentelles d'Auvergne étaient justement renommées. Les plus fines et les plus chères étaient celles d'Aurillac et de Murat (3) ; celles de Saint-Flour et de Mauriac étaient plus communes ; enfin à Langeac, à La Chaise-Dieu, à Arlanc, et dans tout le Livradois, on fabriquait les dentelles grossières ou *blondes*. C'est là, essentiellement, une industrie de montagne, et le Cantal en particulier semblait prédestiné, par son caractère montagneux, à devenir un centre important de fabrication. Colbert, dès le xviie siècle, avait fondé des manufactures de *point de France* à Aurillac et à Saint-Flour. Le goût s'en était répandu de là dans les villages de la montagne, où, aujourd'hui encore, il n'est pas rare de trouver des paysannes avec un métier sur les genoux, et faisant de la dentelle tout en surveillant les troupeaux. A Aurillac, à Saint-Flour, et dans tout le Cantal, on

---

(1) Le tranchelard de Thiers figure avec honneur dans les cuisines de la reine d'Angleterre.

(2) En revanche, les couteliers de Thiers font venir beaucoup de vin d'Espagne, et c'est chez eux qu'on boit peut-être les meilleurs Xérès et Porto consommés en France.

(3) Cf. *Inventaire sommaire des archives*, t. I, c. 450.

fabrique spécialement les dentelles fines; à Ambert et dans tout le Livradois, c'est la fabrication des blondes qui domine. Dentelles et blondes d'Auvergne constituent, comme les couteaux, un important article d'exportation, et sont transportées de préférence en Espagne; les mantilles des Espagnoles sont en dentelle d'Auvergne, et c'est en Auvergne que s'approvisionnent uniquement beaucoup de grands magasins de Madrid (1).

INDUSTRIES EXTRACTIVES

L'homme, en Auvergne, a commencé par exploiter le sol. Il s'est adonné à l'agriculture, parce que tout l'y invitait. Quand il s'est agi de fonder des industries, il a songé d'abord à créer des industries agricoles, intimement liées au développement des ressources directes de la terre. Mais il n'a pas négligé pour cela les éléments de richesse que le sous-sol lui offrait; et, par de multiples exploitations, mines de houille, de plomb, d'antimoine, carrières de pierres, de laves, etc., il a accru la valeur économique de son pays, en même temps que sa propre aisance.

(1) Dans ce rapide aperçu des industries manufacturières de l'Auvergne, mentionnons encore deux industries spéciales à la Haute-Auvergne, la *chaudronnerie* d'Aurillac, et la *poterie* de Laroquebrou; et terminons par quelques mots sur une industrie toute nouvelle, qui tire sa raison d'être du voisinage des volcans éteints, celle des *laves émaillées* de la manufacture de Saint-Martin, près de Riom. Tandis que l'émail sur fonte s'oxyde, se fendille, et exige des réparations fréquentes, l'émail sur lave est inattaquable et indestructible : l'émail pénètre en effet dans toutes les porosités de la lave et forme avec elle un tout compact. C'est la lave de Volvic qui est travaillée à Saint-Martin, découpée en feuillets d'une minceur extrême, et, une fois recouverte de son enduit, transformée en tables de laboratoire, tables de cliniques, cadrans d'horloge, plaques indicatrices de noms de rues ou de stations de chemin de fer : ni l'air, ni les agents atmosphériques, ni les acides chimiques les plus corrosifs, rien en un mot n'a prise sur la lave de Volvic ainsi émaillée.

Tout dernièrement, on a même essayé de joindre au côté pratique de cette industrie un côté artistique, et de dessiner des peintures sur lave. Mais le prix de revient en était très élevé; et, les débouchés étant lents à s'ouvrir devant de tels produits, on n'est pas allé au delà des premiers essais.

La première des industries extractives de l'Auvergne est celle de la *houille*. On raconte que Colbert, peiné d'apprendre les progrès du déboisement dans le royaume de France, s'écria un jour : « Le pays périra faute de bois! » — Il ne songeait pas à la houille. Celle-ci remplace aujourd'hui le bois comme combustible, et ses gisements sont devenus les auxiliaires les plus précieux de la grande industrie moderne. Dans un précédent chapitre, il a déjà été question des terrains houillers et de leur mode de répartition en Auvergne. Rien n'est plus délicat à étudier que l'époque et les caractères de leur formation.

En ce qui concerne le premier point, il faut distinguer *deux* étages différents de dépôts, l'un, le carbonifère marin, l'autre, apparu beaucoup plus tard, le terrain houiller supérieur. C'est M. Grand'Eury, qui, dans un Mémoire paru en 1877, a le premier nettement séparé tous les étages du terrain houiller ; c'est encore lui qui a démontré qu'il existait, dans le Plateau central, une très vaste lacune entre le carbonifère marin et le terrain houiller supérieur, prouvant ainsi que la mer carbonifère n'est pas synchronique, en Auvergne, du houiller supérieur. Cette mer s'était alors sensiblement éloignée du côté du nord ; elle s'étendait sur l'emplacement des bassins de Liège et de Newcastle ; elle ne s'est rapprochée de nouveau de l'Auvergne qu'à l'époque suivante, ou époque du trias.

Sur le second point, les savants sont en désaccord. Pour M. Grand'Eury, les bassins houillers (1) de la France centrale sont d'anciens marécages, remplis à diverses reprises

---

(1) Le mot de *bassin*, appliqué aux formations houillères du Plateau central, n'est pas exact. Ce sont de simples lambeaux, plissés par les mouvements du sol, restes de formations jadis plus étendues, et que l'érosion a peu à peu restreintes. Toutes les parties convexes des plis ont disparu ; seules, les parties concaves demeurent ; et de cette disposition, qui frappe aujourd'hui nos regards, est venu le nom de *bassin* qu'on leur donne.

par des alluvions torrentielles qui entraînaient pêle-mêle avec elles des détritus végétaux, des troncs d'arbres, des tiges, des feuilles, avec des amas de graviers, de sables et de limons.

Pour M. Fayol, les gîtes houillers de l'Auvergne sont des dépôts fluvio-lacustres, analogues aux deltas qu'édifient actuellement les fleuves dans les lacs qu'ils traversent. D'après lui, tous les matériaux constitutifs de la houille sont à l'état de transport; aucun n'a vécu sur place. Par conséquent les bassins houillers d'Auvergne sont d'anciens lacs, entièrement comblés par les apports des puissantes rivières de cette époque, et l'extrémité des bassins marque la ligne littorale de ces anciens lacs.

D'après M. Julien, le Plateau central étant alors tout entier exhaussé se trouva bordé sur son pourtour de vastes lagunes d'eau douce ou à peine saumâtre, dans lesquelles les débris d'une merveilleuse végétation (1) sont venus lentement s'accumuler. Les matériaux constitutifs de la houille de la France centrale, qui ne sont pas les mêmes que ceux des bassins belges (2), ont été enfouis dans l'eau de ces immenses étangs, en général à peu de distance de leur lieu d'origine, et s'y sont transformés en charbon (3).

Il va de soi que les alignements houillers de l'Auvergne, tels que les établissent MM. Bertrand et Dépéret, ne sont plus aussi réguliers qu'autrefois : ils ont été à maintes reprises disloqués par des cassures du terrain. De là la discordance actuelle des couches de houille; de là aussi l'impossibilité de trouver la série entière de ces couches sur une même verticale, certaines couches s'étant affaissées, d'autres redressées.

---

(1) Les cordaitées (famille entièrement restaurée par M. Grand'Eury), les fougères, et les calamodendrons.

(2) Les végétaux qui constituent la houille des bassins belges (terrain houiller inférieur et moyen) appartiennent surtout aux familles des lepidodendrons et des sigillaires.

(3) Il faut cesser de croire que la houille s'est formée lentement, sous l'effort de la pression et de la chaleur agissant pendant plusieurs époques géologiques consécutives; en réalité, la houille est de formation contemporaine de l'époque houillère même.

Ce qui importe surtout en ce moment, c'est de montrer, à côté de ce qui est exploitable, ce qui est actuellement exploité. Tous les gisements houillers d'Auvergne n'ont pas attiré également l'attention des capitalistes; quelques-uns seulement sont concédés à des Compagnies qui n'en exploitent qu'une partie relativement restreinte (1).

Dans le bassin de Saint-Eloi, il n'y a que *deux* concessions en activité : celle de la Vernade et celle de la Roche (Puy-de-Dôme);

Dans le bassin de Messeix, *deux*, celle de Messeix et celle de Singles (Puy-de-Dôme);

Dans le bassin de Champagnac, *une*, celle de Lempret (Cantal);

Dans le bassin de Brassac, *six*, celles de Charbonnier et de la Combelle (Puy-de-Dôme); celles du Grosmenil, de la Taupe, de Mège-Coste, des Barthes, de Rilhac (Haute-Loire);

Dans le bassin de Langeac, *une*, celle de Marsanges (Haute-Loire) (2).

(1) Au xviiie siècle, on n'exploitait que les deux mines de Brassac et de Sainte-Florine (près de Brassac). Cf. *Mémoire de Ballainvilliers*, 1765.
(2) Ces renseignements sont tirés des *Rapports du Préfet au Conseil général des départements du Puy-de-Dôme, du Cantal et de la Haute-Loire*, 1895.

Extrait de la Carte de la production et de la consommation des combustibles minéraux de la France en 1892 :

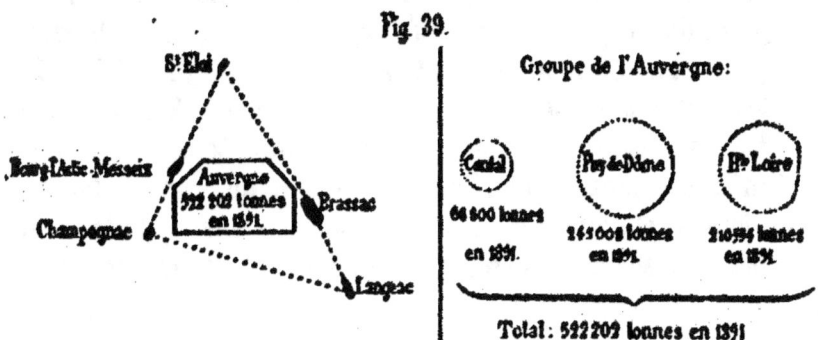

Production de la houille en Auvergne.

Il y a, en Auvergne, d'autres industries extractives que celle de la houille; mais elles sont dans un état de prospérité très relative. La faute en est aux difficultés de transport, car les gisements miniers sont parfois situés dans des régions telles que le chemin de fer ne peut y passer : or toute industrie éloignée des grandes voies de communication risque fort, à notre époque, de déchoir. Cela est vrai surtout pour les industries extractives qui ne choisissent pas leur emplacement, et qui sont assujetties étroitement aux conditions de lieux et à la géographie physique des régions minières.

L'Auvergne renferme principalement des mines de plomb argentifère, d'antimoine et de bitume; on y exploite aussi des carrières importantes.

Dans son Mémoire de 1765, Ballainvilliers a tout un chapitre sur l'extraction du *plomb* dans son Intendance; il cite les mines du village de Combre, à deux lieues au nord de Pontgibaud, du village de Chade, entre Pontgibaud et Riom, de Saint-Amant-Roche-Savine, du village d'Augerolles, du château de Miremont, du bois de Corbail appartenant aux Bénédictins de Mauriac, de Courpière, de Sermentizon, de Vollore, enfin des montagnes des Monts Dore, et des environs de Royat. Il ne donne pas le chiffre de la production, de sorte que ses renseignements ne suffisent pas à nous éclairer. Aujourd'hui les seuls gisements exploités sont : celui d'Auzelles (district de Cunlhat), et surtout celui de Pontgibaud (1), dont les puits sont situés, les uns à Roure et à Villevieille, les autres à Barbecot (vallée de la Sioule). Ceux de Roure paraissent menacés d'un arrêt prochain du travail, faute de filons exploitables bien connus. Ceux de Barbecot sont gênés par des sources abondantes qui entravent l'exploitation (2).

---

(1) Extrait des *Rapports du Préfet au Conseil général du Puy-de-Dôme, du Cantal et de la Haute-Loire*, 1895.

(2) Production totale en 1891 : 2585 tonnes de minerai. En 1896, les gisements de Barbecot sont abandonnés tout à fait.

De plus, le prix de l'argent ayant considérablement baissé (1), le prix du plomb argentifère a baissé par le fait même, et n'est plus rémunérateur pour les exploitants. Ainsi s'explique la crise que traversent actuellement les mines de Pontgibaud.

Les principaux gisements d'*antimoine* sont ceux d'Anzat-le-Luguet, dans le Cézallier, d'Ouche, d'Espezolle, de Conche, du Breuil, dans le Cantal (2). A quoi il faut ajouter les mines de la Licoulne, Chazelles, Lubilhac, dans la Haute-Loire (3).

Le seul gisement de *bitume* à signaler est celui du Cortal et des Roys-Nord, qui suffit à alimenter l'usine de bitume de Pont-du-Château pour la fabrication du mastic et des pavés d'asphalte.

Parmi les *carrières* les plus riches de l'Auvergne se placent au premier rang les carrières de laves de Volvic, qui fournissent de splendides pierres de taille. Seule entre toutes les coulées d'Auvergne, cette coulée, issue de la Nugère, renferme, à une profondeur déterminée, une roche assez compacte pour donner lieu à l'exploitation. C'est l'usage de cette lave, employée dans la construction, qui donne aux villes du pays, Clermont, Riom, etc., l'aspect de villes sombres et noires dont le voyageur est d'abord frappé.

---

(1) L'argent vaut environ 100 francs le kilogramme (juin 1896).

(2) Leur production, en 1891, a été de 60 tonnes de minerai riche, et de 1500 tonnes de minerai pauvre. On trouve énumérées dans le passage suivant les raisons du rendement toujours moindre des mines d'antimoine en Auvergne. « Une des causes qui ont le plus contribué à la cessation » presque complète de l'exploitation de l'antimoine de l'Auvergne, est la » concurrence des antimoines de la Toscane et de l'Algérie, et la baisse de » prix qui en est résultée. Ajoutons que l'ignorance avec laquelle sont » dirigés la plupart des travaux de recherches, le peu de soin apporté au » triage et au lavage des substances métallifères, dont une forte propor- » tion est perdue ou rejetée comme stérile, sont pour beaucoup dans la dif- » ficulté que ces entreprises éprouvent à se maintenir. » Cf. Tournayre, Ingénieur des mines, dans le « Dictionnaire statistique du Cantal, » t. I.

(3) Leur production, en 1891, a été de 12,750 tonnes.

On doit citer ensuite : Les carrières de scories de Royat et de Beaumont ;

Les carrières de pierre à chaux de Joze et de Vertaizon, à ciel ouvert ;

Et les carrières de trachytes du Cantal, en particulier celles d'Aurillac, de Thiézac et de Murat. En bien d'autres points, on exploite également le basalte, le granite et le gneiss.

On peut, à la rigueur, considérer également les villes d'eaux minérales comme des centres industriels, bien que leurs établissements soient surtout scientifiques et médicaux. En tous cas, il y a là une exploitation caractéristique des richesses du sous-sol, qui rapportait au pays, dès 1863, près de deux millions par an (1). C'est que non seulement la réputation des eaux, mais la beauté des sites et des paysages attirent chaque année, en foule, malades et touristes dans toutes les stations thermales de l'Auvergne, à Chaudesaigues, aux Bains du Mont-Dore, à La Bourboule, à Saint-Nectaire, à Royat, à Châtelguyon, à Châteauneuf, à Vichy (2). La plupart de ces stations ont été exploitées depuis fort longtemps ; les Romains les connaissaient presque toutes et y avaient construit des thermes grandioses. Ainsi on a découvert récemment des débris importants de monuments et de vestiges de l'époque gallo-romaine, fragments d'édifices, colonnes, statues de dieux et de déesses, ustensiles de toutes sortes, etc., etc., aux Bains du Mont-Dore, où ils forment un musée spécial, à La Bourboule, à Royat, à Vichy.

Puis, après une longue période pendant laquelle ces

---

(1) Cf. *Le Concours régional de Clermont-Ferrand*, 1863, par Cormont.

(2) Cf. pour l'énumération des stations thermales d'Auvergne, et pour les propriétés de leurs eaux, *Dictionnaire des eaux minérales du département du Puy-de-Dôme*, par P. Truchot, 1878, et *Eaux minérales du département du Cantal*, par le Dr Nivet, 1852.

stations sont demeurées inutiles, elles sont depuis le milieu de ce siècle revenues fort à la mode. Des Compagnies particulières ont pris à leur compte l'exploitation, ont élevé les bâtiments actuels, qu'elles ont dotés de tous les perfectionnements réclamés par le luxe contemporain. Il en résulte que des localités qui étaient, il y a moins d'un siècle, de petits villages, comme le Mont-Dore, sont devenus des bourgs assez populeux, ou même des villes, comme Vichy. Combien de temps cette prospérité durera-t-elle? Personne ne peut le dire en ce moment. C'est affaire à la fois aux médecins, dont les procédés thérapeutiques se modifient sans cesse, et aux malades, qui ont l'humeur souvent changeante, et dont il faut savoir contenter par des prescriptions toujours nouvelles les capricieuses fantaisies.

CHAPITRE XV

Les voies de communication et le commerce en Auvergne

En exploitant toutes les richesses de son sol et de son sous-sol, et en utilisant industriellement celles de ses ressources qui s'y prêtent, l'habitant de l'Auvergne accumule des produits qu'il ne consomme pas en entier : il est porté alors à les écouler chez ses voisins, en même temps qu'il demande à ceux-ci ce que le pays ne lui fournit pas.

Pour faire ce commerce, il faut des voies de communication.

*

Les premières que l'homme a trouvées toutes faites, et qu'il a naturellement suivies, sont les voies fluviales. Il a longé les bords des rivières, en a descendu et remonté le cours, soit qu'il fût animé d'intentions belliqueuses et fît la guerre à son semblable, soit qu'il voulût au contraire nouer avec lui des relations amicales et échanger des marchandises. Ainsi les cours d'eau ont vu passer, dès l'origine, à la fois les armées et les commerçants, ils ont servi aussi bien de routes aux invasions que de chemins à la civilisation. C'est sous ce second aspect que nous devons les considérer.

L'Auvergne n'est pas favorisée, tant s'en faut, sous le rapport des voies fluviales. Les rivières n'y peuvent pas être, si on se rappelle ce qui en a été dit plus haut, des moyens de circulation commodes. La plupart des cours d'eau

sont inaptes à toute navigation : « La Dordogne, dit Bal-
» lainvilliers en 1765 (1), n'est pas navigable dans la partie
» de l'Auvergne qu'elle parcourt. On a tenté en 1726 de
» faire flotter vers Libourne des mâts provenant de forêts
» près de Bort ; mais les trains de bois se sont rompus contre
» les écueils situés entre Bort et Souillac. » Il en est de même
aujourd'hui. On essaie encore parfois d'y lancer des radeaux
qui descendent rapidement entre Bort, Argentat, Beaulieu, à
destination de la Gironde. Ils vont avec une vitesse moyenne
de 17 kilomètres à l'heure (2), tant la pente est forte, mais
c'est à leurs risques et périls : bien peu parviennent au terme
du voyage. « La Sioule, ajoute Ballainvilliers, n'est pas na-
» vigable non plus dans la partie de l'Auvergne qu'elle tra-
» verse ; son lit est presque partout rempli de rochers à
» fleur d'eau. On a tenté jadis de faire flotter des bois pro-
» venant des pays de Combrailles, où ils abondent, depuis
» Ebreuil jusqu'à l'Allier : mais la plus grande partie de ces
» bois se sont perdus. » De même l'Alagnon n'est pas navigable. « Son lit est trop resserré, rempli de rochers et de
» grosses pierres. Il est sujet à de trop grandes crues lors
» de la fonte des neiges du Lioran, ou bien il est si bas
» qu'on le passe à pied d'une pierre à l'autre. » — « Quant à
» la Dore, elle pourrait être navigable depuis Courpière, si
» on faisait des travaux aux pelières qui sont à l'usage des
» moulins. Elle est navigable depuis Puy-Guillaume : c'est là
» que les négociants d'Ambert et de Thiers embarquent leurs
» marchandises. » Depuis cent ans l'importance économique
de la Dore a faibli. Elle n'est plus considérée que comme
flottable depuis Lanaud jusqu'au pont de Ris, sur une longueur d'environ 35 kilomètres. Seuls, quelques trains de bois
franchissent ce parcours dans une journée. En 1891, il en
est passé sept, formés de planches de sapins (3). Comme

---

(1) Cf. Ballainvilliers, Mémoire de 1765, B. V. C., man. 520.
(2) Observation personnelle.
(3) Cf. *Conseil général du Puy-de-Dôme*, 1892.

aucun crédit n'est alloué pour l'amélioration de ce flottage, la Dore sera de moins en moins utilisée pour les transports.

L'Allier, seul de tous les cours d'eau d'Auvergne, est regardé au xviii° siècle comme ayant une vraie valeur économique. Ballainvilliers compte qu'il passe en moyenne, par la digue de Pont-du-Château, plus de 1600 bateaux ou trains de bois par an. Le point de départ de la batellerie de l'Allier est la ville de Jumeaux, près de Brassac. Jumeaux est alors un centre important, et sa population bien plus considérable qu'aujourd'hui. On y embarque les charbons de terre des mines voisines de Brassac, Sainte-Florine, Charbonnier. On y embarque aussi les bois de noyer, de sapin et de pin, les mâts venant de La Chaise-Dieu et qui seront livrés à la marine. Toutefois la navigation n'y est vraiment active qu'après les fontes de neige et les pluies prolongées, c'est-à-dire quand le débit de la rivière est voisin de son maximum. A Pont-du-Château de nouveaux chargements ont lieu : on embarque des fruits, du chanvre, des vins surtout (1), qui par le canal de Briare seront portés à Paris. Pont-du-Château, dans ce temps-là, est peuplé de mariniers, gens ayant un costume à part, des mœurs à eux, et un parler spécial. Ils donnent à la ville l'apparence d'un port, et, du reste, les traces de l'ancien port de Pont-du-Château sont encore visibles aujourd'hui : elles donnent l'idée de l'activité qui régnait alors dans toute cette région des bords de l'Allier. A partir de Pont-du-Château et surtout de Joze, la navigation devenait plus aisée, la profondeur de la rivière ayant augmenté; les mariniers chargeaient davantage leurs bateaux; ils ajoutaient à leurs marchandises les blés de la Limagne qu'ils conduisaient également à Paris.

(1) « Les marchands de Paris hésitent à acheter les vins d'Auvergne à
» cause de la longueur et de la difficulté des transports. Il faut donc les
» consommer sur place ou les vendre aux habitants de la montagne. Or
» ils coûtent deux sous le litre en année moyenne, ce qui n'est pas un
» prix rémunérateur pour le vigneron, et dans les bonnes années on en
» est embarrassé : il faut le laisser perdre. » Ballainvilliers, *l. c.*

Dans le même Mémoire, Ballainvilliers, après avoir parlé de la navigation de l'Allier, énumère les obstacles qui empêchent cette voie de rendre au commerce de plus grands services, obstacles provenant des conditions physiques, climat, relief, imperméabilité, de la région arrosée par la rivière. Ce sont, dit-il, les gelées d'hiver, puis les sécheresses d'été qui interrompent le transit, et ne le font plus que de six à huit mois par an. Ce sont ensuite les crues subites qui suivent la fonte des neiges et qui accompagnent les pluies d'orage; il est vrai que ces crues généralement ne durent pas, et que la navigation profite après coup des hautes eaux ainsi produites. Ce sont encore les rochers ou écueils du milieu du courant : il faut aux mariniers une grande habitude de la rivière pour éviter les passages dangereux, qui sont très fréquents. Ce sont aussi les plaines situées le long des rives, où les eaux se ramifient et se divisent en une multitude de branches, ce qui diminue le tirant d'eau et par suite le mouillage des bateaux. Il faudrait, ajoute Ballainvilliers, contenir et resserrer le lit de l'Allier dans ces plaines, par des levées en terres ou des perrés, ou bien construire des écluses le long de ses affluents, en amont de Pont-du-Château, écluses qu'on fermerait ou qu'on ouvrirait selon que les eaux de l'Allier seraient hautes ou basses. Mais ces travaux, même achevés, ne suffiraient pas à rendre la navigation régulière. Enfin le dernier obstacle est la pelière de Pont-du-Château. C'est une file de gros pieux fichés dans des trous d'un bord à l'autre, avec un passage ou pertuis au milieu pour laisser les bateaux passer. Cette pelière détermine une chute d'eau à pic de sept pieds de hauteur; si bien que sur douze bateaux, six ou sept, à ce passage dangereux, prenaient coup. En 1741, le seigneur de Pont-du-Château reçut l'ordre d'établir une double charpente en aval de la pelière, des deux côtés du pertuis, pour faciliter la descente en amortissant la chute. Depuis, les accidents ont été moins nombreux. On ne voulait pas en effet détruire la pelière, car, en retenant les eaux de l'Allier en amont, elle facilitait la navigation au-dessus de Pont-du-Château.

On le voit, au plus beau moment de la navigabilité de l'Allier, cette voie de commerce prêtait déjà à nombre de critiques. C'est pour cela qu'au début de ce siècle l'idée naquit d'établir à côté d'elle une voie artificielle, autrement dit de creuser un canal latéral à l'Allier.

Baudet-Lafarge en parla le premier, en 1820 (1): « Il faudrait, dit-il, prendre le point d'ouverture de ce canal sur la rive gauche de l'Allier, entre les Martres-de-Veyre et Cournon, ou près de ce dernier lieu, le conduire à travers les marais de Sarliève et de Cœur, où il ferait un détour pour traverser les communes de Saint-Beauzire, Ennezat, Saint-Ignat, le marais de Surat, d'où il irait joindre la grande rase des marais de Pagnan-Saint-André, dont le creusement est fait sur une étendue de plus de 2000 mètres; de là il serait conduit dans la rivière de Morges, non loin de son confluent dans l'Allier. Ce canal, garni d'un nombre suffisant de coupures ou canaux latéraux pour la distribution des eaux, trouverait dans tous les pays indiqués une pente suffisante, des terrains faciles à creuser, ce qui rendrait les travaux à faire moins difficiles et moins dispendieux. Entretenu par tous les affluents des montagnes occidentales et par le trop-plein des réservoirs supérieurs, il aurait toujours une quantité suffisante d'eau à distribuer dans toute la longueur qu'il parcourrait. »

Le partisan le plus convaincu du canal latéral à l'Allier fut un membre de la Chambre de commerce de Clermont,

---

(1) Cf. Baudet-Lafarge, *Réponse aux questions posées par M. le Préfet*, nov. 1820. B. V. C., man. 715.

Déjà Audigier, dans son *Histoire d'Auvergne*, avait recommandé, mais sans insister, pour accroître et faciliter le commerce de l'Auvergne, la construction d'un canal sur la rive gauche de l'Allier, qui aurait passé par Clermont.

Blanc, qui, chargé d'étudier la question, rédigea en avril 1827 un rapport tout à fait favorable (1).

Après avoir insisté sur la richesse et la fertilité naturelles du sol de l'Auvergne, sur ses productions agricoles, végétales et animales, Blanc proclame la nécessité pour le pays d'avoir « une circulation plus active et plus stable ». L'Allier étant difficilement navigable, il faut creuser un canal latéral sur sa rive gauche. On mettra des chantiers et des ports à Clermont et à Riom, et ces deux villes deviendront aussitôt bien plus animées. Il en résultera très vite un grand accroissement des exportations et des importations de l'Auvergne ; on exportera régulièrement le charbon de terre des mines de Brassac, les vins d'Auvergne (l'Allier en transporte en moyenne 25,000 pièces par an), les blés et farines, les pommes, le papier, le chanvre, les cuirs et pelleteries, les fromages, le foin, les laves de Volvic, la quincaillerie de Thiers. On importera en retour le fer, la fonte, le cuivre, et particulièrement le sel, dont le Cantal à lui seul exige par an pour un million (fabrique de la fourme). Blanc ne méconnait pas la valeur des objections qu'on peut faire au projet du canal :

1° Le tort fait aux localités de la rive droite de l'Allier ;

2° La lenteur de la navigation qui sera bien plus sensible sur le canal que sur la rivière ;

3° L'augmentation des prix de main-d'œuvre, en raison du nombre des ouvriers qui seront embauchés ;

4° Le dommage fait par le canal aux terrains et aux propriétés situés sur son parcours ;

5° Enfin l'hypothèse de la ruine financière du canal, si les commerçants continuent à se servir de la voie de l'Allier.

Ces objections, conclut-il, ne doivent pas prévaloir, et le calcul démontre que l'opération rapportera de gros bénéfices à ses actionnaires (2).

---

(1) Cf. Blanc, *Rapport fait à la Chambre de commerce de Clermont-Ferrand, sur le projet d'ouverture d'un canal latéral à l'Allier, au nom de la Commission chargée d'examiner ce projet*, avril 1827.

(2) Les dépenses du canal peuvent être évaluées à treize millions, et

Mais tout le monde ne fut pas de son avis. Baudet-Lafarge lui-même, qui avait paru favorable au projet, critiqua les arguments du rapport de Blanc (1); il soutint que les marchandises continueraient à naviguer sur l'Allier, pour aller plus vite et pour payer moins cher de droits de transport.

Quelques années plus tard, Devèze de Chabriol, dans un opuscule intitulé: *Navigabilité de l'Allier* (2), après avoir étudié minutieusement le cours de la rivière, pense qu'un canal latéral n'est pas nécessaire. Mais il propose l'établissement d'une rase navigable depuis l'Allier jusqu'à Clermont; il propose aussi de rendre l'Allier plus navigable à la remonte, de faciliter la navigation ascendante.

A son tour, le Conseil général du Puy-de-Dôme, consulté, répondit par l'organe d'un de ses membres, Lamy (3). Le rapport de Lamy insiste surtout sur le chiffre des frais d'établissement du canal, qui lui semblent devoir être énormes; il pense que les revenus seront maigres, car la concurrence entre l'Allier et le canal sera constante, et bien des commerçants préféreront l'Allier. Le Conseil général réserva sa décision.

En 1837 le rapport de Blanc fut publié de nouveau, et de nouveau la question discutée. Blanc, libre-échangiste convaincu, démontre à ses compatriotes les avantages d'une plus grande facilité de circulation de leurs produits. Il leur cite comme preuve l'exemple du vigneron qui, avec ses caves remplies de vin, peut parfaitement mourir de faim, s'il n'exporte pas aisément sa marchandise, et si en retour il ne peut pas importer ce qui lui manque. Il les adjure donc de faire en sorte que le canal latéral à l'Allier soit creusé.

l'économie annuelle qu'il réalisera à deux millions: ce qui fait pour les actionnaires un bénéfice annuel de 800,000 francs.

(1) Cf. Baudet-Lafarge, *Quelques observations sur le projet d'un canal latéral à l'Allier*, 1827. B. V. C., 1873.

(2) Cf. Devèze de Chabriol, *Navigabilité de l'Allier*, avril 1831. B. V. C., man. 715.

(3) Cf. Lamy, *Opinion contre le projet d'un canal latéral à l'Allier*. Session du Conseil général d'août 1827. B. V. C., 1876.

La même année un secours inespéré lui vint. Dans un opuscule paru sous ce titre : *De la navigation de l'Allier et d'un canal latéral*, par Brosson, mai 1837 (1), l'auteur soutient cette thèse : « Qu'il ne faut pas juger de l'utilité d'un
» travail de ce genre par les résultats obtenus dans le pays
» même ; il faut en juger par ses conséquences dans le progrès
» économique de la France entière. » Or personne ne conteste la nécessité d'un nombre toujours plus grand de voies de communication dans un pays comme le nôtre. Sa conclusion est donc en faveur de l'établissement d'un canal latéral à l'Allier.

Toutefois le dernier mot dans cette affaire resta aux adversaires du canal. L'un d'eux, Boudet de Bardon, fit remarquer, en 1837 (2), que « le canal ferait du tort à l'agri-
» culture, causerait l'insalubrité des régions traversées,
» surtout aux époques où il faudrait le nettoyer, enfin serait
» une mauvaise opération financière. » Pour l'auteur, le temps est venu d'emprunter des communications nouvelles à l'industrie qui modifie ses procédés : les chemins de fer apparaissent, il faut que l'Auvergne ait le sien. Ce chemin de fer, ce sera la ligne de Lyon à Bordeaux, avec Clermont comme centre. Ainsi les produits de l'Auvergne s'écouleront aisément.

Dans ces cinquante dernières années, il n'a plus guère été question du creusement d'un canal à travers la Limagne. Les rares projets qui ont encore été élaborés n'ont pas abouti ; et, s'il s'en présente dans la suite, tout fait présumer qu'ils auront de moins en moins de chances de succès. Du moins, la voie commerciale de l'Allier a été l'objet de certains travaux d'aménagements destinés à régulariser le débit de la rivière et à amortir les dangers de ses inondations. Les principaux points à défendre étaient les plaines de

(1) Cf. Brosson, *De la navigation de l'Allier et d'un canal latéral*, mai 1837. B. V. C., 1877.
(2) Cf. Boudet de Bardon, *Mon avis sur le canal latéral à l'Allier et sur un chemin de fer de Clermont à Lyon*, 1837. B. V. C., 1878.

Brioude et d'Issoire, de Pérignat, les villages de Coudes et de Joze, les plaines de Crevant et de Mons. Tandis que dans les régions hautes on gazonne et on boise pour diviser l'eau, en absorber la plus grande quantité possible au profit de la terre et de la végétation, de façon à ce que l'écoulement ait lieu le plus lentement possible sur des surfaces revêtues, on a protégé les plaines par des digues et des barrages. Ici certaines précautions étaient à prendre. Il ne fallait pas établir partout des digues insubmersibles, de peur d'encombrer le lit de l'Allier par l'amas progressif de ses alluvions; on en a seulement établi dans quelques endroits, une entre Ternivol et le pont de Lamothe, dans la Haute-Loire (longueur : 800 mètres); une en amont du pont de Cournon (longueur : 700 mètres); une dans la plaine de Brioude, en face de Saint-Ferréol-de-Cohade (longueur : 1220 mètres) (1). L'inconvénient de ces digues insubmersibles, c'est qu'à mesure que se produit l'encombrement du lit de la rivière, on est obligé de les surélever, c'est-à-dire d'augmenter le danger de leur rupture et l'intensité des désastres qui en résulteraient. Le mieux, et c'est ce qu'on a fait d'ordinaire le long de l'Allier, c'est d'élever des digues submersibles, contenant le cours d'eau en temps de faibles crues, et le laissant déborder lors des grandes crues. Il y a en très grande quantité de ces digues submersibles, la plupart avec perrés maçonnés, dans les endroits à garantir contre les débordements faibles ou moyens de la rivière : les terrains soumis ainsi aux inondations en reçoivent un limon fertilisateur, et accroissent insensiblement leur puissance productive.

Tous ces aménagements ne peuvent donner à l'Allier la valeur commerciale que lui refuse la géographie physique de son bassin. La géologie, le climat et le relief des pays qu'il arrose en font une rivière de régime torrentiel, et toute la science de l'homme n'y pourra rien changer. Les mêmes obstacles à la navigation existeront toujours, en hiver le gel,

(1) Encore celle-ci n'est-elle pas franchement insubmersible.

au printemps les débâcles et les inondations qui suivent le dégel, en été la faiblesse du débit en basses eaux, en automne les crues subites et l'excessive rapidité du courant (1).

* *

Dans un pays où les rivières ne sont pas navigables (2), l'homme est amené tout naturellement à se servir d'autres voies de communication, qui sont les routes. Le fait d'avoir une bonne viabilité est déjà l'indice d'une civilisation supérieure. La première antiquité n'a pas connu les routes bien construites et bien entretenues. C'est aux Romains que revient l'honneur d'avoir compris l'importance de cette institution, et de l'avoir pratiquée avant tous les autres d'une manière admirable. Ils dotèrent l'Auvergne, du 1ᵉʳ au vᵉ siècle de notre ère, de son premier réseau de routes, route de Lyon à Saintes par Vichy, Clermont, Ahun, Limoges, avec embranchement de Clermont à Bourges par Chantelle et Néris; route de Clermont au Mont-Dore; route de Clermont vers le sud par Issoire, Paulhaguet, Saint-Paulien, avec embranchement sur la Truyère et Chaudesaygues; enfin route de Clermont à Lezoux, Vollore et le Forez. Au moyen-âge,

---

(1) Administrativement l'Allier est cependant classé parmi les rivières flottables (depuis Saint-Ilpize jusqu'à Vieille-Brioude), et navigables (depuis Vieille-Brioude jusqu'à sa sortie d'Auvergne et à son confluent dans la Loire). D'après les rapports des Ingénieurs (Cf. *Conseil général de la Haute-Loire et du Puy-de-Dôme*, 1895), le flottage sur l'Allier ne dépasse pas actuellement 50 tonnes par an. La navigation est aussi très faible; elle n'a lieu qu'à la descente, à la remonte elle est nulle. En 1895, le mouvement des bateaux, circonscrit dans le Bas-Allier, a été de 159 tonnes; les principales marchandises transportées étaient des bois de chauffage et des bois de construction.

(2) L'Allier ne rend guère plus de services à l'industrie qu'au commerce. Il est peu utilisé comme force motrice; il actionne pourtant un certain nombre de moulins à eau, de scieries d'usines, à Saint-Ilpize, à la Redonde, à Tapon, à Vieille-Brioude, à Latour, à Dardelin. Quelques-uns de ses affluents, la Dore, la Durolle surtout, sont également employés par l'industrie. Le service hydraulique du département du Puy-de-Dôme mentionne, pour le département seul, 1948 établissements mus par l'eau, dont les 1200 minoteries ou moulins que nous avons déjà signalés.

l'incurie des gouvernements et l'insouciance des populations laissèrent ces routes à l'abandon, et la plupart d'entre elles, faute d'entretien, devinrent à la longue impraticables. La monarchie absolue des xviiᵉ et xviiiᵉ siècles, au moyen de la corvée, rendit à la viabilité de l'Auvergne toute sa valeur. Le Mémoire de Ballainvilliers, 1785, permet d'établir approximativement la carte routière de la province. (Voir la planche ci-contre.)

Il faut se représenter l'Auvergne de cette époque-là comme le trait d'union du midi et du nord de la France, et Clermont-Ferrand, sa capitale, comme un vaste entrepôt de marchandises venues de tout le midi à destination du nord. Tout le quartier Saint-Hérem, à Clermont, comprenait une longue suite de magasins, d'une extrême animation, où étaient entreposés toutes sortes de produits et d'objets de commerce. Les principales villes avec lesquelles se faisait ce commerce de transit étaient Lyon, Montpellier, Rodez et Limoges. C'est donc dans ces directions que les grandes routes d'Auvergne étaient naturellement tracées. Elles l'étaient, comme il est facile de s'en rendre compte, conformément à la géographie et au relief du sol de la contrée (1).

1° La route de Lyon traversait la plaine de Limagne, empruntait la vallée de la Durolle et la dépression de Noirétable pour traverser le Forez. Une autre route traversant le Li-

---

(1) On peut faire observer que les limites de la province d'Auvergne au xviiiᵉ siècle sont déterminées assez exactement par les quatre ou cinq routes principales qui la traversent :

Route de Paris à Montpellier par Clermont :
Entre en Auvergne à la Croix d'Aublat, entre Aigueperse et Riom ; *frontière du Bourbonnais ;*
Sort d'Auvergne à Fix (à 4 lieues du Puy) ; *frontière du Velay ;*
Route de Lyon à Limoges par Clermont :
Entre en Auvergne au village Bras-de-Fer, à l'est de Thiers ; *frontière du Forez ;*
Sort d'Auvergne au village de Gay, paroisse de Saint-Avit ; *frontière de la Marche ;*
Enfin route de Rodez :
Sort d'Auvergne à la Garde-Guérin, dans l'Aubrac ; *frontière du Gévaudan et du Rouergue.*

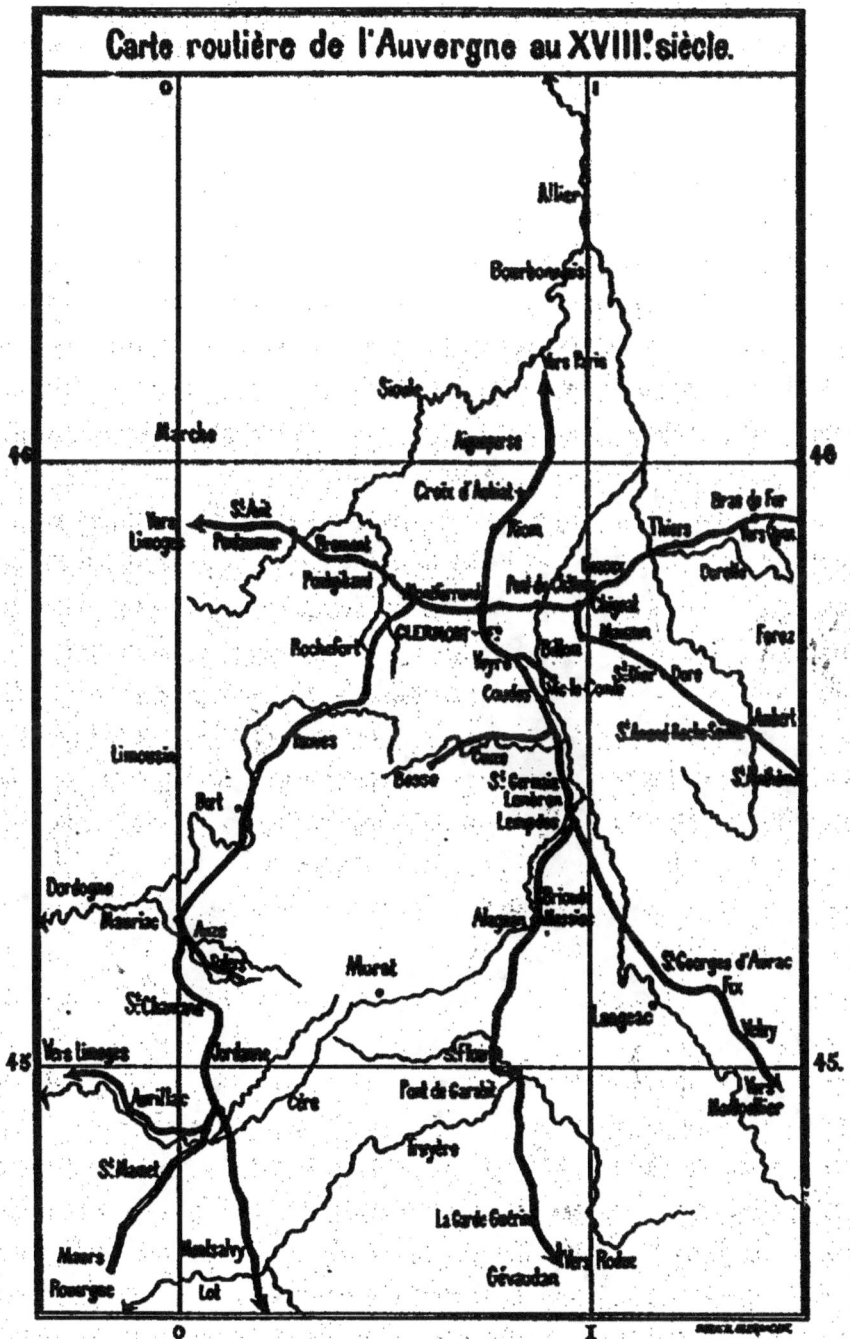

Pl. X.

Carte routière de l'Auvergne au XVIIIe siècle.

vradois et passant par Ambert conduisait aussi à Saint-Etienne et de là à Lyon.

2° La route de Montpellier suivait toute la vallée de l'Allier, passant par Issoire, Brioude, et pénétrant dans le Velay par Fix et le Puy : c'était la continuation de la route de Paris à Clermont.

3° De cette route, qui était la plus grande voie commerciale de la France centrale, se détachait près de Saint-Germain-Lembron un embranchement qui, par Saint-Flour, le pont de Garabit sur la Truyère (pont construit en 1727), gagnait le Gévaudan et Rodez.

4° Enfin la route de Limoges, passant, ou peu s'en faut, sur les traces de l'antique voie romaine, traversait le plateau des Dômes, franchissait la Sioule à Pontgibaud, et sortait d'Auvergne à Saint-Avit. Un embranchement s'en détachait vers le sud, suivant la Sioule et la Dordogne, et aboutissant à Aurillac, capitale de la Haute-Auvergne.

Sur toutes ces grandes routes, la circulation était très animée au dernier siècle et dans la première moitié de celui-ci. Partout des relais, des auberges, attendaient le passage des voitures, aux carrefours des chemins, à l'entrée et à la sortie des montagnes. Les marchandises amenées à Clermont étaient ensuite dirigées sur Paris par la route de la Limagne et de la basse vallée de l'Allier, passant par Riom, Aigueperse, Moulins, etc. Toutefois, même en ce temps de la prospérité des routes, des obstacles nombreux gênaient les transports, et tous les Intendants le constatent dans leurs Mémoires. Déjà, en 1698, d'Ormesson écrivait (1) : « On peut dire qu'à
» l'égard des chemins, ils sont très bien tenus dans l'étendue
» des quatre élections de la Basse-Auvergne. Mais il n'en est
» pas de même dans celles du Haut-Auvergne, principale-
» ment dans celle d'Aurillac, où l'âpreté des montagnes rend
» les chemins fâcheux et quasi-inaccessibles. Le débordement
» des eaux qui arrive souvent par des torrents que les neiges

(1) Cf. d'Ormesson, Mémoire de 1698, p. 47-48. B. V. C., man. 518.

» fondues et les pluies continuelles forment, achève de les
» rendre impraticables. Cela demanderait des réparations
» considérables, ainsi que la plupart des ponts qui n'ont pas
» de garde-fous, et qui sont rompus en bien des endroits,
» tant de cette élection que de celle de Saint-Flour, mais ce
» sont là de très grosses dépenses. »

Audigier, dans son *Histoire d'Auvergne* de 1720 (1), parle également du mauvais état des routes de la province : « Toutes
» les routes de la Limagne, dit-il, même celles de Clermont
» à Paris, sont boueuses. Celles de la montagne deviennent
» impraticables après les pluies et à la fonte des neiges. En
» outre, il n'existe pas de ponts sur les rivières, à peine des
» passerelles pour les piétons hardis. Le pont de Courpière
» sur la Dore est délabré; on ne le répare pas. Il n'y a au-
» cun pont sur l'Allier de Langeac à Saint-Pourçain ; on n'en
» trouve pas avant Moulins, qui est en dehors de l'Auvergne.
» On devrait en construire un à Brioude, un autre à Pont-
» du-Château. Il est vrai, ajoute Audigier, que l'Allier dé-
» borde fréquemment, et qu'il entraînerait ces ponts : c'est
» une raison de les faire très solides, pour qu'ils résistent à
» la force de l'eau. »

Un autre obstacle au développement du commerce de l'Auvergne était l'existence des *bureaux* de Gannat et de Montluçon qui percevaient des droits exorbitants sur toutes les marchandises suivant les routes de Clermont à Paris (2). A l'origine, ces bureaux (3) avaient été établis par le Conseil du roi pour taxer les produits du Languedoc entrant en France : ils ne devaient donc rien réclamer aux marchandises d'Auvergne. Cependant l'habitude s'introduisit bientôt de faire payer tout le monde, et les droits de douane restèrent fort lourds jusqu'en 1789, aucune réclamation n'ayant été admise en haut lieu. Lors de la Révolution, les bureaux de

---

(1) Cf. Audigier, *Histoire d'Auvergne*.
(2) Un *bureau* du même genre était installé à Vichy pour les marchandises descendant l'Allier.
(3) Cf. Audigier, *l. c.*

Gannat et de Montluçon disparurent, et le commerce par routes resta prospère jusque vers 1850. A ce moment, la cause des chemins de fer fut définitivement gagnée, et l'ancien roulage condamné à périr.

Aujourd'hui les grandes routes, — dites routes nationales, — existent toujours; elles sont entretenues avec soin, mais n'ont plus la moindre valeur économique : c'est dans des vues purement stratégiques qu'on les conserve. A côté d'elles, tout un réseau très compliqué de routes départementales et de chemins vicinaux a été construit; la plupart sont inutiles comme voies commerciales; seules, quelques routes dans le voisinage des frontières de l'Auvergne et du Bourbonnais font un certain trafic, mais un trafic simplement local; quelques autres enfin ont gardé de l'animation : ce sont celles qui conduisent à des gares de chemins de fer (1).

*
* *

Depuis une cinquantaine d'années, l'application de la vapeur à la locomotion a bouleversé de fond en comble les anciens procédés de transport : les chemins de fer ont accaparé presque tout le commerce intérieur de la France. En Auvergne, cette transformation s'est faite comme partout, quoique avec plus de lenteur. C'est que la construction des chemins de fer n'était pas aisée dans un pays au relief si compliqué, rempli de montagnes, sillonné de vallées étroites et profondes, avec des pentes raides de tous les côtés. L'homme a montré ici tout ce qu'il pouvait faire; il a donné la mesure de sa force, et a dompté la nature rebelle. Pour établir le réseau ferré de l'Auvergne, il a profité des moindres con-

---

(1) La preuve que le roulage n'a plus en Auvergne la moindre importance, c'est que la *Commission de ravitaillement de l'armée*, qui fonctionne depuis 1892, et qui recherche tous les produits d'importation ou d'exportation dans chaque département, ne tient, dans le département du Puy-de-Dôme, aucun compte du commerce qui peut se faire par les routes.

ditions favorables que lui offrait l'allure du terrain. (Voir la planche ci-contre.)

Il a d'abord suivi la grande plaine que baigne l'Allier, et a établi dans la Limagne la principale voie de toute la région, unissant Paris et Nîmes, c'est-à-dire le nord et le sud de la France, par Clermont-Ferrand. La ligne suit alternativement la rive gauche et la rive droite de la rivière, selon que le terrain est plus ou moins propice ; à mesure qu'on avance vers le sud, le sol s'élève, et le chemin de fer doit monter également ; il s'engage bientôt dans la haute vallée de l'Allier ; et, à partir de Langeac, où il quitte l'Auvergne, c'est une des lignes les plus hardies à la fois et les plus belles de tout le réseau français.

Partant de cette grande voie longitudinale, plusieurs voies transversales franchissent les montagnes. La ligne de Clermont à Lyon, par Thiers, Montbrison et Saint-Etienne, gagne le Forez par la vallée pittoresque de la Durolle. La ligne de Clermont à Tulle et à Brive par Pontgibaud gravit le plateau des Dômes en le contournant jusqu'à Volvic, et redescend les pentes de l'autre versant par Laqueuille et Meymac. Son parcours au milieu des volcans à cratères est des plus curieux. La ligne d'Arvant à Aurillac par Murat et le Lioran semble un défi jeté à la nature : l'homme a réussi à traverser un massif montagneux compact, en élevant la voie ferrée le long de la haute vallée de l'Alagnon qu'elle remonte jusqu'à 1150 mètres d'altitude, puis dans un tunnel de 2 kilomètres et demi, enfin en lui faisant descendre la rapide vallée de la Cère, par Arpajon et La Roquebrou. Le nombre des travaux d'art, ponts, remblais, tranchées, etc., sur cette ligne, est incalculable.

Plus récemment encore, une ligne parallèle à la grande voie de la Limagne a été construite sur le rebord occidental du soubassement primitif de l'Auvergne : c'est la ligne appelée *méridienne*, joignant Paris à Toulouse par Montluçon, Eygurande, Bort, Mauriac, Aurillac, Maurs et Capdenac. Toutefois la section de cette voie ferrée qui intéresse l'Auvergne laisse de côté les régions les plus fertiles du Cantal, Salers, Saint-

Pl. XI.

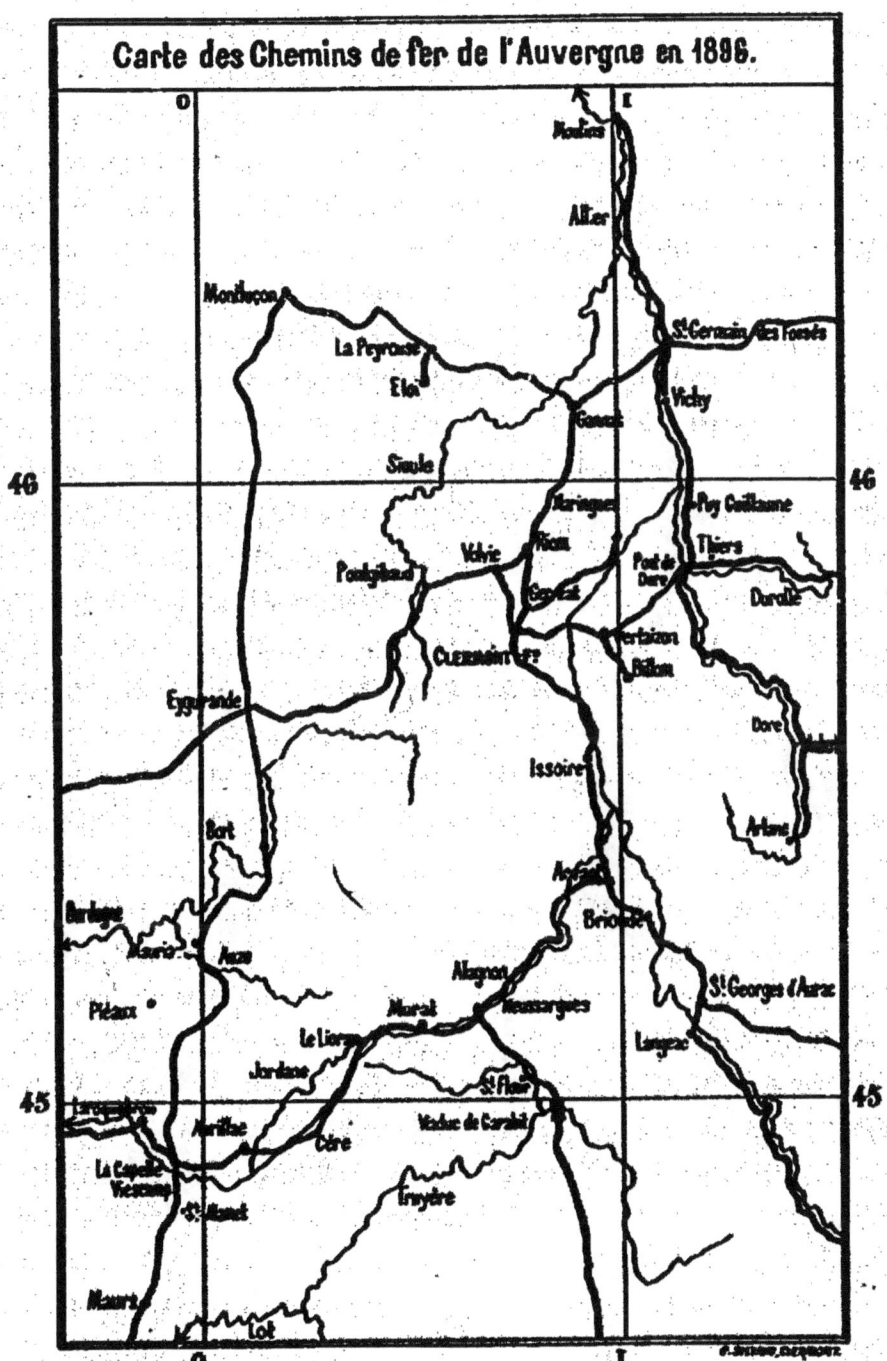

Cernin, et traverse les gorges sauvages du Mars, de la Maronne et de l'Auze, pays très pauvres, où le commerce est forcément nul.

Les autres voies de chemins de fer de l'Auvergne sont d'importance secondaire.

Peut-on évaluer le mouvement d'affaires qui s'accomplit par ce mode de transport?... En d'autres termes, connaît-on le chiffre annuel des importations et des exportations de l'Auvergne par chemin de fer?... Non. Le Ministère des travaux publics publie, il est vrai, chaque année, un album de statistique graphique, où il exprime les recettes brutes kilométriques de chaque section ferrée par le schéma suivant :

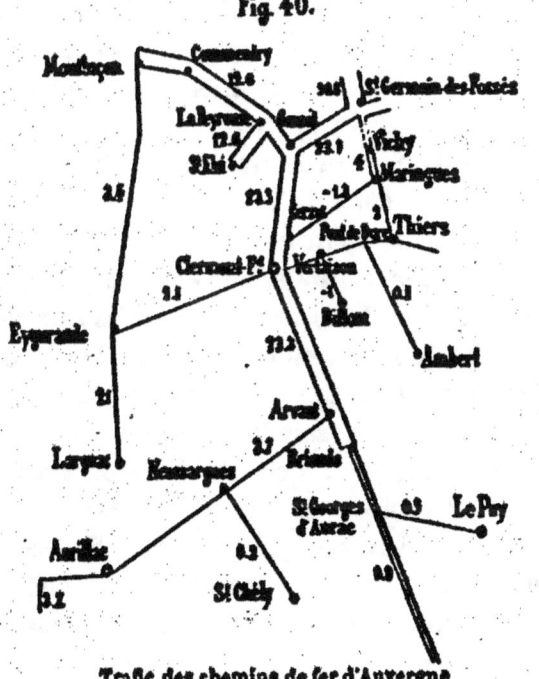

Fig. 40.

Trafic des chemins de fer d'Auvergne

On a ainsi l'indication des lignes qui réalisent des bénéfices et de celles qui sont en déficit :

De Gannat à Brioude, bénéfice.	23.3	De Neussargues à St-Chély, déficit 0.2
D'Arvant à Aurillac, bénéfice..	3.7	De Vertaizon à Billom, déficit.. -1.»
De Clermont à Eygurande, Ms..	2.1	De Gerzat à Maringues, déficit. -1.3
De Clermont à Montbrison, Ms..	1.9	(Année 1892).

Nous préférons avoir recours, pour donner une idée des échanges qui s'opèrent par les chemins de fer, aux statistiques administratives que fournissent les grandes gares des réseaux Paris-Lyon-Méditerranée et Paris-Orléans, en particulier la gare de Clermont. Les tableaux suivants, tout incomplets qu'ils soient, sont très instructifs. Ils montrent que l'Auvergne, malgré la fécondité de son sol, est encore tributaire du dehors pour certaines matières premières, nécessaires à l'alimentation, et pour certains produits agricoles. (Voir les tableaux ci-contre.)

A propos de blé et de farine, notons un phénomène singulier. Une grande partie des blés d'Auvergne, surtout les blés durs, sont exportés : la boulangerie locale n'en veut pas; voilà pourquoi, sauf dans les années exceptionnelles comme 1893, la balance est à l'exportation. En revanche, dans toute la région, l'industrie s'approvisionne de farines venues du dehors; il n'existe qu'un centre d'exportation de farine, Pont-de-Dore; ici, par suite, la balance est toujours à l'importation. Mais si l'on compare entre eux les nombres fournis par nos statistiques, on constate, non sans surprise, un excédent sensible des farines importées sur les blés exportés.

Ce que nos tableaux ne disent pas, et qu'il serait pourtant intéressant de savoir, c'est la direction suivie par ces produits de circulation, soit d'Auvergne vers le dehors, soit du dehors en Auvergne. Il eût été désirable aussi d'y joindre la grande quantité des autres articles de commerce qui s'échangent entre l'Auvergne, le reste de la France, et l'Etranger, vins, bois, fruits, objets manufacturés, etc.; mais nous ne pouvons donner à ce sujet d'indications positives.

*

Les renseignements précédents concernent ce qu'on pourrait appeler le commerce extérieur de l'Auvergne. Ne doit-on pas y ajouter un commerce intérieur? et s'il en existe un, n'est-il pas curieux de rechercher comment il se fait?... L'Auvergne qui, par la faute de sa géographie, de son relief,

Importation et Exportation du Puy-de-Dôme en 1893 par les gares de chemins de fer

	BLÉ		FARINE		ORGE		AVOINE		Pommes de terre		GROS BÉTAIL		PETIT BÉTAIL		PORCS	
	IMPORT.	EXPORT.	IMPORT.	EXPORT.	IMPORT.	EXPORT.	IMPORT.	EXPORT.	IMPORT.	EXPORT.	IMPORT.	EXPORT.	IMPORT.	EXPORT.	IMPORT.	EXPORT.
	quintaux	quintaux	quintaux	quintaux	quintaux	quintaux	quintaux	quintaux	quintaux	quintaux	têtes	têtes	têtes	têtes	têtes	têtes
Clermont.....	24950	.....	25690	.....	3750	.....	37840	.....	.....	5440	.....	4030	.....	7410	8250	.....
Gerzat-Maringues.	.....	8756	265	.....	.....	.....	.....	1136	.....	49500	.....	130	.....	.....	.....	.....
Riom.....	.....	14890	12650	.....	.....	1180	3240	.....	.....	46870	220	.....	.....	9080	.....	3070
Riom-Volvic....	.....	.....	.....	66	.....	.....	18	.....	.....	7	.....	1780	.....	10700	.....	8880
Saint-Eloi.....	.....	5390	3180	.....	240	.....	.....	730	.....	69870	.....	6160	.....	160	.....	1500
Aigueperse.....	.....	36520	960	.....	.....	60	.....	3590	.....	1360	.....	200	.....	110	.....	2380
Puy-Guillaume..	.....	5020	620	.....	.....	130	.....	2120	.....	12780	.....	930	360	.....	.....	700
Pont-de-Dore...	32690	.....	.....	8740	260	.....	.....	290	.....	63210	80	.....	.....	10	60	.....
Vertaizon.....	140	.....	1690	.....	4030	.....	927	.....	422	4566	.....	67	.....	256	.....	1996
Vertaizon-Billom	.....	1481	594	.....	.....	350	2850	2760	.....	3610	10	.....	.....	320	1150	.....
Martres-de-Veyre	3250	.....	4200	.....	.....	.....	.....	610	.....	2080	.....	240	240	.....	.....	430
Ambert.....	1650	.....	14370	.....	70	.....	.....	480	.....	30	.....	3030	.....	3730	.....	1300
Issoire.....	12980	.....	7140	.....	.....	7580	.....	1680	.....	240	.....	670	.....	1050	170	.....
Le Breuil.....	13750	.....	7870	.....	.....	22740	.....	3000	.....	20	.....	880	.....	500	.....	690
Pontgibaud.....	.....	390	3920	.....	30	.....	.....	30	.....	50	.....	1110	.....	8460	.....	3750
Giat.....	.....	160	1190	.....	.....	.....	.....	.....	.....	.....	.....	1010	.....	1180	.....	1570
Laqueuille.....	1020	.....	13890	.....	10	.....	6260	.....	.....	.....	.....	.....	.....	.....	.....	.....
Totaux..	91540	62370	97370	8806	8390	34540	56827	6730	.....	203650	310	20040	600	42710	9630	24270

Le seigle ne donne lieu à aucun mouvement commercial, on en récolte à peu près autant que de blé.

Importation et exportation du Puy-de-Dôme en 1894 par les gares de chemins de fer

	BLÉ		FARINE		ORGE		AVOINE		Pommes de terre		GROS BÉTAIL		PETIT BÉTAIL		PORCS	
	IMPORT. quintaux	EXPORT. quintaux	IMPORT. quintaux	EXPORT. quintaux	IMPORT. quintaux	EXPORT. quintaux	IMPORT. quintaux	EXPORT. quintaux	IMPORT. quintaux	EXPORT. quintaux	IMPORT. têtes	EXPORT. têtes	IMPORT. têtes	EXPORT. têtes	IMPORT. têtes	EXPORT. têtes
Clermont	8336	.....	20159	.....	6057	.....	37812	.....	52224	.....	.....	3497	.....	2533	17853	.....
Riom	.....	31876	8861	.....	.....	1452	2144	.....	.....	48624	.....	51	.....	3481	.....	1588
Saint-Eloi	.....	5004	4240	.....	57	.....	284	.....	.....	167	.....	1364	.....	11435	.....	4078
Aigueperse	.....	54790	780	.....	50	.....	.....	6870	.....	80800	.....	3988	531	.....	.....	746
Puy-Guillaume	.....	7200	700	.....	240	.....	.....	1570	.....	2840	.....	380	.....	50	.....	2951
Pont-de-Dore	41490	.....	.....	27720	20	.....	.....	2420	.....	360	.....	644	428	.....	.....	507
Vertaizon	.....	5101	3254	.....	2810	.....	648	.....	.....	50276	223	.....	.....	230	.....	1789
Martres-de-Veyre	1410	.....	3620	.....	.....	2530	2510	.....	.....	2290	.....	44	81	.....	908	.....
Ambert	750	.....	13060	.....	80	.....	40	.....	.....	7438	.....	32	336	.....	.....	1132
Issoire	7500	.....	6340	.....	.....	15750	70	.....	.....	1380	.....	1648	.....	3617	.....	930
Le Breuil	8000	.....	7710	.....	.....	32080	970	.....	.....	90	.....	802	723	.....	59	.....
Pontgibaud	.....	356	4898	.....	14	.....	1358	.....	.....	116	.....	821	.....	295	97	.....
Giat	.....	175	1400	.....	98	.....	12	.....	.....	92	.....	1584	.....	8080	.....	1842
Laqueuille	3367	.....	13174	.....	58	.....	6768	.....	593	.....	.....	1125	.....	863	.....	622
Totaux	71843	104502	97196	27720	9484	51812	52616	10660	593	246694	223	15960	2099	30584	18017	16135

Le seigle est consommé sur place, on en récolte à peu près autant que de blé.

Importation et Exportation du Puy-de-Dôme en 1895 par les gares de chemins de fer

	BLÉ		FARINE		ORGE		AVOINE		Pommes de terre		GROS BÉTAIL		PETIT BÉTAIL		PORCS	
	IMPORT.	EXPORT.	IMPORT.	EXPORT.	IMPORT.	EXPORT.	IMPORT.	EXPORT.	IMPORT.	EXPORT.	IMPORT.	EXPORT.	IMPORT.	EXPORT.	IMPORT.	EXPORT.
	quintaux	quintaux	quintaux	quintaux	quintaux	quintaux	quintaux	quintaux	quintaux	quintaux	têtes	têtes	têtes	têtes	têtes	têtes
Clermont	26018		21619		2983		36352			21637		696		4460	6193	
Riom		44203	6061			1700	474			83536	485			3217	2033	
Saint-Eloi		13620	3904		35			2209		169		1372		9483		4664
Aigueperse		68680	1090			1340		5261		78440		7328	801			894
Puy-Guillaume		21830	720		220			3580		32320		1466		4		2326
Pont-de-Dore	42920			42563		100		1040		32460		640	71		1426	
Vertaizon		23427	4825		1531			1085		73817		242		221	420	
Martres-de-Veyre		1580	3150			3210	3180			3320		155		108	1713	
Ambert	1590		15630			100		5740		400		284			697	
Issoire		9530	8410			13700	410			1830		1356		3860	170	
Le Breuil	7150		6510			32670	1600			880		1194	730		616	
Pontgibaud		1130	5398		2		3594		157			1013		619		306
Giat		104	1783				54			92		1095		3047		138
Laqueuille	7412		15349		372		10518		2070			1302		596		202
Totaux	85990	184104	94649	42563	5143	52720	56279	14075	2227	334244	485	18259	1602	25944	13471	9287

Le seigle est consommé sur place, on en récolte à peu près autant que de blé.

de son climat et de son hydrographie, n'est pas un pays de grand commerce, a conservé une institution qui ailleurs périclite, et qui témoigne de la vitalité de son commerce local : l'institution des marchés et des foires. Toute ville un peu importante a ses foires, qui durent cinq à six semaines chacune. Clermont en a trois, la foire du printemps ou du 8 mai, celle d'été ou du 15 août, celle d'automne ou du 11 novembre. Ces jours-là, tous les habitants des campagnes voisines et aussi les gens de la montagne se donnent rendez-vous dans Clermont. Il s'y fait de très nombreux échanges : en mai, les paysans achètent les instruments nécessaires aux travaux des champs; en automne, ils vendent le surplus de leurs récoltes, ce qui leur permet de faire leurs approvisionnements pour l'hiver.

Même dans de petits chefs-lieux de cantons de la montagne, des foires ont lieu à dates fixes, et attirent une foule considérable de vendeurs et d'acheteurs. Il y en a qui sont instituées pour des objets déterminés, foires aux bœufs, foires aux brebis, foires aux paniers, etc., et ce ne sont pas les moins curieuses. Mais, le plus souvent, les produits les plus variés et les marchandises les plus diverses s'étalent dans ces foires, et le montagnard, qui va malaisément s'approvisionner à la ville, trouve là de quoi satisfaire ses caprices les plus saugrenus. J'ajoute que les jours de foire sont aussi des jours de fête pour le pays : les populations s'y rendent en costume du dimanche, les vieillards y apparaissent avec les habits de l'ancien temps, si curieux de coupe et si éclatants de couleur, l'animation est grande tout le jour, les marchés s'engagent en plein air et se concluent à l'auberge; le soir venu, si le ciel est pur, des danses s'organisent à la fin des copieuses libations; les joueurs de biniou, de vielle et de cornemuse prennent place sur le tonneau traditionnel; et la bourrée auvergnate, ou mieux encore la montagnarde, au rythme vif et accentué, déroule ses pas bien avant dans la nuit.

CHAPITRE XVI

L'émigration

Non seulement les produits variés du sol et de l'industrie de l'Auvergne se répandent au dehors, parfois fort loin de la province, mais l'Auvergnat lui-même, surtout l'Auvergnat de la montagne, a volontiers le goût des voyages, des déplacements, et une tendance singulière à l'émigration. Ce phénomène, d'ailleurs, est commun à beaucoup de populations montagnardes. Pour ne parler que de la France, le Plateau central tout entier (Marche, Limousin, Auvergne), les Alpes (Savoie), les Pyrénées (Béarn, Pays Basques), sont autant de centres d'émigration. On peut se demander quel est le mobile qui pousse ainsi les habitants de la Haute-Auvergne à s'expatrier, et s'il n'y a pas là une contradiction avec leur attachement si sincère et si profond pour le sol. La contradiction n'existe pas, car les Auvergnats qui émigrent de la sorte sont en somme l'exception ; ils sont attirés par un sentiment à coup sûr très complexe, où l'esprit d'entreprise se mêle à la curiosité d'un inconnu mystérieux ; d'ailleurs, en s'éloignant de leur village, ils n'en perdent pas le souvenir ; tous ou presque tous, après fortune faite, reviennent au pays, et le spectacle de leur aisance engage les jeunes générations à suivre leur exemple.

*

Il se produit, dans certains cantons déshérités du Haut-Livradois, dans les cantons de Saint-Dier, de Fayet, de Saint-Jean-des-Ollières, une émigration d'un genre à part. Les habitants s'en vont en grand nombre parcourir toute la France en qualité de forains, et trouvent ainsi le moyen d'acquérir quelque bien ; d'autres se font voyageurs de commerce, quelques-uns entrepreneurs. Puis, après un séjour plus ou moins long hors de chez eux, ils y rentrent et emploient leurs économies à se construire de fort belles maisons. On est tout surpris, en traversant bourgs et villages de cette partie de l'Auvergne, qui est l'une des plus pauvres, d'y voir en aussi grand nombre ces spécimens d'architecture confortable ou même luxueuse.

Mais c'est dans la montagne proprement dite, c'est-à-dire depuis les monts Dômes jusqu'au massif du Cantal en passant par les monts Dore, qu'a lieu de la façon la plus régulière et la plus constante le phénomène de l'émigration. Les habitants des environs de Besse, Latour, Tauves, ceux de Pontaumur, de Giat, comme ceux de Riom ès-montagnes, Marcenat, Mauriac, Saint-Flour, Montsalvy, quittent volontiers leur pays et s'en vont, non seulement dans les grandes villes de France, à Paris, à Lyon, à Bordeaux, etc..., mais aussi hors de France, surtout en Espagne et dans les contrées méridionales.

La légende, jadis vraie, des chaudronniers et des porteurs d'eau de Paris, tous Auvergnats, est morte. Néanmoins il y a encore de nombreux Auvergnats à Paris ; d'une part de petits commerçants, travailleurs probes et économes, qui, sans beaucoup subir l'influence de ce nouveau milieu, restent en général attachés aux usages de leur patrie d'origine ; d'autre part des hommes d'étude, appartenant aux diverses carrières libérales, qui se rassemblent chaque année, à dates fixes, au dîner de la « Soupe aux choux », institution déjà ancienne, et qui a pour but de rapprocher les uns des autres tous ces émigrés d'Auvergne, d'unir et de solidariser leurs efforts.

Le trait le plus curieux, à coup sûr, de l'expansion auvergnate, est le mouvement qui, depuis plusieurs siècles (1),

---

(1) Particulièrement depuis l'établissement d'un prince de la famille des Bourbons sur le trône d'Espagne en 1700.

entraîne les populations de ce pays du côté de l'Espagne, et dans l'Europe méridionale. L'Intendant d'Ormesson, en 1698, l'avait déjà constaté (1) : « Le surplus de l'industrie des
» habitants consiste au grand nombre qui sort de la pro-
» vince pour aller travailler en Espagne aux offices utiles
» que les Espagnols tiennent au-dessous d'eux, comme por-
» teurs d'eau, panser des chevaux, faucher les prés, couper
» les blés, servir de maçons, et autres de cette nature. On
» sait que ces sortes d'offices se font en Espagne uniquement
» par des Français qui y passent tous les ans de l'Auvergne,
» du Limousin, de la Marche, d'Armagnac, Rouergue, Quercy,
» Périgord, et autres pays. D'Auvergne seule, ou plutôt des
» montagnes d'Auvergne, du côté d'Aurillac, Mauriac et
» Saint-Flour, il allait tous les ans en Espagne cinq à six
» mille travaillants, qui rapportaient dans le pays par esti-
» mation 7 à 800,000 livres. Mais les Espagnols ont si mal-
» mené les Français depuis la dernière guerre de 1688, que
» ce nombre est beaucoup diminué, et par conséquent l'ar-
» gent qu'ils en rapportaient.

» Il sortait aussi tous les ans des montagnes d'Auvergne,
» du côté du Forez, du Velay, du Gévaudan et du Limousin,
» grand nombre de personnes pour aller travailler à la scie,
» c'est-à-dire scier des arbres en longueur, et autres bois à
» faire des planches, et au remuement des terres pour les dé-
» fricher, et arracher des souches et chicots d'arbres et des
» montagnes; de même, du côté d'Aurillac et de Saint-Flour,
» quantité de chaudronniers. Ces scieurs de long, les tra-
» vailleurs à la terre, et les chaudronniers d'Auvergne vont
» encore dans toutes les provinces du royaume, et même
» dans une partie de l'Allemagne et de l'Italie. On peut
» compter qu'il sortait autant de ces travailleurs pour
» toutes ces provinces que ceux qui allaient en Espagne
» (5 à 6000 par an), et qu'ils en rapportaient autant d'ar-

(1) Cf. d'Ormesson, Mémoire de 1698, p. 286.

» gent. Mais cela est beaucoup diminué depuis quelques
» années (1). »

Au siècle suivant, en 1765, l'Intendant Ballainvilliers rapporte les mêmes faits, et il ajoute (2) : « Ces différents ma-
» nouvriers reviennent toujours dans le lieu de leur naissance
» après quelques campagnes, et recommencent ensuite jus-
» qu'à ce que l'âge et les infirmités les empêchent d'exercer
» leur profession. Le plus grand nombre revient tous les ans
» porter à sa famille de quoi payer l'imposition à laquelle
» elle est taxée, et repart en laissant sa femme enceinte. »

Dans son *Voyage d'Auvergne, en 1788*, Legrand d'Aussy dit de son côté (3) : « Les habitants, dénués d'industrie, d'ac-
» tivité, ou de moyens pour établir des manufactures, ont
» pris le parti de s'expatrier. Tous les ans, au printemps ou
» à l'automne, on en voit des milliers quitter leurs habita-
» tions, et porter dans les contrées étrangères une lourde et
» grossière adresse. Des villages entiers sont déserts; il n'y
» reste que les vieillards, les femmes et les enfants. Encore
» voit-on quelquefois des femmes même et des enfants s'ex-
» patrier. Ils font au loin les métiers les plus durs, chau-
» dronniers, maçons, paveurs, raccommodeurs de parasols et
» de vieux souliers, porteurs d'eau, scieurs de bois, décrot-
» teurs, commissionnaires. »

Pendant tout le xixe siècle et jusqu'à notre époque, le même phénomène persiste (4).

---

(1) Audigier, dans son *Histoire d'Auvergne*, dit la même chose que d'Ormesson.
(2) Cf. Ballainvilliers, Mémoire de 1765, p. 51.
(3) Cf. Legrand d'Aussy, *Voyage d'Auvergne, 1788*.
(4) Les Auvergnats émigrent même plus loin, et ils auraient fondé au xviie siècle des établissements durables dans l'île de Madagascar, s'il faut en croire un récit tiré du journal *Le Temps*, février 1895. D'après ce récit, emprunté à la *Marine de France*, une trentaine de familles d'Auvergnats, comprenant environ cent cinquante personnes, partirent à Madagascar au début du règne de Louis XIII. Ces émigrants bâtirent, au sud de l'île, plusieurs villages, Petit-Clermont, Petit-Saint-Flour, Petit-Aurillac, et, cent ans après, leur nombre s'élevait à plus de neuf cents. C'est alors qu'un marin français, naufragé sur les côtes de Madagascar, retrouva par

Les Cantaliens surtout émigrent toujours volontiers en Espagne (presque tous les boulangers de Madrid sont des Auvergnats), et ils rapportent de leur long séjour là-bas une physionomie nouvelle. Leurs femmes et leurs filles y prennent le goût de la parure et des riches vêtements : telles sont les belles paysannes d'Itrac et de Crandelles, près d'Aurillac. De plus, ces Auvergnats espagnolisés rapportent dans leur pays le récit de merveilles qu'ils ont vues ou entendues, vieux châteaux, trésors, places fortes; et ils racontent tout cela à leurs familles étonnées, dans un langage coloré et facilement enthousiaste. On ne peut fixer actuellement le nombre, même

hasard cette curieuse colonie. Second à bord du *Madras*, il venait de doubler le cap de Bonne-Espérance et cherchait à gagner Pondichéry par le canal de Mozambique, lorsqu'à la hauteur du cap Sainte-Marie son navire fut jeté à la côte. En essayant de gagner Fort-Dauphin avec quatre hommes, derniers survivants du naufrage, il fut surpris par des chasseurs armés de fusils, et distingua bientôt dans leurs formes de langage les restes du patois auvergnat. « J'eus peu de peine à me faire
» reconnaître comme l'un des compatriotes de leurs pères. Nous cessâmes
» dès cet instant d'être pour eux des prisonniers; nous devînmes leurs
» frères. Ils nous conduisirent en triomphe vers une grande bourgade,
» dont toutes les maisons avaient été bâties sur le modèle de celles de
» nos villages d'Auvergne. Le costume des hommes n'avait plus rien
» qui rappelât celui qu'avaient porté leurs pères parce que le climat les
» avait forcés d'adopter la demi-nudité des Madécasses; mais les femmes
» qui, par la nature de leurs travaux, n'avaient pas besoin de s'exposer
» aux ardeurs du soleil des tropiques, avaient conservé fidèlement le cos-
» tume des femmes de l'Auvergne; et, à les voir seules, je me serais cru
» dans une bourgade de nos montagnes.
» Notre arrivée fut une fête pour tout le village; et, dès le lendemain,
» nous vîmes accourir, pour nous féliciter, les populations de quatre
» autres bourgades, appartenant à la même colonie et descendant éga-
» lement d'anciens émigrés de l'Auvergne. La musette de nos montagnes
» les précédait.
» ... Au moment où la nouvelle de notre départ se répandit dans la
» colonie, les cinq villages s'unirent pour nous donner une dernière fête,
» et nous faire leurs adieux.
» ... A mon retour en France, je m'empressai de faire part au gou-
» vernement de la découverte que j'avais faite dans l'île de Madagascar,
» mais la France avait alors pour ministre l'abbé Dubois, et ce pensionné
» de l'Angleterre ne donna aucune suite à mes informations, de peur sans
» doute qu'un établissement solide, dans l'île la plus importante des
» mers d'Afrique, ne nous eût été trop facile, et eût contrarié la cour de
» Saint-James. »

approximatif, de ces émigrants d'Auvergne. En 1864, de Parieu (1) donne pour le Cantal le chiffre de neuf mille expatriés par an; et, à la même date, le Puy-de-Dôme en fournit environ seize cents; mais la manière dont ces chiffres sont obtenus nous fait douter de leur exactitude. Aujourd'hui, personne ne se préoccupant de noter les départs qui se produisent çà et là dans chaque village, on ne peut se faire une idée juste du mouvement total de l'émigration.

Il n'est guère plus facile d'en apprécier les conséquences : aux yeux de certains auteurs, elles sont heureuses; à d'autres elles semblent funestes. Les premiers, comme Laforce, de Parieu, considèrent uniquement les profits annuels de l'émigration, qu'ils estiment à 1,300,000 francs, et sont d'avis que cette introduction constante de numéraire dans un pays de montagnes naturellement pauvre est un bien. Il en résulte, disent-ils, que la propriété foncière a une valeur assez élevée dans tout le Cantal, car le numéraire ainsi obtenu est employé à acheter des immeubles. Cela pouvait être vrai en 1860. Aujourd'hui, nous l'avons vu plus haut (chapitre agriculture), il n'en est plus de même. Les seconds, comme Grenier (2), envisagent la question au point de vue moral, et regrettent la dissémination des membres de la famille, la désaffection et le refroidissement qui en sont la suite, le relâchement des mœurs, enfin le dégoût du travail champêtre.

Pour nous, ne considérant que l'expansion des populations de l'Auvergne en France, nous dirons que les lieux ainsi visités « reçoivent d'un pays où la race est énergique et forte » une sorte d'alluvion laborieuse et régénératrice qui tourne » au profit de l'ensemble de la nation » (de Parieu); et nous ferons ensuite remarquer que, depuis le commencement de ce siècle, la population de l'Auvergne n'a pas pour cela diminué; elle s'est même légèrement accrue :

(1) Cf. de Parieu, *L'agriculture dans le Cantal*, p. 106 et sq.
(2) Cf. Grenier, *L'industrie dans le Cantal*, 1836.

— 343 —

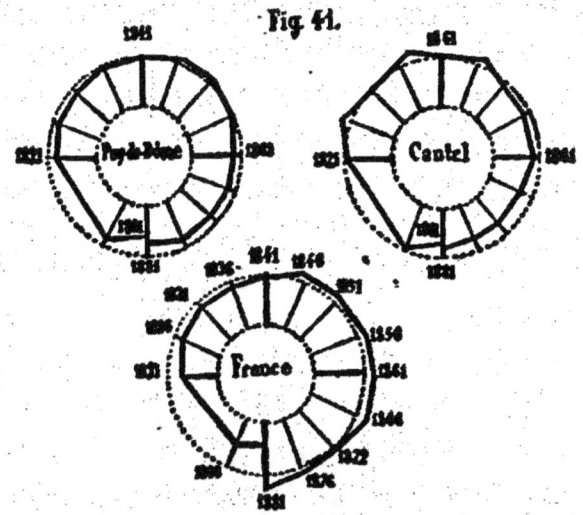

Mouvement de la population de l'Auvergne comparée au mouvement de la population de la France, de 1801 à 1881 (1).

L'augmentation, à vrai dire, semble enrayée depuis quinze ans, et le phénomène inverse prévaut : d'où vient cela? Sans doute, à côté de raisons d'ordre moral et social sur lesquelles il est délicat d'insister, il faut en chercher la cause dans ce fait qu'un plus grand nombre d'émigrants, à l'opposé de leurs prédécesseurs, s'en vont définitivement, et sans esprit de retour.

(1) L'année 1841 est prise comme année moyenne; les traits à l'intérieur de la circonférence représentent le temps où le chiffre de la population est *au-dessous* du chiffre de 1841; les traits à l'extérieur le temps où ce chiffre est *au-dessus*.

CHAPITRE XVII

Les divisions territoriales et leurs vicissitudes

Dans les chapitres qui précèdent, nous avons vu comment l'habitant de l'Auvergne, pris à part, subissait l'action de la nature environnante, et comment, de son côté, il modifiait puissamment cette nature. Mais l'homme est un être sociable, qui s'est de bonne heure organisé en société, qui a formé des groupements de toutes grandeurs et de toutes dimensions. Nous devons, dans la dernière partie de ce travail, rechercher jusqu'à quel point la nature du sol a influé, dans le pays d'Auvergne, sur l'histoire des divisions territoriales et leurs vicissitudes.

*

Aucune question n'est plus difficile à résoudre que celle-là. Sans doute chaque variation territoriale survenue au cours des siècles a dû avoir, entre plusieurs autres, une raison d'être géographique, en ce sens qu'on a dû se préoccuper, à cette occasion, des distances et des facilités de communications, comme aussi des richesses spéciales à chaque région, de la valeur économique des terrains, etc., etc. Mais, pour le savoir d'une façon précise, il faudrait être entièrement au courant des motifs qui ont dicté ces morcellements et ces perpétuelles variations. Il faudrait connaître les enquêtes qui ont dû avoir lieu en ces occurrences, les raisons favorables et les raisons contraires. On verrait de la sorte jusqu'à quel point on a tenu compte des considérations géographiques, jusqu'à quel point aussi on les a dédaignées et foulées aux pieds.

Une telle étude, on ne saurait trop le redire, est très délicate à faire pour l'Auvergne. La simple inspection d'une carte des cinq arrondissements actuels du département du Puy-de-Dôme nous met en garde contre le danger de chercher à tout prix l'explication de ces sortes de choses. Pourquoi cette forme bizarre donnée à l'arrondissement de Clermont?... pourquoi cet allongement de l'ouest à l'est, de la montagne à la plaine?... Cependant les rédacteurs du décret du 15 brumaire an X, qui ont fait cette répartition, avaient leurs arguments : quels sont-ils?...

Si l'état présent est difficilement explicable, pour ne pas dire inexplicable, cela est plus vrai encore pour le passé. M. Chassaing, archiviste-paléographe, juge au tribunal civil du Puy, avait fait sa thèse de l'École des Chartes sur la géographie de l'Auvergne aux ixe et xe siècles : il n'en a publié que les positions. Et après toute une vie de recherches patientes et laborieuses faites dans le même sens, il avouait que son travail n'était pas terminé, bien plus, qu'il ne pourrait jamais être définitif. Tant il subsiste d'obscurité sur cette période des vicissitudes territoriales de l'Auvergne, correspondante aux cartulaires de Brioude et de Sauxillanges!...

En somme, la géographie historique de l'Auvergne n'est pas faite; et il est impossible, dans l'état actuel des publications de documents intéressant la province, d'en présenter un tableau sommaire. Les textes à consulter pour un travail de ce genre sont disséminés dans les Archives de Clermont et des villes principales de la région ; ils ne sont nullement classés; une vie d'homme suffirait à peine pour les recueillir et les analyser (1). Or ce n'était point là l'objet de la présente

(1) Il y a, sur un unique point de géographie historique, une publication assez complète des documents originaux : c'est le *Recueil des textes concernant l'Auvergne ecclésiastique*, de M. A. Bruel, dans le tome IV des « Mélanges historiques de la Collection des Documents inédits. » La lecture de ces documents montre, comme nous le verrons tout à l'heure, que les divisions ecclésiastiques de l'Auvergne ont peu de rapports avec la nature du sol : à peine la division de 1317 en deux diocèses répond-elle dans une certaine mesure à la division géographique en Haute-Auvergne et Basse-Auvergne.

étude, et nous n'avons nullement cherché à combler cette grosse lacune de notre histoire provinciale. Nous ne contestons pas qu'il n'y ait là un sujet de recherches intéressant, capable de tenter la curiosité d'un érudit. Mais c'est autre chose que nous avons voulu faire. Il nous a semblé utile, pour les besoins de notre thèse, de voir simplement, à travers les « variations » ou les « vicissitudes » territoriales subies par l'Auvergne depuis l'époque romaine jusqu'à l'époque contemporaine, si quelque chose « d'immuable » n'a pas persisté ; en d'autres termes, sous les noms divers qui ont servi à désigner les divisions politiques, si les mêmes groupements de populations ne se sont pas maintenus. Ainsi nous atteindrons notre but, qui est de montrer la suite et la contre-partie des influences s'exerçant mutuellement, en Auvergne, entre le pays et l'homme qui habite ce pays.

*_**

Avant les Romains, il n'y eut pas de délimitation bien nette entre les divers territoires dont se composait la Gaule. L'Arvernie, mot qui vient probablement des deux racines celtiques *ar verann, haute contrée*, formait un Etat gaulois indépendant, limité au nord-est par les Eduens, au nord par les Bituriges, à l'ouest par les Lemovices et les Cadurques, au sud par les Rutènes et les Volques Arécomices, à l'est par les Helviens et les Ségusiens. Les Gabales et les Vellaves, qui se séparèrent plus tard des Arvernes, faisaient alors partie de l'Arvernie (1).

Au contraire, les Romains, sitôt après la fin de la conquête, procédèrent à une délimitation précise des *civitates* entre lesquelles ils partagèrent le pays. Nous pouvons nous faire une idée exacte des limites de la *civitas Arvernorum*, une des civitates de l'Aquitanica prima, d'abord par les noms des civitates voisines : civitas Aeduorum au nord-est, — Bituri-

---

(1) Cf. Longnon, *Atlas historique de la France. L'Arvernie à l'arrivée de César, 58 avant Jésus-Christ.*

gum au nord, — Lemovicum à l'ouest, — Rutenorum au sud-ouest, Gabalum au sud-est, — Vellavorum et Lugdunensium à l'est (1); ensuite, par les limites à peu près constantes d'un bout à l'autre de l'histoire du diocèse d'Auvergne. Il est en effet admis par la critique que les diocèses de France répondent exactement aux *civitates* de l'époque romaine. Et même, c'est cette relation nécessaire et cette identité entre les divisions civiles romaines et les divisions ecclésiastiques qui expliquent que nous commencions par l'étude de ces dernières.

AUVERGNE ECCLÉSIASTIQUE [2]

Le diocèse de Clermont ou diocèse d'Auvergne fut créé dans le courant du IIIe siècle après Jésus-Christ par saint

---

(1) Cf. Atlas Longnon, *L'Arvernie vers 400 après J.-C.* Voici les noms des localités que renferme alors la civitas Arvernorum (d'après Longnon) :

Arvernis, clarus mons	Clermont.
Arthona, vicus	Artonne.
Belenatensis mons, Belenas	Saint-Bonnet.
Brivas, vicus	Brioude.
Bulgiatensis, villa	Bongheat (près Billom).
Chrononense monasterium	Cournon.
Issiacus domus	Issac-la-Tourette (au nord de Riom).
Iciodorum, vicus	Issoire.
Lemane	Limagne.
Licaniacus, vicus	Saint-Germain-Lembron.
Lovolautrum, castrum	Vollore.
Manatense monasterium, Manas	Menat.
Massiacus domus	Marsat (près Riom).
Melitense monasterium	Méallet (près Mauriac).
Meroliacus, castrum	Chastel-Marlhac.
Musciacae, vicus	Moissat (près Billom).
Pionlisiacus, sylvae	Pionsat.
Randanum monasterium	Randanne.
Ricomagus, vicus	Riom.
Romaniacus, campus	Romagnat.
S. Ferreoli basilica	Saint-Ferréol (près Brioude).
S. Portiani monasterium	Saint-Pourçain.
Thigernum, castrum	Thiers.
Transalium, vicus	Trézelles (sur la Besbre).
Vassocalate, templum	Temple de Mercure Dumiate.

(2) Les documents sur l'Auvergne ecclésiastique ont été réunis par

Austremoine, sous le pape saint Fabien (1). Il eut dès l'origine la même étendue que la civitas Arvernorum ; et de même que celle-ci était placée sous la métropole de Bourges, civitas metropolis Biturigum, de même le diocèse d'Auvergne fut dès ce temps-là suffragant de l'archevêché de Bourges : il l'est resté jusqu'à maintenant.

Ainsi constitué, il a gardé ses limites à peu près intactes jusqu'en 1317. A peine quelques paroisses de la Combrailles ont-elles été détachées du diocèse d'Auvergne vers le XIII° siècle, et rattachées au diocèse de Limoges, quoique continuant

---

A. Bruel dans le tome IV des « Mélanges historiques de la Collection des Documents inédits. » Ce sont :

A) Pour le diocèse de Clermont :
1. Le pouillé des bénéfices du diocèse de Clermont au XVI° siècle.
2. Les comptes des décimes de 1516 (aux archives nationales).
3. La taxe du don gratuit de 1535 (aux archives nationales).
4. Le pouillé de la fin du XVI° siècle (à la biblioth. de Clermont-F⁴).
5. Les départements des décimes de 1641 et de 1645 (aux archives nationales).
6. Le pouillé publié par Alliot en 1648 : Bénéfices dépendant de l'évêché de Clermont.
7. Le compte du XVIII° siècle intitulé : Diocèse de Clermont. Revenu suivant le pouillé du diocèse, 1760? (aux archives nationales).
8. Le pouillé général du diocèse de Clermont, publié en 1767 à Clermont, chez Viallanes.

B) Pour le diocèse de Saint-Flour :
1. Le registre du droit de procuration de Guillaume Trascol, archidiacre de Saint-Flour, au diocèse de Clermont, pour ledit archidiaconé, fin du XIV° siècle (aux archives nationales). Essentiel.
2. Le pouillé du diocèse de Saint-Flour du XV° siècle (à la Bibliothèque nationale).
3. Le pouillé des bénéfices de l'archiprêtré d'Aurillac au XVI° siècle, d'après le registre du notaire Léonard Lagarrigue (à la bibliothèque de Clermont-Ferrand).
4. Le pouillé du XVI° siècle, publié par Alliot en 1648.
5. Les comptes de décimes de 1516 (mêmes registres que ceux du diocèse de Clermont).
6. Les départements des décimes de 1641 (aux archives nationales).
7. Les comptes de décimes de 1645 (aux archives nationales).
8. Le compte du XVIII° siècle, 1760?... (même registre que celui de Clermont).
9. Le pouillé général du diocèse de Saint-Flour, 1767 (à Clermont, chez Viallanes).

(1) Cf. Grégoire de Tours, *Historia Francorum*, I, XXVIII.

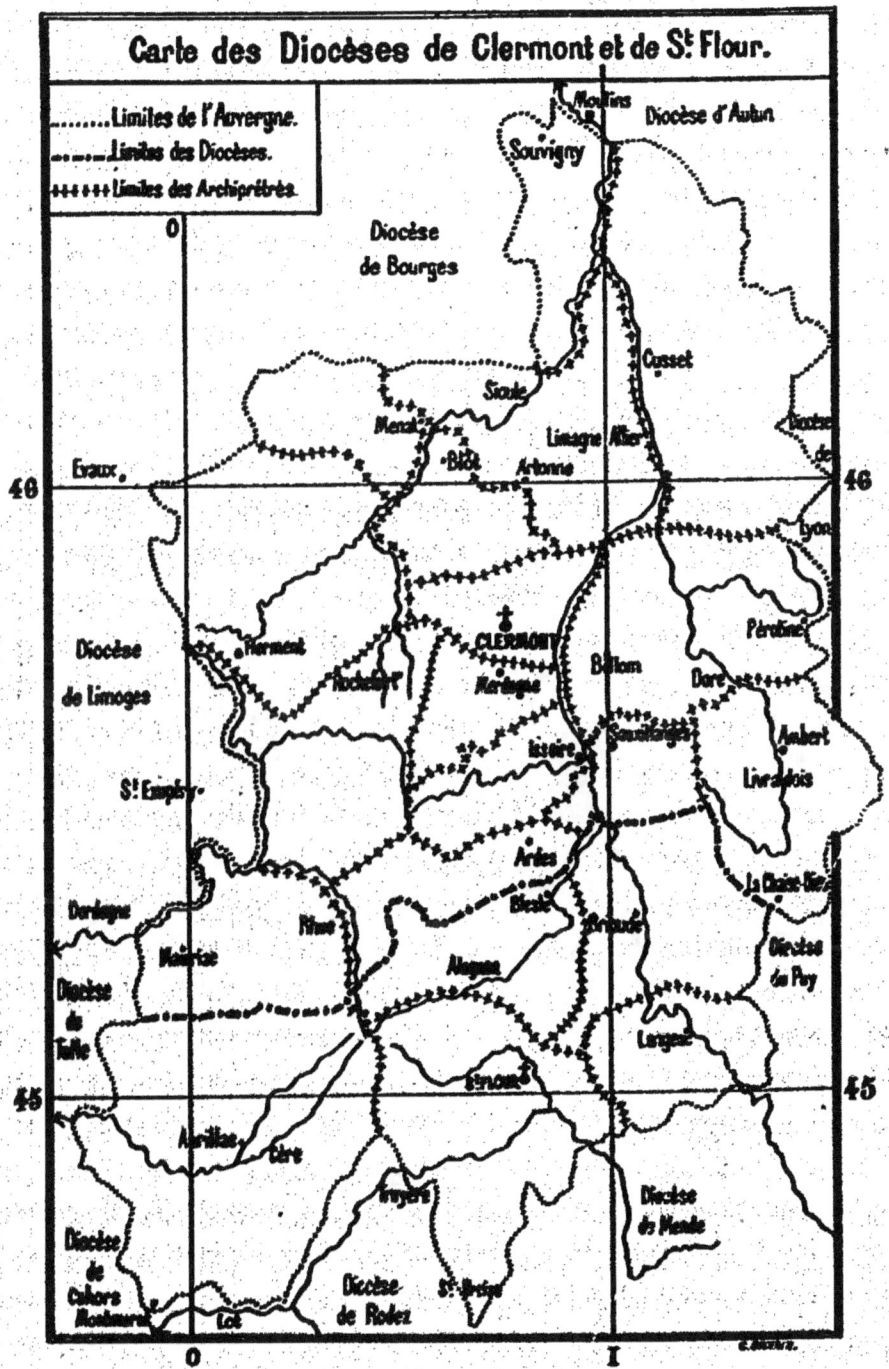

à dépendre, jusqu'au xviiie siècle, de la généralité d'Auvergne. De même quelques paroisses, ou parcelles de paroisses, à l'est, furent détachées du diocèse, et rattachées au Lyonnais. Tout cela est insignifiant. La première grande modification qui fut apportée au diocèse d'Auvergne fut son démembrement en deux diocèses, diocèse de Clermont et diocèse de Saint-Flour, sous le pape Jean XXII, en 1317.

Pourquoi ce démembrement? On n'a pas conservé la bulle qui énumérait les églises attribuées au diocèse de Saint-Flour. On n'a que la bulle d'érection du nouveau diocèse. Le pape y dit simplement que le diocèse d'Auvergne lui paraît trop étendu, et qu'un seul évêque ne peut veiller suffisamment aux intérêts d'un si nombreux troupeau (1).

Depuis ce temps, et jusqu'à nos jours, les limites des deux diocèses n'ont pas sensiblement varié. (Voir la planche ci-contre d'après la carte de Bruel.)

Si nous pénétrons dans l'intérieur des diocèses, nous y trouvons trois sortes de divisions territoriales : les archidiaconés, — les archiprêtrés, — et les doyennés. Toutes n'ont pas la même valeur géographique : il s'en faut de beaucoup.

*

La division en archidiaconés, qui est la plus ancienne, marque l'association de l'évêque et du chapitre cathédral pour l'administration du diocèse. A l'origine il n'y eut qu'un archidiacre en Auvergne, comme dans les autres diocèses. Puis, à partir du vie siècle, le nombre des archidiacres s'accrut. C'étaient des dignitaires ecclésiastiques, simplement attachés à la personne des évêques : ils venaient, par ordre hiérarchique, avant les archiprêtres.

---

(1) Cf. *Dictionnaire historique du Cantal*, t. III, p. 429. « Sane con-
» siderantes attentius.... quod civitatem et dioecesim Claromontensem....
» ut condecet unus pastor inspicere, aut alias partes boni pastoris im-
» plere, quodque durum erat atque difficile, in eadem dioecesi, quae lata
» nimium et diffusa existit, ad unum tantum a tot personis ecclesiasticis
» ac mundanis recursum haberi ; nos, etc..... »

Dans le diocèse d'Auvergne, on compte cinq archidiaconés à la fin du xii° siècle (1), six au xv° siècle (2), et sept au xvi° siècle. Les pouillés de cette époque en donnent l'énumération précise :

Archidiaconatus Claromontis — hunc obtinet praepositus Claromontis.
— Silviniaci — Souvigny.
— Cussiaci — Cusset.
— Billomaci — Billom.
— Brivatensis — Brioude.
— Sancti Flori — Saint-Flour.
— Auriliaci — Aurillac.

Au xviii° siècle, les pouillés ne mentionnent plus les archidiaconés ni les archidiacres, indépendamment des cures dont ils avaient la présentation. Ces offices paraissent s'être transformés en titres purement honorifiques.

Peut-on déterminer l'étendue des archidiaconés de l'Auvergne? Cela n'est guère possible, faute de documents. Le seul témoignage authentique et certain est le registre de Guillaume Trascol, archidiacre de Saint-Flour au xiv° siècle. Ce registre, qui servait à Trascol à recueillir les procurations à lui dues en raison de son office, nous donne l'état exact de l'archidiaconé de Saint-Flour au xiv° siècle.

Il se composait de cinq archiprêtrés : Merdogne, — Issoire, — Ardes, — Blesle, — Saint-Flour.

Les trois premiers ont toujours fait partie du diocèse de Clermont. Les deux derniers, en 1317, ont passé au diocèse de Saint-Flour. En suivant sur la carte de Bruel les limites de cet archidiaconé, on voit qu'il s'étendait sur une longue bande de pays depuis les environs de Clermont jusqu'à l'extrémité sud du diocèse, et que rien, dans la nature du pays et du sol, n'explique une telle délimitation.

---

(1) Cf. un acte de 1195, rapporté par le *Gallia christiana*, t. II, col. 273.

(2) Cf. une lettre de l'Evêque de Clermont en 1409.

A l'ouest, se trouvait l'archidiaconé d'Aurillac, qui devait comprendre l'archiprêtré de ce nom.

A l'est, celui de Brioude, qui comprenait sans doute les archiprêtrés de Langeac et de Brioude.

Quant aux autres archiprêtrés, le manque de documents ne permet pas de les répartir entre les autres archidiaconés (1).

*

La division en archiprêtrés, qui se substitua à celle des archidiaconés, et qui date du xii° ou du xiii° siècle (2), est plus importante pour nous, car elle a plus de réalité géographique. Il s'agit donc de la marquer aussi exactement que possible. C'est ce que permet de faire la carte de Bruel.

Diocèse de Clermont. — Au xiv° siècle, après le démembrement de 1317, il y avait quinze archiprêtrés dans le diocèse de Clermont; il sont restés les mêmes jusqu'en 1789 (3):

Clermont	Livradois	Mauriac
Limagne	Sauxillanges	Rochefort
Souvigny	Issoire	Herment
Cusset	Merdogne	Menat
Billom	Ardes	Blot.

L'étendue de chacun d'eux est déterminée exactement par l'énumération des églises qui en font partie. Cette étendue n'a du reste pas varié depuis le xiv° siècle jusqu'au xviii°, sauf pour l'archiprêtré de Souvigny.

Diocèse de Saint-Flour. — En 1317, le pape Jean XXII détacha du diocèse de Clermont un certain nombre de pa-

---

(1) En 1765, Ballainvilliers, dans son Mémoire, parle de l'archidiaconé de Clermont, et ajoute : « De cet archidiaconé dépendent plusieurs bénéfices et plusieurs prieurés conventuels dont les principaux sont : Sauxillanges, La Voulte, Ris, Bredon, Sauviat, Vollore, Cunlhat, Ardes,... etc. » (B. V. C., man. 520.) Mais cette énumération ne permet pas de tracer exactement les limites de l'archidiaconé de Clermont.

(2) Depuis cette date, elle est usuelle dans les livres de fiefs (Cf. Gallia christiana, t. II, col. 86).

(3) Cf. Gallia christiana, t. II, p. 224.

roisses (le *Gallia christiana* en compte deux cent quatre-vingt-quinze) (1), pour former une nouvelle circonscription diocésaine. On ne respecta pas l'ancienne division des archidiaconés, sans quoi le diocèse de Saint-Flour eût dû posséder les archiprêtrés de Merdogne, Issoire et Ardes, qui étaient de l'archidiaconé de Saint-Flour. De ces cinq archiprêtrés, le nouveau diocèse comprit seulement Blesle et Saint-Flour, auxquels on ajouta les archiprêtrés d'Aurillac, de Brioude et de Langeac. Ainsi le nouveau diocèse comprenait tout ou partie de trois des sept archidiaconés de l'ancien évêché d'Auvergne, et renfermait cinq archiprêtrés :

Saint-Flour, — Aurillac, — Langeac, — Brioude, — Blesle.

L'étendue de chacun d'eux est déterminée par l'énumération de leurs églises, avec quelques modifications et variations insignifiantes du xiv° au xviii° siècle.

*

La division en *doyennés* n'a pas d'intérêt pour le géographe. Car elle ne correspond ni à un état de choses ancien, ni à une division naturelle, c'est-à-dire fondée sur la géographie. C'est une simple agglomération de paroisses, destinée à faciliter l'administration ecclésiastique (2).

(1) Cf. *Gallia christiana*, t. II, p. 420.
(2) En 1765, Ballainvilliers dit que le diocèse de Clermont est composé d'environ huit cents paroisses, et que l'évêché de Saint-Flour en contient environ quatre cents (B. V. C., man. 520).

CHAPITRE XVIII

L'Auvergne laïque depuis l'époque franque jusqu'à 1789

Il importe ici d'établir des subdivisions.

Le premier cadre géographique de l'Auvergne, établi par Rome, et conservé pieusement par l'Eglise, fut à peu près respecté à l'époque franque. Les désordres causés par les invasions des Barbares amenèrent à peine quelques changements ; mais si l'on fait abstraction de ces « variations » très faibles, ce qui domine du ve au xie siècle, c'est la « persistance » des formes territoriales, et cela jusqu'à l'avènement de la féodalité.

L'époque féodale, au contraire, brise on peut dire tout à fait le vieux cadre géographique qui datait des Romains. Aux divisions nettes et rationnelles tracées par les premiers conquérants de la Gaule, elle substitue un enchevêtrement inouï d'enclaves de toutes sortes, conséquence inévitable des guerres privées, des partages de famille, et du célèbre principe que *la terre suit la personne.*

Quand le rôle politique de la féodalité a pris fin, vers le xive siècle, certaines seigneuries subsistent en Auvergne. Mais l'établissement dans le pays d'une monarchie tendant vers l'absolutisme et d'un régime de plus en plus centralisateur entraîne la formation de nouvelles circonscriptions administratives ; et, à son tour, la Révolution de 1789 leur substitue la répartition territoriale actuelle en départements, arrondissements, cantons et communes.

En regard de ces vicissitudes de territoires subies par l'Auvergne à travers les siècles se dresse une répartition plus stable, celle de l'Auvergne de montagnes ou Haute-Auvergne, et celle de l'Auvergne de plaines ou Basse-Auvergne. Appliquée d'abord aux États de la province, elle va se précisant de plus en plus, et finit par acquérir presque autant d'importance dans l'histoire du pays qu'elle en a dans sa géographie. Au XVIII° siècle, c'est elle que les Intendants mettent en tête de leurs Mémoires au roi, comme étant celle qui leur semble la plus logique, la plus « réelle », capable de défier le mieux le temps et les révolutions.

L'ARVERNIE FRANQUE

Les deux documents les plus précieux qui nous fournissent des indications, malheureusement incomplètes, sur les formes territoriales de l'Arvernie franque sont les Cartulaires de Saint-Julien de Brioude et de Saint-Pierre de Sauxillanges (1). Ces deux cartulaires se rapportent à la partie suivante de l'Auvergne : « Une ligne tirée de l'est à l'ouest, à travers le
» département du Puy-de-Dôme, qui aurait un de ses points
» d'attache vers Cunlhat, l'autre à Tauves, en se courbant
» aux abords de Riom, dessinerait, avec l'arête des mon-
» tagnes du Forez et les sommets du Cézallier et de la Mar-
» geride, jusqu'à leur rencontre dans la Haute-Loire, le
» périmètre où étaient répandues les possessions du chapitre
» de Brioude et de l'abbaye de Sauxillanges. C'est environ
» une moitié de la Basse-Auvergne, avec des points du Velay
» et du Gévaudan (2) ».

L'Arvernie franque forme un comté, « comitatus arver-

---

(1) Publiés par H. Doniol en 1863 et 1864, dans les « Mémoires de l'Académie des sciences, belles-lettres et arts de Clermont-Ferrand. » Le Cartulaire de Brioude (Liber de honoribus Sancto Juliano collatis) renferme 341 chartes. Le cartulaire de Sauxillanges en renferme 979.

(2) H. Doniol.

nensis » ou « pagus arvernensis » (1), ayant à sa tête un comte spécial.

Les limites de ce comté sont déterminées par les comtés qui l'enveloppent de toutes parts, et coïncident du reste presque exactement avec les limites de la civitas Arvernorum des Romains. L'Arvernie est toujours bornée par le Lyonnais, le Velay, le Gévaudan, le Rouergue, le Limousin et le Berry (2).

---

(1) Les cartulaires de Brioude et de Sauxillanges mentionnent, à plusieurs reprises, le « comitatus arvernensis », qui équivaut au territoire entier de l'ancienne *civitas Arvernorum* ou du *diocèse d'Auvergne*.

Cart. de Brioude, nos 6, 8, 20, 72, 80, 89, 90, 92, 106, 107, 138, 146, 196, 209, 211, 217, etc.

Cart. de Sauxillanges, nos 38, 52, 117, 176, 231, 355, 438, etc.

Ils disent également, pour désigner l'Arvernie tout entière, « pagus arvernensis :

Cart. de Brioude, nos 1, 20, 75, 76, 77, 78, 85, 92, 94, 95, 100, 102, 103, 104, 114, 115, 117, 118, etc.

Cart. de Sauxillanges, nos 13, 20, 33, 39, 41, 43, 44, 50, 56, 68, 70, 71, 76, 79, 80, 91, 92, 99, etc.

Il importe de bien s'entendre sur le sens de quelques mots qui reviendront souvent dans ce chapitre : *civitas, pagus, vicaria* ou *aicis*.

Le terme de *civitas* désigne dans César le territoire habité par un même peuple, une même tribu gauloise. A la fin du IV siècle après Jésus-Christ, il s'applique aux circonscriptions administratives dont la *Notitia dignitatum* donne la liste. Puis, le Christianisme ayant adopté ces divisions, et un évêque ayant été chargé de l'administration spirituelle de chacune de ces circonscriptions, le mot *civitas* signifie *évêché* ou *diocèse*.

Le terme de *pagus* s'applique dans César à tout territoire, subdivision de la civitas, habité par une tribu déterminée. A l'époque impériale, chaque civitas comprend plusieurs *pagi*, ayant leur administration propre. Plus tard, à l'époque franque, le mot *pagus* prend un autre sens très précis : celui de *comitatus, comté*. Ainsi *pagus arvernensis*, au x° siècle, veut dire *circonscription civile administrée par un comte*. A la même date, ce mot a un autre sens : il s'applique à la circonscription territoriale qui vient immédiatement au-dessous du comté — à une fraction du comté — qui d'ailleurs avait généralement à sa tête un comte également.

Il ne faut pas confondre avec les *pagi* administratifs des régions que certains textes mérovingiens ou carolingiens appellent aussi *pagi*, et qui ont le sens vague de notre mot « pays ». Ainsi, en Auvergne, le *pagus Limanicus* signifie *région naturelle de « Limagne »*.

Les termes de *vicaria* ou *aicis* désignent les territoires administrés par les viguiers, lieutenants des comtes.

(2) Pagus Lugdunensis, p. Vellavicus, p. Cabalitanus, p. Ruthenicus, p. Cadurcinus, p. Torinensis, p. Nigromontensis, p. Bituricus, p. Augustodunensis.

Si nous pénétrons dans l'intérieur du comté, quelles divisions territoriales y trouvons-nous? Il y avait à coup sûr dans l'Arvernie franque des officiers à la fois militaires et civils, dont les noms et les fonctions dataient des Romains. Mais ces personnages administraient-ils des circonscriptions nettement déterminées? C'est ce que les textes incomplets que nous possédons ne nous permettent pas d'affirmer d'une manière certaine.

L'Arvernie franque (le « comitatus arvernensis » des cartulaires de Brioude et de Sauxillanges) comprenait quatre pagi (Voir la planche ci-contre) :

Le pagus arvernicus, — le pagus tolornensis, — le pagus brivatensis, — et le pagus telamitensis.

Le *pagus arvernicus* (1) a pour chef-lieu Clermont (*Arvernis* à l'époque barbare). Son territoire correspond aux archiprêtrés de Rochefort, Herment, Menat, Blot, Limagne, Souvigny, Cusset, et Clermont.

Le *pagus tolornensis* ou *todornensis* tire son nom de la forteresse de *Tollarone* ou *Tolorone*, aujourd'hui Turluron, qui domine Billom. Son territoire correspond aux archiprêtrés de Billom et du Livradois.

Le *pagus brivatensis* a pour chef-lieu *Brivate*, Brioude, un *vicus* qui tire son importance du tombeau et de la basilique de Saint-Julien. Son territoire correspond aux archiprêtrés de Sauxillanges, Brioude et Langeac.

Le *pagus telamitensis* tire son nom de *Telamite* — *Telemate* sur les triens mérovingiens — aujourd'hui Saint-Amant-Tallende. Son territoire, qui est fort étendu, puisqu'il comprend les vicairies de Valeuil (de Avologilo) et de Neuvéglise (de Nova Ecclesia), correspond à toute la partie occidentale de la région sud de l'Auvergne, c'est-à-dire, dans l'ensemble, à ce qu'on appellera bientôt le Haut pays d'Auvergne, ou Auvergne des montagnes, par opposition au Bas pays d'Au-

---

(1) Cf. « Cart. de Brioude. » Introd. p. 10-13 ; — « de Sauxillanges. » Introd. p. 12-14.

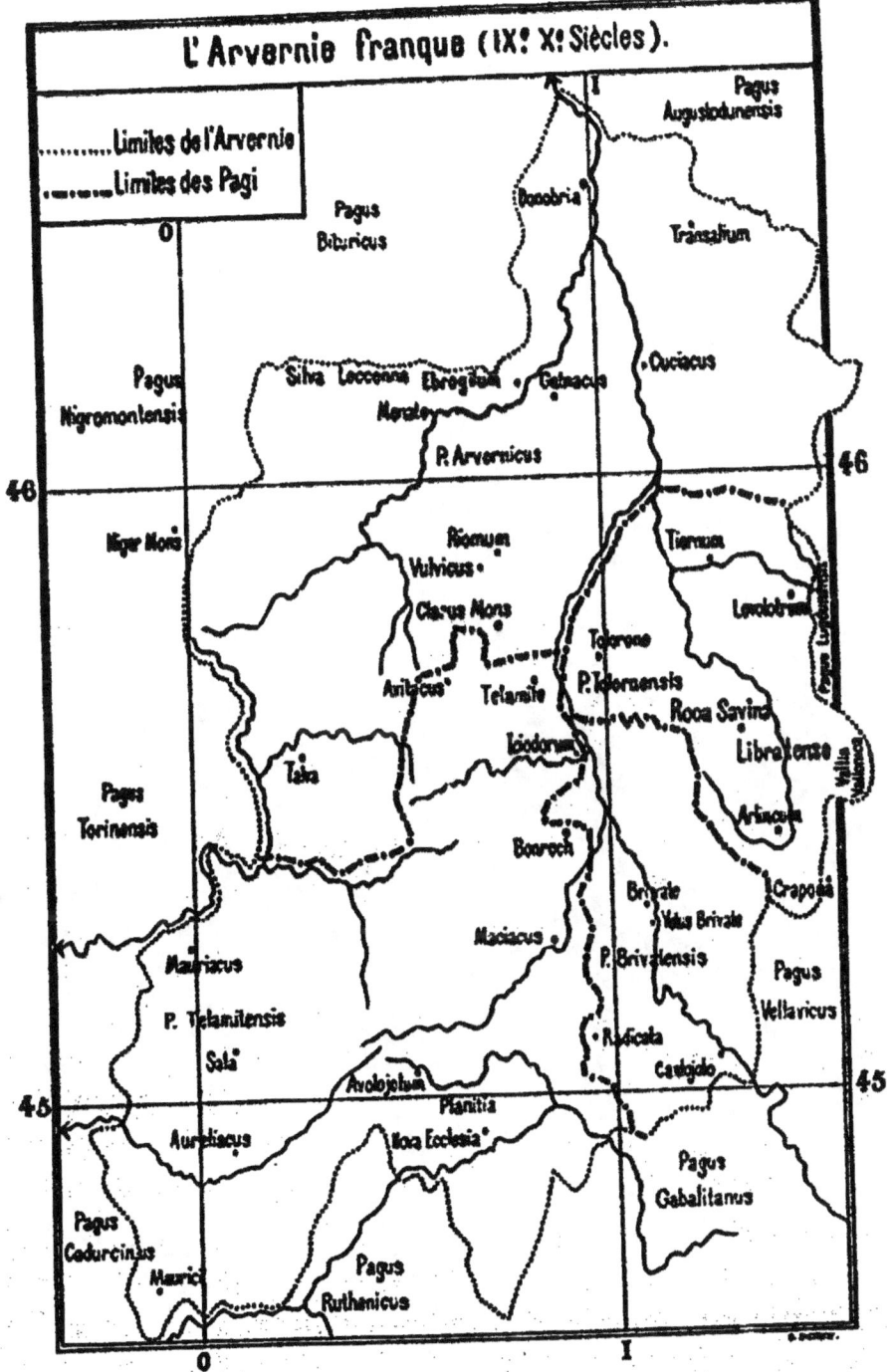

vergne. Il comprend les archiprêtrés d'Issoire, de Merdogne, de Blesle, d'Ardes, Mauriac, Aurillac, et Saint-Flour.

Il y a certaines vicairies, celles de Saint-Germain-Lembron, de Nonette, et d'Usson, que les cartulaires placent tantôt dans le pagus telamitensis, tantôt dans le pagus brivatensis. D'après leur situation géographique, il semble qu'il faille plutôt les rattacher à ce dernier (1).

Les mêmes cartulaires de Brioude et de Sauxillanges nous permettent également, par l'énumération des vicairies contenues dans chacun de ces pagi, d'en fixer *approximativement* les limites. Il faut ici se contenter de l'approximatif, parce que les vicairies citées sont souvent mal définies et fort vagues; de plus, elles sont rattachées tantôt à un pagus, tantôt à un autre (2). Le plus souvent, le scribe n'a eu aucun

---

(1) C'est ce que fait Longnon : *Atlas historique de la France*. Texte explicatif.

(2) Voici la liste des *vicariae* mentionnées par le cartulaire de Brioude :

In comitatu Telamitense : vicariae Telamitensis (Talendensis), — Nonatensis, — Ambronensis, — Bonorochensis, — de Avologilo, — de Antonio, — Maciacensis, — de Sancto Germano, — de Civitate vetula, — de Nova ecclesia, — Vebritensis, — Obredenensis, — Moyacensis (monciacensis), — Ucionensis, — Carladensis.

In comitatu Brivatense : vicariae Brivatensis, — de Aurato, — Illeracensis (Iloriacensis), Saint-Beauzire, — Brivate vetula, — Nonatensis, — de Arlineo, — de Cantofolo, — de Avologilo, — Vaonensis, — Logatensis, — Radiatensis (Radicatensis), Ragheade.

In comitatu Tolornense : vicariae Bilonensis, — Libratensis, — de Valle vallonica.

In comitatu Arvernico : vicariae de Talaisago, — de Liniaco montillo, — Brivatensis, — de Heriacensi, — de Aurato, — Telamitensis, — de Sancto Germano, — Livratensis, — de Avologilo, — Radicatensis.

Le même cartulaire fait également mention d'un « comitatus Claromontis », avec une « vicaria talendensis », et d'un « comitatus Velavensis », avec une « vicaria de Brivate vetula ». Il indique encore, mais d'une façon plus vague, les vicariae suivantes :

Vicariae maciacensis, in pago arvernico (160), — randanensis, in patria arvernica (175), — de Rogades, in pago arvernico (332), — calariensis, in pago arvernico (16, 234), — de vetula civitate, in pago vellaico (88).

Le cartulaire de Sauxillanges est aussi confus, sinon plus encore. Ses rédacteurs ont pris trop souvent l'un pour l'autre, sans s'en préoccuper beaucoup, les sens respectifs des mots *comitatus, pagus, vicaria, territorium*. Ils mentionnent fréquemment des vicairies qui ne se rattachent à aucun pagus, et dont l'identification par suite est difficile à faire.

souci de l'exactitude ni de la propriété des termes, ni surtout de la géographie : il a employé les mots les uns pour les autres, sans se douter de la confusion qui devait résulter de sa négligence.

Nous aimons mieux renvoyer le lecteur à la planche représentant l'Arvernie franque, d'après M. Longnon. La liste des villes et localités contenues dans cette carte répond fort mal à l'énumération des vicairies que mentionnent les cartulaires ; on n'y a conservé que ce qui semblait digne de créance : les choses vagues ou contradictoires ont été supprimées.

L'AUVERGNE FÉODALE [1]

Les éléments essentiels du régime féodal sont : l'usurpation par les fonctionnaires royaux du pouvoir public, et la superposition des terres et des personnes, amenant un lien étroit entre les unes et les autres.

L'hommage, à cette époque, constitue une obligation si

---

(1) Les principaux documents concernant cette période sont :

a) Les Chartes de communes de l'Auvergne, datant de la fin du xiiᵉ et du courant du xiiiᵉ siècle ;

b) Le Coutumier de l'Auvergne (*Practica forensis*, rédigée au début du xvᵉ siècle par Johan Masuer), (édition de 1546) ;

c) Les ouvrages de Justel et de Baluze, qui ont écrit l'un et l'autre une *Histoire généalogique de la maison d'Auvergne*. L'ouvrage de Justel a été publié en 1645 ; celui de Baluze en 1708 ;

d) L'ouvrage de Savaron, *Les Origines de Clermont*, publié en 1662 par Pierre Durand. 2ᵉ édition, 4ᵉ partie ;

e) La dissertation du bénédictin Don Verdier-Latour : *Dissertation historique sur la distribution des sièges de justice de l'Auvergne après le partage de cette province entre le roi saint Louis et le comte et le dauphin d'Auvergne*, 1778. B. V. C., man. 283 ;

f) Chabrol, *Histoire des coutumes générales et locales de la province d'Auvergne*, 1784-1786. Riom, 4 vol. in-4° ;

g) Bergier, *Recherches historiques sur les Etats généraux et les Etats provinciaux d'Auvergne*, 1788 ;

h) Mazure, *Tableau historique de l'Auvergne au XIVᵉ siècle*, 1811.

i) Rivière, *Histoire des institutions de l'Auvergne*, 1874, Paris, 2 vol. in-8°.

légère que les comtes et les vicomtes de l'Auvergne le prêtent
sans scrupule à des suzerains différents. La province ne présente pas une hiérarchie de personnes féodales nettement fixée, mais plutôt une agglomération de seigneurs, nouant et dénouant leurs alliances au gré de leurs caprices ou de leurs intérêts du moment. Ce qui domine en effet dans l'Auvergne féodale, comme d'ailleurs dans toute la France de cette époque, ce sont les intérêts de famille ; de là, des répartitions territoriales éminemment instables, des divisions arbitraires, dues les unes à une vente, d'autres à un héritage, à une donation, à une confiscation, parfois à un simple caprice, à la fantaisie pure, en un mot des divisions fondées sur des raisons tout individuelles et factices.

*

Le comte d'Auvergne, à partir du XI° siècle, se conduit comme un souverain indépendant. Il signe : « *Comte par la grâce de Dieu* » (1). A une certaine époque (894), il s'intitule fièrement « comte d'Auvergne et du Velay, marquis de Gothie, marquis de Nevers, comte de Bourges, » et pendant quelques années « duc d'Aquitaine. » C'est donc un seigneur très puissant.

Les limites du comté féodal d'Auvergne, dont la capitale est Riom, sont déterminées par les comtés ou vicomtés du pourtour ; ce sont, à peu de chose près, les mêmes que celles de l'ancienne civitas Arvernorum et du diocèse d'Auvergne. Ces limites, d'ailleurs, ne changeront guère jusqu'en 1789.

Au nord-est, il est borné par le comté du Forez, — au sud-est, par le comté de Gévaudan, — au sud, par le comté de Toulouse, — au sud-ouest, par la vicomté de Turenne, qui est du duché de Guyenne, — à l'ouest, par la vicomté de Ventadour, du duché de Guyenne également, — au nord-

---

(1) Cf. Charte de Bernard, comte d'Auvergne : « Ego Bernardus, gratia Dei comes..., » — Justel, I, v.

ouest, par le comté de Poitiers, qui englobe la Marche, — enfin, au nord, par la seigneurie de Bourbon (1). (Voir la planche ci-contre.)

« L'Auvergne féodale, dit Amédée Thierry (2), avait deux
» puissants voisins, avec lesquels les rapports étaient dif-
» ficiles, et les collisions dangereuses : le roi de France au
» nord, et à l'occident le comte de Poitiers qui, ayant im-
» mobilisé dans ses mains le titre de duc d'Aquitaine, pré-
» tendait en cette qualité à la suzeraineté de l'Auvergne. La
» politique des seigneurs de cette province fut de louvoyer
» entre ces deux écueils, d'opposer toujours le roi de France
» au duc d'Aquitaine, et le duc d'Aquitaine au roi de France,
» et de changer de suzerain suivant le cas. »

Bientôt, dans le comté d'Auvergne, apparaissent un certain nombre de divisions féodales, qui n'ont aucun rapport avec les divisions territoriales des époques antérieures. La première date de 1155. C'est le *dauphiné d'Auvergne*, titre emprunté aux seigneurs du Viennois. Le dauphiné d'Auvergne comprit une partie de la Limagne, avec Vodable pour capitale (3).

Vers 1241, par un second démembrement, une autre partie du comté d'Auvergne devient le *comté de Vic-le-Comte*, qui comprit le territoire de sa capitale, Vic, et les environs (4).

Enfin Clermont forme, depuis le début du xiiie siècle vraisemblablement (5), un *comté* à part, entre les mains de son

---

(1) Il faut noter en effet que le Bourbonnais a déjà une histoire à lui, ou du moins que la seigneurie de Bourbon est déjà en voie d'agrandissement. Il ne faut pas croire Coquille quand il dit que Moulins s'appelait jadis « Moulins en Auvergne. » Si cela a été vrai, ce n'a été que pendant bien peu de temps. De même le Velay, qui s'est trouvé momentanément rattaché à l'Auvergne, en deviendra indépendant à partir du xiiie siècle. Mais la ligne de démarcation des territoires de ces deux comtés a toujours été assez mal définie. Cf. Chassaing, *Spicilegium Brivatense*.

(2) Cf. A. Thierry, *Histoire des villes de France. Auvergne*, vol. VI, p. 108.

(3) Cf. Justel, IV, p. 104, pour plus de détails sur les limites du dauphiné d'Auvergne.

(4) Cf. Mazure, *Tableau historique de l'Auvergne au XIVe siècle*, p. 401, pour plus de détails sur les limites du comté de Vic-le-Comte.

(5) C'est l'avis de Baluze, t. II, p. 78-79.

Pl. XIV.

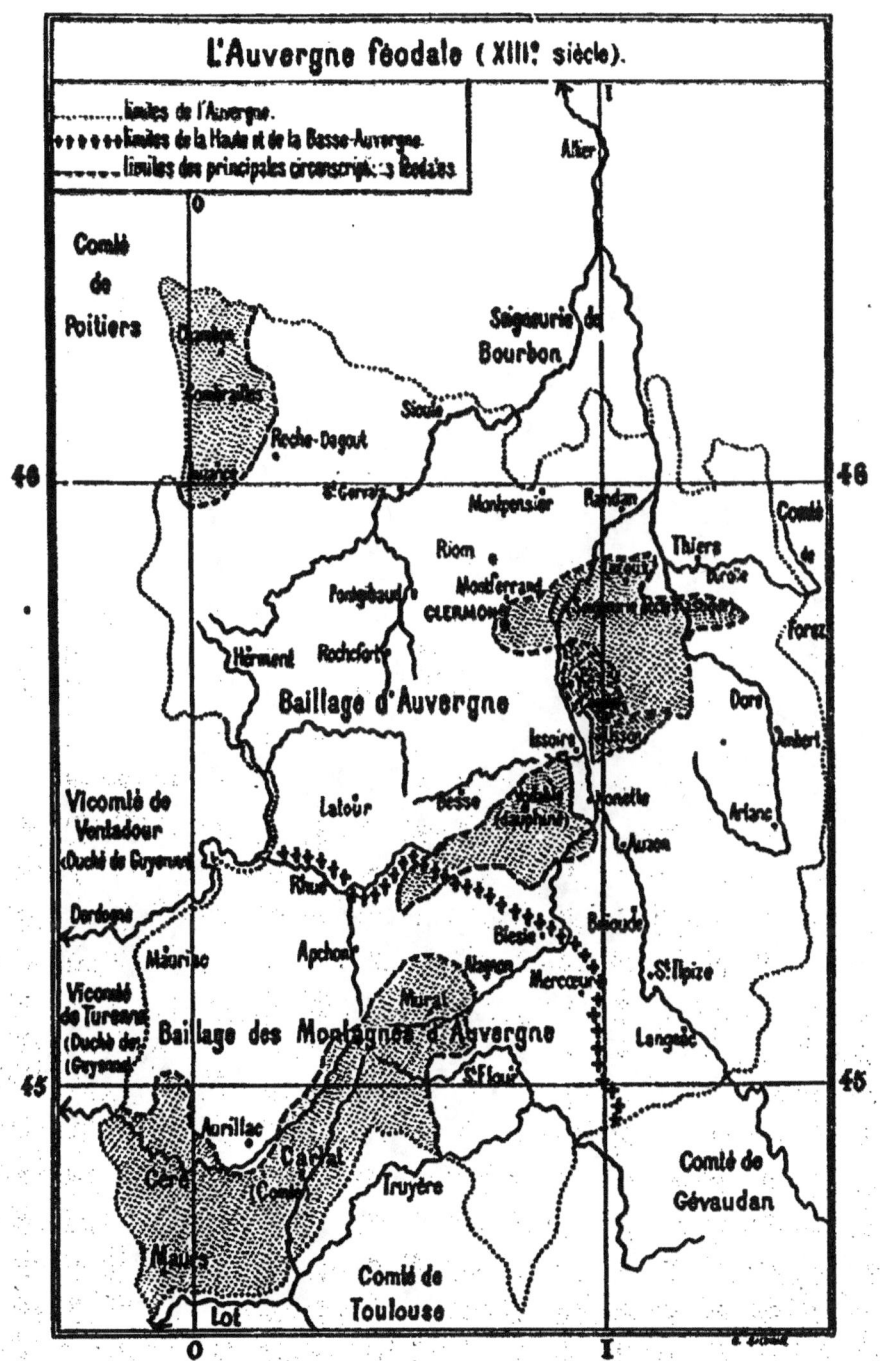

évêque. Son territoire englobe Lezoux, et s'étend assez loin vers l'est, jusque sur les bords de la Dore. Les évêques de Clermont gardèrent, sous réserve de l'hommage dû aux rois de France, le comté de Clermont jusqu'en 1551, date à laquelle Catherine de Médicis réclama (1) et obtint la seigneurie de cette ville.

Donc, à partir du XIII° siècle, et pendant les XIV° et XV° siècles, les quatre fiefs principaux de l'Auvergne féodale sont :

La terre d'Auvergne, capitale Riom ; — le comté de Vic-le-Comte ; — le dauphiné d'Auvergne, capitale Vodable ; — le comté de Clermont.

Outre ces quatre fiefs principaux, il existe en Auvergne une foule de seigneuries féodales, d'étendue moindre et d'importance inégale. Sans entrer dans le détail, nommons seulement sept ou huit barons, vassaux des comtes : les vicomtes de Thiers, les seigneurs de Latour, les vicomtes de Polignac, qui s'intitulent « rois de la montagne », les sires de Mercœur ; au sud, les comtes de Carlat et les vicomtes de Murat ; à l'ouest, les vicomtes de Turenne, qui ont leur résidence féodale dans le Limousin, et autour desquels se groupent les comptours d'Apchon, les seigneurs de Laroquebrou, ceux d'Escorailles, de Dienne, de Montclar, de Miremont, etc.

Si l'on ajoute à cette liste la liste des seigneuries ecclésiastiques, on voit que le morcellement féodal a été aussi grand en Auvergne qu'il l'était dans le reste de la France. Sans parler de la seigneurie de Clermont, qui était un comté, citons au moins la seigneurie de Brioude, où résidait un chapitre très puissant, et celle d'Issoire. Et il y en avait encore une foule d'autres.

L'AUVERGNE A L'ÉPOQUE MODERNE (2)

L'époque moderne (XV°-XVIII° siècles) est marquée partout en France par la disparition des seigneuries féodales, et par

---

(1) Contre Duprat, évêque de Clermont.
(2) Les principaux documents pour l'époque moderne sont les Mémoires

l'établissement de divisions administratives nouvelles, imposées par le régime centralisateur de la monarchie absolue. « La province d'Auvergne, dit d'Ormesson dans son Mémoire
» de 1698, est située entre le Bourbonnais, la Marche, le Li-
» mousin, le Quercy, le Rouergue, le Gévaudan, le Velay, et
» le Forez. Elle confine par le Gévaudan et le Velay avec le
» Languedoc, par le Rouergue et le Quercy avec la Guyenne,
» et par le pays de Forez avec le Lyonnais. Elle a le Lan-
» guedoc et la Guyenne au midi, le Forez au levant, le Bour-
» bonnais au nord, et le Limousin au couchant. » (Voir la planche ci-contre.)

« Selon la carte dressée par M. Cassini, dit de son côté
» Ballainvilliers en 1765, on peut évaluer la longueur de
» l'Auvergne à 40 lieues communes, et la largeur moyenne
» à 21 lieues, ce qui donne en superficie 840 lieues quarrées :
» je prends ici les lieues de 25 au degré, en sorte que la
» lieue est de 2282 toises 3 pieds environ, en comptant
» 57,060 toises pour un degré dans la France, ce qui fait
» 3,937,013 arpents 52 1/2 perches quarrées, en donnant
» 100 perches quarrées à l'arpent, et 20 pieds à la perche. »

Pendant les XVII° et XVIII° siècles, la *province* ou *généralité* d'Auvergne a à sa tête un Gouverneur et un Intendant. La généralité est divisée en sept *élections* subdivisées elles-mêmes en *collectes* ou *paroisses*. Plus tard, à partir de 1705 (1), apparaît une circonscription administrative nouvelle, la *sub-délégation*. Mais, si les élections ont quelque chose de stable et ne varient pas sensiblement d'étendue jusqu'en 1789, en revanche les limites des subdélégations furent constamment modifiées : elles étaient plus ou moins importantes et populeuses, d'un territoire plus ou moins vaste, suivant qu'il convenait à l'Intendant de les étendre ou de les amoin-

---

des Intendants d'Auvergne aux derniers temps de l'ancien régime, en particulier les Mémoires de Mesgrigny, 1637, de d'Ormesson, 1698, et de Ballainvilliers, 1765.

(1) Cf. Cohendy, *Mémoire historique sur les modes successifs de l'administration dans la province d'Auvergne*. Clermont-Ferrand, 1856.

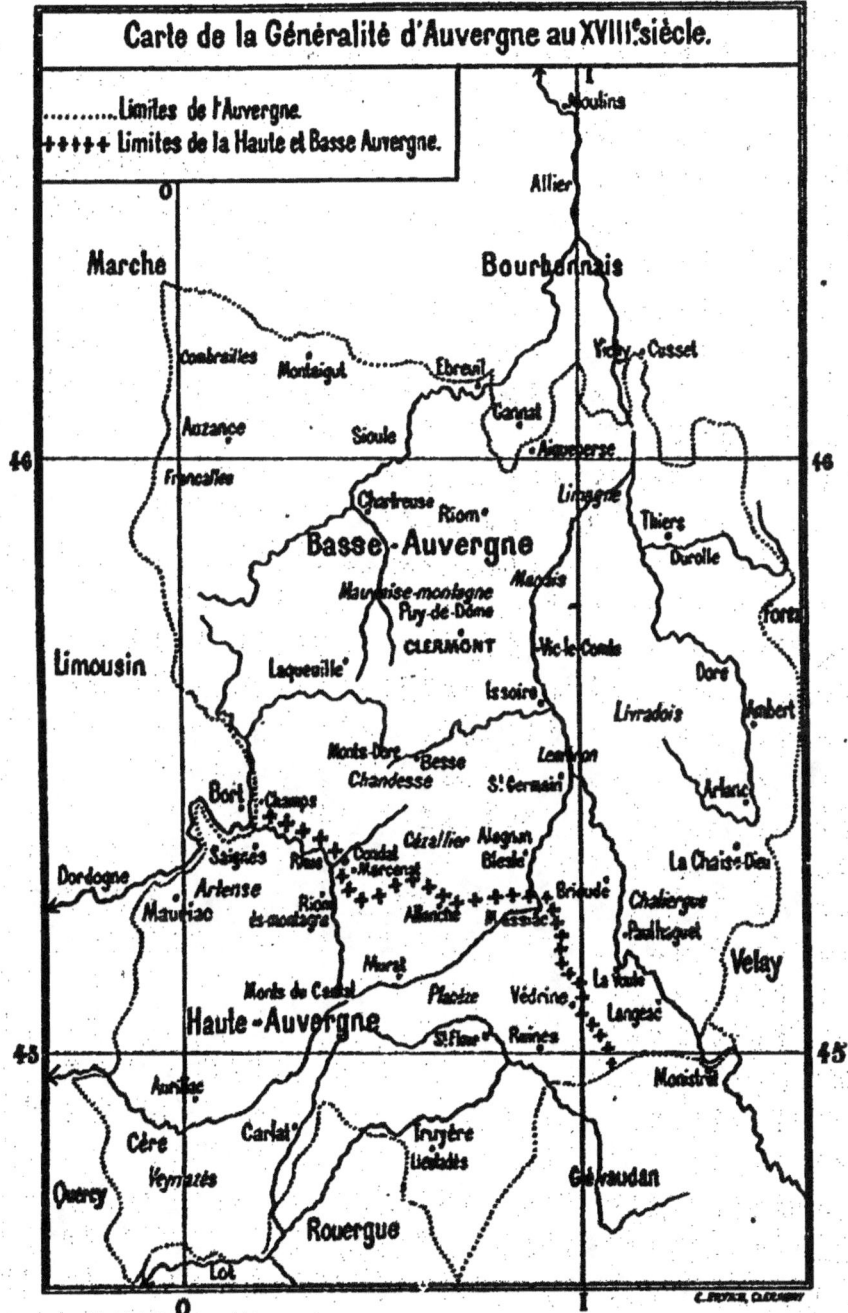

drir, en raison des personnages qu'il avait à placer, et du cas qu'il faisait de chacun d'eux.

Des sept élections de la province, il y en avait quatre pour la Basse-Auvergne : Clermont, Riom, Issoire, Brioude; et trois pour la Haute-Auvergne : Saint-Flour, Aurillac, Mauriac.

« L'élection de Clermont (1), capitale de l'Auvergne, est
» la plus considérable et la plus étendue. Elle a environ
» 16 lieues de longueur du couchant au levant et 13 de lar-
» geur du nord au midi. Elle comprend 13 villes, et 237 col-
» lectes (2) sans compter les villes qui sont : Clermont,
» Montferrand, Billom, Courpière, Pont-du-Château, Lezoux,
» Vic-le-Comte, Olliergues, Saint-Amant, Besse, Latour,
» Ardes, et Pontgibaud.

» L'élection de Riom a 4 villes dans son district : Riom,
» Thiers, où il y a eu autrefois une élection qui a été sup-
» primée, Maringues et Montaigut-les-Combrailles. Elle a
» 135 collectes (3) sans compter les quatre villes.

» L'élection d'Issoire n'a que la ville de ce nom qui soit
» considérable, elle contient encore la petite ville de Saint-
» Germain-Lembron, celles d'Usson, de Nonette et de Sauxil-
» langes, d'Auzon, d'Ambert et d'Arlanc. Elle a 153 col-
» lectes (4) en comptant Issoire et les villes.

» L'élection de Brioude, qui est située partie en Limagne
» et partie en montagne, a 18 lieues de longueur et 14 de
» largeur. Elle se confine par l'élection d'Issoire d'orient,
» et septentrion par le Velay, de midi par les montagnes
» de Gévaudan, et au couchant par les élections de Riom
» et de Clermont. Elle comprend 5 villes, et, en les comp-
» tant, 143 collectes (5). Les villes sont Brioude, Blesle, la
» Chaise-Dieu, Paulhaguet, et Langeac.

» L'élection de Saint-Flour a 10 lieues de longueur et au-

---

(1) Cf. Ballainvilliers, Mémoire de 1765, l. c.
(2) 241 en 1696; cf. Cohendy, l. c.
(3) 137 en 1696; —
(4) 131 en 1696; —
(5) 137 en 1696; —

» tant de largeur; elle a au levant l'élection de Brioude, au
» nord celle de Clermont, au couchant celle d'Aurillac, et au
» midi les provinces de Gévaudan et de Rouergue. Cette
» élection comprend 3 villes, qui sont Saint-Flour, Murat,
» et Chaudesaigues, et 148 collectes (1), les villes comprises.

» L'élection d'Aurillac a 9 lieues de longueur qui en valent
» bien 18 de France, et 6 de largeur que l'on peut compter
» pour 12. Elle se confine à l'orient par celle de Saint-Flour,
» au nord par l'élection particulière de Mauriac, au couchant
» par le Limousin, et au midi par le Rouergue et le Quercy.
» Elle comprend 4 villes: Aurillac qui se prétend la capi-
» tale de la Haute-Auvergne, Maurs, Laroquebrou et Mont-
» salvy, et 95 collectes (2) en y comprenant les villes.

» L'élection de Mauriac et de Salers comprend les villes de
» Mauriac et Salers et 58 collectes (3) qui composent un
» bureau particulier d'élection dépendant de celle de Saint-
» Flour. Il a été établi pour le soulagement des taillables
» qui habitent les montagnes éloignées de Saint-Flour et
» impraticables six à sept mois de l'année. »

Quant aux subdélégations, nous en donnons la liste à quatre dates successives, d'après Cohendy.

1705-1720	1746	1770	1786
20 subdélégations	22 subdélégations	17 subdélégations	19 subdélégations
Riom	Montaigut	Riom	Riom
Thiers	Riom	Thiers	Thiers
Montaigut	Rochefort	Bort	Landogne
Maringues	Clermont	Montaigut	Montaigut
Clermont	Bessé	Clermont	Clermont
Courpière	Billom	Lezoux	Lezoux
Bort	Thiers	Billom	Billom
Besse	Ailloux	Vic-le-Comte	Besse
Issoire	Issoire	Besse	Tauves
Ardes	Lezoux	Issoire	Bort
Ambert	Vic-le-Comte	Lempdes	St-Amant-R.-Sav.

(1) 118 en 1696; cf. Cohendy, l. c.
(2) 93 en 1696;   —
(3) 58 en 1696;   —

1705-1720	1746	1770	1786
20 subdélégations	22 subdélégations	17 subdélégations	19 subdélégations
Viverols	St-Amant-R.-S.	Saint-Amant	Issoire
La Chaise-Dieu	Brioude	Brioude	Brioude
Brioude	Langeac	La Chaise-Dieu	Langeac
Langeac	La Chaise-Dieu	Saint-Flour	La Chaise-Dieu
Saint-Flour	Ambert	Mauriac	Saint-Flour
Chaudesaigues	Lempdes	Aurillac	Murat
Murat	Bort		Mauriac
Aurillac	Ardes		Aurillac
Mauriac	Saint-Flour		
	Aurillac		
	Mauriac		

Tout cela, comme l'avouent les Intendants eux-mêmes, est bien mêlé, bien confus ; mais, chaque fois qu'on a essayé d'y mettre plus d'ordre, « les guerres ou tout autre motif l'ont toujours empêché. »

CHAPITRE XIX

La Haute-Auvergne et la Basse-Auvergne

S'il est difficile de dire en quoi la nature du pays, en Auvergne, a influé sur les vicissitudes territoriales et sur l'histoire des divisions politiques jusqu'en 1789, il est pourtant un point spécial sur lequel l'histoire de l'Auvergne s'explique et s'éclaire par sa géographie. Le relief du sol comprenant deux catégories distinctes de terres, d'une part des montagnes, et de l'autre des plaines, cette simple différence d'altitude devait amener la formation d'une *Haute* et d'une *Basse* Auvergne. La distinction, à l'origine purement géographique, se compliqua ensuite d'éléments historiques; si bien que la corrélation ne fut bientôt plus entière, et que tout le massif des Dore, par exemple, renfermant le sommet le plus élevé de la province, fit partie de la Basse-Auvergne, tandis que le bassin déprimé d'Aurillac restait situé en Haute-Auvergne.

Les termes de « Haut » et « Bas pays » s'appliquent d'abord aux Etats d'Auvergne (1), image en petit des Etats-

---

(1) Les documents originaux concernant les Etats d'Auvergne sont :
a) Archives du Tiers-Etat de la province d'Auvergne, comprenant soixante volumes, quatre cents sacs de papiers, et des comptes divers, — aujourd'hui aux Archives municipales de la ville de Clermont, — incomplètement classés.
b) Titres, chartes et documents du Tiers-Etat du Bas pays d'Auvergne. (Inventaire fait en 1506, par E. Arnoux et F. de Preux. Inventaire fait en 1617, par G. Bunyer).
c) Etats provinciaux d'Auvergne, in-4°. B. V. C., man. 75.
d) Procès-verbal de M. Binet, lieutenant-général de la sénéchaussée d'Auvergne, du 23 août 1888. Riom, 1789; in-4°.

Généraux de France. Les documents contemporains mentionnent des réunions des trois Etats (gens d'Eglise, nobles et communes), à partir du xiv° siècle.

Il s'y agissait, comme dans les assemblées tenues à Paris, d'accorder des subsides au roi « pour la tuition du royaume (1); on s'y occupait aussi de défendre l'Auvergne contre les excès des partisans et des routiers qui désolaient de toutes parts la province. Nous avons connaissance de réunions des Etats du Haut pays, tenus à Saint-Flour, en 1365, 1375, 1376, 1377; des Etats du Bas pays, tenus à Clermont, en 1377; de réunions analogues en 1397, 1398, 1401, 1402, 1403, 1406. Déjà ces assemblées paraissent animées d'un certain esprit d'indépendance : elles maintiennent contre les exigences fiscales de Jean, duc de Berry et d'Auvergne, les prérogatives de la province, entre autres le droit de consentir l'impôt (2). A la mort de Charles VI, en 1422, les trois Etats d'Auvergne restèrent fidèles à l'héritier légitime du trône. « On trouve dans leurs déli-
» bérations le même dévouement, les mêmes sentiments
» énergiques, les mêmes efforts pour l'affranchissement et le
» bonheur de la patrie, et pour la défense du trône menacé.
» Plus tard, lors de la guerre de la Praguerie, en 1440, ces
» bonnes dispositions ne se démentirent pas; et Martial
» d'Auvergne, un contemporain, nous fait connaître, avec
» de naïves expressions, les sentiments des Etats d'Auvergne
» assemblés à Clermont :

> « Pour le Roi tindrent fermement
> » Yla les gens des trois estas
> » Lui vindrent faire révérence...

(1) Cf. le procès-verbal des Etats d'Auvergne tenus le 29 décembre 1356. Rivière, t. I, p. 311-313.

(2) Cf. à l'appendice de l'ouvrage de Rivière, t. II, des extraits de comptes de Berthon Sennadre, receveur des subventions accordées par les Etats. Ces comptes nous apprennent comment était faite la répartition de ces subventions tant entre le Haut et le Bas pays qu'entre les *bonnes villes* et le *plat pays*, et le *département* entre les paroisses du plat pays de la portion à la charge de ces paroisses, par ordre de prévôtés.

» Ce fait après au roi offrirent
» Lui aider de corps et chevance
» Et leur devoir grandement firent
» Luy présentant don de finance (1). »

Dans le même temps, les Etats d'Auvergne se réunissaient à Issoire et prenaient des mesures pour pourvoir à la sûreté des pays d'Auvergne, Bourbonnais, Forez et Beaujolais (2). En 1452, les Etats d'Auvergne faisaient avec ceux du pays de Combrailles, du Bourbonnais, du Forez, du Beaujolais et du Velay, un traité de confédération, auquel le Gévaudan s'associait l'année suivante, en vue d'assurer la tranquillité et la sécurité de ces contrées.

Les Etats d'Auvergne, comme ceux des autres provinces, se composaient du clergé (prélats, abbés, prieurs, chapitres), de la noblesse, et des gens des *bonnes villes*, représentant seuls le Tiers-Etat de la province (3).

La Basse-Auvergne comprenait alors treize bonnes villes : Clermont (capitale), Montferrand, Billom, Riom, Issoire, Brioude, Saint-Germain-Lembron, Ozon, Ebreuil, Aigueperse, Cusset, Langeac, Saint-Pourçain.

La Haute-Auvergne en comprenait six : Saint-Flour (capitale), Aurillac, Mauriac, Salers, Chaudesaygues, Maurs.

Quand il s'agissait de délibérer sur des intérêts communs à toute la province, la Haute et la Basse-Auvergne ne formaient qu'une assemblée d'Etats, qui dans ce cas se réunissaient à Clermont. Quand il s'agissait d'intérêts particuliers à l'un ou à l'autre pays, de dépenses ou de charges locales, chacun d'eux avait ses réunions à part : le Bas pays à Clermont, le Haut pays à Saint-Flour (4).

---

(1) Cf. Rivière, t. I, p. 314.
(2) Cf. Rivière, t. II, appendices.
(3) Les *bonnes villes*, dont les bourgeois assistent comme députés aux Etats de la province, s'opposent au *plat pays*, c'est-à-dire aux villes sans défense, aux bourgs et villages ouverts, aux localités de la campagne privées de tout privilège.
(4) C'était le lieu habituel, mais non unique, des assemblées. Lorsque le besoin l'exigeait, les Etats se tenaient dans d'autres villes.

En résumé, la division en Haute-Auvergne et Basse-Auvergne est tout d'abord amenée par le besoin de grouper les bonnes volontés locales, et de centraliser les ressources de la province : c'est un premier mode de représentation du pays. Il s'y ajoutera bientôt un sens plus net et plus complet, quand l'organisation judiciaire se modèlera sur elle, et quand elle servira de cadre à certaines prescriptions fondamentales de la Coutume d'Auvergne.

Dès le xiv° siècle, le Bas pays prend le nom de *Baillée* ou *Bailliage* d'Auvergne, et le Haut pays celui de *Bailliage des montagnes*. A ce point de vue de la justice, quatre périodes sont à examiner dans l'histoire de la province :

1° Sous Philippe-Auguste, alors que le pouvoir royal a déjà ruiné à peu près complètement les justices seigneuriales, il y a un bailli royal, ou connétable, en Auvergne : il n'est pas encore question d'un bailli spécial des montagnes.

2° Pendant l'apanage d'Alfonse de Poitiers (1241-1271), le bailli royal est remplacé par deux fonctionnaires du comte, un connétable et un bailli des montagnes, l'un et l'autre relevant du Parlement d'Alfonse. La juridiction du connétable (1) s'étend sur la Basse-Auvergne, divisée en un certain nombre (variable) de *prévôtés* ou *baylies* (2). La charge de bailli des montagnes date de cette époque. Un acte de 1257, cité par don Verdier-Latour dans sa *Chronologie des baillis des montagnes d'Auvergne*, mentionne Eustache de Beaufort avec le titre de bailli d'Alfonse, comte de Poitiers, pour les parties d'Aurillac, Mauriac et Saint-Flour (3). Le bailli de cette contrée porte dans quelques actes le nom de *gardien des montagnes*, qui a le même sens que celui de bailli (4).

---

(1) « Connestabulus noster Alverniae », dit l'art. 3 de l'Alfonsine de 1270.

(2) Cf. la liste de ces prévôtés ou baylies dans Rivière, t. I, p. 473, 474.

(3) Cette chronologie, faite à l'aide des chartriers de la Haute-Auvergne, indique les baillis des montagnes depuis 1257 jusqu'en 1307. Elle est à la suite des pièces justificatives de la « Dissertation » de don Verdier-Latour.

(4) « Custos montanarum. » Trésor des Chartes, J. 272.

Ce dédoublement de la charge de connétable d'Auvergne s'explique par des raisons d'ordre géographique. L'éloignement du lieu où résidait d'ordinaire le connétable, les hautes montagnes qui l'en séparaient, la nécessité de se défendre contre les voisins, l'étendue du ressort de la « baillie d'Auvergne », tout cela devait amener nécessairement la création d'une juridiction spéciale pour le Haut pays (1).

3° Entre la mort d'Alfonse de Poitiers, 1271, et la constitution du duché d'Auvergne aux mains de Jean, duc de Berry, 1360, l'Auvergne fit retour à la couronne. Il y eut de nouveau un bailli royal, résidant à Riom, et un bailli des montagnes, qui fixa sa résidence à Crèvecœur, domaine particulier des rois de France dans le Haut pays.

Le bailliage d'Auvergne comprenait, en 1305, trente-deux prévôtés ou baylies (2) :

Auzon	Cusset	Nonette
Bellegarde	Ennezat	Palluel
Brioude	Herment	Pont du Chateau
Bulhon	Jozerand	Puy Rogier
Cebazat	Langeac	Revel
Chateauneuf	Langy	Riom
Chatel-Guyon	Manzat	Roche d'Agoux
Chevan	Mirabel	Thiers
Clara Vallis	Montiel de Gélat	Tournoel
Corn	Montferrand	Vichy.
Cornu	Monton	

Le bailliage des montagnes en renfermait trois :

Aurillac	Saint-Flour	Mauriac.

L'article 8 de l'Ordonnance de 1319 les mentionne expressément : « Ex nunc inantea sit duntaxat in dictis ballivia et
» ressorto montanarum... videlicet viginti sex servientes

---

(1) Du reste, le bailli des montagnes resta soumis au contrôle du connétable, qui pouvait connaître par voie d'appel des affaires de la Haute-Auvergne.

(2) D'après Longnon, *Atlas historique de la France*.

» duo scilicet generales in *prepositura Aureliaci* decem, item
» in *prepositura Sancti Flori* septem, item in *prepositura de*
» *Mauriaco* septem... (1) »

4° A partir de 1360, le titre de *Bailliage d'Auvergne* est remplacé par celui de *Sénéchaussée d'Auvergne*, qui subsistera jusqu'en 1789. La justice ducale est dès lors rendue, dans la Basse-Auvergne, par le sénéchal, et, dans la Haute-Auvergne, par deux baillis, qui remplacèrent les anciens prévôts, et qui siégèrent à Saint-Martin-Valmeroux et à Murat.

Mais, pendant toute cette époque, le roi de France se réserva en Auvergne une certaine juridiction sur les églises cathédrales et abbatiales, et sur toutes leurs dépendances, fiefs et arrière-fiefs. Celles de la Basse-Auvergne furent justiciables du bailliage royal de Saint-Pierre-le-Moustier, qui était le plus rapproché; et pour celles de la Haute-Auvergne fut créé le bailliage royal d'Aurillac (2).

En résumé, pendant toute la fin du moyen-âge et jusqu'aux temps modernes, l'expression de Haute et Basse-Auvergne a en matière de justice une signification importante. Elle en a une également, et très grande, à propos de certains droits essentiels contenus dans la Coutume.

*

Au point de vue coutumier, se retrouve de bonne heure la distinction fondamentale du pays en Haute-Auvergne et Basse-Auvergne. La Coutume (ch. xxxi, art. 12, 14) (3) trace ainsi les limites de ces deux régions naturelles :

---

(1) Comme auparavant, la hiérarchie des juridictions fut ainsi fixée : On appelait des sentences des prévôts de la Haute-Auvergne devant le bailli des montagnes, et de ce dernier devant le bailli d'Auvergne. Les appels des décisions du bailli d'Auvergne étaient portés devant le Parlement du roi. Dans ce cas, pendant que l'on expédiait les appels interjetés par les justiciables de leur bailliage, les baillis d'Auvergne durent assister aux audiences du Parlement, afin de fournir toutes les explications voulues sur le procès et les coutumes usitées en Auvergne. Ordonnance de décembre 1320.

(2) Ordonnance du 18 septembre 1366.

(3) Cf. Chabrol, *l. c.*, t. III, p. 656 et s.q. Ch. intitulé: Assiette de la rente.

Ch. xxxi. Art. 12. — « Le Bas pays d'Auvergne s'étend
» jusqu'à la rivière d'Alaignon, qui entre en Allier, et
» jusqu'à la rivière de la Rue. »

Art. 14. — « Et le Haut pays des montagnes d'Auvergne
» est depuis ladite rivière de la Rue en haut, tant que ledit
» pays d'Auvergne s'étend. »

La Coutume distingue même une troisième partie de la province, qu'elle appelle le *Brivadois* et *Langhadois*, et qu'elle place (art. 13 du chapitre xxxi) « entre les deux rivières
» d'Allier et d'Alaignon. »

Or certains droits essentiels de la Coutume varient suivant ces pays; ainsi l'assiette de la rente ne se fait pas de la même manière « au Bas pays d'Auvergne, en Langhadois et
» Brivadois, et au Haut pays des montagnes ».

Art. 15. — « Qui est obligé et tenu faire assiette de rente
» en directe seigneurie à la Coutume du pays d'Auvergne audit
» Bas pays, il est tenu de bailler et asseoir les deux tiers de la-
» dite rente en blé, mesure de Clermont, et le tiers en deniers. »

Art. 16. — « Quant à l'assiette de l'autre partie dudit pays
» qu'est de Brivadois et Langhadois, qui est obligé à faire
» assiette à ladite Coutume d'Auvergne, il n'est tenu asseoir
» que la moitié en blé, mesure de Brioude, et l'autre moitié
» en argent, pour ce que la mesure de Brioude est plus
» grande que la mesure Clermontoise. »

Art. 23. — « En l'autre partie dudit pays qui est le Haut
» pays des montagnes d'Auvergne, ladite assiette de rente se
» fait ainsi que la rente gist. »

Art. 24. — Et n'est tenu celui qui la fait bailler rente par-
» tie en blé et partie en argent; mais ainsi qu'elle gist, soit
» tout argent ou tout blé, ou partie d'un et partie d'autre. »

Ensuite, et surtout, le droit de pâture, si important pour les villages, ne s'exerce pas dans la Basse-Auvergne comme dans les montagnes. Tout un chapitre de la Coutume en fait foi (1) :

---

(1) Cf. Chabrol, l. c., t. III, p. 529 et sq. — Chapitre intitulé : Pâturages et dommage de bétail.

Ch. xxviii. Art. 1ᵉʳ. — « Les pâturages sont limités en la
» Limagne et Bas pays d'Auvergne *par justice*; en manière
» qu'il n'est leu ni permis à aucun pâturer en aultruy justice;
» et, s'il le fait, et le bétail y est trouvé et pris pâturant, l'on
» est tenu envers le seigneur justicier en l'amende de 60 sols,
» ou laisser le bétail pour le meffait, sinon que ledit bétail
» fût trouvé pâturant par cas fortuit ou d'échappée. »

Art. 5. — « Au Haut pays d'Auvergne, et ès-montagnes
» du Bas pays, lesdits pâturages se limitent *par mas et vil-*
» *lages*, tellement qu'il n'est leu ni permis ès-habitants en
» aucun village, jaçait qu'il soit de même justice, faire pâ-
» turer leur bétail quelqu'il soit dans les appartenances
» d'aultruy village, sur peine d'amende pour chacune garde. »

Cette différence qui persistera à travers toute l'histoire
s'explique aisément. C'est que, dans la Limagne, les justices
sont renfermées dans des bornes étroites; le plus souvent
elles ne comprennent qu'une partie seulement d'une paroisse. Au contraire, dans les montagnes, les justices sont
d'une vaste étendue; plusieurs renferment un grand nombre
de villages dont les uns n'ont parfois aucun commerce avec
les autres. Il a donc paru plus naturel que le pâturage
suivît dans cette partie les appartenances du lieu (1).

*

Dans les temps modernes, la division en Haute-Auvergne
et Basse-Auvergne devait survivre à l'institution des Etats
d'Auvergne, pour qui elle avait été créée tout d'abord. Ces

---

(1) Nous devons ajouter :
1° Que les montagnes du Bas pays (depuis le massif des Dore jusqu'à
la Combrailles inclusivement) suivent la même Coutume que le Haut
pays : pâturages limités par villages et mas. Cf. Article 1ᵉʳ de la Coutume de Combrailles. Chabrol, *l. c.*, t. IV, p. 206.
2° Que le Brivadois et le Langhadois, quoique faisant partie historiquement du Bas pays, suivent aussi la même coutume que la Haute-Auvergne :
pâturages limités également par villages et mas. Cf. Coutumes locales de
Brioude et de plusieurs localités du Brivadois, par exemple la Mothe-Ca-
nillac; Id. Coutumes locales de Langeac et des localités du Langhadois.
— Chabrol, *l. c.*, t. IV, passim.

Etats, remplissant fidèlement leur mission, s'étaient constamment préoccupés jusqu'au xvii" siècle de maintenir une ombre de liberté provinciale en face du pouvoir de plus en plus absolu des rois. Les Intendants de justice, police et finances, institués pour faire triompher partout le principe de la centralisation monarchique, ne pouvaient par suite aimer de telles assemblées. Il suffit de lire certains passages du Mémoire de l'Intendant d'Auvergne de Mesgrigny, en 1637, pour comprendre les dispositions des fonctionnaires royaux à l'égard des Etats de la province, derniers défenseurs des privilèges locaux. On y verra en même temps l'annonce de leur disparition prochaine.

« Il y avait autrefois (1), dans le Haut pays d'Auvergne,
» une forme d'Etat, où les quatre prévôtés, savoir : de Saint-
» Flour, d'Aurillac, Maurs et Mauriac, envoyaient leurs
» députés pour délibérer des impositions et affaires concer-
» nant ledit Haut pays, principalement le Tiers-Etat; mais le
» sieur de Noailles, lieutenant du roi, père de celui qui est
» à présent, *voyant les préjudices que telles assemblées du
» pays apportaient aux affaires du roi*, obtint arrêt du Con-
» seil, par lequel il fut fait défense auxdites prévôtés de s'as-
» sembler dorénavant sans la permission de Sa Majesté. »

« Pour le Tiers-Etat du Bas pays, l'assemblée s'en tient
» trois ou quatre fois dans l'année en la ville de Clermont,
» selon que le désirent les échevins dudit Clermont, les-
» quels la convoquent, et les treize villes y envoient leurs
» députés, savoir : Clermont, Riom, Montferrand, Aigue-
» perse, Billom, Brioude, Issoire, Cusset, Saint-Pourçain,
» Ebreuil, Saint-Germain-Lembron, Langeac et Auzon. »
Après diverses plaintes contre les échevins de Clermont, l'Intendant continue : « La plus grande partie des villes du
» Bas pays de Limagne souhaiteraient que cette assemblée
» fut ôtée...; et outre ce, lesdites assemblées du Tiers-Etat
» du Bas pays se font vrais monopoles et cabales, *au préju-*

---

(1) Cf. de Mesgrigny, Mémoire de 1637, passim.

» *dice des affaires du roi*, comme feu le sieur de Noailles
» l'avait bien reconnu dans le Haut pays; et, ayant assisté
» par deux fois auxdites assemblées du Bas pays, encore que
» ma présence les dût retenir dans le devoir, néanmoins ils
» se sont toujours portés par leur avis *à des résolutions pré-*
» *judiciables aux services et affaires de Sa Majesté*, de sorte
» que j'ai toujours été contraint d'éluder lesdites assemblées;
» enfin j'ai donné et fait signifier aux échevins de ladite ville
» de Clermont mon ordonnance par laquelle je leur ai fait
» défense de faire aucune assemblée du Tiers-Etat du Bas
» pays, sans la permission expresse de Sa Majesté. »

L'Intendant conclut en ces termes :

« J'estime, Monseigneur, qu'il est très important pour le
» service du roi, pour le bien et le repos de la province, et le
» soulagement du pauvre peuple, d'ôter tout à fait cette as-
» semblée du Tiers-Etat du Bas pays d'Auvergne, comme
» elle a été ôtée en Haut pays, où l'on tâche de la rétablir. »

Les dernières réunions des Etats d'Auvergne eurent lieu en 1649 et en 1651. Puis, pendant plus d'un siècle, la province n'eut plus de représentation ; elle fut livrée à l'administration purement monarchique des Intendants. Elle ne devait retrouver un reste de vie qu'à la veille de la Révolution de 1789, par la création de l'Assemblée provinciale d'Auvergne, pour laquelle d'ailleurs il ne fut plus question de Haut ni de Bas pays.

Cela n'empêche pas que, jusqu'à la fin de l'ancien régime, dans l'esprit et sous la plume des Intendants eux-mêmes, les dénominations de Haute-Auvergne et Basse-Auvergne gardent toute leur valeur. Dans leurs Mémoires au roi, avant d'entrer dans le détail des divisions administratives de la province, ils proclament tous (1), dès le début de leur Relation, la division naturelle du pays en deux régions.

Ballainvilliers dira encore en 1765 (2).

---

(1) Cf. Mémoire de d'Ormesson, 1698: B. V. C., man. 515 ; — Mémoire de Ballainvilliers, 1765 ; B. V. C., man. 520.
(2) Cf. Mémoire de Ballainvilliers, début.

» La province est divisée en Haute et Basse. La plus con-
» sidérable partie de la Basse-Auvergne s'appelle Limagne,
» et s'étend du nord au midi, depuis Saint-Pourçain jusqu'à
» Brioude. Elle comprend les élections de Riom, Clermont,
» Issoire et Brioude, le surplus étant dans les montagnes. Il y a
» une enclave du Bourbonnais dans cette partie de la Basse-
» Auvergne, située entre Saint-Pourçain et Riom, où est
» Gannat avec ses dépendances, qui forme l'élection de
» Gannat qui est de la généralité de Moulins, pour laquelle
» on a distrait quatre-vingts paroisses de celle de Riom qui
» sont néanmoins restées du gouvernement d'Auvergne.
» La Haute-Auvergne comprend les élections d'Aurillac,
» de Saint-Flour, et le bureau particulier de Mauriac. »

Tous, également, reconnaissent que cette division est tirée des caractères physiques du sol; ainsi Ballainvilliers ajoute:
« Le climat d'Auvergne n'est pas le même par toute la pro-
» vince... La Limagne est un pays beaucoup plus chaud et
» plus agréable que celui des montagnes » (1).

Et plus loin : « On trouve la même différence dans le ca-
» ractère des habitants que dans le climat; le penchant et les
» coutumes des peuples qui habitent la Limagne et les mon-
» tagnes sont opposés » (2).

A leur tour, du reste, les hommes de la Révolution, quand ils bouleversent les anciennes provinces de France pour mettre à leur place les départements, respectent, eux aussi, la division fondamentale de l'Auvergne : ils font, à peu de chose près, de l'ancienne Basse-Auvergne le département du Puy-de-Dôme, et de l'ancien Haut Pays le département du Cantal.

---

(1) Voir la suite au chapitre : *Climat.*
(2) Voir la suite au chapitre : *Influence du pays sur l'homme. Le tempérament physique et moral de l'habitant de l'Auvergne.*

CHAPITRE XX

L'Auvergne contemporaine

« A la nouvelle que l'Assemblée constituante se proposait
» de remanier les anciennes provinces, et d'opérer une nou-
» velle division du territoire, il y eut dans toute la France
» un tressaillement général. Les uns étaient agités par la
» crainte de perdre la prépondérance acquise, les autres par
» l'espoir d'un accroissement d'influence et de position. En
» Auvergne, la perspective d'un démembrement fit naître
» des impressions bien diverses suivant les localités (1). »

Il s'agissait du projet présenté par Thouret à l'Assemblée nationale le 29 septembre 1789, et demandant la division de la France en quatre-vingt trois départements : dans un tel projet, que deviendrait l'Auvergne ?

Les habitants de Clermont eussent voulu que leur province ne formât qu'un département : ils se montraient hostiles à toute idée séparatiste (2).

---

(1) Cf. F. Mège, *Formation et organisation du département du Puy-de-Dôme (1789-1801)*. Paris, 1874, in-8°.

(2) Témoin cette lettre des notables de Clermont à leurs députés, à Paris, le 14 novembre 1789 : « De trente-deux provinces vouloir en faire
» tout à coup quatre-vingts, sans aucun égard aux mœurs, aux lois, aux
» usages, au langage, en un mot aux caractères divers qui mettent depuis
» des siècles des différences remarquables dans les peuples de France!
» nous osons dire que c'est une entreprise contraire à la nature, et qui par
» suite ne peut réussir. » Et plus loin : « Nous croyons que MM. les dé-
» putés d'Auvergne qui sont à Paris n'ont pas des renseignements suf-
» fisants pour décider une si grande question. Nous dirons plus : ils n'ont
» point à cet égard la procuration des peuples. La discussion de cette
» question devrait donc être renvoyée à la première Assemblée provin-

Mais Riom, mais Issoire, mais Brioude étaient d'un avis contraire, chacune d'elles espérant devenir le chef-lieu d'une circonscription nouvelle. Les deux villes principales de la région cantalienne, Aurillac et Saint-Flour, pensaient de même, et réclamaient le démembrement. Quant aux campagnes, elles n'avaient pas d'opinion sur la question.

Après avoir envoyé une députation à Paris pour faire triompher ses idées unitaires, et constaté qu'une plus longue résistance n'aboutirait à rien, Clermont accepta enfin, le 28 novembre, le principe de la séparation de l'Auvergne en deux départements (1). Les députés de la province se réunirent en comité, pour préparer dans des conférences particulières l'œuvre de la répartition qu'il s'agissait de faire, et faciliter la besogne de l'Assemblée nationale. Mais que d'orages au sein de ce comité! que de rivalités locales s'élevèrent! que d'ardentes compétitions!

D'abord les députés de Brioude, voyant le peu de chances qu'avait leur ville de devenir le centre d'un département, étaient très indécis. Tantôt ils parlaient de se joindre au Velay, tantôt ils manifestaient l'intention de rester unis à l'Auvergne, laissant dans ce cas le Velay à diviser entre le

» ciale où les députés apporteraient les instructions de leurs cantons, et
» des pouvoirs ad hoc. »
Signé : Les officiers municipaux et membres du Comité permanent de Clermont-Ferrand. — Cf. Mège, *l. c.*, p. 80-88.

(1) Jusqu'au dernier moment, la ville de Clermont espéra que l'Auvergne ne formerait qu'*un seul* département : « Voyez, disait-elle à ses députés,
» s'il serait possible de sauver la division de l'Auvergne, en faisant de
» nouveaux efforts pour prouver combien il importe au bien général de la
» France qu'elle ne soit pas désunie. » Et voici les raisons qu'elle invoquait, sans voir qu'elle apportait elle-même un redoutable argument aux partisans de la séparation : « La province d'Auvergne est formée : *de*
» *plaines*, accessibles dans toutes les saisons, et *de montagnes*, dont la
» communication réciproque est impraticable pendant plus de six mois
» de l'année, et dont la stérilité force les habitants à de nombreuses
» émigrations ; *les deux parties de cette province* n'existent que par
» l'échange de leurs productions mutuelles ; et conséquemment l'impé-
» rieuse loi de la nature et de la nécessité en consacre l'unité, et rend sa
» division en départements absolument impraticable. » Procès-verbal de l'Assemblée des citoyens de Clermont, du 18 novembre 1789.

Rouergue et le Vivarais. Mais c'est à Clermont, et non à Aurillac, qu'ils voulaient être rattachés (1).

Les deux cités rivales qui se disputaient surtout la prééminence dans le comité étaient Riom et Clermont. Leurs querelles, qui dataient de loin, menaçant de s'éterniser, l'Assemblée constituante se vit obligée de fixer comme terme aux séances d'abord le 28 décembre 1789, puis, dernier délai, le 21 janvier 1790.

Ce jour-là seulement, la ligne de démarcation entre la Basse-Auvergne, la Haute-Auvergne, et le Velay, fut définitivement résolue, et le décret qui la consacrait rendu le 30 janvier. A dater de ce jour-là, il n'y avait plus officiellement d'Auvergne, l'ancienne province formait deux nouveaux départements.

*

Le 10 février 1790, Clermont était désigné comme chef-lieu du département de la *Basse-Auvergne*, qui faillit ensuite s'appeler département du *Mont-d'Or*, et prit finalement le nom de département du *Puy-de-Dôme*. C'est le député Gautier de Biauzat qui fit adopter cette dernière désignation : « Je l'ai
» préféré, dit-il dans une lettre écrite à la municipalité de
» Clermont, afin d'éviter que l'on ne conçoive l'idée de ri-
» chesse en prononçant votre nom, et pour prouver qu'il est
» plus facile d'y peser l'air que les écus. » A quoi la municipalité clermontoise répondit : « Nous adoptons, ainsi que
» vous, la dénomination de notre département. L'air, un des
» principaux éléments, est préférable à l'or. Ce métal si con-
» voité est peut-être la cause de la servitude dont nous
» ont tiré les représentants de la nation (2). »

Le département devant être divisé ensuite en districts, et les districts en cantons, les députés demeurèrent réunis pour régler cette question. Aussitôt les sollicitations de toutes

---

(1) En fin de compte, Brioude fut détachée de l'ancienne province d'Auvergne, et forma avec le Velay un département, la Haute-Loire.
(2) Cf. F. Mège, *l. c.*, p. 127.

natures, les lettres et les adresses intéressées s'abattirent sur eux de plus belle. Chaque bourg voulait être canton, chaque petite ville chef-lieu de district. Dans le Puy-de-Dôme, il y eut plus de vingt demandes de districts. Toutes les localités demanderesses avaient, suivant elles, des droits incontestables : l'une faisait valoir le nombre de ses routes, une autre le chiffre de sa population, une autre sa position centrale, d'autres leur commerce, leur importance passée, etc., etc. Chacune ravalait, dépréciait ses voisines. Enfin, le 5 février 1790, il fut décidé que le département du Puy-de-Dôme comprendrait huit districts : Clermont, Ambert, Besse, Billom, Issoire, Montaigut, Riom et Thiers.

Ce fut bien pis encore quand il s'agit des cantons. Il n'y eut pas si petite bourgade qui ne se crût digne d'être chef-lieu de canton, et qui n'en fit la demande expresse. Tous les arguments furent invoqués, mais celui qui domine est le suivant :

Les paroisses montagneuses des environs de Clermont, comme Laschamps, Saint-Genès-Champanelle, Theix, Fontfreyde, Aydat, etc., ne veulent pas être mélangées avec les paroisses de la Limagne. « Ce mélange des municipalités de
» Limagne ou pays vignoble avec celles de montagne peut
» avoir les plus graves inconvénients :

» 1° Par rapport à la situation des lieux et à leurs dis-
» tances ;

» 2° Par la différence d'habillements, de mœurs, de genre
» de travail, de récoltes, de productions de la terre, et de
» nourriture. Ce qui peut causer aux votants de la mon-
» tagne une répugnance à se transporter dans un lieu où ils
» n'ont ni habitude, ni usage... etc. (1). »

En somme, autant de localités, autant de modes de réclamations différents. Nous ne savons ce qui guida les députés dans l'adoption de leurs résolutions définitives ; quoi qu'il en soit, le 20 mars 1790, soixante-douze cantons furent institués dans le département :

(1) Extrait de lettres ou pétitions des municipalités susdites.

Le district de Clermont en eut 17 :

- Clermont
- Saint-Amant
- Aubière
- Beaumont
- Bourg-Lastic
- Cébazat
- Chamalières
- Cournon
- Gerzat
- Herment
- La Roche-Blanche
- Les Martres-de-Veyre
- Pont-du-Château
- Olby
- Plauzat
- Rochefort
- Nonton

Le district d'Ambert en eut 9 :

- Ambert
- Arlanc
- Cunlhat
- Marsac-le-Bourg
- Olliergues
- St-Amant-Roche-S.
- Saint-Germain-l'Herm
- Saint-Anthême
- Viverols

Le district de Besse en eut 6 :

- Besse
- Egliseneuve
- Latour
- Tauves
- Murols
- Condat

Le district de Billom en eut 8 :

- Billom
- Chauriat
- Mirefleurs
- Mauzun
- Salmeranges
- Tours
- Vic-le-Comte
- Vertaizon

Le district d'Issoire en eut 9 :

- Ardes
- Brassac
- Champeix
- Issoire
- La Monghe
- Neschers
- St-Germain-Lembron
- Sauxillanges
- Vodable

Le district de Montaigut en eut 5 :

- Montaigut
- Menat
- Montiel-de-Gelat
- Pionsat
- Saint-Gervais

Le district de Riom en eut 11 :

- Riom
- Aigueperse
- Artonne
- Combronde
- Ennezat
- Giat
- Manzat
- Pontaumur
- Pontgibaud
- Randan
- Volvic

Le district de Thiers en eut 7 :

- Thiers
- Châteldon
- Courpière
- Lezoux
- Maringues
- St-Remy-sur-Durolle
- Vollore

Après quoi, des commissaires du roi furent chargés de procéder à la nouvelle délimitation sur le terrain, ce qui ne fut pas non plus aisé, et ce qui donna lieu à bien des mécontentements encore.

Il faut lire les procès-verbaux des séances du Conseil général du Puy-de-Dôme, tenu à Clermont-Ferrand en novembre et décembre 1790, pour avoir une idée du nombre prodigieux et de l'infinie variété des réclamations et des doléances : « Ici, une ville, un bourg aspirant à l'honneur de
» devenir chef-lieu de canton, ont voulu dépouiller le bourg
» ou la ville qui avaient obtenu cet avantage. Là, usant
» d'adresse et craignant la concurrence, ce bourg, cette ville
» n'ont pas affecté la manie de dépouiller leur voisin pour
» s'enrichir de ses dépouilles ; ils lui ont laissé son titre, mais
» ils veulent partager avec lui cette prérogative..... Ici, c'est
» un endroit qui, mécontent de l'alliance qu'on lui a fait
» contracter, comme si tous les Français n'étaient pas
» frères, demande à quitter son canton, son district, pour
» passer dans un autre... Partout on ne voit que préten-
» tions et demandes (1). »

Quand enfin le travail de réorganisation territoriale, entrepris par la Constituante, fut achevé, il ne subit plus que des modifications insignifiantes jusqu'à l'époque du Directoire. Il faut mentionner pourtant la mesure grave prise par la Constitution du 22 août 1795, 5 fructidor an III, qui supprime les districts en tant que circonscriptions administratives, et ne laisse subsister que les départements et les cantons (2). Mais, trois ans plus tard, en l'an VI, le gouvernement, préoccupé de la nécessité de supprimer des rouages qui entravaient la marche de l'administration, et grevaient inutilement les populations d'un surcroît d'impositions locales,

---

(1) Cf. F. Mège, *l. c.*, p. 142-143.
(2) Cf. Constitution de l'an III :
Art. 3. — La France est divisée en 89 départements.
Art. 6. — Chaque département est distribué en cantons, chaque canton en communes.

demanda aux administrateurs de départements un nouveau travail ayant pour but un changement de délimitation des communes et des cantons, de manière à opérer une importante réduction dans le nombre des cantons existants.

L'administration du département du Puy-de-Dôme se trouva alors dans une situation difficile. Une fois connu des municipalités, le projet du gouvernement mit en éveil tous les intérêts personnels, toutes les rivalités de clocher. D'innombrables réclamations s'élevèrent. Toutes les administrations municipales mirent en jeu leurs influences, se livrèrent à mille intrigues, les unes pour obtenir la conservation de leur canton, les autres pour obtenir que le leur s'accrût aux dépens de ceux qui étaient limitrophes ; celles-ci demandant que leur commune fût choisie préférablement à toute autre pour être le chef-lieu du canton nouveau; celles-là réclamant que leur commune fît partie de tel canton plutôt que de tel autre, etc., etc. (1).

Au milieu de ce conflit d'intérêts particuliers, de toutes ces démarches empreintes *de l'égoïsme le plus passionné*, les administrateurs, soutenus par l'esprit d'économie, par le principe d'intérêt général qui avait inspiré la réforme, finirent, après de longues études et *au prix de difficultés inouïes*, par proposer au gouvernement un tableau de circonscription de cantons, qui réduisait leur nombre dans le Puy-de-Dôme à quarante-neuf, avec un chiffre de population d'ailleurs très variable pour chacun d'eux (2). « Ils auraient
» bien voulu pouvoir égaliser la population de tous les can-
» tons, de manière qu'aucun d'eux ne pût, en raison de son
» importance numérique, exercer sur certains autres trop
» d'influence. Mais la nature du sol et la géographie du pays
» les contraignirent à établir une distinction, à ce sujet,
» entre les cantons de la Limagne et ceux de la montagne.

---

(1) Ce fut quelque chose d'analogue, et pour les mêmes raisons, à ce qui s'était passé en 1789-1790, lors des modifications territoriales introduites dans la province d'Auvergne par l'Assemblée constituante.
(2) Cf. pour cette enquête Cohendy, *l. c.*, p. 298-299.

» Dans l'une, ils étaient très rapprochés, et pour ainsi dire
» entassés les uns sur les autres. La proximité, la multiplicité
» des communications offraient de grands moyens de sup-
» pressions, et obligeaient à faire des cantons populeux. Les
» autres, ceux des montagnes, situés dans des régions de
» difficile accès, dont les communications sont rares et peu
» aisées, souvent périlleuses, dont les communes sont com-
» posées d'une multitude de hameaux épars et éloignés,
» offraient beaucoup moins de facilité de suppressions. Des
» suppressions qui semblaient faciles ne pouvaient pas s'ef-
» fectuer, parce que une ou même plusieurs communes,
» situées sur la lisière du département, ne pouvaient être
» réunies à aucun autre canton sans violer la distance
» constitutionnelle (1). »

Du reste le Directoire ajourna ce projet de réorganisation territoriale, « la question ne pouvant être suffisamment approfondie ». Puis vinrent le coup d'Etat du 18 brumaire an VIII, et la Constitution du 22 frimaire, 15 décembre 1799, qui posait en principe la résurrection partielle des districts de 1790, sous le nom d'*arrondissements communaux*.

D'après la loi du 22 pluviôse an VIII, le département du Puy-de-Dôme comprit cinq arrondissements et soixante-douze cantons :

Clermont (25 cantons); — Ambert (9 cantons); — Thiers (8 cantons); — Riom (16 cantons); — Issoire (14 cantons).

Mais l'idée de réduction du nombre des cantons persistait. L'enquête faite sous le Directoire dut servir au travail de remaniement opéré par le Consulat. Un arrêté en date du 15 brumaire an X, 6 novembre 1801, fixa à cinquante le nombre des cantons du Puy-de-Dôme. Il n'y a eu, depuis cette date jusqu'à notre époque, que quelques érections ou transpositions de communes dans le département. Son or-

---

(1) Il ne pouvait y avoir plus d'un myriamètre de distance (2 lieues moyennes de 2566 toises chacune) entre le chef-lieu du canton et la commune la plus éloignée. Constitution de l'an III, titre I, article 5.

ganisation territoriale actuelle le partage en 5 arrondissements, 50 cantons, et 470 communes :

Clermont, 14 cantons :

Clermont Est	Bourg-Lastic	Saint-Dier
— Nord	Herment	Vertaizon
— Sud	Pont-du-Château	Veyre-Monton
— Sud-Ouest	Rochefort	Vic-le-Comte
Billom	St-Amant-Tallende	

Ambert, 8 cantons :

Ambert	Olliergues	Saint-Germain-l'H.
Arlanc	St-Amant-Roche-S.	Viverols
Cunlhat	Saint-Anthême	

Issoire, 9 cantons :

Issoire	Champeix	St-Germain-Lembr.
Ardes	Jumeaux	Sauxillanges
Besse	Latour	Tauves

Riom, 13 cantons :

Riom Est	Manzat	Pontgibaud
— Ouest	Menat	Randan
Aigueperse	Montaigut	Saint-Gervais
Combronde	Pionsat	
Ennezat	Pontaumur	

Thiers, 6 cantons :

Thiers	Courpière	Maringues
Châteldon	Lezoux	St-Rémy-s-Durolle

***

Le département du Cantal, comprenant la partie haute de l'ancienne province d'Auvergne, tira son nom du principal sommet montagneux qui s'y dresse, le Plomb du Cantal. Il fut divisé, en 1789-90, en quatre districts (Saint-Flour, Aurillac, Mauriac et Murat), qui comprirent vingt et un cantons électoraux :

Saint-Flour, 6 cantons :

Saint-Flour	Massiac	Ruines
Chaudesaygues	Pierrefort	Tanavelle

Aurillac, 6 cantons :

Aurillac	Maurs	Saint-Chamand
Laroquebrou	Montsalvy	Vic

Mauriac, 5 cantons :

Mauriac	Riom-ès-Montagnes	Salers
Pléaux	Saignes	

Murat, 3 cantons :

Allanche	Condat	Murat

Le 22 février 1790, les députés à l'Assemblée nationale du département du Cantal s'assemblèrent pour : 1° « Procéder, conjointement avec les députés des départements voisins, à la délimitation dudit département du Cantal, pour prévenir toutes difficultés et contestations sur les paroisses qui devraient composer ledit département ; — 2° Quatre districts ayant été établis dans ce département, former les cantons de ces districts. »

Il fut délibéré, dans cette réunion, que les séances de l'administration du département alterneraient entre Saint-Flour et Aurillac, en commençant par Saint-Flour. Les députés consignèrent ensuite dans un procès-verbal les paroisses frontières de leurs départements et celles des départements voisins, en les distinguant par leurs limites intérieures et extérieures, afin d'assurer invariablement la ligne de démarcation (1).

Le Cantal subit dans les années suivantes les mêmes vicissitudes territoriales que le Puy-de-Dôme : diminution du nombre des cantons et des communes en 1792, enquête ordonnée par le Directoire en l'an VI, afin de procéder à l'éta-

(1) Cf. ces limites dans le *Dictionnaire statistique du Cantal*, t. II, p. 571 3, et p. 574 5.

blissement de nouvelles circonscriptions, organisation définitive due à la loi du 28 pluviôse an VIII. Le département eut pour chef-lieu de préfecture Aurillac, et 3 sous-préfectures, Saint-Flour, Mauriac, Murat. Il comprit 23 cantons, et ce chiffre n'a pas été modifié depuis lors.

Aujourd'hui, le Cantal est divisé en 4 arrondissements, 23 cantons, et 259 communes :

Aurillac, 8 cantons :

Aurillac Nord	Maurs	Saint-Mamet
— Sud	Montsalvy	Vic-sur-Cère
Laroquebrou	Saint-Cernin	

Saint-Flour, 6 cantons :

Saint-Flour Nord	Massiac	Ruines
— Sud	Chaudesaygues	Pierrefort

Mauriac, 6 cantons :

Mauriac	Pléaux	Saignes
Champs	Riom-ès-Montagnes	Salers

Murat, 3 cantons :

Murat	Allanche	Marcenat

***

En résumé, ce rapide aperçu des variations territoriales de l'Auvergne, depuis l'époque romaine jusqu'à nos jours, achève de montrer les liens qui existent, en Auvergne, entre l'homme et le sol. Ces liens ont pu être plus étroits dans le passé, quand l'homme s'abandonnait plus complètement aux forces extérieures, sans essayer de réagir; ils sont à présent moins sensibles, parce que la réaction de l'homme est de plus en plus puissante et efficace; mais tout porte à croire qu'ils ne disparaîtront jamais entièrement.

Conclusion

Nous avons, au cours de cette étude, poursuivi deux fins.

Notre premier but a été de distinguer l'Auvergne du reste du Plateau central de France, et de dire ce qui en constitue l'originalité. Pour cela, nous avons rapidement décrit les grands faits orogéniques qui s'y sont succédé, émersions et immersions du sol, sédimentations et dépôts d'alluvions, fractures et dislocations, depuis l'origine du monde jusqu'à l'époque actuelle. Sur ce terrain ainsi formé, le climat particulier à la région, expliqué par le relief caractéristique de la chaîne des Alpes, exerce à toute heure son action : vents et tempêtes, pluies et orages, chaleur et froid, modifient perpétuellement l'aspect superficiel du pays, et font comprendre aussi le régime de ses eaux. L'eau de pluie a, en Auvergne, des destinées différentes, suivant qu'elle s'infiltre sous terre pour reparaître en sources, puissantes surtout à l'extrémité des coulées de laves, ou qu'elle ruisselle à la surface pour former des rivières, toutes torrentielles, ou enfin qu'elle s'amasse en nappes plus ou moins étendues, lacs de barrage, cratères-lacs, ou marais. Mais déjà, avec ces phénomènes hydrographiques, la nature s'éveille : la vie végétale et animale va commencer, avec l'allure que lui imposent les conditions physiques du milieu, car *toute existence ici-bas est intimement liée aux caractères propres de chaque sol et de chaque pays.*

Notre autre but a été de montrer l'homme prenant possession de l'Auvergne, et entrant, lui aussi, en rapports avec la nature. Nous avons dit, d'une part, comment les habitants, quelle que fût d'ailleurs leur race, ont été, dans leur corps et dans leur tournure d'esprit, adaptés au pays qu'ils occupaient; et, par exemple, quelles différences singulières séparaient le montagnard auvergnat du Limanien; — d'autre part, comment ces mêmes habitants ont exploité les ressources naturelles de leur pays, en entretenant soigneusement des bois et des pâturages sur les hauteurs, des vignes le long des coteaux, et des céréales dans la plaine; en utilisant une partie des produits du sol et du sous-sol pour alimenter de nombreuses industries agricoles, manufacturières et minières; en transportant le surplus hors de l'Auvergne, soit par des voies naturelles comme l'Allier, soit par des routes et des chemins de fer : moyens de communication dont certains Auvergnats se servent aussi pour s'en aller eux-mêmes et s'expatrier. Enfin, nous avons montré par quelles variations successives ont passé les groupements de populations et les divisions territoriales de l'Auvergne, en insistant sur la manifestation d'un rapport entre la terre et l'homme par la persistance des dénominations de Haut pays et de Bas pays jusqu'en 1789, date à partir de laquelle il n'y a plus — administrativement — d'Auvergne.

Ainsi, dans cet « Essai », la description du pays d'Auvergne précède et prépare l'étude des influences réciproques qui s'exercent entre l'homme et le sol, étude d'où se dégage pour nous cette conviction que, si l'habitant de l'Auvergne subit toujours l'action des phénomènes très complexes et souvent redoutables du monde extérieur, il est parvenu dans bien des cas, et parviendra de plus en plus à les vaincre, à les plier à ses besoins : car, suivant le mot de Bacon, « natura, nisi parendo, non vincitur ».

APPENDICES

I

FLORE PLIOCÈNE D'AUVERGNE
(Listes communiquées par F. Héribaud.)

Dépôt de Varennes, près du lac Chambon

Polypodium vulgare ;
Torreya nucifera ;
Bambusa cambonensis ;
Potamogeton quinquenervis ;
Typha latissima ;
Alnus insignis ;
Betula alba ;
Populus Tremula ;
Salix integra ;
Quercus senogalliensis, Q. Etymodrys, Q. pseudo-Castanea, Q. Parlatorii, Q. roburoides, Q. Cardanii, Q. Scillana, Q. linguiformis ;
Carpinus Betulus ;
Myrica Gale ;
Platanus aceroides ;
Ulmus ciliata, U. acuminata ;
Planera Ungeri ;
Zelkova crenata ;
Sassafras Ferratianum ;
Elæagnus acuminatus ;
Juglans Sieboldiana, J. acuminata ;
Carya Bilinica ;
Pterocarya fraxinifolia ;
Rhododendron retusum ;
Andromeda vacciniifolia ;
Cornus Buchii ;
Cassia Berenices, C. Phaseolites ;
Colutea Salteri ;
Celastrus Acheruntis ;
Rhus Heufleri ;
Sterculia obtusiloba ;
Acer decipiens, A. angustilobum, A. pseudo-Platanus, A. lætum ;
Fagus silvatica ;
Ilex Aquifolium.

Dépôt de Perrier, près d'Issoire

Hypnum Mastodontum (mousse) ;
Carpinus Betulus ;
Ulmus Lamottei ;
Fraxinus Lecoquii.

Dépôt du Pas-de-la-Mougudo, *près de Vic-sur-Cère*

Abies Ramesi ;
Sassafras Ferretianum ;
Bambusa lugdunensis ;
Alnus glutinosa *forma* orbicularis ;
Fagus pliocenica ;
Quercus pliocenica ;
Carpinus orientalis ;
Ulmus ciliata ;
Zelkova crenata ;
Oreodaphne Heerii ;
Pterocarya fraxinifolia ;
Vaccinium parcedentatum ;
Hamamelis latifolia ;
Zygophyllum Bronnii ;
Dictamnus major ;
Ilex Aquifolium *forma* Boulei ;
Tilia expansa ;
Grewia crenata ;
Acer Magnini, A. integrilobum.

Dépôt de Niac, *près de Laroquebrou*

Trichomanes aspleniiforme ;
Litobrochia cantalensis ;
Bambusa lugdunensis ;
Smilax mauritanica ;
Salix alba (*forma*) ;
Fagus silvatica ;
Corylus insignis ;
Pterocarya fraxinifolia ;
Viburnum Tinus ;
Hedera Helix ;
Tilia expansa ;
Acer opulifolium, A. laetum ;
Ranunculus atavorum.

Dépôt de Saint-Vincent

Bambusa lugdunensis ;
Populus Tremula ;
Fagus pliocenica ;
Quercus alpestris ;
Carpinus orientalis ;
Zelkova crenata ;
Sassafras pliocenicum ;
Lindera latifolia ;
Morus rubra ;
Carya maxima ;
Pterocarya fraxinifolia ;
Vitis subintegra ;
Acer opulifolium, A. laetum, A. polymorphum.

Dépôt de Joursac, *près de Neussargues*

Sassafras cantalense ;
Parrotia pristina ;
Carpinus grandis.

Dépôt d'Auxillac, *près de Murat*

Pinus Ramesi ;
Potamogeton quinquenervis ;
Acer opulifolium.

II

ESPÈCES INDIFFÉRENTES A L'ALTITUDE

Ranunculus acer, R. Flammula;
Caltha palustris;
Biscutella lævigata;
Hippocrepis comosa;
Parnassia palustris;
Silene inflata;
Polygala vulgaris;
Sagina procumbens;
Arenaria serpyllifolia;
Stellaria media;
Cerastium arvense;
Trifolium pratense;
Lotus corniculatus;
Potentilla Tormentilla, P. verna;
Poterium Sanguisorba;
Alchemilla vulgaris;
Galium verum;
Solidago Virga-aurea;
Achillea Millefolium;
Serratula tinctoria;
Carlina vulgaris;
Gnaphalium dioicum;
Leontodon hispidus;
Taraxacum dens-leonis;
Hieracium murorum;
Campanula rotundifolia;
Calluna vulgaris;
Veronica officinalis, v. serpyllifolia;
Euphrasia officinalis;
Thymus Serpyllum;
Galeopsis Tetrahit;
Chenopodium Bonus-Henricus;
Atriplex patula;
Polygonum Bistorta;
Rumex scutatus;
Luzula campestris;
Carex echinata, c. vulgaris, c. glauca;
Anthoxanthum odoratum;
Agrostis vulgaris;
Avena pubescens, A. flavescens;
Kœleria cristata;
Poa annua, P. nemoralis;
Briza media;
Molinia cærulea;
Nardus stricta;
Polypodium vulgare.

III

FLORE DE LA PLAINE

Thalictrum silvaticum, T. flavum;
Adonis æstivalis, A. autumnalis, A. flammea;
Ranunculus arvensis, R. sceleratus;
Delphinium Consolida;
Papaver hybridum;
Glaucium corniculatum;
Fumaria Vaillantii;
Arabis Turrita;
Sisymbrium Sophia, S. Irio;
Sinapis nigra, S. incana;
Eruca sativa;
Diplotaxis muralis, D. tenuifolia, D. viminea;

Alyssum calycinum, A. campestre;
Iberis amara;
Lepidium Smithii, L. graminifolium;
Hutchinsia petræa;
Senebiera Coronopus;
Isatis tinctoria;
Myagrum perfoliatum;
Calepina Corvini;
Helianthemum guttatum, H. procumbens, H. salicifolium, H. pulverulentum;
Reseda lutea, R. Phyteuma;
Polygala calcarea;
Saponaria ocymoides, S. Vaccaria;
Cucubalus baccifer;
Silene conica, S. gallica, S. Otites;
Buffonia macrosperma;
Holosteum umbellatum;
Cerastium aquaticum;
Linum gallicum, L. limanense, L. tenuifolium, L. angustifolium, L. strictum;
Malva Alcea;
Althæa hirsuta, A. cannabina;
Acer monspessulanum;
Erodium ciconium;
Oxalis stricta, O. corniculata;
Genista germanica;
Lupinus reticulatus;
Adenocarpus complicatus;
Ononis Natrix, O. Columnæ;
Medicago falcata, M. ambigua, M. cinerascens;
Trigonella monspeliaca;
Melilotus palustris, M. alba, M. parviflora;
Trifolium rubens, T. glomeratum, T. patens, T. striatum, T. medium, T. scabrum, T. maritimum, T. ochroleucum, T. subterraneum, T. alpestre, T. fragiferum;
Lotus angustissimus, L. tenuifolius;
Tetragonolobus siliquosus;
Astragalus monspessulanus, A. hamosus;
Coronilla minima, C. Emerus, C. varia;
Onobrychis supina;
Vicia serratifolia, V. villosa, V. purpurascens, V. lathyroides;
Ervum Ervilia;
Lathyrus Nissolia, L. sphæricus, L. tuberosus, L. latifolius;
Cerasus Mahaleb;
Rosa Pouzini;
Spiræa Filipendula;
Amelanchier vulgaris;
Epilobium Dodonæi;
Lythrum hyssopifolia;
Portulaca oleracea;
Sedum anopetalum, S. rubens;
Tillæa muscosa;
Umbilicus pendulinus;
Trinia vulgaris;
Falcaria Rivini;
Bupleurum tenuissimum, B. falcatum, B. junceum, B. aristatum, B. rotundifolium;
Œnanthe fistulosa, Œ. Lachenalii;
Fœniculum officinale;
Seseli montanum, S. coloratum;
Sium angustifolium;
Orlaya grandiflora;
Turgenia latifolia;
Caucalis leptophylla;
Selinum carvifolia;

Peucedanum Gervaria, P. austriacum ;
Pastinaca sativa ;
Silaus virescens ;
Petroselinum segetum ;
Cornus mas ;
Lonicera etrusca ;
Rubia peregrina, R. tinctorum ;
Galium anglicum, G. spurium ;
Asperula galioides ;
Crucianella angustifolia ;
Centranthus Calcitrapa ;
Valerianella coronata ;
Dipsacus laciniatus, D. pilosus ;
Linosyris vulgaris ;
Aster Amellus ;
Senecio erraticus, S. erucifolius ;
Arthemisia camphorata ;
Leucanthemum cebennensis, L. corymbosum ;
Inula squarrosa, I. bifrons, I. salicina, I. montana, I. britannica, I. graveolens ;
Gnaphalium luteo-album ;
Micropus erectus ;
Silybum Marianum ;
Onopordon Acanthium ;
Carduus vivariensis ;
Carduncellus mitissimus ;
Centaurea pectinata, C. Cyanus, C. maculosa, C. amara, C. solsticialis ;
Kentrophyllum lanatum ;
Leuzea conifera ;
Xeranthemum inapertum, X. cylindraceum ;
Tolpis barbata ;
Hypochæris glabra ;
Helminthia echioides ;
Podospermum laciniatum ;
Tragopogon crocifolius ;
Chondrilla juncea ;
Lactuca viminea, L. perennis ;
Pterotheca Sancta ;
Crepis setosa, C. fœtida, C. nicaensis, C. pulchra ;
Andryala integrifolia ;
Xanthium macrocarpum, X. strumarium ;
Lobelia urens ;
Specularia hybrida ;
Campanula Cervicaria, C. rapunculoides, C. Erinus ;
Wahlenbergia hederacea ;
Erica vagans ;
Hottonia palustris ;
Androsace maxima ;
Samolus Valerandi ;
Vinca minor, V. major ;
Vincetoxicum officinale ;
Erythræa pulchella ;
Chlora perfoliata ;
Gentiana ciliata ;
Convolvulus cantabrica, C. lineatus ;
Symphytum officinale ;
Lithospermum Lappula ;
Asperugo procumbens ;
Heliotropium europæum ;
Physalis Alkekengi ;
Datura Stramonium ;
Linaria Cymbalaria, L. Elatine, L. spuria ;
Verbascum maiale ;
Antirrhinum Asarina ;
Gratiola officinalis ;
Lindernia pyxidaria ;
Veronica Teucrium, V. triphyllos, V. præcox ;
Odontites lutea ;
Orobanche amethystea ;
Calamintha ascendens ;
Salvia Sclarea, S. Æthiopis, S. verbenaca ;

Stachys germanica, S. Heraclea, S. palustris ;
Ajuga Chamæpytis ;
Teucrium Scordium, T. montanum ;
*Plantago Coronopus, P. carinata ;
Globularia vulgaris ;
Amarantus retroflexus, A. patulus ;
Polychnemum majus, P. arvense ;
Atriplex rosea ;
Chenopodium Botrys, C. Vulvaria, C. opulifolium, C. hybridum, C. glaucum ;
Rumex maritimus, R. pulcher ;
Polygonum Bellardi ;
Passerina annua ;
Thesium divaricatum ;
Aristolochia Clematitis ;
Euphorbia Peplis, E. verrucosa, E. stricta, E. platyphylla, E. exigua, E. falcata ;
Parietaria diffusa ;
Castanea vulgaris ;
Salix vinealis, S. incana ;
Butomus umbellatus ;
Tulipa silvestris ;
Ornithogalum umbellatum ;
Gagea saxatilis ;
Allium oleraceum, A. flavum ;
Muscari racemosum, M. comosum ;
Phalangium Liliago, P. ramosum ;
Simethis bicolor ;
Asphodelus albus ;
Gladiolus illyricus, G. segetum ;
Serapias lingua ;
Ophrys anthropophora, O. aranifera, O. apifera, O. Scolopax, O. pseudo-speculum ;
Spiranthes æstivalis ;
Epipactis microphylla ;
Orchis hircina, O. purpurea, O. militaris, O. laxiflora ;
Limodorum abortivum ;
Hydrocharis Morsus-ranæ ;
Zannichellia palustris ;
Lemna arhiza ;
Arum italicum ;
Juncus compressus, J. Gerardi, J. Tenageia ;
Cyperus longus, C. fuscus, C. flavescens ;
Carex pseudo-Cyperus, C. distans, C. hordeistichos, C. maxima, C. brizoides, C. Schreberi, C. disticha, C. tomentosa, C. Halleriana ;
Mibora verna ;
Phleum asperum ;
Alopecurus agrestis, A. arundinaceus, A. geniculatus ;
Tragus racemosus ;
Setaria glauca ;
Agrostis Spica-venti ;
Gastridium lendigerum ;
Polypogon monspeliense ;
Aira canescens, A. caryophyllea, A. præcox ;
Ventenata avenacea ;
Gaudinia fragilis ;
Kœleria setacea ;
Poa dura ;
Eragrostis major, E. minor ;
Briza minor ;
Bromus squarrosus, B. maximus, B. patulus ;
Hordeum murinum ;
Ægilops triuncialis ;
Brachypodium distachyon ;
Lolium rigidum ;
Nardurus unilateralis ;
Osmunda regalis ;

Grammitis leptophylla ;
Polystichum Oreopteris ;
Asplenium Halleri, A. lanceolatum ;
Scolopendrium officinale ;
Adiantum Capillus-Veneris ;
Marsilea quadrifoliata ;
Pilularia globulifera.

IV

FLORE DES BOIS ET DES FORÊTS

Thalictrum aquilegifolium ;
Aconitum Napellus, A. Lycoctonum ;
Ranunculus aconitifolius ;
Anemone nemorosa, A. ranunculoides ;
Isopyrum thalictroides ;
Actæa spicata ;
Meconopsis cambrica ;
Arabis cebennensis ;
Dentaria pinnata, D. digitata ;
Lunaria rediviva ;
Thlaspi virens, T. brachypetalum ;
Viola sudetica ;
Epilobium spicatum ;
Silene saxifraga, S. rupestris ;
Lychnis Viscaria ;
Dianthus monspessulanus, D. silvaticus, D. superbus ;
Stellaria nemorum ;
Geranium phæum, G. nodosum, G. silvaticum ;
Hypericum quadrangulum, H. montanum ;
Androsæmum officinale ;
Acer platanoides ;
Impatiens Noli-tangere ;
Ilex Aquifolium ;
Rhamnus alpina, R. cathartica ;
Sarothamnus purgans ;
Trifolium montanum, T. aureum, T. spadiceum ;
Orobus vernus ;
Geum rivale ;
Potentilla rupestris, P. fagineicola ;
Comarum palustre ;
Rubus Idæus ;
Rosa rubrifolia, R. glauca, R. alpina, R. spinosissima, R. pomifera ;
Cotoneaster vulgaris ;
Sorbus aucuparia, S. Aria ;
Circæa lutetiana, C. intermedia ;
Sedum Fabaria, C. villosum, S. annuum ;
Ribes petræum, R. alpinum ;
Saxifraga stellaris, S. rotundifolia, S. Aizoon, S. hypnoides ;
Laserpitium latifolium ;
Angelica silvestris ;
Imperatoria Ostruthium ;
Heracleum Lecoquii ;
Meum athamanticum ;
Libanotis montana ;
Pimpinella magna ;
Bunium verticillatum ;
Cicuta virosa ;
Chærophyllum hirsutum ;
Astrantia major ;
Sanicula europæa ;
Sambucus racemosa ;
Galium saxatile, G. rotundifolium ;
Viburnum Lantana, V. Opulus ;

Lonicera Xylosteum, L. nigra, L. alpigena;
Valeriana tripteris;
Knautia dipsacifolia, K. longifolia;
Scabiosa lucida;
Adenostyles albifrons;
Petasites albus;
Doronicum Pardalianches, D. austriacum;
Arnica montana;
Ligularia sibirica;
Senecio Cacaliaster, S. Fuchsii;
Cineraria spathulæfolia;
Artemisia Absinthium;
Gnaphalium silvaticum;
Cirsium rivulare, C. Erisithales;
Carduus Personata;
Centaurea montana, C. nigra;
Carlina Cynara, C. nebrodensis;
Hypochæris maculata;
Picris pyrenaica;
Lactuca muralis;
Prenanthes purpurea;
Mulgedium alpinum, M. Plumieri;
Crepis lampsanoides, C. paludosa, C. succisæfolia, C. grandiflora;
Hieracium cerinthoides, H. juranum, H. lividum, H. prenanthoides, H. boreale, H. aurantiacum, H. vosgesiacum;
Phyteuma orbicularis;
Jasione perennis;
Campanula latifolia, C. linifolia, C. Trachelium;
Vaccinium Myrtillus, V. uliginosum;
Oxycoccos vulgaris;

Andromeda polifolia;
Pyrola minor, P. rotundifolia, P. secunda, P. chlorantha;
Monotropa Hypopitys;
Pinguicula vulgaris;
Lysimachia nemorum;
Fraxinus excelsior;
Gentiana lutea, G. pneumonanthe, G. campestris;
Swertia perennis;
Polemonium cæruleum;
Pulmonaria azurea, P. alpestris;
Atropa Belladona;
Euphrasia minima;
Rhinanthus minor;
Pedicularis foliosa;
Melampyrum silvaticum;
Mentha cantalica;
Calamintha grandiflora;
Galeobdolon luteum;
Stachys alpina;
Melittis Melissophyllum;
Rumex alpinus, R. arifolius;
Daphne Mezereum, D. Laureola;
Thesium alpinum;
Asarum europæum;
Euphorbia hyberna;
Ulmus montana;
Fagus silvatica;
Quercus pedunculata, Q. sessiliflora;
Corylus Avellana;
Carpinus Betulus;
Salix repens, S. phylicifolia, S. pentandra;
Populus Tremula;
Betula alba;
Pinus silvestris, P. uncinata;
Abies excelsa, A. pectinata;
Larix europæa;
Veratrum album;
Narthecium ossifragum;

Fritillaria Meleagris;
Tulipa Celsiana;
Lilium Martagon;
Scilla Lilio-Hyacinthus, S. bifolia;
Ornithogalum pyrenaicum;
Allium Victorialis, A. fallax;
Erythronium Dens-canis;
Paris quadrifoliata;
Polygonatum vulgare, P. multiflorum, P. verticillatum;
Convallaria maialis;
Crocus vernus;
Orchis montana, O. viridis, O. nigra;
Goodyera repens;
Neottia Nidus-avis, N. cordata;
Corallorhiza innata;
Scheuchzeria palustris;
Juncus filiformis;
Luzula nivea;
Eriophorum alpinum, E. vaginatum;
Carex filiformis, C. pilosa, C. montana, C. digitata, C. limosa, C. paniculata, C. chordorhiza, C. pauciflora;
Calamagrostis lanceolata;
Milium effusum;
Aira flexuosa;
Poa nemoralis, P. sudetica;
Melica uniflora;
Festuca silvatica, F. nigrescens;
Elymus europæus;
Brachypodium silvaticum;
Botrychium Lunaria;
Polypodium Phegopteris, P. Dryopteris, P. vulgare;
Aspidium aculeatum;
Polystichum spinulosum;
Blechnum Spicant;
Equisetum silvaticum, E. hyemale;
Isoetes lacustris, I. echinospora;
Lycopodium clavatum, L. inundatum, L. Chamaecyparissus.

V

FLORE DES MONTAGNES

Anemone vernalis, A. alpina;
Eranthis hyemalis;
Sisymbrium pinnatifidum;
Cardamine resedifolia;
Arabis alpina;
Draba aizoides;
Cochlearia pyrenaica;
Viola biflora;
Asterocarpus sesamoides;
Silene ciliata;
Dianthus cæsius;
Alsine verna;
Sagina Linnæi;
Cerastium alpinum;
Genista prostrata;
Trifolium alpinum, T. arvernense, T. badium;
Dryas octopetala;
Geum montanum;
Potentilla aurea;
Rubus saxatilis;
Sorbus Chamæmespilus;
Alchemilla alpina;
Epilobium alpinum, E. origanifolium, E. trigonum;
Circæa alpina;

Sedum alpestre ;
Saxifraga hieracifolia, S. bryoides, S. oppositifolia, S. exarata, S. androsacea ;
Angelica pyrenaica ;
Meum Mutellina ;
Bupleurum ranunculoides, B. longifolium ;
Galium anisophyllum, G. boreale ;
Erigeron alpinus ;
Senecio Doronicum ;
Achillea pyrenaica ;
Gnaphalium norvegicum, G. supinum ;
Leontodon pyrenaicum ;
Hieracium piliferum, H. glanduliferum ;
Jasione humilis ;
Phyteuma hemisphæricum, P. betonicifolium ;
Vaccinium Vitis-Idæa ;
Arbutus Uva-ursi ;
Androsace carnea ;
Soldanella alpina ;
Gentiana verna ;
Myosotis alpestris ;
Veronica saxatilis, V. alpina, V. urticifolia ;
Bartsia alpina ;
Pedicularis verticillata, P. comosa ;
Tozzia alpina ;
Ajuga pyramidalis ;
Plantago alpina ;
Polygonum viviparum ;
Empetrum nigrum ;
Salix lapponum, S. herbacea ;
Juniperus nana ;
Streptopus amplexifolius ;
Orchis albida, O. globosa, O. nigra ;
Carex nigra, C. curvula, C. vaginata ;
Juncus alpinus ;
Luzula spicata, L. Desvauxii ;
Phleum alpinum ;
Festuca spadicea, F. pilosa, F. alpina ;
Agrostis rupestris ;
Avena montana, A. versicolor ;
Poa alpina ;
Polypodium rhaeticum ;
Aspidium Lonchitis ;
Allosurus crispus ;
Asplenium viride ;
Woodsia hyperborea ;
Lycopodium alpinum, L. Selago ;
Selaginella spinulosa.

VI

ESPÈCES COMMUNES AUX MONTAGNES D'AUVERGNE ET AUX VOSGES

Thalictrum aquilegifolium ;
Anemone vernalis, A. ranunculoides ;
Ranunculus aconitifolius ;
Actæa spicata ;
Aconitum Napellus, A. Lycoctonum ;
Eranthis hyemalis ;
Dentaria pinnata, D. digitata ;
Arabis alpina ;

Lunaria rediviva;
Thlaspi alpestre;
Dianthus cæsius;
Silene rupestris;
Alsine verna;
Hypericum montanum;
Empetrum nigrum;
Orobus vernus;
Rubus saxatilis;
Rosa rubrifolia, R. alpina;
Cotoneaster vulgaris;
Sorbus Chamæmespilus;
Alchemilla alpina;
Epilobium trigonum, E. alpinum;
Circæa alpina;
Sedum alpestre, S. annuum;
Saxifraga Aizoon, S. stellaris;
Ribes petræum;
Bupleurum longifolium;
Cicuta virosa;
Libanotis montana;
Meum athamanticum, M. Mutellina;
Imperatoria Ostruthium;
Angelica pyrenaica;
Chœrophyllum hirsutum;
Astrantia major;
Lonicera nigra;
Sambucus racemosa;
Galium saxatile, G. boreale;
Campanula latifolia;
Jasione perennis;
Hypochœris maculata;
Prenanthes purpurea;
Mulgedium alpinum;
Hieracium aurantiacum, H. prenanthoides, H. vosgesiacum;
Leontodon pyrenaica;
Carduus Personata;
Carlina nebrodensis;
Adenostyles albifrons;
Petasites albus;
Gnaphalium norvegicum, G. supinum;
Arnica montana;
Vaccinium Vitis-Idæa;
Arbutus Uva-ursi;
Andromeda polifolia;
Pyrola secunda;
Gentiana lutea, G. verna;
Androsace carnea;
Veronica saxatilis, V. urticifolia;
Pedicularis foliosa;
Bartsia alpina;
Ajuga pyramidalis;
Thesium alpinum;
Scheuchzeria palustris;
Orchis globosa, O. viridis, O. albida;
Neottia cordata;
Polygonatum verticillatum;
Streptopus amplexifolius;
Allium Victorialis;
Veratrum album;
Juncus filiformis;
Eriophorum vaginatum;
Carex pauciflora, C. limosa, C. filiformis;
Poa sudetica, P. alpina;
Festuca silvatica;
Botrychium Lunaria;
Polypodium rhœticum;
Allosurus crispus;
Aspidium Lonchitis;
Equisetum silvaticum;
Asplenium viride;
Lycopodium Selago, L. clavatum, L. alpinum;
Isoetes lacustris.

VII

ESPÈCES SUR LESQUELLES ONT PORTÉ LES EXPÉRIENCES DE M. GASTON BONNIER

Ranunculus acer ;
Helianthemum vulgare ;
Parnassia palustris ;
Anthyllis Vulneraria ;
Trifolium pratense, T. repens ;
Lotus corniculatus ;
Prunus Padus ;
Fragaria vesca ;
Potentilla Tormentilla ;
Rubus Idæus ;
Alchemilla vulgaris ;
Epilobium montanum ;
Bupleurum falcatum ;
Galium Cruciata, G. verum ;
Solidago Virga-aurea ;
Bellis perennis ;
Achillea Millefolium ;
Gnaphalium silvaticum ;
Campanula rotundifolia ;
Veronica officinalis ;
Galeopsis Tetrahit ;
Brunella vulgaris ;
Teucrium Scorodonia ;
Urtica dioica ;
Anthoxanthum odoratum ;
Molinia coerulea.

VIII

FLORE CALCICOLE

Thalictrum majus ;
Adonis æstivalis, A. flammea, A. autumnalis ;
Delphinium Consolida ;
Papaver hybridum ;
Glaucium corniculatum ;
Helianthemum pulverulentum, H. procumbens ;
Fumaria Vaillantii ;
Berberis vulgaris ;
Polygala calcarea ;
Linum limanense ;
Althæa officinalis ;
Sambucus Ebulus ;
Ononis Natrix, O. Columnæ ;
Astragalus monspessulanus, A. hamosus ;
Onobrychis supina ;
Coronilla minima, C. scorpioides ;
Melilotus parviflora, M. palustris ;
Trifolium rubens, T. medium ;
Hippocrepis comosa ;
Sedum anopetalum ;
Spiræa Filipendula ;
Trinia vulgaris ;
Falcaria Rivini ;
Turgenia latifolia ;
Orlaya grandiflora ;
Seseli montanum ;
Bupleurum falcatum, B. rotundifolium, B. junceum, B. tenuissimum ;
Torilis nodosa ;
Pastinaca sativa ;
Aster Amellus ;

Senecio erucifolius, S. erraticus;
Tussilago Farfara;
Leuzea conifera;
Artemisia camphorata;
Micropus erectus;
Inula montana, I. britannica, I. bifrons, I. squarrosa;
Carduncellus mitissimus;
Chondrilla juncea;
Pterotheca Sancta;
Specularia Speculum;
Androsace maxima;
Gentiana Cruciata, G. ciliata;
Chlora perfoliata;
Digitalis lutea;
Veronica Teucrium;
Odontites lutea;
Linaria spuria, L. Elatine;
Physalis Alkekengi;
Stachys germanica, S. annua, S. Heraclea;
Salvia æthiopis, S. verbenaca;
Convolvulus lineatus, C. cantabrica;
Globularia vulgaris;
Passerina annua;
Polygonum Bellardi;
Ophrys anthropophora, O. arachnites, O. Scolopax;
Orchis purpurea, O. militaris, O. hircina;
Carex Halleriana, C. hordeistichos;
Koeleria setacea;
Equisetum maximum.

IX

FLORE SILICICOLE

Ranunculus hederaceus;
Corydalis claviculata;
Nasturtium pyrenaicum;
Teesdalia nudicaulis;
Cistus salvifolius;
Viola palustris;
Helianthemum guttatum;
Drosera rotundifolia, D. intermedia, D. longifolia;
Polygala depressa;
Lychnis Viscaria;
Mœnchia erecta;
Spergularia rubra;
Spergula pentandra, S. arvensis;
Gypsophila muralis;
Radiola linoides;
Hypericum Elodes, H. humifusum, H. pulchrum;
Oxalis Acetosella;
Ulex europæus, U. nanus;
Sarothamnus scoparius;
Genista purgans, G. anglica, G. germanica;
Lupinus reticulatus;
Adenocarpus complicatus;
Trifolium spadiceum;
Ornithopus perpusillus;
Potentilla argentea;
Montia rivularis, M. minor;
Illecebrum verticillatum;
Tillæa muscosa;
Sedum villosum;
Selinum carvifolia;
Senecio adonidifolius;
Filago minima, F. arvensis;
Gnaphalium uliginosum;
Andryala integrifolia;
Arnoseris pusilla;

Hypochœris glabra ;
Lobelia urens ;
Calluna vulgaris ;
Erica vagans, E. Tetralix, E. cinerea ;
Centunculus minimus ;
Anagallis tenella ;
Anarrhinum bellidifolium ;
Digitalis purpurea ;
Limosella aquatica ;
Linaria arvensis, L. striata ;
Myosotis versicolor ;
Polygonum Fagopyrum, P. tataricum ;
Castanea vulgaris ;
Alisma natans ;
Rhynchospora alba ;
Anthoxanthum Puelii ;
Mibora verna ;
Aira canescens, A. caryophyllea, A. flexuosa ;
Holcus mollis ;
Danthonia decumbens ;
Nardurus Lachenalii ;
Vulpia pseudomyuros ;
Nardus stricta ;
Secale cereale ;
Osmunda regalis ;
Pteris aquilina ;
Polystichum Oreopteris ;
Asplenium septentrionale, A. lanceolatum ;
Lycopodium inundatum ;
Marsilea quadrifoliata ;
Pilularia globulifera.

X

RÉPARTITION GÉOGRAPHIQUE DES ESPÈCES DE LA FAUNE TERRESTRE EN AUVERGNE

(Listes communiquées par M. Ch. Bruyant.)

I. — Zone de la plaine

Les espèces de cette zone n'offrant aucune localisation spéciale, il est inutile de les signaler.

II. — Zone montagneuse

(Plateau des puys, premiers contreforts des monts Dore.)

COLÉOPTÈRES

Harpalus laevicollis ;
Anthobium anale ;
Anthophagus bicornis ;
Staphylinus brunnipes, S. fulvipennis ;
Philonthus montivagus, P. laevicollis, P. frigidus ;
Quedius paradisianus ;
Tachinus proximus ;
Homalota tibialis ;
Cychramus quadripunctatus ;
Ostoma grossum ;
Thymalus limbatus ;
Aphodius alpinus, A. mixtus ;
Elater aethiops ;
Cryptohypnus riparius ;
Athous undulatus ;
Corymbites cupreus, C. affinis ;
Denticollis rubens ;
Podabrus alpinus ;

Cantharis tristis;
Omophlus betulae;
Xylita livida;
Brachyrhinus subcostatus, B. fuscipes;
Polydrosus binotatus;
Liparus germanus;
Pidonia lurida;
Leptura maculicornis;
Phytodecta pallida;
Haltica pusilla;
Aphthona herbigrada;
Longitarsus picipes;
Scymnus impexus.

ORTHOPTÈRES

Stenobothrus viridulus;
Platycleis Roeselii.

LÉPIDOPTÈRES

Anthocaris ausonia;
Thecla acaciae, T. quercus;
Argynnis aglaia;
Niobe Daphni;
Ino Selene;
Melitoea didyma, M. dictynna;
Erebia stygne, E. blandina, E. Euryale;
Satyrus Hermione;
Hesperia comma.

III. — Zone alpestre (massif du mont Dore)

a) *Zone subalpine*

COLÉOPTÈRES

Feronia femorata;
Calathus alpinus;
Leistus nitidus;
Silpha alpina, S. nigrita;
Byrrhus ornatus;
Corymbites cupreus, C. oeruginosus;
Telephorus abdominalis;
Otiorhynchus fuscipes, O. tenebricosus, O. unicolor;
Rosalia alpina;
Pachyta interrogationis.

ORTHOPTÈRES

Locusta cantans;
Pezotettix alpinus;
Chrysochraon brachyptera;
Orphania denticauda;
Platycleis Saussureana;
Stenobothrus apricarius.

LÉPIDOPTÈRES

Erebia Manto, E. Cassiope, E. Dromus;
Parnassius Apollo, P. Mnemosyne;
Polyommatus virgaureae.

b) *Zone alpine*

COLÉOPTÈRES

Nebria Gyllenhalli, N. Jockischi;
Feronia amaroides;
Otiorhynchus monticola.

Ces espèces sont considérées par Dufour comme nettement alpines. (Cf. L. Dufour, *Excursions entomologiques dans les montagnes de la vallée d'Ossau*).

XI

ESPÈCES DE LA FAUNE PÉLAGIQUE EN AUVERGNE

ENTOMOSTRACÉS

Hyalodaphnia apicata ;
Daphnella brandtiana ;
Diaptomus laciniatus ;

Holopedium gibberum ;
Bosmina longirostris.

ROTIFÈRES

Conochilus volvox ;
Anuraea longispina ;

Asplanchna helvetica.

PROTOZOAIRE

Ceratium longicorne.

BIBLIOGRAPHIE

L'Ancienne Auvergne et le Velay, histoire, archéologie, mœurs, topographie, par Ad. Michel et une société d'artistes. Moulins, 1843-48, 3 vol. in-f°.

Audigier, *Histoire d'Auvergne*, t. I. Clermont-Ferrand (sous presse). Cet ouvrage a été rédigé au début du xviii° siècle.

Ballainvilliers, *Mémoire sur l'Auvergne, pour servir de supplément à celui de M. d'Ormesson*, par M. de Ballainvilliers, Intendant de la province, 1763. Bibliothèque de la ville de Clermont. Man. 520.

Baluze, *Histoire généalogique de la maison d'Auvergne*. Paris, 1708, 2 vol. in-f°.

Baudet-Lafarge, *Quelques observations sur le Projet d'un canal latéral à l'Allier*. Clermont-Ferrand, 1827, in-4°.

Baudet-Lafarge, *L'Agriculture du département du Puy-de-Dôme*. Clermont-Ferrand, 1860, in-8°.

Bénardeau, *Les forêts au Concours régional de Clermont-Ferrand, en juin 1893*. Moulins, 1893, in-8°.

Bergier et don Verdier-Latour, *Recherches historiques sur les Etats Généraux et sur l'origine des Etats provinciaux d'Auvergne*. Clermont-Ferrand, 1788, in-8°.

Berthoule (Am.), *Les lacs d'Auvergne*. Paris, 1890, in-8° (publié dans la « Revue des sciences naturelles appliquées », par la Société nationale d'acclimatation de France).

Bertrand, *Statistique forestière du Puy-de-Dôme*, 1889 (Manuscrit).

Blanc, *Rapport fait à la Chambre de commerce de Clermont sur le Projet d'ouverture d'un canal latéral à l'Allier*. Clermont-Ferrand, 1827, in-4°.

Boudet de Bardon, *Mon avis sur le canal latéral à l'Allier*. Clermont-Ferrand, 1837, in-8°.

Bouillet (J.-B.), *Description historique et scientifique de la Haute-Auvergne*. Paris, 1834, 2 vol. in-8°.

Boyer (J.), *Recherches sur les races humaines de l'Auvergne*. Clermont-Ferrand, 1876, in-8°.

Bravard (Aug.), *Monographie de la montagne de Périer*. Paris, 1828, in-8°.

Brieude, *Observations économiques et politiques sur la chaîne des montagnes ci-devant appelées d'Auvergne*. Paris, 1802, in-8°.

Brosson (M.), *De la navigation de l'Allier et d'un canal latéral*. Clermont-Ferrand, 1837, in-4°.

Bruel (A.), *Pouillés des diocèses de Clermont et de Saint-Flour, du XIV° au XVIII° siècle*, dans la « Collection des Documents inédits, » 4° série, *Mélanges historiques*, t. IV, 1 vol. in-4°.

Bruyant (Ch.), *Bibliographie raisonnée de la faune et de la flore limnologiques de l'Auvergne*. Paris, 1894, in-8°.

Buch (L. de), *Observations sur les volcans d'Auvergne* (Traduction de M°° de Kleinschrod, avec des notes par M. Lecoq). Clermont-Ferrand, 1812, in-8°.

Cauwès (P.), *Cours d'Économie politique*. Paris, 1893, 4 vol. in-8°.

Chabrol, *Coutumes générales et locales de la province d'Auvergne, avec des observations sur les coutumes*, etc. Riom, 1784, 4 vol. in-4°.

Chassaing, *Essai sur la géographie territoriale et politique de l'Auvergne aux IX° et X° siècles*, thèse. Paris, 1851, in-8°.

Cohendy (Michel), *Notice sur les entreprises de dessèchement des lacs et marais dans la généralité d'Auvergne*. Clermont-Ferrand, 1870, in-8°.

Cohendy (Michel), *Mémoire historique sur les modes successifs de l'administration dans la province d'Auvergne*, etc. Clermont-Ferrand, 1856, in-8°.

Collignon (D'), *Indice céphalique des populations françaises*. Paris, 1890, in-4°.

Cormont, *Le Concours régional de Clermont-Ferrand*. Clermont-Ferrand, 1863, in-8°.

Croizet (abbé) et Jobert, *Recherches sur les ossements fossiles du département du Puy-de-Dôme*. Paris, 1828, in-4°.

Daubrée (A.), *Les eaux souterraines à l'époque actuelle*. Paris, 1887, 2 vol. in-8°.

Déribier du Châtelet, *Dictionnaire statistique et historique du Cantal*. Aurillac, 1851-57, 5 vol. in-8°.

Devèze de Chabriol, *Essai sur la navigation de la rivière d'Allier, et le Projet d'un canal latéral*, 1837. Bibliothèque de la Ville de Clermont. Man. 715, f° 113.

Dienne (de), *Histoire du dessèchement des lacs et marais de France avant 1789*. Paris, 1891, in-8°.

Doniol (H.), Cf. *l'Ancienne Auvergne et le Velay*, t. III.

Dubois (M.), *Leçon d'ouverture du cours de géographie coloniale à la Sorbonne, 14 décembre 1893*. Paris, 1894, in-4°.

Dufrénoy, *Sur la relation des terrains tertiaires et des terrains volcaniques de l'Auvergne*. Paris, 1830, in-8°.

Durif (H.), Cf. *l'Ancienne Auvergne et le Velay*, t. III.

Durif (H.), Cf. *Dictionnaire statistique et historique du Cantal*, passim.

Fouqué, *Le Plateau central de la France* (Discours prononcé à l'Institut, le 25 octobre 1890).

Gautier (P.), *Observations sur les pépérites du puy de Mur*. Clermont-Ferrand, 1890, in-4°.

Gautier (P.), *Observations sur une randannite miocène marine de la Limagne d'Auvergne*. Clermont-Ferrand, 1893, in-4°.

Girard-Col, *Rapport de la commission sur l'exhibition des Vins d'Auvergne en 1890*. Clermont-Ferrand, 1891, in-8°.

Grenier (Fr.), *L'industrie dans le Cantal*. Saint-Flour, 1836, in-8°.

Inventaire sommaire des Archives départementales, Puy-de-Dôme. Série C., t. I. Clermont-Ferrand, 1893, in-4°.

Julien (A.), *Des phénomènes glaciaires dans le Plateau central de la France*, thèse. Paris, 1869, in-8°.

Justel, *Histoire généalogique de la maison d'Auvergne*. Paris, 1645, in-f°.

Lamy, *Opinion contre le Projet d'un canal latéral à l'Allier*. Clermont-Ferrand, 1828, in-4°.

Lapparent (A. de), *Traité de géologie*, 3e édition. Paris, 1894. 2 vol. in-8°. Première partie, *Phénomènes actuels*.

Lecoq (H.), *Les Epoques géologiques de l'Auvergne*. Paris, 1867, 5 vol. in-8°.

Lecoq (H.), *L'eau sur le Plateau central de la France*. Paris, 1871, in-8°.

Lecoq (H.), *Les eaux minérales du Plateau central considérées dans leurs rapports avec la chimie et la géologie*. Paris, 1865, in-8°.

Legrand d'Aussy, *Voyage d'Auvergne*. Paris, 1788, in-8°.

Longnon (A.), *Atlas historique de la France depuis César jusqu'à nos jours*. Paris, 1881, in-f°. Texte explicatif, in-4°.

Mazure, *L'Auvergne au XIVe siècle. Tableau historique de cette province de 1356 à 1393*. Clermont-Ferrand, 1845, in-8°.

Mège (Fr.), *Formation et organisation du département du Puy-de-Dôme, 1789-1801*. Paris, 1874, in-8°.

Mesgrigny, *Relation de l'état de la province d'Auvergne en 1637*. Dans les « Tablettes historiques de l'Auvergne », t. III, p. 145.

Monestier-Savignat, *Etudes sur les phénomènes, l'aménagement et la législation des eaux, au point de vue des inondations, avec application au bassin de l'Allier*. Paris, 1858, in-8°.

Montlosier, *Essai sur la théorie des volcans d'Auvergne*. Riom, 1802, in-8°.

Nivet (Dr), *Eaux minérales du Cantal*. Aurillac, 1852, in-8°.

Nivet (Dr), *Traité du goître*. Paris, 1880, in-8°.

Ormesson (Le Fèvre d'), *Mémoire sur la province d'Auvergne, fait en 1698 par l'Intendant Le Fèvre d'Ormesson*. Bibliothèque de la Ville de Clermont. Man. 515.

Parieu (Félix Esquirou de), *Essai sur la statistique agricole du Cantal*. Paris et Aurillac. 1884, in-8°.

Plumandon (J.-R.), *Le baromètre appliqué à la prévision du temps.* Clermont-Ferrand, 1891, in-8°.

Plumandon (J.-R.), *Influence des forêts et des accidents du sol sur les orages à grêle.* Clermont-Ferrand, 1893, in-8°.

Plumandon (J.-R.), *Les gelées.* Clermont-Ferrand, 1895, in-8°.

Poulett-Scrope (G.), *Géologie et volcans éteints du centre de la France, 1835.* Traduction E. Vimont. Paris et Clermont, 1866, in-8°.

Rames, *Géogénie du Cantal.* Aurillac, 1873, in-12.

Rames, *Topographie raisonnée du Cantal.* Aurillac, 1879, in-12.

Ramond, *Nivellement barométrique des monts Dore et des monts Dômes, suivi de l'application des nivellements à la géographie physique de cette partie de la France* (Extrait des Mémoires de l'Institut). Paris, 1815, in-4°.

Reclus (El.), *Nouvelle Géographie universelle.* II. *La France.* Paris, 1877, in-4°.

Reiber, *Des régions entomologiques des Vosges.* Colmar, 1878, in-8°.

Renou (E.), *Instructions météorologiques.* (Publiées dans « l'Annuaire de la Société météorologique de France ». Passim.)

Ritter (Karl), *Géographie générale comparée.* (Traduction E. Buret et Ed. Desor). Paris, 1836, 3 vol. in-8°.

Rivière, *Histoire des Institutions de l'Auvergne.* Paris, 1874, 2 vol. in-8°.

Rozet, *Mémoire sur les volcans de l'Auvergne.* Paris, 1842, in-4°.

Saint-Lager (Dr). *Sur les causes du crétinisme et du goître endémique.* Lyon, 1868, in-8°.

Tiolier, *Mémoire sur l'Agriculture en Auvergne en 1816.* Bibliothèque de la ville de Clermont. Man. 715, f° 15.

Tixier-Aubergier (E.), *Considérations sur la crise agricole en Auvergne, ses causes et ses remèdes.* Paris, 1895, pet. in-8°.

Truchot (P.), *De l'industrie fromagère dans le Puy-de-Dôme.* Riom, 1879, in-8°.

Truchot (P.), *La culture de la betterave en Auvergne.* Riom, 1876, in-8°.

Truchot (P.), *La terre arable.* Riom, 1873, in-8°.

Truchot (P.), *Dictionnaire des eaux minérales du département du Puy-de-Dôme.* Paris, 1878, in-8°.

Périodiques

« Annales de géographie » : 15 juillet 1895. Bonnier (G.), *Les plantes de la région alpine et leurs rapports avec le climat* ; — 15 juillet 1892. Dépéret, *Orogénie du Plateau central* ; — Avril 1893-janvier 1894. Dubois (M.), *Hydrographie des eaux douces* ; — 15 octobre 1894. Duclaux, *Relations entre la géographie et la météorologie* ; — 15 octobre 1892. Lemoyne, *Etat de nos connaissances sur l'hydrométrie du bassin de la Seine.*

« Annuaire du club alpin français » : 1874. Daubrée, *Aspect montagneux de l'Auvergne* ; — 1878. Julien (A.), *Résumé de la série éruptive moderne en Auvergne* ; — 1880. Julien (A.), *Stratigraphie de la Limagne* ; — 1881. Julien (A.), *La Limagne et les bassins tertiaires du Plateau central (structure géologique, architecture, climat, flore et faune)* ; — 1887. Julien (A.), *Brèches volcaniques et moraines dans la France centrale.*

« Annuaire météorologique de la France pour 1849 ». Introduction, par Martins (Ch.).

Association française pour l'avancement des sciences. Réunion à Clermont-Ferrand en 1876.

« Bulletin de la Société archéologique et historique d.. Limousin ». 1891. Leroux, *La France du massif intérieur*, Introduction.

« Bulletin de la Société géologique de France » : 1888. Bertrand (M.), *Sur les bassins houillers du Plateau central* ; — 1884. Réunion extraordinaire de la Société géologique de France à Aurillac, août-septembre ; — 1890. Réunion extraordinaire de la Société géologique de France à Clermont-Ferrand, septembre.

« Bulletin de la Société d'Horticulture et de Viticulture du Puy-de-Dôme » : 1890. Bertrand, *Reboisement de l'Auvergne* ; — 1892. Bertrand, *Traitement et aménagement des bois taillis* ; — 1891. Girard-Col, *Le phylloxéra en Auvergne* ; — 1892. Grassion, *Le traitement des vignes d'Auvergne* ; — 1890. Layé, *Du greffage de la vigne* ; — 1890. Tourres, *Le Portugais bleu.*

« Bulletin de statistique annuelle du Ministère de l'agriculture ». Années 1891, 1893, 1895.

« Bulletin historique et archéologique de la Corrèze » : 1879-1880. Roujou, *Les races humaines du Plateau central, et en particulier celles de l'Auvergne et des régions montagneuses environnantes.*

Commission météorologique du Puy-de-Dôme. Années 1888 à 1895.

« Comptes rendus de l'Académie des sciences » : 1892. Delebecque et Ritter, *Les lacs d'Auvergne* ; — 1892. Gautier (P.), *Observations géologiques sur le Creux de Soucy* ; — 1752. Guettard, *Sur quelques montagnes de France qui ont été volcans* ; — 1881. Julien (A.), *Sur l'existence et les caractères du terrain cambrien dans le Puy-de-Dôme et l'Allier* — 1881. Julien (A.), *Sur la nature et l'ordre d'apparition des roches éruptives anciennes du Puy-de-Dôme* ; — 1890. Julien (A.), *Résultats généraux d'une étude d'ensemble du carbonifère marin du Plateau central.*

« Dictionnaire des sciences anthropologiques ». Article *Celtes.*

Dossiers de la commission de ravitaillement de l'armée dans le Puy-de-Dôme, 1893-1895.

Dossiers du Concours régional agricole de Clermont-Ferrand. Juin 1895.

« Grande Encyclopédie » : Vélain, Article *Auvergne* ; — Farges, Article *Cantal.*

« Mémoires de l'Académie des sciences, belles-lettres et arts de Clermont-Ferrand » : 1863-64. Doniol (H.), *Le Cartulaire de Brioude et le Cartulaire de Sauxillanges*; — 1887. Monnet, *Voyage aux Bains du Mont-Dore*.

« La Nature » : 30 mai 1891. Angot (A.), *Carte de la distribution des pluies en France*; — 3 février 1894. Plumandon (J.-R.), *Des différents vents au sommet du puy de Dôme, et coefficients de pluviosité*; — 5 janvier 1895, Plumandon (J.-R.), *La marche des orages*.

Observations météorologiques de la station du puy de Dôme et de la station de Rabanesse, à Clermont.

Observations météorologiques de l'École normale d'instituteurs d'Aurillac.

Ponts et chaussées. Registres de la navigation fluviale, 1891-1894.

Rapports du Préfet au Conseil général (Puy-de-Dôme, Cantal, Haute-Loire). Années 1890 à 1895.

« Revue agricole du Puy-de-Dôme » : 1893-94. Leroux, *Les terrains agronomiques du Puy-de-Dôme*.

« Revue d'Auvergne » : 1890. Boudet (M.), *Les premiers travaux de desséchement des marais de la Limagne*; — 1890. Côte Blatin, *Comparaison de l'agriculture dans le Puy-de-Dôme de 1875 à 1879, et de 1885 à 1889*; — 1888. Pommerol (Dr), *Sur l'anthropologie de la Limagne*; — 1889. Vimont (Ed.), *Le lac Pavin est-il un cratère-lac ?*

« Revue des Deux-Mondes. » 1875.3. Clavé, *Météorologie forestière*.

« Revue des Eaux et Forêts » : 1887. Bénardeau, *La restauration des montagnes*; — 1886. Bertrand, *Les reboisements dans le Puy-de-Dôme*.

« Revue générale des sciences pures et appliquées. » 30 septembre 1894. Bertrand (M.), *Les lignes directrices de la géologie de la France*.

« Revue rose » : Août-novembre 1894. Durand-Gréville (E.), *Causes de la formation de la grêle*; — 21 juillet 1894. Thoulet (J.), *Une nouvelle méthode en géologie*.

TABLE DES MATIÈRES

	Pages
Préface	VII

Première partie : Le Pays

Chap. I. — Orogénie et géologie de l'Auvergne	1
— II. — Le relief du sol de l'Auvergne	23
— III. — Le régime des vents et des pluies	62
— IV. — Le climat de l'Auvergne. La température	83
— V. — L'hydrographie de l'Auvergne. Les sources	95
— VI. — Le ruissellement et les cours d'eaux	117
— VII. — Les lacs d'Auvergne	154
— VIII. — La flore et la faune naturelles de l'Auvergne	174
— IX. — Caractère général et divisions naturelles de l'Auvergne	194

Deuxième partie : L'Homme

Chap. X. — *Les rapports de l'homme avec le pays. La race*	201
— XI. — Le tempérament physique et moral de l'habitant de l'Auvergne	213
— XII. — L'exploitation de la montagne	231
— XIII. — L'exploitation de la plaine	268
— XIV. — L'industrie en Auvergne	295
— XV. — Les voies de communication et le commerce en Auvergne	316
— XVI. — L'émigration	337
— XVII. — *Les divisions territoriales et leurs vicissitudes.* L'Auvergne ecclésiastique	344
— XVIII. — L'Auvergne laïque depuis l'époque franque jusqu'à 1789	353
— XIX. — La Haute-Auvergne et la Basse-Auvergne	366
— XX. — L'Auvergne contemporaine	377
Conclusion	388
Appendices	391
Bibliographie	407
Table des matières	413

Clermont-Ferrand, imprimerie Bellet — 5129.

www.ingramcontent.com/pod-product-compliance
Lightning Source LLC
Chambersburg PA
CBHW051818230426
43671CB00008B/751